y

BIBLIOTHÉQUE

SACRÉE.

PARIS. — DE L'IMPRIMERIE DE RIGNOUX,
Rue des Francs-Bourgeois-Saint-Michel, n° 8.

BIBLIOTHÉQUE
SACRÉE
GRECQUE-LATINE;

COMPRENANT

LE TABLEAU CHRONOLOGIQUE,
BIOGRAPHIQUE ET BIBLIOGRAPHIQUE DES AUTEURS INSPIRÉS
ET DES AUTEURS ECCLÉSIASTIQUES,
DEPUIS MOÏSE JUSQU'A SAINT THOMAS-D'AQUIN.

OUVRAGE RÉDIGÉ D'APRÈS MAURO BONI ET GAMBA,

ET

Dédié au Roi

PAR CH. NODIER,
CHEVALIER DE LA LÉGION D'HONNEUR, BIBLIOTHÉCAIRE DE L'ARSENAL.

PARIS,
A. THOISNIER-DESPLACES, RUE DE SEINE, N° 29;
NEW-YORCK,
MÊME MAISON DE COMMERCE, WILLIAM-STREET, N° 105.

———

M DCCC XXVI.

AU ROI.

SON TRÈS-SOUMIS, TRÈS-FIDÈLE
ET TRÈS-DÉVOUÉ SERVITEUR ET SUJET,

CH. NODIER.

I.

a

PRÉFACE.

Chez les anciens, le nombre des livres étoit essentiellement limité, parce qu'ils ne se multiplioient alors que par la copie, et que tout ce qui ne méritoit pas d'être conservé, sous quelque rapport d'intérêt que ce fût, disparoissoit en peu d'années de la circulation. Chez nous l'imprimerie, agent aveugle de la publicité, reproduit indistinctement le bon et le mauvais, et il n'y a point d'écrit si frivole et si méprisable qui ne puisse lutter de longévité avec Horace et Cicéron. L'art de connoître les livres a donc pris une place nécessaire, dans la littérature, parmi les études les plus sérieuses et les plus utiles de l'esprit. De la tendance qui s'est manifestée depuis quelque temps vers ce genre d'investigations résulte cette foule de bibliographies générales ou spéciales qui paroissent à peine suffire au besoin des amateurs, quoiqu'elles puissent à elles seules composer une bibliothéque assez

volumineuse, et que les méthodes de classi-
fication soient déjà devenues passablement
difficiles à classer. Entre tous ces ouvrages, il
en est certains qu'a distingués le public, et
auxquels nous nous plaisons à rendre un juste
hommage. La *Bibliographie instructive* de De
Bure, qui est extrêmement en arrière aujour-
d'hui avec nos connoissances, et tranchons le
mot, avec nos manies; qui a été surtout dé-
bordée, si l'on peut s'exprimer ainsi, par les
travaux littéraires, philologiques et typographiques d'un demi-siècle, de manière à
devenir tout-à-fait insuffisante, restera cependant comme le modèle d'une bonne méthode
appliquée avec goût. Le *Manuel du Libraire
et de l'Amateur,* de M. Brunet, réunit toutes
les conditions d'un livre excellent, et nous ne
pensons pas qu'il puisse être surpassé par
personne, si ce n'est par l'auteur même qui
ne publie aucune édition nouvelle sans de
nombreux enrichissements et d'importantes
améliorations. Notre histoire littéraire n'a
jamais rassemblé plus de documents curieux que dans les *Anonymes* de M. Barbier.

Le savant historien des Aldes a fait de son propre catalogue une bibliographie très-précieuse. Le mérite des travaux bibliologiques de M. Peignot est si universellement reconnu qu'il seroit tout-à-fait surabondant d'en faire l'éloge. La *Biographie* de M. Michaud est devenue elle-même un trésor inappréciable de documents pour servir à l'histoire des livres, grâces à l'heureuse coopération de M. Beuchot, et surtout de M. Weiss qui a déposé dans cet estimable ouvrage le résultat de tant de recherches et les innombrables découvertes d'une si rare érudition.

La bibliographie, ainsi entendue, a cependant un inconvénient nécessaire que les savants également laborieux et modestes que je viens de citer n'ont jamais pu se dissimuler. Embrasser l'ensemble immense des livres recherchés par des motifs d'utilité, d'agrément, de luxe, de caprice, de curiosité, d'extravagance, c'est sacrifier dans le passé à toutes les aberrations de la raison humaine, et ne rien faire pour l'avenir. C'est un travail que tous les jours modifient, que toutes les années re-

nouvellent, et qui, au bout du laps de temps
suffisant pour imprimer une nouvelle impulsion au goût, et pour prêter un nouvel aspect
à la littérature et aux sciences, n'a guère plus
d'importance qu'un almanach. Pour satisfaire
aux désirs toujours renaissants, à l'avidité
toujours plus impatiente de l'amateur, il faut
que le Manuel de l'amateur en suive toutes
les vicissitudes, en prévienne toutes les fan-
taisies, en assouvisse tous les besoins. La
meilleure des bibliographies rédigée d'après
ce plan ne sera donc qu'un vaste recueil de
matériaux curieux pour un ouvrage toujours
à faire, dont l'édition la plus perfectionnée
ne peut jamais être définitive, tant qu'on fera
des livres.

Ces considérations nous ont fait souvent
désirer que des hommes plus capables que
nous d'exécuter avec succès cette importante
entreprise s'occupassent enfin de donner à
notre littérature une bibliographie spéciale
des *Classiques anciens.* Ce plan dont le cadre
est tracé d'avance n'est pas exposé du moins
à tomber dans le vague où vont s'ensevelir

toutes les bibliographies générales, et qu'elles
ne sauroient éviter. Les titres des classiques
sont renfermés dans un temps accompli, et
confirmés par une opinion non équivoque,
celle d'une longue postérité qui a déjà existé
pour eux. Il n'est malheureusement point à
espérer désormais que leur nombre s'aug-
mente dans une proportion assez forte pour
exiger ou de fréquentes réimpressions de
l'ouvrage qui leur sera consacré, ou des suppléments d'une plus grande étendue, et d'une
acquisition plus onéreuse que celle de cet
ouvrage même. Les modifications qu'il pourra
exiger ne seront jamais assez nombreuses
pour en changer la méthode ou pour en multiplier les volumes ; et si quelque riche découverte dans nos bibliothèques depuis si
long-temps explorées nous rend quelqu'une
de ces merveilles de l'antiquité dont quatre siècles ont déja déploré la perte, si de nouveaux
progrès de la critique littéraire nous font obtenir sur des textes mieux connus des éclaircissements plus satisfaisants, si la typographie
enchérit de pompe et de miracles pour orner

les chefs-d'œuvre de l'esprit humain, le petit
nombre d'additions que ces heureux événements exigeront du bibliographe se classeront
facilement dans son travail aux époques naturelles de réimpression qu'il est permis
d'avoir en vue dans la publication d'un livre
utile, dont toutes les générations sentiront
de plus en plus la nécessité.

Plusieurs nations jouissent déjà depuis
long-temps de cet avantage. Indépendamment
des excellentes bibliothéques de Fabricius
qui sont malheureusement trop anciennes
pour être complètes, et trop développées
pour être commodes, de savants bibliographes ont recueilli une grande partie des immenses matériaux que l'éditeur d'une bibliothéque classique devra mettre en ordre. Le
premier qui ait embrassé ce plan dans des proportions bien entendues est le célèbre Anglois
Édouard Harwood, dont l'ouvrage parut pour
la première fois en 1775 dans la langue de l'auteur, auquel l'inappréciable collection d'Askew avoit offert une abondante moisson de
découvertes. Cet ouvrage, revu d'abord avec

toutes les bibliographies générales, et qu'elles
ne sauroient éviter. Les titres des classiques
sont renfermés dans un temps accompli, et
confirmés par une opinion non équivoque,
celle d'une longue postérité qui a déjà existé
pour eux. Il n'est malheureusement point à
espérer désormais que leur nombre s'aug-
mente dans une proportion assez forte pour
exiger ou de fréquentes réimpressions de
l'ouvrage qui leur sera consacré, ou des suppléments d'une plus grande étendue, et d'une
acquisition plus onéreuse que celle de cet
ouvrage même. Les modifications qu'il pourra
exiger ne seront jamais assez nombreuses
pour en changer la méthode ou pour en multiplier les volumes; et si quelque riche découverte dans nos bibliothèques depuis si
long-temps explorées nous rend quelqu'une
de ces merveilles de l'antiquité dont quatre siècles ont déja déploré la perte, si de nouveaux
progrès de la critique littéraire nous font obtenir sur des textes mieux connus des éclaircissements plus satisfaisants, si la typographie
enchérit de pompe et de miracles pour orner

les chefs-d'œuvre de l'esprit humain, le petit nombre d'additions que ces heureux événements exigeront du bibliographe se classeront facilement dans son travail aux époques naturelles de réimpression qu'il est permis d'avoir en vue dans la publication d'un livre utile, dont toutes les générations sentiront de plus en plus la nécessité.

Plusieurs nations jouissent déjà depuis long-temps de cet avantage. Indépendamment des excellentes bibliothéques de Fabricius qui sont malheureusement trop anciennes pour être complètes, et trop développées pour être commodes, de savants bibliographes ont recueilli une grande partie des immenses matériaux que l'éditeur d'une bibliothéque classique devra mettre en ordre. Le premier qui ait embrassé ce plan dans des proportions bien entendues est le célèbre Anglois Édouard Harwood, dont l'ouvrage parut pour la première fois en 1775 dans la langue de l'auteur, auquel l'inappréciable collection d'Askew avoit offert une abondante moisson de découvertes. Cet ouvrage, revu d'abord avec soin par Pinelli, et publié pour la dernière fois en italien avec des augmentations très-considérables par MM. Mauro-Boni et Gamba, conserve à juste titre un rang distingué dans la bibliothéque des amateurs, et une valeur élevée dans les ventes. Il est depuis plusieurs années sorti du commerce, et nous avons entendu souvent regretter qu'un livre si commode pour la connoissance et l'acquisition des livres le plus universellement nécessaires, de ceux mêmes dont il n'est pas permis à un homme qui a quelque teinture des lettres d'ignorer l'existence, ne nous ait pas été donné dans notre propre langue, où, à défaut de mieux, il subviendroit jusqu'à nouvel ordre au besoin des premières études, et aux recherches des bibliophiles modestes qui ne demandent à la bibliographie que des renseignements très-bornés, sans doute insuffisants pour bien savoir, mais très-suffisants pour jouir convenablement de ce que l'on sait. Or, cette dernière classe d'amateurs de livres est sans contredit la plus étendue.

Il est assez facile de conclure de ce que nous

venons de dire que nous ne regardons pas
l'ouvrage d'Harwood, même dans la bonne
édition de Mauro-Boni et Gamba [1], comme
un livre parfait, et bien qu'il soit la base du
nôtre, nous sommes loin de vouloir en donner
cette idée. D'abord, nous ne pensons pas
qu'une bibliographie, non plus qu'une biographie, puisse arriver au complet relatif, à
quelque époque que ce soit, et nous étendons
ce doute à toutes les méthodes qui reposent
sur des existences ou des individualités. Nous
croyons même que la recherche de la perfection en ce genre est une des maladies de notre
esprit ; qu'elle désigne cette tendance aveugle et cependant infinie de la curiosité humaine vers des bornes qui sont posées bien
par delà celles de notre intelligence, et que
cette révélation d'une infirmité ambitieuse est
plus humiliante qu'honorable pour le savoir

---

[1] *Degli autori classici sacri profani greci e latini* BIBLIOTECA
PORTATILE *ossia il prospetto del Dr. Eduardo Arwood reso piu
interessante per nuovi articoli e per recenti scoperte, ed illustra-
zioni critiche, chronologiche, e tipographiche con mutua cura
disposte dall' ab.* MAURO BONI *e da* BARTHOLOMÆO GAMBA.
Venezia, a spese di Antonio Astolfi, 1793, 2 *in-12.*

qui ne cesse de conquérir et qui n'acquiert
rien. Ainsi, la botanique est plus illimitée sans
doute qu'au temps de Tournefort, mais com-
bien elle est moins charmante! La chimie est
un vaste chaos où se précipitent les nomenclatures sur les nomenclatures; il y a quelques
siècles que, suivant l'heureuse expression des
orientaux qui l'inventoient alors tout entière, c'étoit le secret, le trésor, le diadème
des sages. Il en est de même de toutes les connoissances de l'homme qui ne se nourrit du
fruit de l'arbre de la science que pour connoître qu'il doit mourir, et qui perd pour
l'acquisition de cette jouissance passagère
toutes les voluptés du paradis terrestre.

La *Biblioteca portatile* est d'ailleurs d'une
époque déja reculée pour nous. Entre 1793
et 1825, il y a des siècles en histoire, et ce
qui paroîtra plus extraordinaire, de tels progrès dans les études philologiques presque
oubliées depuis le grand règne de Louis XIV,
qu'il semble à peine qu'un siècle ait pu les
produire, tant les grandes calamités politiques où les ambitieux se dévorent entre eux,

jettent de loisirs parmi les sages! Ces progrès,
il faudroit les suivre, les embrasser, et nous
ne pouvions avoir la prétention de le faire
complétement, même en prenant pour guides
nos plus excellents bibliographes français qui
ont eu la sage réserve de ne pas aspirer à ce
complet superflu et surtout impossible. Enfin
la meilleure des bibliographies spéciales étoit
imparfaite encore dans la partie la plus essentielle de son exécution matérielle; dans sa
partie la plus difficile, car pour la réparer, il
faudroit la refaire; dans l'énonciation des titres; et les incalculables travaux qu'exigeoit
la refonte totale d'un livre si estimé, étoient
impossibles à accomplir dans le court espace
de temps que nous accordoit le vœu souvent
exprimé du public. Il nous appartenoit d'ailleurs moins qu'à personne de les entrepren-
dre, après avoir été distraits si long-temps de
ces laborieux loisirs d'une enfance studieuse
par l'oisiveté forcée d'une jeunesse inutile aux
autres et à nous-même.

Surpris des obstacles qui s'accumuloient
devant nous dans cette entreprise si facile au

premier aspect, nous n'aurions pas hésité à
y renoncer si des jugements auxquels le nôtre
est subordonné en toutes choses n'avoient af-
fermi notre première résolution, en ce qui
concerne la *Bibliothéque sacrée*, ouvrage presque unique dans ce genre, puisque la *Bibliotheca sacra*, du père Lelong, si intéressante
d'ailleurs, ne peut être considérée comme
usuelle; ouvrage propre à Mauro-Boni et
Gamba, qui en ont illustré leur traduction
d'Harwood, et qui fait le principal mérite de
l'édition italienne; ouvrage indispensable aux
études des séminaires, des institutions religieuses, des ecclésiastiques de toutes les
classes, et que sa spécialité n'exclut ni de la
bibliothéque de l'érudit, ni de celle de l'amateur. « La *Bibliothéque sacrée* de vos auteurs
« se ressent à la vérité, nous disoit-on, de
« l'imperfection du livre entier que vous aviez
« pris pour le prototype du vôtre; elle a besoin
« comme lui d'être transportée dans notre
« langue avec quelque esprit de critique, et
« de recevoir des augmentations que le temps
« qui s'est écoulé depuis qu'elle a paru, sem-

« ble devoir rendre nombreuses. Mais il est
« reconnu que telle qu'elle est aujourd'hui
« dans Mauro-Boni et Gamba, elle seroit en-
« core pour la bibliographie françoise une
« acquisition importante, et que, si vous ne
« pouviez pas davantage, vous feriez toutefois
« beaucoup en nous la donnant. Vous ne re-
« marquez peut-être pas assez d'ailleurs que
« la *Bibliothéque sacrée* n'a pas pu éprouver
« les accroissements immenses de la bibliothé-
« que profane, et qu'elle est demeurée presque
« stationnaire pendant de longues années, au
« milieu des révolutions qui désoloient tous
« les pays catholiques. Ne doutez pas, ajou-
« toit-on, qu'on ne vous sache gré d'ouvrir
« cette source de précieuses instructions à la
« génération actuelle, même quand vous ne
« la feriez pas descendre sur elle avec la
« majesté d'un fleuve immense dont le lit est
« rempli jusqu'à ses bords, ou avec la sura-
« bondance d'un torrent qui entraîne tout ce
« qu'il touche. Essayez d'ajouter à cette bi-
« bliographie spéciale, si indispensable dans
« sa plus simple expression, ce que vos nou-

« veaux bibliographes ont recueilli de plus
« intéressant et de plus curieux dans l'époque
« de stérilité que la littérature sacrée vient de
« parcourir. Ce travail est tout fait dans leurs
« livres, et le vôtre restera du moins comme
« le monument d'un zèle estimable pour les
« choses utiles, et l'ébauche d'un ouvrage plus
« heureux que les longues fatigues de votre
« cœur et de votre esprit ne vous permettent
« pas d'exécuter. »

Je me suis laissé entraîner à ces considérations, et je n'ai rien négligé pour me rendre
digne au moins de quelque indulgence, en
faisant acte de cette laborieuse patience, et
de cette bonne volonté consciencieuse qui
désarme les juges les plus difficiles. La *Biblio-*
thèque sacrée, telle que je l'offre au public,
est bien loin d'être complète, mais j'ai dit
qu'une bibliographie ne pouvoit pas être complète, et Mauro-Boni et Gamba dont je suis
les traces n'ont jamais conçu la folle prétention de la rendre telle. Le devoir du bibliographe spécial, c'est l'exactitude; son mérite,
c'est le goût; le plus ou le moins est même de

peu de conséquence en pareil cas, quand on
n'a pas eu le malheur d'omettre ou de négliger
le plus utile et le meilleur. Il y a plus; tel ouvrage qui ne seroit pas parfait encore pour les
savants, pourroit être chargé déjà de trop
d'érudition inutile pour les étudiants, pour
les théologiens pratiques, pour les amateurs
sans prétentions, pour la plus grande partie
des libraires, et pour presque tout ce qu'il y
a de lecteurs parmi les gens du monde. C'est
pour cette classe immense que nous écrivons,
parce qu'elle représente seule à nos yeux l'intérêt des besoins raisonnables et des bonnes
études.

Dirons-nous maintenant ce qui nous est
propre dans ce vaste travail? Il suffira pour
en juger de comparer ce volume aux deux
cents pages à gros caractère et à petite justi-
fication de l'original, dont trois ou quatre sont
contenues dans chacune des nôtres. Nous
avons conservé l'ordre chronologique de
Mauro-Boni et Gamba, parce qu'il nous semble admirablement entendu, pour faire parcourir à l'esprit dans l'ordre successif de leur

développement tous les progrès d'une littérature, d'une histoire, d'une religion, et que nous la regardons comme la seule qui convienne à une bibliographie philosophique, dans la saine acception de ce mot. La biographie occupe une très-petite place dans nos auteurs. Nous avons essayé de l'étendre jusqu'à ses limites nécessaires, sans l'égarer au delà dans des divagations plus propres à faire briller l'imagination de l'écrivain qu'à orner la mémoire du lecteur. La critique y étoit presque nulle. Nous lui avons accordé la place qu'elle doit toujours occuper dans une bibliographie raisonnée, en exprimant l'opinion que le goût a exprimée avant nous dans les écrits des meilleurs juges, que le temps a mûrie, et que des siècles irrécusables ont consacrée, sur les auteurs dont nous avons considérablement augmenté le nombre, et sur les ouvrages dont nous avons à peu près doublé les éditions, sans aucun dessein d'en compléter la liste. Le lecteur devra à M. Brunet et à M. Renouard, que nous nous sommes fait un devoir de citer presque partout, une foule

d'éclaircissements bibliographiques qu'il auroit cherchés inutilement dans la *Biblioteca
portatile*, et quelques-unes en bien plus petit
nombre, qui sont le fruit de nos observations
particulières. Enfin, nous avons donné le *prix*
de quelques-uns des livres les plus remarquables, pour ceux des acquéreurs de la *Bibliothèque sacrée* qui ne s'occupent d'aucun autre genre de littérature, et qui ne possèdent
pas le *Manuel du Libraire*.

Quoique le titre de ce volume semble n'annoncer que des ouvrages exclusivement appropriés aux matières religieuses, on trouvera
dans sa seconde partie (l'*hagiographie ecclésiastique*) un assez grand nombre de notices
qui pouvoient en être distraites, comme étrangères à son plan essentiel. Nous avons suivi en
ce point l'exemple de nos auteurs qui ont pensé
judicieusement, selon nous, que presque
tous les écrivains des temps intermédiaires
ayant touché en quelque point aux questions
ecclésiastiques, pensée dominante et presque
absolue de cette longue période de siècles, on
ne pouvoit en rejeter quelques-uns sans nuire

développement tous les progrès d'une littérature, d'une histoire, d'une religion, et que nous le regardons comme le seul qui convienne à une bibliographie philosophique, dans la saine acception de ce mot. La biographie occupe une très-petite place dans nos auteurs. Nous avons essayé de l'étendre jusqu'à ses limites nécessaires, sans l'égarer au delà dans des divagations plus propres à faire briller l'imagination de l'écrivain qu'à orner la mémoire du lecteur. La critique y étoit presque nulle. Nous lui avons accordé la place qu'elle doit toujours occuper dans une bibliographie raisonnée, en exprimant l'opinion que le goût a exprimée avant nous dans les écrits des meilleurs juges, que le temps a mûrie, et que des siècles irrécusables ont consacrée, sur les auteurs dont nous avons considérablement augmenté le nombre, et sur les ouvrages dont nous avons à peu près doublé les éditions, sans aucun dessein d'en compléter la liste. Le lecteur devra à M. Brunet et à M. Renouard, que nous nous sommes fait un devoir de citer presque partout, une foule

d'éclaircissements bibliographiques qu'il auroit cherchés inutilement dans la *Biblioteca
portatile*, et quelques-uns en bien plus petit
nombre, qui sont le fruit de nos observations
particulières. Enfin, nous avons donné le *prix*
de certains des livres les plus remarquables,
pour ceux des acquéreurs de la *Bibliothéque
sacrée* qui ne s'occupent d'aucun autre genre
de littérature, et qui ne possèdent pas le
Manuel du Libraire.

Quoique le titre de ce volume semble n'annoncer que des ouvrages exclusivement appropriés aux matières religieuses, on trouvera
dans sa seconde partie (l'*hagiographie ecclésiastique*) un assez grand nombre de notices
qui pouvoient en être distraites, comme étrangères à son plan essentiel. Nous avons suivi en
ce point l'exemple de nos auteurs qui ont pensé
judicieusement, selon nous, que presque
tous les écrivains des temps intermédiaires
ayant touché en quelque point aux questions
ecclésiastiques, pensée dominante et presque
absolue de cette longue période de siècles, on
ne pouvoit en rejeter quelques-uns sans nuire

à l'ensemble, et que ces exceptions déplacées de leur catégorie la plus naturelle, se trouvant d'ailleurs sans cadre et sans analogie dans le reste de la littérature, seroient perdues pour la grande méthode bibliographique qu'ils avoient adoptée. C'est même sur ce genre d'auteurs que nous avons fait porter la plus grande partie de nos augmentations, et si nous n'avons pas mis à contribution d'une manière plus large les trésors encyclopédiques de Fabricius, c'est que nous nous sommes prescrit de ne citer que les auteurs qui ont été imprimés, et qui l'ont été séparément, règle à laquelle nous n'avons voulu déroger que dans quelques cas particuliers.

La disposition chronologique des articles de Mauro-Boni et Gamba, que nous avons presque toujours suivie, n'est cependant pas toujours très-exacte, et il étoit possible de l'améliorer, mais l'ouvrage gagnoit peu à cette précision de dates, insensible à la lecture, et nous y perdions l'avantage considérable pour nous d'être comparés page à page. On sait au reste jusqu'à quel point on peut se fier aux

dates du moyen âge, et surtout à la chronologie des temps antiques. Nous avons mieux
aimé nous abstenir de changements que de
changer d'erreurs.

PRÉLIMINAIRES

DE

LA BIBLIOTHÉQUE SACRÉE,

D'APRÈS MM. MAURO-BONI ET GAMBA [1].

———

L'ouvrage que nous présentons au public, et qui est, au moins par son objet, le *specimen* important d'une Bibliographie universelle de l'antiquité, comprend ces livres dont toutes les communions chrétiennes et toutes les littératures contemporaines regardent avec raison l'étude comme la base essentielle des études classiques. A la suite des saintes Écritures, et de leurs anciennes versions polyglottes, grecques ou latines, il embrasse la série des Pères de l'Église et des autres écri-

---

[1] En adoptant la méthode de ces savans bibliographes, nous avons dû exprimer leurs motifs et leur pensée; mais nous les avons appropriés comme tout le reste à notre travail particulier. Cette observation pourroit se reproduire ailleurs. Nous n'y reviendrons plus.

vains qui ont traité des choses sacrées, jusqu'au siècle du grand docteur du moyen âge,
saint Thomas d'Aquin, avec leurs collections
respectives, en y joignant celles de ces monuments si importants pour l'histoire du moyen
âge, pour celle de la religion, et même, sous
quelque rapport qu'on les considère, pour
l'histoire philosophique du genre humain,
les conciles et les canonistes. Cette grande
division de la bibliographie se divise encore
naturellement d'elle-même en deux parties,
qu'on peut appeler l'hagiographie *inspirée*,
et l'hagiographie *ecclésiastique*.

La première renferme les auteurs sacrés
de l'ancien et du nouveau Testament, qui,
écrivant sous l'inspiration immédiate de
Dieu, ne peuvent s'assimiler à ceux dont les
ouvrages les plus parfaits ne sont toutefois
que le fruit d'un labeur humain, de la méditation et de l'étude. Il n'est pas surprenant
que cette littérature ait été féconde en admirables génies, et qu'elle soit la plus sublime
de toutes, comme elle est la plus ancienne.

Dans les livres de Moïse et des prophètes se trouvent les documens originaux de toutes les histoires, les éléments de toutes les sciences et de tous les arts. Dans les Épîtres, dans les Actes des Apôtres, dans l'Apocalypse, éclatent les traits d'une éloquence brillante et divine comme sa source. L'ancien Testament sera pendant tous les siècles le désespoir de tous les poëtes, et le nouveau Testament celui de tous les orateurs. Il faut dire à notre siècle que c'étoit l'opinion de Voltaire ; que c'étoit celle d'Érasme, le Voltaire d'une époque où l'on s'est fait peu de scrupule de dénigrer ce qu'il y a de plus respectable dans la croyance des hommes. C'étoit l'opinion de Longin, que les classiques modernes ont reconnu pour *maître du sublime*. Les critiques de tous les temps, de tous les pays, de toutes les religions, ceux même qu'on pourroit soupçonner de nourrir secrètement des préventions peu favorables à l'Église, ne cessent de proposer des passages de l'Écriture sainte comme les modèles les plus parfaits

dans tous les genres de style, et il n'en est
point qui ne mettent saint Paul au rang des
orateurs les plus éloquents de l'époque où il
a fleuri. Tel parut ce grand homme aux sages
de la Grèce assemblés, quand il obtint l'admiration et les respects de l'Aréopage, et
que les peuples charmés le confondirent
avec Apollon et Mercure, les dieux de l'éloquence païenne.

La seconde partie, que nous désignons
sous le nom d'hagiographie *ecclésiastique*,
commence vers le milieu du premier siècle de
l'Église. L'étude réfléchie des livres saints,
le besoin pieux de propager par toute la
terre les vérités de la foi, la nécessité tous
les jours plus pressante de la défendre dans
son berceau contre les atteintes de ses ennemis, firent naître un nouveau genre de
polémique oratoire dont le monde n'avoit
jamais pu concevoir l'idée. Les saints Pères
grecs et latins, délaissant tous les intérêts
de la vie temporelle et toutes les questions
de la politique pour s'élever à la contem-

plation des saints mystères et de l'éternité, portèrent l'art sublime de persuader et de convaincre à un point de perfection auquel il semble que leurs prédécesseurs sont à peine parvenus. Érasme, dont la vénération pour Démosthène étoit une espèce de culte, sollicité par son ami, le célèbre imprimeur Froben, de s'occuper d'une édition des Pères grecs et latins, témoigne en plusieurs passages qu'il a senti se refroidir dans leur lecture la ferveur de son enthousiasme pour les classiques profanes, et que son orateur favori lui-même perd beaucoup à ses yeux quand il le compare aux Basile et aux Chrysostome. Tout glorieux que soit ce parallèle pour les Pères des premiers siècles de l'ère chrétienne, il ne sera pas désavoué par une critique impartiale ; et si elle se montre plus sévère à l'égard de ceux qui les ont suivis, c'est qu'elle oublie trop souvent de leur tenir compte de ce qu'ils avoient à faire pour vaincre les difficultés que leur opposoient l'ignorance profonde des peuples et la rudesse sauvage d'une

langue dégénérée, instrument grossier , et
cependant nécessaire de la pensée, dans des
jours de décadence où aucun autre langage
n'auroit été entendu. Ils n'étoient certainement pas sans génie, ces hommes qui, privés
de tous les secours qu'une société éclairée
fournit en abondance au talent, préparoient
peu à peu, du milieu des immenses ténè-
bres de la barbarie, le triomphe des bonnes
études et la renaissance des lettres.

BIBLIOTHÉQUE

SACRÉE.

PREMIÈRE PARTIE.

HAGIOGRAPHIE INSPIRÉE.

MOÏSE.

LÉGISLATEUR du peuple de Dieu, fils d'Amram
et de Jocabed, né en Égypte 1571 ans avant l'ère
vulgaire, mort sur le mont Nébo, à la vue de
la Terre promise, âgé de cent vingt ans. « Il ne
« s'éleva plus dès lors dans Israël de prophète sem-
« blable à lui, ni à qui le Seigneur parlât comme
« à lui face à face, ni qui ait fait des miracles
« et des prodiges comme ceux que le Seigneur
« envoya faire par Moïse dans l'Égypte aux yeux
« de Pharaon, de ses serviteurs et de tout son
« royaume, ni qui ait agi avec un bras si puissant,
« ni qui ait fait des œuvres aussi grandes et aussi

« merveilleuses que celles que Moïse a faites de-
« vant tout Israël. » (*Deutéronome*, ch. xxiv, 10.)

Moïse est après Job, dont le livre n'est probablement qu'une admirable tradition poétique
paraphrasée par Moïse lui-même, le plus ancien
des auteurs authentiques. Il nous a laissé le *Pentateuque* [1], c'est-à-dire les cinq premiers livres de
l'Ancien Testament, qui sont la *Genèse*, l'*Exode*,
le *Lévitique*, les *Nombres* et le *Deutéronome*. Il
est toutefois douteux que Moïse les ait écrits dans
cet ordre, et qu'il leur ait imposé cette division;
mais ils sont reconnus par les Juifs et par toutes
les églises chrétiennes comme l'ouvrage de Moïse,
sauf quelques foibles changements et quelques
légères additions qui, loin d'altérer le sens, paroissent n'y avoir été introduits que pour en aug-
menter la clarté, ou pour compléter l'ensemble
des faits jusqu'à la mort du saint prophète,
comme le passage que nous venons de citer.
Les Juifs lui attribuent aussi les onze psaumes
LXXXIX—XCIX. Nous avons dit que Moïse avoit
passé, parmi certains philologues anciens, pour

---

[1] En grec *cinq instruments*, idiotisme, qui signifie par extension *cinq
travaux* différents, *cinq ouvrages*, *cinq parties*. On voit au premier abord
que les livres qui composent le *Pentateuque* ont été également dénommés
par les Grecs et par les Latins. L'usage le plus commun des Orientaux
étoit, à ce qu'il paroît, de désigner les livres ou les chapitres par les mots
qui les commençoient. Ainsi la *Genèse* s'appeloit chez les Hébreux *Beres-
chit*, qui signifie *in principio*, *au commencement*.

l'auteur, ou au moins pour l'interprète du livre de Job. La première opinion est celle du Pseudo-Origène ; la seconde est celle d'Origène lui-même, qui a beaucoup plus de vraisemblance, et qui est appuyée sur une bien plus grande autorité.

Le premier livre du *Pentateuque* s'appelle la *Genèse*, soit parce qu'on y trouve la généalogie des premiers patriarches, depuis Adam jusqu'aux fils et petits-fils de Jacob, soit plutôt parce qu'il traite de la création du monde et de la production de tous les êtres. Il contient outre cela la narration du déluge, et cette histoire merveilleuse d'une société naissante qui n'a été décrite qu'une fois : l'espace qu'il renferme est de deux mille trois cent soixante neuf ans, et finit à la mort du patriarche Joseph.

L'*Exode* est ainsi nommé, parce qu'il traite de la *sortie* des Israélites, affranchis par Moïse de la servitude d'Égypte. C'est dans ce livre que se trouvent les admirables préceptes du Décalogue. Il embrasse une durée de cent quarante-cinq ans, depuis la mort de Joseph jusqu'à la fin de la première année qui suivit la délivrance des Juifs.

On appelle le troisième livre le *Lévitique*, parce qu'il comprend principalement les lois et les règlements qui concernent les prêtres ou les lévites. Les lois qui y sont prescrites sur d'autres sujets n'ont aucune marque de chronologie qui puisse faire juger du temps où elles ont été données. La partie historique se réduit aux huit jours de la consécration d'Aaron et de ses fils.

Le quatrième, ou les *Nombres*, commence par le dénombrement du peuple, qui fut fait après l'érection et la consécration du tabernacle, et qui occupe les trois premiers chapitres. Il est suivi des lois que reçut le peuple d'Israël pendant les trente-neuf ans qu'il fut errant dans le désert.

Le cinquième livre fut nommé le *Deutéronome* ou le renouvellement de la loi, parce que Moïse y fait une espèce de récapitulation des événements et des institutions dont il est parlé dans les livres précédents, comme pour les tracer d'une manière plus profonde dans la mémoire de cette grande famille qu'il étoit près de quitter. C'est aussi l'histoire des choses arrivées dans le désert, durant six semaines qui expirent le septième jour du douzième mois de la quarantième année depuis la sortie d'Égypte. Nous avons prouvé en les citant que les derniers versets du chapitre sont visiblement ajoutés.

On a contesté le *Pentateuque* à Moïse, sous le motif frivole que Moïse y est souvent nommé en troisième personne. Il faut bien peu de critique et de littérature pour ignorer qu'on pourroit nier par la même raison l'authenticité des Commentaires de César et des histoires de Xénophon;

mais ce qui résultoit peut-être, dans ces grands XVIe siècle avant N. S. J. C. capitaines, du sentiment des bienséances de leur rang, ou du besoin de parler d'eux-mêmes avec indépendance, est dans le livre saint le sceau inimitable d'un écrivain primitif. Tous les ouvrages récemment découverts dans des littératures très-anciennes, ou chez des peuples très-neufs, ont le même caractère.

On n'insistera pas ici sur l'excellence du *Pentateuque*, à le considérer seulement, comme la nature de cet ouvrage l'exige, sous le rapport littéraire. On sait que tous les peuples se sont accordés à y chercher les modèles du sublime, et que l'histoire de Joseph qui termine la *Genèse* est un chef-d'œuvre de naïveté, d'éloquence et de sentiment, auquel rien ne peut se comparer dans l'ancienne littérature.

———

PENTATEUCHI nova versio græca, ex unico S. Marci biblioth. codice veneto — edidit Chr. Frid. Ammon. *Erlangæ*, 1790, 3. in-8°. 21 fr.

LIBRI v MOSIS, lat. *Parisiis, Rob. Stephanus*, 1541, in-4°.

PENTATEUCHUS MOSIS, cum notis, quibus sensus litteralis exponitur, auctore Ellies Dupin. *Parisiis, And. Pralard*, 1721, 2. in-8°.

QUINQUE LIBRI MOSIS in lingua ægyptiaca; ex mss. descripsit ac latine vertit D. Wilkins. *Londini, Guill. Bowyer.* 1731, in-4°.

XVIᵉ siècle avant N. S. J. C. Pentateuchus ex recensione textus hebraici et versione antiqua latina, versione et notis illustratus a J. A. Dathe. *Halæ*, 1791, in-8°. 8 fr.

Genesis, hebr. gr. et lat. a Jo. Drachonita. *Wittebergæ*, 1533, in-fol.

— Gr. ab Helia Huttero. *Norimbergæ*, 1601, in-8°.

—Hexameron, cum veterum PP. commentar. gr. *Hamburgi*, 1707, in-4°.

Exodi pars atque Leviticus, ex cod. ms. lipsiensi, a Fischero. gr. *Saalbachius*, 1767, in-8°.

— Decalogus, gr. *Parisiis*, *Gazelus*, 1544, in-16.

— hebr. gr. et lat. a Jo. Clajo. *Vittebergæ*, 1572, in-12.

— hebr. gr. et lat. acced. VII. psalm. pœnit. *Magdeburgi*, 1689, in-8°.

Numeri et Deuteronomion, ex cod. ms. lipsiensi, a Fischero. gr. *Lipsiæ*, 1786, in-8°.

XVIᵉ siècle avant N. S. J. C.

—

JOB.

Selon l'opinion la plus répandue, descendant de Nacor, et petit-neveu d'Abraham, antérieur de quelque temps à Moïse, qui passe, comme nous l'avons dit, pour l'auteur du livre de ce nom, ou pour l'avoir transporté de l'original arabe dans la poésie hébraïque. Le sublime cantique du passage de la mer Rouge (*Exod.* chap. 15), et celui

du 32ᵉ chap. du *Deutéronome*, élèvent si haut la
gloire de Moïse comme poëte, qu'il semble que le
livre de *Job* lui seul pouvoit y ajouter encore. Cet
admirable ouvrage, qui est l'histoire poétique du
juste, éprouvé par le malheur et consolé par la
foi, est incontestablement supérieur à tout ce
que l'antiquité a produit dans le même genre.
C'est tantôt la tristesse de l'élégie, mais bien plus
profonde et bien plus rêveuse que dans les classiques ; tantôt la fougue véhémente de l'ode, mais
bien plus élevée et bien plus divine. L'apparition
du Seigneur dans le tourbillon est la plus magnifique des prosopopées. Il faut chercher aussi des
modèles achevés du style descriptif dans ce livre,
qui en est le premier monument, comme il est,
suivant toute probabilité, le premier de tous les
monuments littéraires.

———

LIBER JOBI, juxta veram cod. alexandrini lectionem, à Patricio Junio. — gr. *Londini, Typis regiis*, 1637, in-fol.
— Chald. et lat. cum notis : item gr. cum variantibus
lectionibus, opera et studio Joannis Terentii, *Franeker*,
1663, in-4°.
Édition rare : Baumgart. Nachr. von merckw. Büch. p. 17. Bibl. Solger.
II, p. 42. Mauro-Boni et Gamba citent l'édition suivante, qui n'est probablement qu'une partie séparée de celle que nous annonçons :

— gr. a Frisio, *Franeker*, 1663, in-4°.
— cum asteriscis et obelis ¹, lat. *Parisiis*, 1693, in-fol.

¹ *Obelus*, marque ou note qui indique les passages défectueux ou in-
terpolés.

JOSUÉ.

XVIᵉ siècle
avant
N. S. J. C.
Fils de Nun, de la tribu d'Éphraïm, nommé par les Grecs Jésus fils de Navé ; né l'an 1544 avant l'ère vulgaire, disciple de Moïse, et chef suprême du peuple juif pendant vingt-six ans. L'Écriture l'appelle ordinairement le serviteur de Moïse, ce qui ne signifie pas qu'il lui ait été attaché à titre de domesticité, dans le sens étroit de ce mot. L'acception biblique est un bel archaïsme des peuples primitifs. Homère appelle aussi Patrocle le serviteur d'Achille, et Mérion le serviteur d'Idoménée, quoique Patrocle et Mérion fussent de race royale. D. Calmet remarque, avec une naïveté très-respectable, qu'il est dit dans le livre des *Rois* qu'Élisée versoit de l'eau sur les mains d'Élie, et que cela n'a pas empêché qu'Élisée ne fût un grand prophète. Josué passe pour auteur du livre qui porte son nom, et qui contient l'histoire des choses arrivées sous son gouvernement. Le récit

---

[1] Les chronologistes font concourir l'époque du gouvernement de Josué avec le déluge de Deucalion. Nous admettons ces synchronismes sans les discuter, parce qu'ils sont aussi étrangers à cet ouvrage qu'ils le sont à nos études. Une plume savante s'occupe de les éclaircir. C'est le service le plus important qu'on puisse rendre à l'histoire.

de sa mort seulement aurait été ajouté par Samuel. Cet ouvrage, quoi qu'il en soit, n'a pas été
exempt des modifications inévitables qui se sont
introduites successivement dans les copies de la
sainte Écriture. Il est à remarquer, comme un des
faits les plus importants de l'histoire littéraire,
que Josué fit visiter la terre de Chanaan par des
hommes versés dans toutes les sciences de cette
époque reculée, et qu'il les chargea d'en marquer
exactement les confins, ce qui nous reporte à
l'origine des cartes géographiques, bien des siècles
avant que Dicéarque ou Anaximandre s'en occupassent dans la Grèce. Josué mourut âgé de cent
dix ans, 1434 ans avant l'ère vulgaire. Les Samaritains ont un livre apocryphe de Josué qui contient quarante-sept chapitres, remplis, selon les
plus savants critiques, de fables et de puérilités. Il
n'a point été imprimé, et nous apprenons de Fabricius, dans ses *Apocryphes du vieux Testament*,
que la seule copie connue n'existe pas en caractères samaritains, mais en langue arabe et traduite de l'hébreu. Elle appartenoit à Joseph Sca-
liger, qui la légua à l'université de Leyde.

JOSUE IMPERATORIS HISTORIA, ab Andrea Masio, hebr. gr. et lat. *Antuerpiæ*, *Christoph. Plantin*, 1573—74, in-fol.

— CUM LIBRIS JUDICUM ET RUTH, a Jo. Clein, lat. *Lugduni*, 1529, in-16.

> Nous devons citer cette édition sur la foi de Mauro-Boni et de Gamba, quoique nous soyons loin de la croire spéciale. Les trois livres que ce volume renferme se suivant dans la Bible, c'est probablement une partie imparfaite de quelque Bible lyonnoise qui figure ici comme la traduction séparée de trois livres particuliers. Nous ne connoissons pas cette Bible, qui pourroit être de Gryphius, dont les presses étoient établies à Lyon depuis plus d'un an quand elle parut. Le Catalogue de Nolin cite une édition du *Pentateuque*, du même lieu, du même format et de la même année.

XIIᵉ SIÈCLE AVANT N. S. J. C.

SAMUEL.

Fils d'Anne et d'Elcana, de la tribu de Lévi et de la famille de Caath; le premier de la chaîne des prophètes proprement dits, qui n'a pas été interrompue depuis lui jusqu'à Zacharie et Malachie (*Omnes prophetæ a Samuël et deinceps qui locuti sunt, annuntiaverunt dies istos.* ACT. III, 24), et le dernier des juges. C'est à lui que finit la théocratie des Hébreux, le peuple ayant demandé un roi, et le Seigneur ayant prescrit à Samuel d'élire Saül, et David après lui, et de les oindre princes d'Israël. On lui attribue le livre des *Juges*, le livre de *Ruth*, et le premier des *Rois* jusque vers les derniers chapitres. Il mourut âgé de quatre-vingt-

XIIe siècle avant N. S. J. C.

dix-huit ans, deux ans avant la mort de Saül. On rapporte cette époque à celle où régnoit Codrus, dernier roi d'Athènes; environ cent ans après la ruine de Troie.

Le livre des *Juges* a passé aussi pour l'ouvrage de Phinée, d'Esdras, d'Ézéchias; mais l'opinion qui le donne à Samuel est plus générale. Il contient l'histoire de la théocratie depuis Josué jusqu'à Saül.

Le livre de *Ruth*, qui renferme la ravissante histoire du mariage de Booz, est placé dans les saintes Écritures entre le livre des *Juges* et le premier livre des *Rois*, comme une transition naturelle du premier de ces gouvernemens au second. Ruth fut mère d'Obed, qui fut père d'Isaï, et aïeul du roi David. L'antiquité ne nous a rien laissé de plus délicieux que cette chaste peinture des mœurs pastorales, et les passages d'Homère les plus précieux sous le rapport de leur couleur primitive, sont loin d'égaler en naïveté le récit ou plutôt le poëme inappréciable de Samuel.

Le premier livre des *Rois*, qui est le seul auquel Samuel puisse avoir contribué, embrasse un siècle entier, depuis la naissance de ce prophète l'an 2849 de la création jusqu'à la mort de Saül en 2949. C'est le tableau de tous les événements qui se sont passés pendant cette longue succession de jours, sans en excepter la mort de Saül qui n'eût lieu, comme nous l'avons dit plus haut, que deux ans après celle de Samuel, et l'apparition de Samuel lui-même, évoqué par la pythonisse d'Endor; complément d'ailleurs nécessaire qu'on ne se faisoit pas scrupule d'ajouter à un récit que la mort de l'auteur avoit laissé imparfait.

———

JUDICUM ET RUTH LIBRI, a Jo. Clein, lat. *Lugduni*, 1529, in-16. Avec JOSUÉ.

' Voyez notre remarque sur cette édition à la fin de l'article précédent.

JUDICUM LIBER, ex ms. alexandrino, gr. *Londini*, 1655, in-4°, avec ESTHER.

RUTH HISTORIA, gr. et lat. a Jo. Drusio. *Franeker*, 1586, in-4°.

Cette rare et singulière édition renferme un traité fort curieux sur les mandragores [1] découvertes par Ruben.

— Ab eodem, gr. et lat. *Amsterdam*, 1632, in-4°.
— gr. *Vittebergæ*, 1592, in-8°.

Nous ne connaissons pas d'édition séparée des livres des *Rois*; mais on pense que le premier a été continué depuis la mort de Samuel, le second écrit en entier, et le troisième commencé par Gad et Nathan, prophètes; que les prophètes Ahias et Addo ont raconté dans le troisième les faits du règne de Salomon, et que le quatrième enfin est l'ouvrage d'un autre prophète dont le nom ne nous est pas parvenu. On s'accorde généralement à reconnoître que ces quatre livres ont dû être mis en ordre et retouchés par Esdras.

[1] Voyez cette histoire dans la *Genèse*, xxx, 14. La mandragore étoit une plante dont les racines, bifurquées par en bas comme des jambes, offroient quelque apparence d'une figure d'homme, et que cette bizarrerie faisoit passer pour propre à rendre les femmes fécondes.

~~~~~~

XIe SIÈCLE AVANT N. S. J. C.

———

DAVID.

Roi et prophète, fils d'Isaï et de Jessé, de la tribu de Juda, et de la petite ville de Bethléem. Il a composé cent cinquante psaumes, qui passent chez tous les peuples pour l'ouvrage le plus parfait que la poésie lyrique ait produit. Il mourut dans la soixante-onzième année de son âge, qui étoit la quarantième de son règne. On place dans le même temps celui de Silvius, roi des Latins.

Saint Augustin a dit des psaumes de David qu'ils renfermoient en eux toute la substance des Écritures : *Psalmorum liber quæcumque utilia sunt ex omnibus continet;* et Cassiodore, qu'ils composoient une bibliothéque complète pour le chrétien : *In hoc libro spiritualis bibliotheca instructa est.* Saint Ambroise en fait un éloge plus magnifique encore, s'il est possible; il y trouve les utiles enseignements des historiens, la pénétration des prophètes, la sagesse des moralistes, l'érudition des savants, et tout cela relevé par un attrait particulier qui est propre au poëte, et dont il n'existe point d'autre exemple : *Certat doctrina cum gratia simul.* Aucun livre ne porte à un plus

XIe siècle avant N. S. J. C.

haut degré le caractère d'une inspiration divine, et l'esprit s'étonne à la pensée de ce qu'il devoit être dans sa première beauté, avant les altérations nombreuses qu'il a nécessairement subies. Ce merveilleux ouvrage a eu le sort de toutes les choses sublimes, qui finissent par ne se communiquer aux sociétés vieillies que par des interprètes incapables de les entendre. La poésie lâche et sans nerf d'une langue usée ne rendra jamais un tel langage: aussi, sans compter la foule vulgaire des traducteurs et des paraphrastes, les plus grands poëtes de nos idiomes modernes ont foiblement réussi dans cette imitation. Les chants idéalisés de Klopstock, qui en approchent le plus, étonnent par je ne sais quelle solennité mystérieuse; mais c'est en vain qu'on y chercheroit ce mélange de grandeur et de simplicité, cette merveilleuse alliance du pathétique et du naïf qui caractérisent son inimitable modèle. Au point où nous en sommes, les éléments de cette langue sont perdus; et si un homme de génie les retrouvoit, il ne seroit pas compris.

———

PSALTERIUM hebræum, græcum, arabicum et chaldæum, cum tribus latinis interpretationibus et glossis, studio Aug. Justiniani. *Genuæ impressit Petrus Paulus Porrus*, 1516, *pet. in-fol.* 12 à 18 fr. 30 fr. bel exemplaire, mar. bl., Crevenna.

C'est la première polyglotte idiotype, ou imprimée avec les caractères

propres à chaque langue. Ce n'est toutefois pas la première où aient paru des XI° siècle
caractères arabes. Les *septem Horæ canonicæ*, imprimées à Fano en 1514, avant N. S. J. C
et citées par Panzer, tome VII, p. 2, sont l'exemple le plus ancien de cette
particularité. Il est probable que le P. Lelong, qui donne la priorité à Justiniani, ne les avait pas connues. Ce Psautier n'était qu'un vaste *specimen*
d'une grande Bible polyglotte que le savant évêque de Nebbio se proposoit
de publier, et dont il n'a pas paru autre chose. Voici la disposition de son
livre, qui est celle qu'il devoit suivre dans les autres parties de l'Écriture. Les
deux pages qui se regardent sont divisées en quatre colonnes : dans la première page, qui est à gauche, la colonne extérieure contient le texte hébreu,
la suivante une traduction latine de ce texte, la troisième l'ancienne Vulgate
latine, et l'intérieure la version grecque ; la cinquième, qui est la première
de la seconde page, l'interprétation arabe, la sixième le chaldéen, la septième la version latine de cette paraphrase, et la huitième et dernière, des
scholies et des remarques, distribution qui explique le faux-titre de l'ouvrage ; *Octaplus Psalterii*. Le P. Lelong pense que la version hébraïque pouvoit être celle qu'avoit faite sur le grec Jacques Jatumæus, de l'île de Candie ;
Huet assure que les deux versions latines de l'hébreu et du chaldéen, faites
par Justiniani, sont très-estimées des savants. M. Brunet a remarqué que les
notes de Justiniani ne sont pas la partie la moins curieuse de son travail, et
qu'il est parvenu, entre autres singularités, à faire entrer une vie assez dé-
veloppée de Christophe Colomb, dans une note sur le psaume *Cœli enarrant*.
Elle n'y étoit d'ailleurs pas mal placée. Tout considéré qu'il est, le Psautier
de Justiniani n'est cependant ni rare pour un livre de cette époque, ni cher
pour un livre de ce mérite. Justiniani lui-même nous explique ceci, p. 224,
liv. v de ses *Annali di Genoa*, où il raconte, avec une naïveté très-touchante,
que, bien persuadé du succès d'une telle entreprise, il avoit fait tirer son
édition à deux mille exemplaires, non compris cinquante exemplaires sur
peau de vélin (*in charte vituline*), qu'il adressa sans exception à tous les
rois de la terre, *chrétiens ou idolâtres*. C'est sans doute l'origine auguste de
ces exemplaires privilégiés qui a fait porter à 191 et 267 fr. ceux de MM. de
La Vallière et Mac-Carthy, prix qui serait peut-être exagéré pour une curiosité si multiple. Tout annonce que Justiniani étoit un homme de bien, aussi
honorable dans son caractère qu'éminent en bon savoir, et qui fut dupe de
sa confiance dans la protection des princes et des prélats, dont il reçut plus
d'éloges que de secours. Il n'avoit désiré, dit-il, qu'autant de profit qu'il en
falloit pour soutenir quelques parents pauvres, en faveur desquels il avoit
conçu cette illustre et malheureuse spéculation. Il vécut malheureux au milieu
des trésors mal appréciés de l'érudition et de la patience, et il mourut dans
une tempête.

Psalterium in quatuor linguis, hebræa, græca, chaldæa (*seu æthiopica*) et latina. *Coloniæ, opera Joan. Potkenii et Joan. Soteris*, 1518, *pet. in-fol.*

Édition très-rare, dont les exemplaires sont chers. Vendu près de cent fr. Pinelli. Chaque page de ce livre est divisée en deux colonnes ; le texte hebreu occupe la colonne extérieure de la première page, le latin occupe l'intérieure. Le grec se trouve à droite dans la seconde, et l'éthiopien à gauche. Elle ne contient d'ailleurs rien de nouveau. Le chaldéen, annoncé dans le titre, est du véritable éthiopien, comme je l'ai témoigné en copiant ce titre d'après les bibliographes les plus dignes de foi.

Psalterium sextuplex hebr. cum tribus latinis, videlicet D. Hieronymi, R. P. sanctis Pagnini, et Felicis Pratensis, gr. septuaginta interpretum cum latina Vulgata. *Lugduni, Gryphius*, 1530, *in-8°.*

C'est par erreur typographique que cette édition se trouve annoncée dans la *bibliothèque* de Mauro-Boni et Gamba, sous la date de 1503. Les Gryphes ne se sont établis à Lyon qu'en 1528. Elle est extrêmement rare.

— Triplex, a Desid. Erasmo, hebr. gr. et lat. *Basileæ, Amerbachius*, 1518, *et ibid. Frobenius*, 1531, *in-fol.*

— Ab Artopæo et Campensi, hebr. gr. et lat. *Lipsiæ*, 1533, *et Basileæ, Henric-Petri*, 1545, 1548 et 1569, *in-8°.*

— hebr. gr. et lat. *Vittebergæ*, 1565, *in-fol.*

Psalterium græcum et lat. ex recensione Johannis (Crastoni) Placentini. *Mediolani*, 1481, *die* xx *septembris, pet. in-fol.*

Quelques exemplaires portent, après *Mediolani*, les mots suivans : *impensa Bonaccursi Pisani.* Édition *princeps* de la version grecque, imprimée à deux colonnes, et qui s'élève à un grand prix dans les ventes, 200 à 300 fr. La Vallière, Pinelli, Brienne. Harwood nous fournit à son sujet un exemple très-singulier de ces variations de prix, si fréquentes dans les adjudications de livres. L'exemplaire qui se trouvoit à la vente du célèbre Maittaire, faite à Londres en 1748, fut mis dans un lot qu'acheta le libraire Wilcox. Celui-ci le porta dans le premier catalogue qu'il publia après cette vente, et l'apprécia seulement à cinq schellings ; mais n'ayant pu le placer à ce prix, il le fit entrer dans un nouveau catalogue, réduit à quatre schellings ; alors un M. Jackson, en ayant fait acquisition pour cette modique somme, le céda au docteur Askew pour cinq guinées ; à la vente du docteur, il fut adjugé à seize guinées. C'est probablement plus du centuple de ce qu'il avoit coûté dans le lot de Wilcox.

—gr. cum canticis quibusdam. *Venetiis, per Alexandrum*
ex Candace, urbe Crete, 1486, *pet. in-4°.*

Livre très-rare, dont l'impression commence, dit M. Brunet, au premier
feuillet *recto* (marqué *a ii*) par ces mots en rouge : δᾱδ προφητου και Βασι
λεως μελος. Comme cette manière de commencer un livre par la seconde
signature est tout-à-fait inusitée, il est plus probable que l'exemplaire sur
lequel notre savant bibliographe a fait cette observation étoit incomplet du
frontispice. Le volume est, ajoute-t-il, composé de 135 feuillets imprimés,
divisés en 17 cahiers, sous les signatures *a ii*—15. Tous les cahiers ont huit
feuillets, si ce n'est le premier, qui n'en a que sept, en supposant que cette
anomalie ne résulte pas de défectuosité. Le *recto* du dernier feuillet indique,
dans une souscription en grec, le nom de l'imprimeur, et le lieu et la date
d'impression. Vendu 240 fr. Gaignat, 200 fr. Soubise.

—gr. (Cura Justini Decadyi.) *Venetiis, Aldus (absque
anni nota, sed ante annum* 1500 *excusum*), *in-4°* de 150
feuillets.

Cette édition rare, exécutée en rouge et en noir, est une des premières
productions des presses Aldines. Mauro-Boni et Gamba la rapportent à
l'an 1495, M. Brunet à 1498, et M. Renouard, qui fait autorité, surtout
en cette matière, à 1496. Elle s'est vendue jusqu'à 200 fr. et plus souvent le
quart, le tiers ou la moitié.

Psalterium gr. edente Demetrio Zeno. Venetiis, per Steph.
de Sabio, 1524, in-4°.

Édition peu commune. 1 liv. 1. Schell-Pinelli.

—gr. *Argentorati, ex offic. Wolfg. Cephalæi*, 1524, *in-16.*
— gr. e codice ms. alexandrino qui Londini, in bibliotheca
musæi britannici asservatur, typis ad similitudinem ipsius
codicis scripturæ fideliter descriptum, cura et labore Henrici Hervei Baber. *Londini, ex prelo Ricardi Taylor*, 1812,
gr. in-fol.

Bonne édition, que l'on peut joindre au *Nouveau Testament grec* imprimé
à Londres, en 1786, d'après le manuscrit d'Alexandrie. Il y en a seize
exemplaires sur VÉLIN, dans un format *gr. in-4°*, qui sont d'une très-haute
valeur : 1000 à 1200 fr. M. Baber préparoit, il y a quelques années, une
édition du *Pentateuque*, également imprimée d'après le manuscrit d'A-
lexandrie. Elle devoit fournir trois parties *in-fol.*, qui se payoient six guinées

par souscription. L'*ancien Testament* entier, exécuté de cette manière, compose quatre volumes, dont un pour les prolégomènes et pour les notes.

PSALTERIUM gr. et lat. *Antuerpiæ, Gruphæus*, 1543, *in-*16.

— gr. et lat. ex vet. cod. D. Victoris. *Parisiis, Carola Guillard*, 1545, *in-*16.

Petites éditions peu communes, mais peu recherchées.

— gr. et lat. juxta exempl. alexandrinum. *Oxoniæ, Theat. Sheldon*, 1678, *in-*8°.

— gr. cum itala versione, a Josepho Blanchinio. *Romæ*, 1740, *in-fol.*

PSALTERIUM latinum. *Norimbergæ, Fridericus Creusner, sine anno, in-*4°.

Production très-rare, d'une époque fort reculée de la typographie. Creusner est un des plus anciens imprimeurs de Nuremberg. Le nom de Creusner se retrouve sur une édition de 1474, qui n'est pas plus commune que les précédentes. Ces éditions des premiers âges de l'imprimerie se sont au reste multipliées à un tel point, sous les investigations des amateurs, qu'elles fourniroient à elles seules le texte d'un ouvrage immense. Nous n'y reviendrons qu'en raison de leur intérêt littéraire, ou du crédit dont elles jouissent parmi les bibliophiles.

— lat. ad honorem et gloriam omnipotentis Dei ordinatum. *Neapoli*, 1476, *die* v *mensis julii, per Henricum Alding et Peregrinum Bermentlo, in-*8° ou *pet. in-*4°.

Édition très-rare : 90 fr. Soubise. Celle que le même Alding imprima, en 1478, à Messine, n'est pas plus commune. La seconde édition de Naples, 1478, *in-*4°, qui est la seule des trois connues par Mauro-Boni et Gamba, est aussi très-difficile à trouver.

— lateinisch, mit dem teutschen nutzbarlich dabey gedruckt, *sine loco et anno, sed circa* 1477, *in-*4°.

Édition très-rare et presque inconnue. Riederess Abhandl, p. 136. Bauer, tom. III, p. 259.

— lat. *sine loco, Ludov. Reuchen*, 1484, *in-*16.

— lat. *Lipsiæ, Conrad. Kacheloven*, 1485, *in-*4°.

Bauer indique, d'après Bunemann, une édition de 1484, ignorée de Maittaire.

—Davids teutsch und lateinisch mit Kurzen Glossen. Ge- XIe siècle
avant
drücket und volendet durch... *Peter Drachen zu Speyer*, N. S. J. C.
1504, in-4°.

—lat. (quincuplex, videlicet :) gallicum, romanum, hebraïcum, vetus, conciliatum cum commentariis a Jacobo
Fabro. *Parisiis, in cœnobio Sancti-Germani a Pratis,
typis Henr. Stephani*, 1508—9, seu 1513, *pet. in-fol.*

Édition recherchée, dont il y a de précieux exemplaires sur VÉLIN.

— lat. secundum Biblia sacra continens virtutes et pro-
prietates eorum Psalmorum pro salute corporis et animæ
obtinenda, etc. *Taurini, ap. Nicol. de Benedictis*, 1517,
in-8°.

« Ce volume est annoncé comme excessivement rare dans la *Bibliogra-*
« *phie instructive* de Debure ; mais de Marolles, *Manuel bibliographique*,
« croit que ce n'est autre chose qu'une réimpression du Psautier latin (avec
« un intitulé et des rubriques en italien), imprimé à Venise par Sessa, en
« 1514, in-8°, ouvrage dont il cite aussi une édition de Turin 1512, in-4°,
« et des réimpressions de Venise, 1536, 1539 et 1547, *in-8°.* Si l'obser-
« vation est fondée, quoiqu'elle ne puisse pas détruire la rareté de l'édition
« rapportée par Debure, elle en diminuera au moins beaucoup le mérite aux
« yeux des curieux. » *Manuel du libraire et de l'amateur de livres*, tome III,
page 161.

—lat. *Parisiis, Colinæus*, 1523, *in-12.*
—lat. *Parisiis, Rob. Stephanus*, 1546, in-8°.

Il y a aussi des éditions du *Psalterium* publiées par le même imprimeur
en 1548 et 1556. On sait que tous les livres sortis de ses presses se recommandent également par la beauté des caractères, et par la correction des
textes, et on ne peut s'empêcher de regretter que ces chefs-d'œuvre typographiques, injustement dédaignés chez nous, soient abandonnés à vil prix
aux étrangers, qui savent mieux en apprécier le mérite.

— lat. id est : Sacra ac recens Psalmorum omnium Davidis
interpretatio, ab eximio theologo Placido, Parmensi, ordinis
prædicatorum, edita. *Venetiis, in academia veneta*, 1559,
in-4°.

Un des rares volumes, dit M. Renouard, qu'a fait imprimer l'*Academia
veneta*, et qui nécessairement font partie de toute collection aldine.

XIe siècle
avant
N. S. J. C.

PSALTERIUM lat. *Antuerpiæ, Christoph. Plantin*, 1564, *in-16.*

— lat. *Romæ, typis vatic.* 1591, *in-8°.*

— lat. (et arabice) versione Victorii Scialæ et Gabriel. Sionitæ. *Romæ, ex typographia Savariana*, 1614, *in-4°.*

Peu commun; 6 à 8 fr. Plusieurs exemplaires de cette édition ont un nouveau titre daté de 1619.

Le *Catalogue de la Bibliothéque du Roi*, n° 255, nomme ce traducteur *Victorinus Scialar.*

On ne parlera pas ici de la typographie orientale appelée *Savarienne*, du nom de Savary de Brèves, son fondateur. Ce sujet, qui ne se rattache que fort accessoirement à nos recherches, est épuisé à l'article *Brèves* dans la *Biographie universelle.*

— lat. (et syriace) nunc primum editi a Th. Erpenio, qui versionem latinam adjecit. *Lugd. Batav.* 1625, *in-4°.* 5 à 7 fr.

— lat. juxta exemplar vaticanum anni 1592. *Lugd. (Batav.) Joh. et Dan. Elzevir*, 1653, *pet. in-12.* 381 pp., y compris le titre gravé.

Mauro-Boni et Gamba se sont trompés en annonçant sous cette date une édition grecque des Elzevirs, qui n'en ont jamais imprimé. Cette petite édition, dont les exemplaires ne sont pas communs, est recherchée des amateurs, qui paient fort cher les exemplaires bien conservés dans la grandeur des marges. Ils doivent avoir plus de 5 p. 1 ligne. Celui de M. Moteley a été porté, en 1824, au prix exorbitant de 190 fr., qui ne peut servir de règle.

PSALMORUM CODEX, lat. *Moguntiæ, per Joh. Fust et P. Schoeffer*, 1457, *in-fol.* imprimé sur VÉLIN.

« Premier livre imprimé avec date certaine, car les lettres d'indulgence de
« Nicolas V, imprimées en 1455, ne peuvent guère être considérées comme
« un livre; les exemplaires en sont tellement rares qu'à peine en connoît-on
« sept ou huit. Aucun de ces exemplaires n'est même conforme à l'autre, soit
« pour le contenu, soit pour le nombre des feuillets, soit enfin pour l'or-
« thographe des notes ou pour la souscription. L'exemplaire de la Bibliothéque
« de Vienne est le plus complet que l'on connoisse; il contient 175 feuillets
« dont le Psautier occupe les 135 premiers, et le *recto* du 136°; le surplus est
« rempli par les litanies, les oraisons, répons, vigiles, etc. [1].

[1] C'est cette particularité qui classe les éditions princeps du *Psautier latin*, et les suivantes parmi les livres de liturgie, et qui nous a forcé à quitter ici l'ordre chronologique d'impression.

« On trouve au *verso* du dernier feuillet une souscription de sept lignes « dont voici le commencement et la fin :

« Pĩs Psalmor. codex venustate capitaliũ decõatᵍ... per Jõhem « Fust civẽ magũtinũ, et Petrũ. Schœffer de Gernszheim, anno « Dñi millesio cccc. lvii. in vigilia assumptiõis.

« L'exemplaire de la Bibliothéque du Roi, le seul qui soit en France, n'a « que 169 feuillets, parce qu'il en manque 6 dans la partie des hymnes. Ce-« pendant, après avoir été acheté 1340 fr. seulement à la vente de Gaignat, « pour M. Girardot de Préfond, qui le céda à M. Mac-Carthy, il a été « payé 12,000 à la vente de ce dernier, au mois de février 1817. La France « est redevable de cette importante acquisition à S. M. LOUIS XVIII, qui a « bien voulu en acquitter le prix sur sa cassette.

« Sans nous étendre davantage sur ce précieux monument de la typographie, « au sujet duquel on peut consulter Heineken (*Idée d'une collection d'es-*« *tampes*), 262-73, et Würdtvein (*Bibliotheca moguntina*), 55-57, ajou-« tons seulement que plusieurs bibliographes ont pensé que cette édition avoit « été imprimée avec des caractères de bois, et que nous partageons cette « opinion. » *Manuel du libraire et de l'amateur de livres*, tom. III, pag. 161-62.

Le sentiment exprimé par M. Brunet à la fin d'un de ces paragraphes, que nous nous faisons un devoir de copier parce que nous ne pouvons pas si bien dire, est développé avec beaucoup de détails par M. de Boze, dans les *Mémoires de l'Académie des Inscriptions et Belles-Lettres*, tom. XIV.

Idem PSALMORUM CODEX. (*Moguntiœ*) *per Johannem Fust civem moguntinum, et Petrum Schœifher de Gernszheym, anno millesimo cccc. lix. in-fol.* de 136 feuillets, imprimé SUR VÉLIN.

Édition un peu moins rare que la précédente, mais qui tient une place après elle parmi les livres les plus précieux. Elle s'est vendue 2,500 fr. Brienne, 3,300 fr. Mac-Carthy. M. Brunet suppose qu'un exemplaire livré à Londres pour 63 liv. sterl. devoit être imparfait.

Les exemplaires offrent aussi quelque variété dans la souscription, et à ce qu'il paroît dans le contenu; le catalogue du libraire Edwards, 1796, offre du moins l'indication d'une édition in-fol. de 158 feuillets, qui correspond en partie page pour page avec celle de 1459. Cette édition finit avec le *canticum Ysaie*, mais le verso du dernier feuillet est tout blanc, et manque par conséquent de souscription. Ce qu'il y a de singulier, c'est que le caractère du texte est le même que dans l'édition de 1459, tandis que les rubriques et les paroles du chant se rapportent à celle de 1457.

— *In nobili civitate moguntina... per Petrum Schœffer de Gernszheym, est consummatus* (Codex Psalmorum) *anno Domini* M. CCCC. XC. *ultima die mensis augusti, in-fol.*

Édition conforme aux précédentes par le caractère, mais qui n'est ni aussi précieuse, ni même aussi rare, selon toutes les apparences. La Bibliothèque du Roi en possède un exemplaire imprimé sur VÉLIN, qui renferme 81 feuillets; le plain-chant y est imprimé. Panzer, qui ne fait mention que de 155 feuillets, a été trompé par un exemplaire défectueux.

— *Moguntiæ, per Petrum Schoiffer de Gernsheim,* 1502, *in-fol. goth.* de 175 feuillets.

Cette édition, aussi très-rare, dit M. Brunet, est imprimée en rouge et en noir, avec des caractères semblables à ceux de l'édition de 1457. Le plain-chant n'y est pas noté, et l'on n'a pas fait usage, dans ce volume, de ces belles majuscules gravées en bois, que les amateurs admirent tant dans les éditions précédentes. Les feuillets sont chiffrés jusqu'au 136e, qui est marqué CXXXVII, et les feuillets chiffrés sautent par erreur de 124 à 126, sans qu'il y ait de lacune réelle. Vendu 315 fr. La Vallière.

PSALTERIUM ordinis S. Benedicti de observantia Burffeldensis. *Impressum Moguntiæ per Johannem Schoeffer,* 1516, *in-fol.*

Volume de 177 feuillets, y compris le frontispice et le feuillet qui termine l'ouvrage; c'est sur ce dernier que se trouve la souscription. Le plain-chant y est imprimé. Les caractères paroissent être les mêmes que dans l'édition de 1457. Vendu 50 fr. Firmin Didot.

Cette série d'éditions offre un intérêt monumental sur lequel il seroit inutile d'insister; mais s'il est permis de mêler une réflexion philosophique aux froides recherches du bibliographe, n'est-il pas remarquable que l'insuffisance de l'homme se soit manifestée dans les sciences mêmes qui attestent le plus son perfectionnement, dans l'art miraculeux qui atteignoit, dès son premier essor, au complément de toute la civilisation? Ce n'est pas de la partie matérielle de la typographie que nous entendons parler. Elle est au contraire tellement parfaite, que les chefs-d'œuvre de l'imprimerie naissante ne seroient certainement pas égalés aujourd'hui; mais, que penser des génies sublimes qui ont fait faire ce grand pas à l'intelligence humaine, et qui n'ont pas pu trouver, dans le moyen assuré de perpétuer, à travers tous les siècles, les moindres nuances de la pensée, celui de mettre l'authenticité de leurs découvertes à l'abri de toutes les controverses? Que dis-je! ils ne sont pas même parvenus à nous faire connoître distinctement leurs noms, et ces merveilleux assembleurs de lettres n'ont jamais su au juste de quelles lettres se composoit la signature de leurs pères!

PSALTERIUM lat. *Venetiis*, *Gabr. Petri*, *sine anno*, *in-16.*   XIe siècle

Un exemplaire sur VÉLIN. 2 liv. 11. schell. Pinelli. On a des éditions de cet N. S. J. C.
imprimeur depuis 1472. Il a réimprimé le *Psautier* en 1486 , *in-8°.*

PSALTERIUM romanum. *Venetiis*, *Jenson*, 1478, *in-fol.*

Il en existoit un exemplaire sur VÉLIN , mais défectueux, dans la bibliothèque Mac-Carthy.

— Ad usum ecclesiæ argentinensis (*Argentorati*), *impensis
Johannis Reynard, alias, Grunynger, anno* 1489, 2 *in-8°.*

Sur VÉLIN , 37 fr. Lauraguais.

— Secundum consuetudinem curiæ romanæ. 2 *in - 8°*.
gothic.

Sur VÉLIN , 38 fr. La Valière.

— Juxta morem ambrosianæ ecclesiæ. *Mediolani*, 1557,
in-fol.
— Cum aliquot canticis et hymnis ecclesiasticis. *Parisiis*,
Jamet Metayer, 1587, *in-12.*

Sur VÉLIN, 48 fr. La Valière. Il y a beaucoup d'autres éditions du *Psautier*
liturgique, imprimées sur la fin du quinzième siècle et durant le seizième,
dont on a tiré des exemplaires sur VÉLIN pour l'usage de l'Église. Elles ont
toutes une valeur proportionnée à la beauté et à la rareté de ces exemplaires,
ou aux ornemens particuliers dont ils sont enrichis.

— Romanum, ad usum cleri basilicæ vaticanæ, ad vetustissima exemplaria recognitum. *Romæ*, 1593, *in-8°.*

« Belle édition en rouge et noir , et l'une de celles que l'on doit à Alde le
« jeune , qui venoit d'être chargé de diriger l'imprimerie du Vatican , con-
« jointement avec Domen-Basa. Elle est fort rare, et contient la version
« littérale, dont on continua long-temps à faire usage dans la chapelle Sixtine,
« malgré la publication canonique de la Vulgate. » *Catalogue de la bibliothèque d'un amateur* (M. Renouard, tom. I, pag. 11). Je n'ai pu vérifier si cette
édition n'étoit pas une simple réimpression de celle de 1591 , citée plus haut.

— In tres hebdomadas distributum, cum officiis beatæ Mariæ Virginis. *Parisiis*, *ex typographia regia*, 1750, *in-12.*

ENCHIRIDIUM PSALMORUM, ex Vulgata sive septuaginta interpretum editione. Eorumdem ex veritate hebraïca versio-

nem, ac J. Campensis è regione paraphrasim complectens. *Parisiis, Martinus Juvenis*, 1565, *in-12.*

Version et paraphrase très-bien faites, selon M. Renouard, et souvent utiles pour l'interprétation de certains passages presque inintelligibles dans la Vulgate.

SEPTEM PSALMI POENITENTIALES, cum horis B. M. V. lat. *Venetiis, Nic. Jenson*, 1474, in-32. VÉLIN.

Edition de la plus grande élégance, et d'un format assez rarement en usage dans le quinzième siècle pour que plusieurs bibliographes aient cru pouvoir établir en fait que la typographie de cette époque n'avoit rien produit au-dessous de l'in-4°. Nous avons déjà fourni, dans ce seul chapitre, deux preuves remarquables du contraire, le *Psautier* de Gabriel Petri, et celui de Louis Reuchen. Le volume que nous citons est un des plus rares de Jenson.

— A Decadyo. *Venetiis, Aldus, sine anno.*

Cette édition, indiquée par Mauro-Boni et Gamba, paroît leur avoir été bien imparfaitement connue, puisqu'ils ne désignent son format que par ces mots vagues, *impresso in minutissima forma.* Je n'ai pu la découvrir d'ailleurs ni dans le *catalogue des livres* de M. Renouard, ni dans ses *desiderata.* Nos bibliographes auroient-ils confondu par hasard l'édition in-4° du *Psautier grec* de *Decadyus*, qui est effectivement, comme ils le disent de celle-ci, un des Aldes les plus anciens, avec une édition spéciale *in-24* des *Psaumes de la pénitence*, sur la foi d'une faute typographique ? D'un autre côté, je trouve, dans le *catalogue* de M. Renouard et dans d'autres bibliographes, la description d'un petit volume intitulé : *Horæ beatæ Mariæ Virginis*, gr. *Venetiis, Aldus Pius Manutius*, 1497, *in-16*, que la Bibliothèque royale possède, et qui se rencontre aussi, dit-on, dans la collection de M. Filippi à Vérone, et dans celle de M. Dolci à Vienne. L'exemplaire de M. Renouard est imparfait des premier et huitième feuillets, et des 16 pages d'*appendix.* Ces *Heures* sont souvent jointes au *Psautier*, dans les éditions du temps, et il seroit possible qu'Alde l'ancien eût réimprimé dans ce format, avec les fameuses *Heures de la Vierge*, le ψαλτηριον de *Decadyus*, sans porter de souscription d'année sur cette partie détachée. Quoi qu'il en soit, si elle existe, elle peut être comptée au nombre des livres les plus rares.

SEPTEM PSALMI POENITENTIALES, gr. *Coloniæ*, 1517, *in-8°.*

— hebr. gr. et lat. *Parisiis*, 1544, *in-16.*

— hebr. gr. et lat. *Lugduni*, 1660, *in-24.*

Votum davidicum : cor mundum crea in me, Deus (*Ps.* l, XIᵉ siècle *v.* 12), a 15o et amplius metaphrastis expressum carmine, avant N. S. J. C hebr. gr. lat., etc. a Jo. Alberto Fabricio. *Hamburgi*, 1729, in-4°.

Cette compilation polyglotte se recommande par le nom classique de Fabricius. Nous avons exprimé plus haut notre opinion sur les poëtes téméraires qui osent traduire ou imiter les conceptions merveilleuses de l'inspiration et du génie, sans en connoître le langage , et nous osons à peine accorder une exception à Buchanan , mauvais moine et mauvais Écossois ; mais poëte excellent. Sa belle paraphrase a été imprimée , *Lugd. Batav. typ. Isaac Elzev.* 1621 , in-12. Urie en a donné une bonne édition à *Glasgow* en 1750, *petit in-8°.* L'édition originale est, dit-on, celle de Strasbourg , 1566, *in-12* , qui porte en effet *nunc primùm edita ;* mais celle de Paris , *apud Henric. Stephanum et ejus fratrem Rob. Stephanum , in-8° sans date* , passe pour lui être antérieure. Celles-ci se trouvent assez rarement dans les ventes. L'édition de 1621 a été vendue 21 fr. Thierry. La charmante édition elzévirienne de 1628, qui contient toutes les poésies de Buchanan , réunies à sa *paraphrase des Psaumes* , est tout au plus aussi chère, quoiqu'elle ne soit guère plus facile à trouver en beaux exemplaires.

XIᵉ siècle avant N. S. J. C.

SALOMON.

Fils de David et un des plus grands rois de l'antiquité, qui florit un siècle avant l'époque où nous plaçons Homère. L'Orient l'avoit surnommé *le Sage*, et ce nom a survécu aux vicissitudes des siècles et des religions. Il érigea au Seigneur ce temple magnifique de Jérusalem qui atteste le degré incomparable de perfection où les arts étoient déjà parvenus à une époque si reculée dans la civilisation des peuples. Rassasié de gran-deurs, de plaisirs et de gloire, après quarante ans d'un règne accompli en prospérité, Salomon mourut jeune encore; ce qui est sans doute, dans la pensée de Dieu, le sceau d'une félicité parfaite sur la terre. Il a écrit le livre des *Proverbes*, l'*Ec-clésiaste*, et le *Cantique des cantiques*.

Les *Proverbes* sont le plus important de ses ouvrages. Il nous apprend lui-même que c'est le fruit de sa plus profonde méditation et de sa plus excellente sagesse : *Cùm esset sapientissimus ec-clesiastes, docuit populum.* Ce livre est, ainsi que son titre l'indique, un recueil de paraboles, de sentences morales et de maximes ordinairement figurées, présentées d'une manière quelquefois énigmatique, et toujours concise et solennelle, qui renferment toutes les principales leçons de l'expérience et de la raison humaine pour la con-duite de la vie, au siècle où elles ont été recueil-lies. Peu d'ouvrages de l'antiquité présentent un caractère plus sensible de grandeur et de naïveté primitives.

On a contesté à Salomon le livre de l'*Ecclésiaste*, quoiqu'il s'y désigne lui-même de la manière la plus évidente. Nous renvoyons cette polémique, étrangère à notre but, aux philologues sacrés. L'*Ecclésiaste* contient tout ce que peut enseigner la sagesse, telle qu'elle est donnée à l'homme, XIe siècle avant N. S. J. C. sous deux aspects différents, c'est-à-dire selon la mesure de son intelligence, et selon celle de sa foi. Comme les arguments des indifférents y sont présentés dans toute leur force, les matérialistes modernes s'en sont servis comme d'une preuve manifeste de l'incrédulité de Salomon, sans avoir égard aux solides réponses qu'il leur oppose, et à la sublime conclusion de son ouvrage. « *Écoutez « tous la fin de ce discours : Craignez Dieu et « observez ses commandements, car voilà tout « l'homme.* » La même mauvaise foi dans l'interprétation d'un écrit essentiellement religieux s'est souvent exercée depuis sur les auteurs les plus orthodoxes, et particulièrement sur Pascal.

Le *Cantique des cantiques* a été ainsi nommé par *emphase*, pour exprimer le plus excellent des chants du premier âge; et à le considérer, comme nous le faisons, d'une manière toute littéraire, il n'y a rien de trop exagéré dans ce jugement. Sous le rapport figuré, l'Église y voit l'alliance allégorique de Jésus-Christ avec elle-même, et le mariage mystique de la pensée divine avec une âme sainte et fidèle. Sous le rapport positif, c'est l'épithalame qui dut être chanté, et peut-être joué, car il est divisé en actes ou en journées, comme une polylogie dramatique, à l'occasion des noces de Salomon et de la fille du roi d'Égypte; et en ce sens, la poésie n'a jamais parlé un langage plus élégant, le sentiment un langage plus vif et plus délicat, la passion un langage plus tendre et plus véhément. Ce poëme est le modèle et le désespoir à la fois de tous ceux qui seroient tentés de s'exercer dans le même genre, si de pareilles inspirations pouvoient jamais se reproduire.

On a attribué à Salomon, sans preuves suffisantes, le livre de *la Sagesse* et celui de *l'Ecclésiastique*. Il est cependant probable que, si le livre de *la Sagesse* n'est pas littéralement traduit d'un original hébreu qui s'est perdu, il a été composé sur la foi des traditions sacrées, de pensées et de sentences de Salomon, par un Grec nommé Philon, différent de celui qui vécut du temps de Tibère. Indépendamment des deux psaumes LXXI, *Deus, judicium tuum regi da*, et CXXVI, *Nisi Dominus ædificaverit domum*, que les Juifs attribuent aussi à Salomon, on a publié sous son nom dix-huit psaumes, qui furent trouvés en grec par André Schott dans la bibliothéque d'Augsbourg, puis traduits en latin et donnés au public par le P. Jean-Louis de la Cerda. Huet, excellent juge en critique sainte, et juge non moins excellent en littérature, présumoit que cette imitation, faite dans le genre de celles que nous appelons maintenant *pastiches*, étoit l'ouvrage de quelque Juif helléniste très-versé dans les Écritures, et trèsexercé au style de la poésie primitive, qui a cousu avec habileté à son sujet des centons d'Ézéchiel et d'Isaïe. On a prêté enfin au SAGE par excellence une foule de livres extravagants qui traitent des sciences occultes et de la magie, et dont la supposition est encore bien mieux démontrée. Il seroit cependant difficile, même aujourd'hui, de déraciner cette superstition bizarre de l'imagination des Orientaux. Il est naturel à tous les peuples dont la civilisation n'est pas complète en lumières, de supposer aux hommes extraordinaires qui s'élèvent parmi eux des facultés exclusives, puisées dans un commerce merveilleux avec des intelligences supérieures à l'homme.

———

LIBRI SAPIENTIALES, lat. *Parisiis, Wolfang,* 1491, *in-*4°.
— cúm Psalterio lat. *Parisiis, Robertus Stephanus,* 1528, *in-*4°.
— lat. *Lugduni,* 1562, *in-*16.

LIBRI SALOMONIS, PROVERBIA, ECCLESIASTES, CANT. CANTIC., SAPIENTIA et ECCLESIASTICUS, ex itala versione, cum notis Bossueti, lat. *Parisiis,* 1693, *in-*8°.
— a Duhamel, lat. *Rothomagi,* 1703, *in-*12.

LIBRI SALOMONIS, lat. *Lugduni,* 1500, *in-*4°.
— lat. *Lipsiæ, Hanner,* 1518, *in-fol.*

PROVERBIA SALOMONIS a Jo. Drachonita, hebr. gr. et lat. *Vitebergæ, apud Cratonem,* 1564, *in-fol.* fol. 118.

Les anciens bibliographes rangent toutes les parties de l'Écriture qui ont été publiées par le même éditeur au nombre des livres les plus rares.

ECCLESIASTES, cum versione D. Hieronymi, lat. *sine loco*, 1518, *in-4°.*

— ab Olympiodoro, ex vers. Aquilæ, Theodotionis et LXX interpretum, gr. lat. *Basileæ, Bebelius*, 1536, *in-4°.* et (*ibid.*) *Perna, sine anno, in-4°.*

— à Jo. Pineda, lat. *Hispali*, 1619, *Parisiis*, 1620, et *Antuerpiæ*, 1620, *in-fol.*

CANTICUM CANTICORUM, a Guidenio, hebr. et lat. *Parisiis*, 1531 et 1539, *in-4°.*

— a Georgio Niselio, arab. et lat. *Lugd. Batavorum*, 1656, *in-4°.*

— a Jos. Blanchinio, gr. et lat. *Romæ*, 1740, *in-fol.*

Cette excellente édition est jointe au Psautier du même éditeur que nous avons indiqué plus haut.

SAPIENTIA, gr. (*Parisiis*) *apud viduam Morelli*, 1566, *in-4°.*
— a Selnevero, gr. et lat. *Lipsiæ*, 1568, *in-8°.*

CANTICA CANTICORUM, sive historia, vel providentia beatæ Virginis Mariæ, ex Cantico Canticorum, etc.

Voyez plus loin le chapitre intitulé : BIBLES FIGURÉES.

⁓⁓⁓⁓⁓⁓⁓⁓⁓⁓⁓⁓⁓⁓⁓⁓⁓⁓⁓⁓⁓⁓⁓⁓⁓⁓⁓⁓⁓

VIIIe SIÈCLE AVANT N. S. J. C.

———

OSÉE.

Fils de Beeri, de la ville de Bélémoth, ou Beelméon, dans la tribu d'Issachar. Les rabbins le font fils d'un autre Beeri, prince de la tribu de Ruben. C'est le premier des douze prophètes, et le plus ancien dont on ait conservé les écrits. La VIIIe siècle avant N. S. J. C. durée de sa vie est incertaine; mais si elle a embrassé tout l'espace compris dans sa prophétie, elle a dû être fort longue.

Le style d'Osée ne se recommande par aucune des qualités que l'on admire dans la plupart des prophètes. Il est embarrassé, vague, obscur, comme l'histoire de cette époque reculée, qui est à peu près celle où Tibérinus régnoit chez les Latins, et où Lycurgue donnoit des lois à Sparte.

———

Oseæ prophetia, a sanct. Pagnino, cum comm. lat. hebr., etc. *Leidæ, Maire*, 1521, *in-4°.*

Hoseas propheta, commentariis illustratus, a Dav. Pareo; cum translatione triplici; latina gemina, ex hebræo et Chaldæo Thargum Jonathæ, nec non græca LXX. *Heidelbergæ*, 1605, *in-4°.*

Édition rejetée par l'Église, supprimée avec soin, et devenue fort rare.

— a Philippæo, cum obelis et asteriscis, ex cod. Rupifucaldiano, gr. *Parisiis*, 1636, *in-fol.*

Cette édition ne contient que les quatre premiers chapitres.

VIIIᵉ SIÈCLE AVANT N. S. J. C.

ISAÏE.

Fils d'Amos [1], qui étoit, dit-on, fils du roi Joas, et frère d'Amasias, roi de Juda; le premier des quatre grands prophètes. On place le commencement des prophéties d'Isaïe immédiatement après la mort du roi Ozias ou Azarias, sous le règne de Manassé, que l'on fait concourir avec les années qui précédèrent celui de Romulus.

Les principaux objets des prophéties d'Isaïe sont la captivité de Babylone, le retour de cette captivité, et le règne futur du Messie. C'est un évangile anticipé dans lequel les autres évangiles sont prévus.

Isaie passe, du consentement unanime, pour le plus éloquent des prophètes. Saint Jérôme dit que ses écrits sont l'abrégé des saintes Écritures, et qu'ils offrent la réunion de toutes les connoissances que des sens mortels peuvent embrasser, et que peut exprimer une langue humaine : *Quic-*

---

[1] Il faudroit peut-être écrire Hamoz, pour distinguer ce prince d'Amos le prophète, et pour se conformer plus exactement à l'orthographe littérale.

quid potest humana lingua proferre, et morta-
lium sensus accipere. Grotius le compare à Démosthène pour la grandeur et la magnificence du style, la véhémence des mouvements, l'abondance des figures, et l'impétuosité de son indignation quand il accuse ou quand il menace. Ces deux termes de comparaison sont éloignés d'ailleurs de toute la distance des genres. L'éloquence de Démosthène est celle du plus habile des orateurs; l'éloquence d'Isaïe est celle d'un poëte sublime, et du plus sublime peut-être de tous les poëtes.

———

IsaIæ prophetIæ, a Curterio, gr. et lat. *Parisiis,* 1580, *in-fol.*
— a Davide Kimchi, hebr. gr. et lat. *Basileæ, Henric Petri, sine anno, in-*4°.
— ab Huttero, hebr. gr. et lat. *Norimbergæ,* 1601, *in-*4°.

JesaIæ vaticinIa latine vertit et explicavit E. F. C. Rosenmüller. *Lipsiæ,* 1791 *et seqq.* 3. in-8°. 18 fr.

VIIIᵉ SIÈCLE AVANT N. S. J. C.

JOËL.

Fils de Phatuël, de la ville de Bethoron, ou
plutôt Betharan, dans la tribu de Ruben; le second des douze petits prophètes. Il fut contemporain d'Isaïe, et vécut par conséquent, autant
qu'on peut s'en rapporter à ces synchronismes
pour lesquels nous avons déjà témoigné notre
défiance, vingt ans avant la fondation de Rome.
D. Calmet le place sous Josias, roi de Juda, à
peu près au même temps que Jérémie.

JOELIS PROPHETIA, hebr. et lat., a Leusden. *Trajecti ad Rhenum*, 1657, *in-8°*.

Avec les prophéties d'Abdias.

— hebr. gr. et lat. a Jo. Drachonita. *Vittebergæ*, 1565,
in-fol.

Avec Michée , Zacharie et Malachie.

— Æthiopice, interpretatione latina ad verbum donata, et
perbrevi vocum hebraïcarum et arabicarum harmonia
illustrata, labore et studio M. Theodori Petræi, Cimbri.
Lugduni Batavorum, sumtibus autoris, et typis Nesselianis,
1661, *in-4°. maj.*

VIII siècle avant N. S. J. C.

VIIIe SIÈCLE AVANT N. S. J. C.

ABDIAS.

Contemporain d'Isaïe, de Joël, de Jérémie, etc.; le quatrième des douze petits prophètes. Il n'a écrit qu'un seul chapitre, qui est une imprécation contre les Iduméens. Il imite le style de Jérémie, et se sert quelquefois des mêmes paroles.

ABDIÆ PROPHETIA, hebr. et lat. a Leusden. *Trajecti ad Rhenum*, 1657, *in-8°*.

Avec les prophéties de Joël.

ABDIAS PROPHETA explanatus per Urb. Rhegium. *Magdeburgi*, 1587, *in-8°. min.*

VIIIe SIÈCLE AVANT N. S. J. C.

JONAS.

Fils d'Amathi, Galiléen, né, selon le plus grand nombre, à Geth-Opher ou Jotapate, dans le pays de Zabulon ; selon quelques autres, à Cariatham, près d'Asoth ; contemporain des précédens ; le cinquième des petits prophètes.

JONÆ PROPHETIA, et psalmus 1, trilinguis; unà cum scholiis Petri Artopœi. *Basileæ*, 1543, *in-8°.*

Mauro Boni et Gamba citent une édition hébr. gr. et lat., également imprimée à Bâle, mais datée de 1545. Nous ignorons si c'est la réimpression de celle-ci.

    — hebr. et lat. *Basileæ, Froben,* 1524, *in-8°.*
    — hebr. et lat. a Leusden. *Trajecti ad Rhenum,* 1656 et 1692, *in-8°.*
    — a Sebast. Munstero, gr. *Basileæ,* 1524, *in-8°.*
    — gr. *Helmstadii,* 1580, *in-8°.*
    — gr. *Magdeburgi,* 1607, *in-8°.*

JONAS ex æthiopico in latinum ad verbum versus, et notis atque adagiis illustratus, cui adjunguntur IV Geneseos capita e vetustissimo manuscripto æthiop. eruta a M. Theod. Petræo. *Lugduni Batavorum,* 1660, *in-4°. maj.*

~~~~~~

VIIe SIÈCLE AVANT N. S. J. C.

MICHÉE.

De Morasthi, Berethsate ou Maresa, près de la ville d'Eleuthcropolis ; peu postérieur à Isaïe, dont il a quelquefois emprunté le langage ; le septième dans l'ordre des douze petits prophètes. Sa mis-

sion prophétique embrasse au moins cinquante ^{VII^e siècle avant}
années sous les rois de Juda Joathan, Achaz et ^{N. S. J. C.}
Ézéchias.

———

MICHEÆ PROPHETIA, hebr. gr. et lat. a Jo. Drachonita. *Vittebergæ*, 1565, *in-fol.*

Avec Joël, Zacharie et Malachie.

~~~~~~

VIIe SIÈCLE AVANT N. S. J. C.

———

AMOS.

De la petite ville de Thécué, dans la tribu de
Juda, à quatre lieues au midi de Jérusalem;
contemporain des précédens; le quatrième dans
l'ordre des douze petits prophètes. Il prophéti-
soit sous le roi Ozias.

Le langage des prophètes devant s'approprier à
tous les états et à toutes les facultés de l'homme,
il a dû s'en trouver parmi eux dont le style étoit
loin de la pompe et de l'élégance qui distinguent
presque nécessairement les inspirations de l'esprit
de Dieu, et auxquels l'instinct naturel d'une saine
raison paroissoit tenir lieu d'éloquence. Tel étoit
le prophète Amos, dont saint Jérôme témoigne
que sa manière de s'exprimer n'est digne, ni par

le choix des termes, ni par la noblesse des images, de l'élévation et de la pureté de sa doctrine. Élevé dans les habitudes de la vie champêtre, il leur emprunte ordinairement les figures de son discours; et la naïveté de ses comparaisons, familières au peuple, rappelle à tout moment l'état grossier où il a été nourri; mais l'effet de ses leçons n'en est que plus sûr, et les rhéteurs eux-mêmes n'enseigneroient pas à un homme chargé de ce ministère à l'égard des classes inférieures un meilleur artifice oratoire.

Nous ne connoissons aucune édition séparée d'Amos ni de Nahum; mais nous avons cru devoir les placer ici dans leur ordre chronologique, pour ne pas laisser de lacunes dans le tableau général des hagiographes *inspirés*.

VIIᵉ SIÈCLE AVANT N. S. J. C.

NAHUM.

D'Elkesaï, village de Galilée, contemporain des précédens, du moins selon l'opinion la plus fondée en vraisemblance; le septième des douze petits prophètes.

Sa prophétie consiste en trois chapitres qui ne

forment qu'un seul discours, où il prédit la chute ^VIIᵉ siècle avant^ de l'empire des Assyriens, et représente dans une ^N. S. J. C.^ prosopopée pathétique les désastres qui doivent accompagner la ruine de Ninive.

VIIᵉ SIÈCLE AVANT N. S. J. C.

———

TOBIE.

Fils de Tobiel et petit-fils d'Ananéel, de la tribu de Nephtali.

On attribue à Tobie et à son fils le récit naïf et pathétique dont se compose le livre de l'ancien Testament qui porte leur nom. D'autres critiques le regardent comme rédigé sur leurs mémoires, ou sur la foi d'une de ces traditions orales des peuples simples, qui varient peu dans leur forme. On a pensé enfin, et nous ne savons pas si cette opinion est formellement repoussée par l'Église, que l'histoire de Tobie n'étoit qu'une fiction pieuse qui a pour objet de faire voir les bontés assidues de la Providence pour les familles religieuses qui se confient en elle, et les récompenses qu'elle accorde dès cette vie aux bonnes œuvres et aux actions charitables. Quoi qu'il en soit de ces controverses étrangères à l'histoire littéraire, peu de monuments de l'antiquité égalent celui-ci en intérêt, et donnent une idée plus gracieuse de la candeur des mœurs primitives. Il n'y a rien à comparer hors de l'Écriture sainte à la peinture charmante de l'intérieur de cette famille patriarcale. Les regrets de la mère pendant l'absence de son fils sont exprimés avec une éloquence de sentiment qui s'élève jusqu'au sublime. Le chien dont Homère a daigné consacrer la fidélité, et qui passe avec raison pour un des accessoires les plus touchants que la poésie ait osé admettre dans ses tableaux, ne l'emporte en rien sur celui de Tobie, épisode plein de vérité et de charme, qui révèle toute la délicatesse de l'esprit et toute la sensibilité du génie.

Il n'est pas douteux que l'original du livre de Tobie n'ait été hébreu ou chaldéen; mais nous ne l'avons qu'en grec et en latin. Cette dernière version est de saint Jérôme.

TOBIAS, lat. *Viennæ Austriæ*, 1523, *in-4°*.
— a Joan. Drusio, gr. Franeq. 1591, *in-4°*.

VIIe siècle avant N. S. J. C.

ÉLIACIM.

Ou Joakim, ou Helcias, grand-prêtre sous le règne de Manassé. Comme l'époque de son sacerdoce correspond avec celle du siége de Béthulie, on suppose que c'est lui qui a écrit le livre de Judith, que saint Jérôme croit écrit par Judith elle-même, et que d'autres, qui placent cet événement après la captivité de Babylone, attribuent au grand-prêtre Josué, fils de Josedech.

L'histoire de Judith n'existe point en hébreu. La version grecque et la version latine diffèrent beaucoup entre elles.

Judith, gr. et lat. *Antuerpiæ*, *Plantin.* 1584, *in-fol.*

Le livre de Judith a été imprimé aussi avec les livres sacrés *qui hebraïce non extant, apud Raphelengium*, 1608 et 1613, *in-*8°.

JÉRÉMIE.

Du VIIe au
VIe siècle
avant
N. S. J. C.
Fils d'Helcias, de la race sacerdotale, natif
d'Anathot, hameau de la tribu de Benjamin; le
second des quatre grands prophètes; lapidé à
Taphnis en Égypte, par les Juifs, fatigués de ses
reproches et de ses menaces. Il mourut âgé de
cinquante-sept ans, peu de temps avant l'époque
où Solon donnoit des lois à Athènes.

Il nous reste de lui trois ouvrages, les *Prophéties*, les *Lamentations*, et une épître au peuple
captif à Babylone, qui se trouve réunie aux prophéties de Baruch, son disciple et son ami.

L'objet de presque toutes ses prophéties est de
peindre avec violence ou de déplorer avec amertume les désordres de Juda, et d'annoncer à son
peuple les cruels châtiments que le Seigneur doit
infliger à ses crimes par la main de Nabuchodonosor [1], roi des Chaldéens. On n'y trouve pas la

---

[1] Les orientalistes modernes ont réformé l'orthographe de presque
tous les noms qui se présentent ici à notre plume; et nous ne doutons
pas qu'ils n'aient eu pour cela d'excellents motifs que nos propres
études ne nous permettent pas toutefois d'apprécier; mais nous n'avons
pas cru devoir sacrifier à une déférence religieuse pour les respectables

majesté d'Isaïe, et saint Jérôme leur reproche même un air de négligence et de grossièreté qui se ressent des mauvaises habitudes d'un homme élevé au village.

On n'a pas la même censure à exercer sur les *Lamentations*, qui sont, ainsi que leur titre l'annonce, des cantiques de deuil composés à l'occasion des derniers malheurs de Jérusalem. Jérémie, dont le suprême talent étoit d'exciter l'attendrissement et la pitié, n'a jamais été surpassé dans ce genre d'élégie lyrique.

S'il fut proscrit par le peuple ingrat qu'il vouloit éclairer, il goûta du moins la satisfaction si pure et si rarement accordée au génie de jouir, vivant, de sa gloire. Elle lui mérita de la part de Nabuchodonosor la distinction signalée qu'un autre conquérant regretta de ne pouvoir accorder à Pindare, mais dont la faveur s'étendit encore sur la maison que ce grand poëte avoit habitée.

---

travaux, l'intérêt de la clarté, l'exactitude des citations, et toutes les traditions de la philologie biblique et de la typographie. Ces traditions, consacrées par des chefs-d'œuvre qui ne se reproduiront plus, sont devenues pour de certains mots, et pour une certaine orthographe, une sorte de légitimité classique. On peut supposer d'ailleurs que les grands hommes qui ont introduit les premiers ces appellations aujourd'hui si vicieuses, ne l'ont pas fait sans égard pour quelque autre objet d'utilité qui peut balancer jusqu'à un certain point l'avantage d'une consonnance exactement identique, en faveur, par exemple, de l'euphonie blessée et de la prononciation altérée par l'adoption contre nature d'éléments tout-à-fait étrangers au mécanisme et au génie des langues de l'occident.

Du VIIe au
VIe siècle
avant
N. S. J. C.
Seul de tous les captifs, Jérémie eut la liberté de
disposer de son sort. La chronique d'Alexandrie
rapporte aussi qu'Alexandre, informé de ce que
Jérémie avoit prédit touchant sa personne et ses
conquêtes, fit transporter son corps en cette ville
où un tombeau magnifique lui fut érigé, et qu'il
y étoit honoré par le peuple à l'égal de ses héros
et de ses sages, dans le quartier appelé *Tétraphyle.*

———

Jeremias propheta e versione Judæorum alexandrinorum ac
reliquorum interpretum græcorum emendatus; cum not.
critic. ed. M. G. L. Spohn. *Lipsiæ*, 1794, *in-*8°. 7 fr.

Hieremiæ threni (i. c. Lamentationes) a Sebast. Munstero,
hebr. gr. et lat. *Basileæ*, 1552, *in-*8°.

Du VIIe au VIe siècle avant N. S. J. C.

———

BARUCH.

Fils de Nérie, petit-fils de Maasias, d'une famille
illustre de la tribu de Juda, disciple et secrétaire
de Jérémie, comme ce prophète l'atteste au chapitre XXXVI : *Vocavit ergo Jeremias Baruch filium
Neriæ; et scripsit Baruch ex ore Jeremiæ, omnes
sermones Domini quos locutus est ad eum, in
volumine libri.* Il est joint à Jérémie dans l'ordre

des grands prophètes. L'époque où il a vécu *Du VIIe au VIe siècle* concourt, ainsi que nous l'avons dit, avec le *avant N. S. J. C.* commencement de la législature de Solon, qui est à peu près celle où Tarquin l'ancien régnoit à Rome.

Les prophéties particulières de Baruch n'existent point en hébreu. Saint Jérôme n'en faisoit pas une très-grande estime, car il a même dédaigné de les commenter. Elles n'ont rien de remarquable en effet, du moins sous le point de vue littéraire; et si elles inspirèrent à La Fontaine une admiration dont tous les compilateurs de sa vie s'accordent à faire mention, c'est que trop peu accoutumé aux beautés sublimes de l'Écriture, il devoit être profondément frappé de ce qui lui en offriroit pour la première fois quelque lueur imparfaite. Qu'auroit-il éprouvé si le hasard avoit fait tomber ses yeux sur Job ou sur Isaïe?

———

BARUCH PROPHETA, gr. et lat. *Antuerpiæ*, 1584, *in-fol.*

Il se trouve aussi avec les livres sacrés *qui hebraice non extant*, *apud Raphelengium*, 1608 *et* 1613, *in-8º.*

—lat. Ex vet. mss. a Jos. Maria Caro. *Romæ*, 1688, *in-4º.*

DU VIIᵉ AU VIᵉ SIÈCLE AVANT N. S. J. C.

SOPHONIE.

Fils de Chusi, petit-fils de Godolias, de la montagne de Sarabata, dans la tribu de Siméon ; le neuvième des petits prophètes.

Il commença à prophétiser du temps de Jérémie, sous le règne de Josias. Nous ne connoissons de Sophonie aucune édition particulière.

VIᵉ SIÈCLE AVANT N. S. J. C.

ÉZÉCHIEL.

Fils de Busi, de la race sacerdotale; le troisième des grands prophètes.

Ézéchiel a prophétisé dans la captivité ; ce qui explique peut-être l'obscurité affectée de son style et la bizarrerie souvent grossière de ses allégories. Quelques pères et quelques philologues anciens ont pensé que Nazaratus, Assyrien, précepteur de Pythagore, étoit le même qu'Ézéchiel. Saint Clément d'Alexandrie a combattu cette opinion.

Nous ne connoissons aucune édition séparée de
ce prophète.

~~~~~~

VIᵉ siècle avant N. S. J. C.

DANIEL.

Prince de la race de David, et le quatrième des grands prophètes. Les Juifs lui refusoient cependant ce titre, parce qu'il sortoit d'un rang très-élevé dans l'état, et qu'il avoit vécu au sein des grandeurs dans la familiarité des rois; comme si les prophètes avoient toujours dû se reconnaître chez eux aux marques de la proscription, et aux livrées de la servitude et de la misère.

Les douze premiers chapitres de Daniel sont partie en hébreu, partie en chaldéen, les deux derniers sont en grec. Ce qu'il y a de particulier dans le mélange de ces deux premières langues, c'est qu'il résulte d'une espèce de combinaison littéraire, extrêmement naturelle d'ailleurs. Toutes les fois que Daniel raconte des faits qui lui sont propres, il se sert de l'hébreu, sa langue naturelle; mais quand il est obligé de faire intervenir des acteurs qui n'entendoient point cette langue, comme les rois Nabuchodonosor, Balthasar, Darius le Mède ou les Mages, il se sert de la langue et des termes dont ils ont dû se servir eux-mêmes. Ainsi l'édit rendu par Nabuchodonosor après que Daniel eut expliqué le fameux songe de la statue d'or aux pieds d'argile, est rapporté en chaldéen, et peut être considéré comme un acte orignal. On ne sauroit présenter en faveur d'un historien de plus fortes présomptions de véracité. Comme ce prophète avoit mission d'annoncer les plus grands événements de l'histoire et les mystères les plus importants de la foi, il devoit surtout se distinguer par l'exactitude des faits passés, qui étoit comme une garantie de l'accomplissement des faits à venir.

La version grecque de Daniel la plus répandue est de Théodotion. Celle des LXX ne s'est retrouvée que depuis très-peu de temps.

————

DANIEL SECUNDUM LXX, ex græco Theodotionis, a Phil. Melanchtone, gr. *Francofurti*, *Brubachius*, 1546, *in-8°*.
— ab Edw. Wells, gr. et angl. *Oxoniæ*, 1716, *in-4°*.
— ex tetraplis Origenis nunc primum editus e cod. vetustissim. cum S. Hippolyti interpretatione ; DANIEL secundum Theodotionem ; Apologia sententiæ Patrum de LXX versione ; Testimonia Patrum aliorumque ; pars libri Esther, etc., etc., cum indic. locupletissim. (a Simone de magistris). *Romæ*, *typis Congr. de propag. fide*, 1772, *in-fol.*

Excellente édition. 36 fr., et quelque chose de plus en grand papier. Elle a été réimprimée à *Gottingue*, 1774, in-4°.

Daniel secundum lxx, etc., ex codice chisiano, a C. Segaar, gr. *Ultrajecti*, 1775, *in-8°.*

Cette édition, qui est aussi fort estimée, a été exécutée d'après le même manuscrit.

— ex tetraplis desumptus, ex codice syro-estranghelo bibl. Ambros. syriace edidit, latine vertit, etc. Caj. Bugati. *Mediolani*, *typis Ambros.* 1788, *in-4°.* 6 à 9 fr.

Breves Danielis laciniæ, gr. *Londini*, 1655, *in-4°.*

VIe siècle avant N. S. J. C.

MARDOCHÉE.

Fils de Jaïr, de la race de Saül, et des premiers de la tribu de Benjamin.

La plupart des critiques et des commentateurs, et particulièrement saint Clément d'Alexandrie, lui attribuent le livre d'*Esther.* Il est reconnu par l'Église que c'est lui qui écrivit conjointement avec Esther la lettre qui ordonnoit la célébration de la fête des sorts ou de *Purim;* et cela résulte du livre lui-même, *cap.* IX, v. 20 : *Scripsit itaque Mardochæus omnia hæc, et litteris comprehensa misit ad Judæos...* Or la lettre qui comprenoit *toutes ces choses* n'est autre que le livre d'*Esther,* auquel on a fait quelques légers changements pour substituer la forme d'une narration à la forme épistolaire. Cet ouvrage est assez généralement connu pour qu'il soit tout-à-fait superflu d'en faire l'éloge dans la patrie de Racine, qui n'a fait qu'y puiser avec une fidélité littérale les rares beautés de style et de sentiment dont son admirable tragédie étincelle. La canonicité du livre d'*Esther* n'a jamais été contestée, mais quelques fragments qui le suivent dans la version latine, et qui ne se trouvent point dans les exemplaires hébreux, ont paru à certains critiques suspects de supposition, quoiqu'ils ne contiennent rien qui ne soit en parfaite harmonie avec le reste, et qui ait pu rendre une supposition nécessaire. De ce nombre est la visite d'Esther dans l'appartement royal d'Assuérus où elle se présente sans être appelée, épisode d'une grâce inimitable qui rappelle des vers justement cités parmi les plus beaux vers de notre langue, et cependant bien inférieurs au texte naïf et sans ornements du modèle. Nous ne pensons pas que cette difficulté puisse prévaloir contre une observation extrêmement simple. Ce n'est pas sous le règne des Ptolémées, époque où l'on place l'origine de ces fragments, que l'esprit d'imitation s'élevoit à un pareil langage, et prêtoit à la pensée des couleurs si vraies et si pures. Si ces fragments n'étoient pas du temps et de l'auteur même du livre d'*Esther*, ils n'auroient jamais été écrits. Ces additions sont authentiques par la raison qu'il est impossible qu'elles aient été inventées.

D. Calmet et plusieurs autres commentateurs fixent la date de cette histoire au règne de Darius, fils d'Hystaspe, qu'ils regardent comme le même prince qu'Assuérus.

————

ESTHER, ex cod. arundelliano et alexandrino, gr. *Londini*, 1655, *in-4°*.

Avec le livre de Ruth.

— gr. *Lipsiæ*, 1695, *in-4°*.
— gr. et lat. a Vonder Hardt. *Helmstadii*, 1717, *in-8°*.

Les livres d'Hermann Vonder Hardt se distinguent par une hardiesse de doctrine et une singularité d'opinions qui les ont fait supprimer le plus souvent avec beaucoup de rigueur, ce qui les classe au nombre des ouvrages difficiles à trouver. Le plus rare de tous ceux qu'il a écrits, au sujet des saintes Ecritures, est intitulé : *Renards de Samson*, *Mâchoire d'âne*, *Corbeau d'Elie*, *les quatre Monarchies*, *l'Antechrist*. A Helmstadt, 1707, *in-8°*. Il a paru anonyme, mais il ne peut y avoir aucun doute sur l'auteur.

— FRAGMENTA, gr. *Romæ*, *typis Congr. de propag. fide*, 1772, *in-fol.*

Avec le livre de Daniel, dans l'édition citée à son article. Mauro-Boni et Gamba prétendent qu'elle se recommande surtout par une très-savante apologie de la version des LXX.

VIe SIÈCLE AVANT N. S. J. C.

AGGÉE.

VIe siècle avant N. S. J. C.

Probablement né à Babylone, d'où il revint avec Zorobabel; le dixième des petits prophètes. Ses prophéties ont pour but d'exciter le prince de Juda et les prêtres à la reconstruction du temple.

AGGÆI PROPHETIA, hebr. gr. et lat. a Joanne Eckio. *Salingiaci*, 1538, *in*-8°.

VIe SIÈCLE AVANT N. S. J. C.

ZACHARIE.

Fils de Barachie et petit-fils d'Addo, probablement né à Babylone, d'où il revint comme Aggée avec Zorobabel; l'onzième des douze petits prophètes.

Ses prophéties ont le même objet que celles d'Aggée; celles qui regardent le Messie sont remarquables par leur précision et par leur netteté, qualités très-opposées à ses défauts ordinaires. Il VIe siècle
avant
N. S. J. C. est le plus long et le plus obscur des petits prophètes, et son style coupé, précipité, confus, présente rarement des idées distinctes à l'esprit. Les mystères les plus impénétrables de l'avenir sont les seules choses qu'il sache exprimer clairement.

ZACHARIÆ PROPHETIA, hebr. gr. et lat. a Jo. Drachonita. *Vittebergæ*, 1565, *in-fol.*

Avec Joël, Michée et Malachie.

Ve SIÈCLE AVANT N. S. J. C.

MALACHIE.

Le douzième des petits prophètes est tellement Ve siècle
avant
N. S. J. C. inconnu que son nom même n'est pas parvenu jusqu'à nous. Celui sous lequel nous le désignons est un mot hébreu qui signifie *ange du Seigneur*, *envoyé* ou *prophète*, et par conséquent un titre purement générique. Une opinion assez répandue attribue ce livre à Esdras.

MALACHIÆ PROPHETIA, hebr. gr. et lat. a Jo. Drachonita. *Vittebergæ*, 1565, *in-fol.*

Avec Joël, Michée et Zacharie.

—hebr. gr. et lat. ab Elia Huttero. *Norimbergæ*, 1601, *in-4°.*

Ve SIÈCLE AVANT N. S. J. C.

ESDRAS.

Sorti de la race sacerdotale et prêtre lui-même.
Il fleurit du temps de Xerxès, fils de Darius, et
vécut près de cent vingt ans.

Esdras est auteur du premier livre de la partie
de l'Ancien Testament qui porte son nom. Le second, commencé par lui, fut continué par Néhémie. Le troisième et le quatrième sont apocryphes
et désavoués par l'Église.

Esdras fit pour les saintes Écritures ce que Pi-
sistrate avait fait un demi-siècle auparavant pour
les ouvrages d'Homère. Il recueillit les livres de
Moïse et des prophètes, négligés par le peuple
de Dieu, et presque effacés de sa mémoire, pendant la longue durée de la servitude et des calamités de Jérusalem, et il y joignit le récit des faits
qui s'étoient passés de son temps. Il est à remarquer qu'il parle souvent à la première personne,
contre l'usage des écrivains antérieurs. On prétend que c'est ce grand homme qui donna aux
hébreux, à la place du caractère samaritain, celui
qu'on emploie encore aujourd'hui, et quelques
auteurs lui attribuent même la belle invention de

la massore et des points voyelles ; mais la plupart des savants ne pensent pas qu'elle remonte au-delà du dixième siècle de notre ère. Nous ne trouvons point d'édition séparée d'Esdras.

~~~~~~

Vᵉ SIÈCLE AVANT N. S. J. C.

———

NÉHÉMIE.

Fils d'Helcias ou Chalcias, né à Babylone durant la captivité de la race des rois de Juda ; continuateur d'Esdras, dont le second livre porte même dans l'hébreu le nom de Néhémie. Il y parle comme Esdras en propre personne. Il est toutefois évident que ce livre n'est pas entièrement son ouvrage.

IIIe SIÈCLE AVANT N. S. J. C.

LES SEPTANTE [1].

Nous classons les *septante* parmi les hagiographes *inspirés*, d'après une opinion souvent et lumineusement contestée par les philologues chrétiens, mais qui ne sera pas discutée ici. Le point sur lequel tous les critiques sont d'accord, c'est l'importance que Ptolémée Philadelphe, si jaloux d'enrichir sa magnifique bibliothéque, dut attacher à recueillir ces livres mystérieux des Juifs, dont la beauté passoit déjà pour incomparable chez des peuples accoutumés à tous les modèles du beau. Quels trésors pour une telle collection que ces merveilles cachées dont un Dieu avoit sévèrement interdit la connoissance aux étrangers, à tel point, s'il faut en croire le récit d'Aristée, que Théopompe fut frappé de démence pour en avoir parlé dans ses histoires, comme Newton que l'apocalypse égara dans les seuls mondes qui ne lui

---

[1] Le mot *septante* n'est plus français que dans cette acception. Il faut dire *soixante-dix*, comme nous disons *quatre-vingts* et *quatre-vingt-dix*, à la place d'*octante* et de *nonante*, dont l'expression complexe est cependant si claire et si utile. Notre délicatesse ne peut plus souffrir *six-vingts*, qui n'est ni plus ridicule ni plus gothique. Incroyable caprice des langues qui n'ont de règle que la routine !

fussent pas connus; et que Théodote le tragique devint aveugle pour avoir employé quelques traits de la genèse dans ses poésies : fatalité bien étrange qui se seroit étendue jusqu'à Milton, et jusqu'au traducteur de Milton ! La sollicitude de Ptolémée pour les livres des hébreux, et le soin qu'il prit de les faire traduire, sont donc des choses bien avérées. On ne sait pas aussi positivement si les traducteurs étoient au nombre de soixante-douze, comme le dit Aristée, ou de *septante*, comme le dit saint Justin [1], ou s'ils étoient chargés de traduire deux à deux une trente-sixième partie des textes sacrés, comme le dit saint Épiphane. Il nous suffira d'ajouter que de cette version grecque, la partie qui remonte le plus évidemment aux interprètes de Ptolémée, ce sont les livres de Moïse. Cette opinion est celle de saint Jérôme, génie immense que son goût ne trompoit pas plus que sa foi.

[1] Cette différence entre *septante* et *soixante-douze* n'est pas aussi considérable qu'on le croiroit d'abord, et ne diminueroit rien de l'authenticité du récit d'Aristée, s'il n'existoit pas contre lui d'autres preuves de supposition. On prenoit un nombre absolu, comme la dixaine, sans égard aux unités, du moins à l'époque où Aristée paroît avoir écrit, car les premiers historiens sacrés sont très-ponctuels sur les nombres. L'Église parle ordinairement des soixante-dix disciples de Jésus-Christ, mais ils sont portés à soixante-douze dans la version latine de saint Luc, quoique le grec dise textuellement εὁδομηκοντα. Il est probable que la version latine s'est référée à la tradition, et le premier auteur à l'usage. Les variantes n'impliquent pas contradiction quand on connoît l'esprit des langues.

Nous n'avons pas besoin de dire que cette version des *septante* est une partie identique des
écritures, et que nous ne pouvons en indiquer
les éditions qu'au chapitre collectif des Bibles.

On ne sait pas précisément ce que c'étoit qu'A-
ristée, que les commentateurs françois appellent,
on ne sait pourquoi, *garde-du-corps* de Ptolémée
Philadelphe ; mais il paroît que c'est le masque
d'un juif qui n'a pas été fort postérieur à ce règne,
puisqu'il est cité par F. Josèphe, et qui se trahit
à tout moment par les hébraïsmes de son style.
Cet auteur n'ayant aucun droit à être compté
parmi les hagiographes, quoiqu'il ait été admis
dans une *Bibliothèque des Saints Pères*, nous joi-
gnons ici l'indication des éditions de son ouvrage,
comme un *Appendix* curieux à la version des
Septante, et non comme une autorité.

————

Aristeæ historia de legis divinæ ex hebraïca lingua in græcam
translatione, per LXX interpretes, gr. cum vers. lat. Mathiæ
Garbitii. *Basileæ, Oporinus,* 1561, *in-8°.*
Première édition très-rare.

— ex recensione Eldani de Parchun obotritæ. *Francofurti,*
1610, *in-8°.*
— accessere veterum testimonia de hac versione, cum ead.
lat. translat. Mathiæ Garbitii ; recensuit Humphredus Hody.
Oxonii, Theatr. Sheldon. 1692, *in-8°.*
Édition peu commune, quoique moins rare que l'originale, et surtout que
la traduction françoise de Guillaume Paradin. *Lyon,* 1564, in-8°.

IIIe SIÈCLE AVANT N. S. J. C.

JÉSUS, FILS DE SIRACH.

Selon quelques-uns, petit-fils d'Éléazar, et selon Genebrard, de la race du grand-prêtre Jésus, fils de Josédech.

Il est auteur du livre de l'*Ecclésiastique*, ainsi nommé par analogie, à cause du rapport de son sujet avec celui de l'Ecclésiaste, et composé comme l'Ecclésiaste, de sentences pour la conduite de la vie, et d'exhortations à la vertu. Les anciens ont quelquefois attribué cet ouvrage à Salomon, mais il porte tous les signes d'une composition plus récente, et le fils de Sirach s'y nomme positivement lui-même. Ce qu'on peut supposer, c'est que la tradition orale avoit conservé beaucoup de maximes qui ne se trouvent pas dans les œuvres écrites de Salomon, et pour lesquelles Jésus, fils de Sirach, fit l'office de rhapsode. L'*Ecclésiastique* n'existe plus en hébreu; mais le texte grec est considéré comme une version de cette langue. Saint Athanase, saint Épiphane et saint Jean Damascène ont pensé que Jésus, fils de Sirach, avoit eu un petit-fils également nommé Jésus, fils de Sirach, qui étoit au-

IIIe siècle avant N. S. J. C.

IIIᵉ siècle
avant
N. S. J. C. teur de cette traduction, et qui vint en Égypte dans la trente-huitième année du règne de Pto-lémée VII. Cette homonymie pourroit donner lieu de penser que le prétendu traducteur de l'*Ecclé-siastique* avoit lui-même composé cet ouvrage, et qu'il ne l'avoit antidaté de deux générations que pour donner à son livre la recommandation d'une langue étrangère et d'un temps déjà re-culé. On ne connoît pas l'auteur de l'ancienne traduction latine qui nous reste, et qui l'emporte en barbarie sur le latin grossier des âges scho-lastiques, quoique les saints Pères n'en citent point d'autres. Saint Jérôme ne s'est pas occupé de l'*Ecclésiastique*, dans lequel il ne voit qu'un livre d'édification, dépourvu d'inspiration et d'autorité.

———

JESU FILII SIRACII SENTENTIÆ, gr. *Lipsiæ*, 1550, *in-8°*.
— a Joach. Camerario, gr. *Basileæ*, 1551, *in-8°*.

Il y a une autre édition sous la date de 1555.

— a Brunsvicense, gr. et lat. *Helmstadii*, 1580, *in-8°*.
— a Jo. Drusio, gr. et lat. *Francqueræ*, 1596, *in-4°*.
— ab Hocschelio, gr. et lat. *Aug. Vindelicorum*, 1604, *in-8°*.

ECCLESIASTICUS, a Joach. Camerario, gr. *Lipsiæ*, 1682, *in-8°*.

SAPIENTIA, gr. *Francofurti*, 1695, *in-fol.*
— gr. *Amstelædami*, 1698, *in-fol.*

Nous citons ces deux dernières éditions sur la foi de Mauro-Boni et Gamba, sans être assuré qu'elles se rapportent au livre de Jésus, fils de Sirach, plutôt qu'à celui de Salomon. Cet emprunt de titre nous paroît cependant bien téméraire.

~~~~~~

IIᵉ SIÈCLE AVANT N. S. J. C.

—

LES MACHABÉES.

C'est le nom générique d'une famille illustre. C'est celui des mémoires historiques qui se rapportent au temps où elle a vécu. C'est celui même des personnages dont la vie, la mort et le dévouement ont concouru avec cette grande époque des épreuves du peuple fidèle, soit que ce mot ait exprimé par son étymologie, comme le veulent quelques écrivains, les sacrifices les plus généreux du chrétien; soit que le nom d'un héros, devenu, comme cela arrive toujours, le signe de ralliement d'un peuple sans patrie, se soit approprié naturellement à tous les monuments de ce peuple et à tous ses souvenirs. Le titre des *Machabées* n'est donc qu'une figure dont Judas Machabée est le type, et qui rappelle, comme le nom de ce grand homme, tout ce qu'il y a de plus élevé dans le courage, tout ce qu'il y a de plus touchant dans la fidélité [1].

---

[1] On n'ignore pas que *ce guerrier d'Édom, ce conquérant qui venoit de*

Les *Machabées* se divisent en quatre livres; mais les deux derniers ne sont pas reconnus par l'Église.

Le premier livre a été écrit originairement en hébreu. Saint Jérôme l'avoit vu. Le grec passe aujourd'hui pour texte original, parce que l'hébreu ne se retrouve pas. Il est probable qu'il fut composé sur les mémoires mêmes de Judas Machabée, et sur ceux d'Hircan, fils de Simon Machabée, auxquels l'auteur renvoie à la fin de son livre. C'est l'histoire des quarante années qui s'écoulèrent depuis le règne d'Antiochus Épiphanes, jusqu'à la mort du grand-prêtre Siméon.

Après avoir parcouru dans l'ancien Testament tout l'ordre des idées nobles, fortes et tendres qu'embrasse notre intelligence, il semble que l'esprit divin ait voulu s'arrêter, dans ce tableau rapide et pittoresque des temps qui préparoient la rédemption, à ce qu'il y a de plus grave et de plus solennel dans l'éloquence. Le début des *Machabées* est le chef-d'œuvre du style historique et du style oratoire. Il falloit certainement une inspiration supérieure à toutes celles de l'esprit et du génie pour embrasser dans quel-

---

Bosra avec une robe teinte de sang, obtiendra enfin une juste place parmi les héros épiques, et qu'un poëte classique de notre âge, qui traite ce sujet, y entre sans autre exorde que la peinture merveilleuse du règne d'Alexandre qui sert d'introduction au premier livre des *Machabées*.

ques lignes si naïves, l'histoire de l'homme et de IIe siècle avant N. S. J. C. la société, de l'ambition et de la gloire. On reconnoît dans tout le reste du livre cette concision énergique et simple qui a servi de modèle à Bossuet.

Le second livre des *Machabées* n'est, dit-on, que l'extrait d'un ouvrage plus important qui avoit été composé en cinq livres par un certain Jason de Cyrène, et qui comprenoit l'histoire des persécutions d'Épiphanes et d'Eupator contre les Juifs. Le Justin de cet autre Trogue Pompée est encore moins connu que lui; tout ce qu'on peut savoir de l'original, c'est qu'il étoit grec comme l'abrégé. Ce second livre contient l'histoire d'environ quinze ans, depuis l'entreprise d'Héliodore pour enlever les trésors du temple, jusqu'à la victoire de Judas Machabée sur Nicanor. La lettre du sénat de Jérusalem à Aristobule, précepteur de Ptolémée, sur la dédicace du temple, est écrite dans le texte avec une élégance qui l'a fait attribuer à Joseph, à Philon, à Judas l'Essénien, à Simon Machabée. C'est dans le chapitre VII de ce livre qu'est racontée l'histoire héroïque des sept frères Machabées qui a occupé tant de poëtes tragiques, et qui n'en a inspiré qu'un.

Nous avons déjà dit que le troisième et le quatrième livre des *Machabées* sont apocryphes. Le troisième est étranger même au plan général de

cette composition, puisqu'il n'a aucun rapport
avec l'histoire des Machabées, ni avec celle des
persécutions souffertes de leur temps par les
Juifs, et qu'il se borne à raconter une histoire
arrivée en Égypte cinquante ans avant le règne
d'Épiphanes. Si cet épisode disparate étoit admis,
il faudroit déranger l'ordre des autres livres par
respect pour la chronologie; mais l'unité n'y ga-
gneroit rien.

Les Latins ne connoissent pas le quatrième
livre des *Machabées*, sur lequel nous n'avons
d'ailleurs aucun motif de nous étendre, puisque
l'Église le rejette de la BIBLIOTHÉQUE SACRÉE. C'est
l'amplification de ces histoires intéressantes ou
terribles qui devoient se reproduire sous tant de
formes dans les âges de piété qui ont précédé
ou suivi l'établissement du christianisme. On y
trouve celle du vieil Éléazar, des sept Machabées
et de leur mère. La description de leurs tourments
est d'une impassibilité qui fait frémir, mais que
l'on comprend très-bien à une de ces époques de
zèle et de prosélytisme, où il faut souvent stimu-
ler par des sensations exagérées, et quelquefois
fausses, une résolution timide, une foi débile, et
une sensibilité qui s'éteint.

Machabæorum libri tres, gr. et lat. *Antuerpiæ*, *Plantin*, 1584, *in-fol.*

Ces livres se trouvent aussi avec ceux *qui hebraice non extant*, dans la collection de *Raphelengius*, 1608 et 1613, *in-8°*.

Primus liber Machabæorum qui Hasmoneorum dicitur, a Jo. Drusio, gr. *Francqueræ*, 1600, *in-4°*.

Oratio Manasse, gr. et lat. (*Parisiis*) *Robert. Steph.* 1540, *in-4°*.

— gr. *Venetiis*, *ex offic. Zileti*, 1563, *in-4°*.

SIÈCLE DE N. S. J. C.

HAGIOGRAPHES DU NOUVEAU TESTAMENT.

SAINT PIERRE.

Natif de Bethzaïde, fils de Jian, Jona ou Joanna, et frère de saint André; d'abord connu sous le nom de Simon ou Siméon, et depuis son appel à l'apostolat, sous celui de Cépha, qui signifie en syriaque une *pierre* ou un rocher; prince des apôtres, et premier souverain pontife de l'Église. Il mourut par le martyre à l'âge de soixante-quinze ans.

Parmi le grand nombre d'ouvrages attribués à

saint Pierre, l'Église ne reconnoît que ses deux *Épîtres*.

———

D. Petri epistolæ ii, lat. *Parisiis*, *Henric. Steph.* 1507, *in-8°.*

Avec les Épîtres canoniques des Apôtres.

—lat. *Parisiis*, *Joan. Parvus*, 1519, *in-8°.*

D. Petri epistolæ ii, S. Joannis epistolæ iii, et Judæ epistola, ex ms. Bodleïano, hebr. syriacè. et lat. *Lugd. Batavorum*, *Bonavent. Elzevir*, 1630, *in-4°.*

Nous ne citons pas ici la *Missa apostolica sancti Petri*, imprimée à Anvers, chez Plantin, 1589, *in-8°*; et à Paris, chez Frédéric Morel, 1595, même format, parce que cette pièce, évidemment apocryphe, est d'ailleurs fort peu recherchée.

SIÈCLE DE N. S. J. C.

———

SAINT PAUL.

D'abord nommé Saül; natif de Tharse en Cilicie; martyrisé l'an 66 de J. C., la même année et le même jour, dit-on, que saint Pierre.

L'Église ne reconnoît de saint Paul que quatorze *épîtres*, aux Thessaloniciens, aux Galates, aux Corinthiens, aux Romains, aux Philippiens, aux Colossiens, aux Hébreux, aux Éphésiens, à Philémon, à Tite et à Timothée. Saint Clément d'Alexandrie cite de lui quelques discours que nous n'avons plus, et qu'on ne sauroit trop regretter.

Les anciens lui attribuoient encore six épîtres à Sénèque. Elles sont, ainsi que les huit lettres de Sénèque à Paul, au nombre des livres apocryphes. Ce seroit une idée très-ingénieuse que de mettre en présence la sagesse philosophique et la sagesse évangélique, dans ce grand combat du paganisme mourant sous la protection de la pourpre et des faisceaux, et du christianisme triomphant dans les épreuves des persécutions et des tortures. Ce moyen s'offroit de lui-même à l'éloquence, mais il étoit de la nature du christianisme de dédaigner toutes ces ressources, et de ne pas descendre aux artifices des sophistes.

Saint Paul est le plus grand homme, simplement homme, du christianisme. Il est peut-être hardi, mais il est vrai de dire que le ciel, qui avoit produit un pareil génie, dut s'affliger de sa perte et le ramener à lui par un miracle. C'est aussi une catastrophe terrible qui fixa les dernières idées de Pascal sur les hautes vérités de la religion, à une époque où il n'avoit encore montré qu'une aptitude merveilleuse aux sciences et un esprit incomparable; car le grand Pascal, c'est celui des *Pensées*.

Aucun orateur n'a surpassé saint Paul en éloquence, et ne l'a égalé, comme apôtre, suivant saint Augustin, en profondeur et en lumières. Dupin l'admire particulièrement pour son habileté à concilier les opinions opposées, et à se faire *tout à tous* pour entraîner tout le monde. Bossuet dit que les *Épîtres* de saint Paul seroient à elles seules une preuve suffisante de la vérité du christianisme, comme s'il pensoit qu'il a fallu nécessairement l'assistance de Dieu pour les composer.

—

PAULI (apostoli) EPISTOLÆ cum commentariis Jac. Fabri stapulensis (le Fèvre d'Estaples). — Linus, de passione Petri et Pauli. Venundantur *Parhisiis, Henric. Steph.* 1512, *in-fol.*

Édition rare, qui fut sévèrement prohibée, et dont la connoissance a échappé à Maittasire. Elle est également ignorée d'Harwood, Mauro-Boni et Gamba. M. Brunet dit qu'il y en a des exemplaires SUR VÉLIN qui doivent être d'autant plus recherchés des curieux que ce genre de luxe a rarement distingué les éditions des Étiennes. Ils reproduisirent celle-ci en 1515; et les exemplaires SUR VÉLIN qui sont peu connus dans les ventes, y parviennent à un prix assez élévé; 120 fr. La Vallière, 181 fr. Mac-Carthy. Dans la dernière édition, la date est au feuillet 258, un peu avant la fin du volume.

—gr. cum triplici latina versione. *Venetiis, ap. fratres de Sabio, sumptu Garupæ, civis Veneti* 1553, *in-8°.*

Édition rare, dont peu de bibliographes font mention.

—cum Apocalyps. Johannis, gr. *Excudebat (Parisiis) Robertus Steph.* 1546, *in-12.*

Très-rare.

—gr. *Romæ,* 1626, *in-4°.*

Avec ses autres Épîtres canoniques et les Actes des Apôtres. Édition très-estimée.

—lat. ab Egidio Delpho. *Parisiis, Ulric. Géring, absq.* *anno, in-4°.*

Les auteurs que nous suivons ajoutent qu'il s'en trouve des exemplaires où le nom de Berthold Rambolt est joint à celui d'Ulric Géring ; et qui portent la date de 1491. Cette particularité fait sortir ce volume de la classe des livres précieux qu'on regarde comme les titres originaux de la typographie parisienne ; la carrière d'Ulric Géring, comme imprimeur, fut longue pour sa fortune, mais on ne lui tient compte que de quelques années pour sa gloire, parce qu'il étoit surpassé dans son art avant de mourir. C'est notre manière de juger et de récompenser les grands services. Les Anglais, beaucoup plus amateurs que nous de ces curiosités gothiques, ne négligent aucune des éditions de Caxton.

— ex Vulgatæ versione latina. *Lipsiæ,* 1510, *in-fol.*

— AD ROMANOS TITUM ET PHILOMENEM, ex codice mosquensi, a Christiano Friderico Matthaei, gr. et lat. *Rigæ,* 1782, *in-8°.*

PAULI (apostoli) EPISTOLÆ AD ROMANOS ET GALATAS, lat. *Parisiis,* 1540, *in-8°.*

— AD ROMANOS, gr. *Vittebergæ,* 1520, *in-8°.*

— lat. ex itala versione, a Semlero. *Halæ,* 1769, *in-8°.*

— FRAGMENTA, a Franc. Ant. Knittel, lat. *Brunovii,* 1762, *in-4°.*

— AD CORINTHOS I ET II, gr. *Vittebergæ,* 1521, *in-8°.*

— lat. a Simlero, ex codice claromontano. *Halæ,* 1770, *in-8°.*

Réimprimé en 1776.

— AD COLOSSENSES, gr. *Vittebergæ,* 1521, *in-8°.*

Mauro-Boni et Gamba indiquent ces différentes éditions de Wittemberg comme autant de volumes séparés. Il est probable qu'elles ont été en effet publiées séparément, mais de manière à former un tout, si l'entreprise s'étoit terminée.

— a Philippo Melanchtone, gr. *Hagenoæ,* 1529, *in-8°.*

Réimprimée en 1534.

— AD GALATAS, gr. et lat. *Bremæ,* 1612, *in-8°.*

— lat. a Simlero, ex codice claromontano. *Halæ*, 1779, *in-8°*.

— AD PHILIPPENSES, lat. *Viennæ*, 1522, *in-4°*.

— (apostoli) XIII epistolarum codex græcus, cum versione latina veteri, vulgo antè hieronyminiana, olim Boemerianus, nunc bibliothecæ elect. dresdensis, transcriptus et editus a Christiano Friderico Matthæi. *Misenæ*, 1791, *in-4°*.

Cet éditeur est le même que celui des *Epîtres* imprimées à Riga en 1782, qui étoit peut-être un essai ou un *specimen* de l'édition que nous citons. Un exemplaire a été vendu 14 fr. Rover, et elle est portée à 25 fr. dans le *catalogue de la Bibliothéque grecque-latine*. M. Brunet dit qu'elle a été réannoncée en 1816, mais sans indiquer précisément si cette nouvelle date est celle d'une édition renouvelée ou d'une réimpression.

SIÈCLE DE N. S. J. C.

—

SAINT JACQUES LE MINEUR.

Surnommé *le frère du Seigneur* et *le juste*, fils de Cléophas ou Alphée, et de Marie, sœur de la sainte Vierge ; évêque de Jérusalem et apôtre, martyrisé l'an 62.

On lui a attribué différents écrits ; mais l'Église ne reconnoît que son *épître*, qui est la première des sept canoniques. Il est présumable que le texte grec est l'original, cette langue étant alors commune à presque tout l'Orient.

Quant à la liturgie qui porte son nom, il nous

a paru convenable d'en faire mention, parce qu'elle n'est pas décidément apocryphe, et que si elle est rejetée, c'est seulement à défaut de savoir quelle part il a prise à ce travail, modifié ou continué à différentes époques et par différents écrivains.

Le sujet de l'*épître* de saint Jacques est essentiellement moral, et, comme on diroit aujourd'hui, philosophique. Il y établit la nécessité des bonnes œuvres, en opposition avec un principe trop absolu, ou plutôt trop mal compris de l'Église naissante, qui paroissoit considérer la foi comme condition suffisante du salut; son style apophthegmatique, et sans transitions étudiées, rappelle la manière sentencieuse des Orientaux, et particulièrement des livres sapientiaux de l'Écriture. Il ne s'étend pas en preuves comme les orateurs, ou en analyses comme les scholastiques. Ses pensées, énoncées en simples aphorismes, ont l'autorité du savoir qui enseigne dogmatiquement des choses qui ne sont pas susceptibles d'être contestées. Sa parenté terrestre avec Jésus-Christ lui donnoit au reste le droit de parler ce langage presque divin, qui est propre au roi sage comme à l'apôtre juste, et qui caractérise la lignée humaine du Seigneur depuis David.

S. Jacobi epistola canonica, juxta Vulgatam veterem, a Jo. Martianay, lat. *Parisiis*, *Lambinus*, 1695, *in-12*.

— collatio translationis latinæ, a Simlero. *Halæ*, 1781, *in-8°*.

Liturgiæ, sive missæ SS. patrum, Jacobi apostoli, Basilii magni, Joan. Chrysostomi; de ritu missæ et eucharistia, lat. *Antuerpiæ*, *Plantin*. 1560, *in-8°*. 211 feuillets.

* Édition qui n'est pas commune, et dont la valeur diminue cependant tous les jours, depuis que l'étude de la philologie sacrée est restreinte à la classe honorable et pauvre des ecclésiastiques. Le bel exemplaire de M. Renouard, payé 2 fr. à la vente de Destienne, en 1807, en avoit coûté 50 en 1784, à la vente du duc de La Vallière. Ce volume n'en est pas moins curieux, et très-digne de reprendre un certain rang dans les bibliothèques, lorsque des études plus fortes auront rappelé la génération qui commence au goût de nos antiquités religieuses et littéraires. M. Renouard me paroît un peu sévère à l'égard de M. *G. F.* De Bure, quand il lui reproche d'avoir accordé trop d'importance à ce volume, qui n'est, comme il le dit fort bien d'ailleurs, que l'extrait d'un autre. M. Renouard sait mieux que personne que ce n'est pas l'intensité des matières qui fait le mérite des livres aux yeux des amateurs, et nous doutons fort qu'il donnât lui-même les 118 misérables pages de la *Missa latina* de Flacus Illyricus pour les douze excellens volumes de la collection liturgique d'Asseman. L'édition originale des *liturgies* de Claude de Sainctes, si rapidement démembrée à Anvers, et qui mérite bien d'être mentionnée pour sa correction et pour sa beauté, porte le titre suivant, copié par M. Renouard avec cette exactitude religieuse, qui fait de son catalogue un des plus précieux monuments bibliographiques, et à laquelle nous regrettons de n'avoir pas pu atteindre.

Litvrgiæ, sive missæ sanctorvm patrvm : Jacobi apostoli et fratris Domini. Basilij magni, è vetusto codice latinæ tralationis. Joannis Chrysostomi, interprete Leone Thusco. De ritv missæ et evcharistia. Ex libris B. Dionysij Areopagitæ et aliorvm, etc., gr. lat. *Parisiis*, *Morel*, 1560, *in-fol*.

L'exemplaire de M. Renouard est en grand papier, et nous n'en connoissons presque point de cette condition extraordinaire. L'exécution de cet ouvrage est d'ailleurs fort belle, comme celle de la plupart des livres qui sont sortis des presses célèbres de la savante famille des Morel; mais sa valeur dans les ventes est bien loin d'être proportionnée à son importance.

Le premier Évangile ou *Protevangelion*, attribué à Saint-Jacques le mineur, n'a aucun caractère d'authenticité, et nous ne lui donnons une place à la suite de cet article, que parce qu'il en occupe nécessairement une parmi les curiosités les plus rares de la collection de Postel, collection aujourd'hui trop dédaignée, et de jour en jour plus précieuse pour les véritables amateurs. Postel, qui n'avoit ni esprit ni goût, mais qui avoit autant de génie qu'on peut en avoir sans goût et sans esprit, et surtout une aptitude incroyable à remuer, si l'on peut s'exprimer ainsi, les souvenirs de l'antiquité, mérite peut-être moins encore le mépris de nos bibliographes que l'enthousiasme, à la vérité fort exagéré, de nos bibliomanes. S'il est mort visionnaire, bien des gens se croient autorisés à en dire autant de Swamerdam et de Newton. C'étoit une espèce de grand homme qui auroit été un grand homme dans un autre siècle. Leibnitz n'a pas été plus savant, ni Bacon plus universel; mais les époques influent sur de certaines destinées, comme sur la société tout entière, et Leibnitz lui-même n'auroit été probablement que le Postel du moyen âge. Voici le titre exact de la curieuse édition du *Protevangelion :*

Proteuangelion sive de natalibus Iesu Christi, et ipsius matris Virginis Mariæ, sermo historicus diui Iacobi minoris, consobrini et fratris Domini Iesu, apostoli primarij, et episcopi Christianorum primi Hierosolymis. Evangelica historia, quam scripsit beatus Marcus, Petri apostolorum principis discipulus et filius, primus episcopus Alexandriæ. *Vitæ Ioannis Marci euangelistæ, collecta ex probatioribus autoribus, per Theodorum Bibliandrum. Indices rerum ac uerborum quæ uicem commentarij implent, concinnati per eundem.* Basileæ. PP. 410, suivies d'un feuillet qui porte au recto un *errata,* et au verso la souscription suivante : Basileæ, ex officina *Ioannis Oporini, Anno salutis humanæ* M. D. LII. *Mense Martio, in-8°.*

Nous nous sommes étendus sur cette petite particularité bibliographique, parce que M. Debure a mal rendu le titre de ce livre dans la *Bibliographie instructive*, et qu'il n'a pas pris beaucoup moins de liberté en rédigeant le catalogue de M. Gaignat, quoiqu'il eût un exemplaire sous les yeux. Il seroit possible toutefois qu'il eut paru sous deux titres. C'est dans l'*Epistola Nuncupatoria* de Theod. Bibliander à Jo. Gastius, qu'on apprend que cette version est de Postel, qui avoit découvert l'original en Orient. Elle est très-curieuse sous le rapport qui est très-habilement exprimé dans son titre, c'est-à-dire comme antécédent de l'Évangile. On peut juger de sa rareté, qui n'est cependant pas absolue, par le témoignage du Père Des Billons, le savant monographe de Postel, qui n'en connoissoit que le titre.

~~~~~~

SIÈCLE DE N. S. J. C.

———

SAINT JUDE.

Apôtre et martyr, surnommé quelquefois *le frère du Seigneur*, parce qu'on le croit aussi fils de Cléophas et de Marie, et frère de saint Jacques le mineur.

On a de lui une *épître* canonique, mais souvent contestée par les philologues sacrés, et qui paroît n'avoir été écrite qu'après l'an 66 de Jésus-Christ.

———

JUDÆ EPISTOLA, ex codice bodlejano, hebr. lat. et syriacè. *Lugd. Batav. Elzevir,* 1630, *in-4°.*

Avec les Épîtres de Saint Pierre et de saint Jean. Édition peu commune, mais moins rare que la suivante :

— EPISTOLÆ CATHOLICÆ versio arabice et æthiopice, in latinitatem translata, et punctis vocalibus animata, additis quibusdam variæ lectionis notis a Jo. Ge. Nisselio et Theod. Petræo. *Lugd. Batav. ex offic. Joh. et Dan. Elzevier, sumptibus auctorum*, 1654, *in-4°.* maj.

J. J. Bauer, à qui j'emprunte ce titre qui a échappé à M. Bérard dans sa curieuse notice des éditions Erpeniennes, indique aussi l'édition suivante, qui doit être fort rare, et qui est remarquable par la singularité de son chronogramme :

JUDAE APOSTOLI EPISTOLA, ex ms to Heidelbergensi Arabico ad verbum translata a Petro Kirstenio. — Additis notis ex textuum Græcor. et versionis lat. vulgaris collatione. Cum Privilegio ad 20 annos. *Breslæ, typis Arabicis et sumtibus Autoris. In offic. Baumanniana.* Anno IM pressis. Bres Læ his notis EpIstoLæ — IV Dae. *in-fol.*

SIÈCLE DE **N. S. J. C.**

SAINT MATTHIEU.

Apôtre et évangéliste; fils d'un Alphée, autre que le père de saint Jacques le mineur; galiléen de naissance, juif de religion, et publicain de profession. Jésus-Christ l'appela à lui, *sedentem in telonio.* Les autres évangélistes le nomment Lévi qui étoit son nom hébreu, mais l'usage de ces appellations hibrides étoit fort commun à l'époque où la confusion des mots commençoit pour les païens comme au temps de Babel, et où la science des langues venoit d'être accordée aux apôtres. On croit qu'il mourut par le martyre chez les Parthes, ou dans la Carmanie qui leur étoit alors soumise.

Saint Matthieu passe pour le plus ancien des évangélistes; son évangile fut certainement écrit dans sa langue native, l'hébreu ou le syriaque,

où, comme s'exprime saint Jérôme, dans le chaldéen syriaque, en lettres hébraïques : *Chaldaïco
syroque sermone, sed hebraïcis litteris scriptum.*
Mais les Ébionites l'ayant corrompu par des additions favorables à leur erreur, l'Église ne reconnoît pour authentique dès le temps d'Eusèbe,
et même dès celui d'Origène, que l'ancienne version grecque qui n'a pas souffert les mêmes modifications.

L'iconologie sacrée dont les philologues chrétiens auroient pu s'occuper avec plus de dévelop-
pements, a donné pour emblème à saint Matthieu
un ange ou plutôt un enfant. Cette figure ne se
rapporte pas à la perfection du style, que nous
ne pouvons plus juger, puisque l'original est dé-
truit, et qui n'est remarquable d'ailleurs que par
une extrême simplicité. Elle exprime probablement cette naïveté d'inspiration, docile, con-
fiante, sincère, qui témoigne l'abandon des premiers sentiments et des premières croyances, et
qui n'a jamais été écrite avec plus de grâce que
dans cette ligne charmante de l'évangéliste :
« Jésus me dit de le suivre; je me levai, et je le
« suivis. »

La mission de saint Matthieu paroît avoir été
de décrire avec une fidélité ingénue la vie terrestre du Seigneur, et on croiroit que la pensée
de Dieu a voulu confier cette tâche à un homme

du monde, sans études historiques ni religieuses,
et inhabile même à classer dans leur ordre naturel des faits très-simples et des idées très-claires,
pour confirmer aux yeux des hommes, par un
témoignage purement humain, quoique divine-
ment inspiré, l'authenticité des autres Évangiles :
le christianisme n'a pas été seulement donné à la
foi, il l'a été aussi à la raison, et il est arrivé aux
peuples de la terre, investi de toutes les recom-
mandations sur lesquelles on peut fonder une
juste créance, celle d'une sincérité naïve, celle
d'une conviction profonde, celle de l'enthousiasme qui résulte d'une puissante sensibilité,
celle de la certitude qui appartient à l'infaillibilité
du génie. Pascal a dit admirablement qu'il croyoit
volontiers les histoires dont les témoins se fai-
soient égorger. Cependant cet indice n'est pas
toujours sûr. Sa pensée, moins elliptique et moins
éloquente, auroit été bien plus vraie; mais Pascal
ne faisoit que jeter les élémens d'un livre dans
une pensée : et qui peut concevoir avec quelle
puissance il auroit fait valoir celle-ci ! Qu'on
s'imagine qu'ils étoient innombrables, les témoins
oculaires qui se firent égorger! Qu'on leur accorde avec tous les écrivains païens qu'ils étoient
sans reproche, et même sans soupçon; qu'on
ajoute enfin que, pour la plupart, ils ne se con-
noissoient pas et ne pouvoient pas se connoître

entre eux. C'étoient des pêcheurs, des artisans, des philosophes, des mendians, des publicains, des soldats, des chevaliers, des bourreaux. On voit figurer parmi eux Paul qui avoit persécuté le Christ, Pierre qui l'avoit renié, Thomas qui douta de lui, Longin qui le frappa de sa lance. Le déicide étoit témoin sans doute, et l'assassin de Jésus qui a porté sa tête en témoignage de la divinité de Jésus, est un témoin que l'on peut croire. Le misérable qui avoit vendu la victime se pendit, et son nom est resté en abomination à tous les siècles et à tous les peuples, sans en excepter le sien. Le juge qui l'avoit condamné se lava les mains, et Dieu le retira à lui par une mort d'expiation. Voilà des faits avérés en critique historique, et tels que le sceptique le plus effronté, que Lucien lui-même ne les contesteroit pas. Il n'y a rien d'établi avec plus d'autorité dans les *Annales* de Tacite et dans les *Vies* de Plutarque; mais les histoires de Plutarque et de Tacite, si intéressantes d'ailleurs, avoient sur nos histoires chrétiennes un avantage incalculable, dans le système d'éducation qui nous a été si long-temps imposé, et dont la société actuelle subira long-temps les conséquences. Elles n'étoient pas françoises, elles n'étoient pas chrétiennes. Elles étoient romaines, elles étoient grecques, elles étoient *classiques*.

S. Matthæi evangelium octolingue , hebr. gr. lat. , etc. Ab
Henrico Kellerman. *Mosquæ*, 1712, *in-4°.*

— evangelium in lingua hebraïca, cum versione latina,
atque annotationibus Seb. Munsteri, una cum Epistola ad
hebræos, hebr. et lat. *Basileæ*, 1557, *in-8°.*

Édition rare. Elle a été réimprimée en 1582.

— In lingua hebraica, cum versione latina. *Parisiis*, 1594 ,.
in-fol.

—a Joan. Martianay, gr. et lat. *Parisiis, Lambinus*, 1695,
in-12.

— cum variantibus, a Joan. Andrea Irico, gr. et lat. *Mediolani*, 1749, *in-4°.*

— ex codice rescripto in bibliotheca collegi SS. Trinitatis
juxta Dublini descriptum opera et studio Johannis Barrett;
cui adjungitur appendix collationem codicis Montefortiani
complectus. *Dublini, ædibus academicis excudebat R. E.
Mercier,* 1801, *in-4°.*

Ce livre renferme une copie exactement gravée du manuscrit du VIe siècle,
d'après lequel il a été fait.

— lat. *Viennæ*, 1522, *in-4°.*
— ab Angelo Buonricio, lat. et ital. *Venetiis*, 1569, *in-4°.*

Avec l'Évangile de saint Jean.

SAINT MARC.

Évangéliste, et l'un des premiers disciples de Jésus-Christ. Il souffrit le martyre en l'an 68, dans la ville d'Alexandrie.

L'*Évangile* de saint Marc se trouve en différentes langues anciennes, et on ne sait pas précisément s'il a été écrit en grec ou en latin. Le manuscrit de Venise, qui passe pour autographe, auroit éclairci cette question, si son authenticité n'étoit pas fort suspecte, puisque le savant D. Bernard de Montfaucon qui le regarde comme le plus ancien manuscrit qu'il ait vu, déclare positivement qu'il est en lettres latines. Il faut qu'un siècle écoulé depuis cette époque ait produit dans ce précieux monument une prodigieuse altération, car il est impossible d'y reconnoître maintenant aucune forme de caractères. Cet *Évangile* paroît abrégé de saint Matthieu, dont saint Marc s'est toutefois éloigné dans l'ordre des temps, pour suivre la chronologie de saint Luc et de saint Jean.

EVANGELIUM D. MARCI AUTOGRAPHON, a Jo. Dobrouschi, lat.
Pragæ, 1778, *in-8º*.

Cette édition, que nous ne connoissons pas, doit être rare en France. Nous ne savons ni sur quel fondement l'éditeur établit l'autographie du manuscrit qu'il a suivi, ni de quelle bibliothéque il l'a tiré.

~~~~~~

SIÈCLE DE N. S. J. C.

SAINT LUC.

Évangéliste, et l'un des premiers disciples de Jésus-Christ; natif d'Antioche, mort en Achaïe dans une extrême vieillesse. Il résulte de l'Écriture sainte elle-même (*Coloss. IV*, 14) qu'il étoit médecin, mais la tradition le fait peintre aussi, et suppose qu'il transmit aux générations suivantes la ressemblance de la Vierge. Si cette hypothèse est dénuée d'autorités historiques, comme nous sommes forcés d'en convenir, elle ne manque du moins pas de grâce.

Ainsi que l'*Évangile* qui porte son nom, les *Actes des Apôtres*, qui lui sont généralement attribués, ont été écrits en grec. Le style de saint Luc est plus pur et plus élégant que celui d'aucun des autres auteurs du nouveau Testament; et il n'est point d'écrivain sacré qui ait porté plus loin cette onction éloquente et divine qu'on ne peut

Siècle de
N. S. J. C.

exactement définir que par l'épithète d'*évangé-lique*, les Évangiles en étant en effet le seul et admirable type. Il est permis de penser que si toutes les doctrines des philosophes, tous les enseignements des moralistes et des sages, tous les dogmes et tous les préceptes des religions étoient tombés dans l'oubli; que si toutes les sociétés sur le penchant de leur ruine étoient près de mourir *de mort* comme le premier homme exilé de son paradis, et qu'un hasard inattendu fît retrouver tout à coup, au milieu de la dissolution universelle, un seul lambeau du chapitre VI de l'*Évangile* de saint Luc, le SERMON SUR LA MONTAGNE, il ne faudroit pas d'autre véhicule au renouvellement de la civilisation. C'est l'expression la plus sublime du christianisme tout entier.

***

S. LUCÆ EVANGELIUM, a Luca Brugensi, gr. et lat. *Antuerpiæ*, 1606, *in*-16.

Il est réuni aux autres Évangiles.

— a Jo. Clajo, gr. et lat. *Lipsiæ*, 1610, *in*-8°.
— ACTA APOSTOLORUM, gr. et lat. *Ingolstad.* 1595, *in*-12.
— Litteris majusc. e cod. Laudiano characteribus uncialibus exarato, descripsit, edidit que Th. Hearnius. *Oxonii, e Theatro Sheldoniano,* 1715, *in*-8°.

L'éditeur assure dans l'avertissement placé en tête du volume qu'il n'a fait tirer que 120 exemplaires de ce livre; cette particularité se trouve répétée dans les *Nova Litter. german.* 1716, pag. 521. M. Brunet nous apprend que M. Beloé, tom. I, pag. 106 des *Anecdotes*, témoigne que le nombre des souscripteurs ne s'éleva pas au-dessus de quarante-un. Cette édition est cependant excellente, fort curieuse par son exécution, fort curieuse par sa rareté ; et ici, comme dans mille autres occasions, on ne sauroit expliquer le barbare dédain des bibliomanes. Elle ne s'est vendue que 15 fr. 50 cent. chez M. de Cotte.

— ex Codice Mosquensi, a Christ. Frid. Matthæi, gr. et lat. *Rigæ*, 1782, *in-*8°.

SIÈCLE DE N. S. J. C.

———

SAINT JEAN.

Apôtre, évangéliste et prophète ; natif de Bethzaïde en Galilée, fils de Zébédée et de Salomé, frère de saint Jacques le Majeur, pêcheur de profession, et le bien-aimé du Sauveur. Il mourut à Éphèse, plus que nonagénaire, la troisième année du règne de Trajan, qui étoit la centième de Jésus-Christ ; et contre l'opinion des auteurs, dont une juste déférence pour nos prédécesseurs dans la science bibliographique nous a fait adopter la méthode, il mourut d'une mort paisible. Il présidoit encore peu de temps auparavant à l'enseignement des fidèles ; mais il ne pouvoit se rendre à leurs assemblées que porté sur les bras de ses élèves, et ses discours se bornoient à quelques mots balbutiés d'une bouche mourante. L'ami de Jésus-Christ ne savoit plus qu'une phrase, et la répétoit sans cesse : *Mes chers enfans*, disoit-il, *aimez-vous les uns les autres.* Les hagiologues rapportent avec l'insensibilité de la scholastique qu'on finit par s'ennuyer de la monotonie de ce langage, et qu'il répondit à ceux qui sollicitoient d'autres leçons: *Ce que je vous ai demandé, c'est ce que Dieu vous demande, et si vous faites ce que je vous ai prié de faire en son nom, je vous réponds de votre salut.*

Quand le concile d'Éphèse s'assembla, il se fit une gloire de fonder son saint tribunal sur le tombeau de l'apôtre, et le pape Célestin exhorta les pères qui y étoient réunis à s'inspirer de ses instructions. C'est une chose admirable que de voir le premier pouvoir religieux de la terre convoquer un sénat religieux sous l'inspiration de l'homme de Dieu, qui avoit réduit d'après son maître la science essentielle du chrétien à l'amour et à la charité !

Le peuple crut long-temps que saint Jean n'étoit pas mort, parce qu'il pensoit probablement que saint Jean n'auroit pas dû mourir. Sa dernière allocution, à jamais rappelée par la voix solennelle du contemporain de Jésus-Christ, auroit suffi à l'instruction et au bonheur de tous les âges.

Il est naturel de penser que le disciple bien-aimé, dont le front avoit reposé sur le sein d'un Dieu, et qui étoit connu pour posséder toute sa confiance, jouit d'un ascendant facile sur le peuple de la nouvelle loi. Plus jeune que le Sauveur, et chéri de lui presqu'à l'égal de sa mère, il passe dans l'Église même pour avoir été admis à la communication de ses secrets les plus précieux : quelle puissante autorité cette considération ne donne-t-elle pas à son *Évangile!*

Indépendamment de ce livre admirable, saint Jean, exilé par Domitien dans l'île de Pathmos, y a composé l'*Apocalypse.* On a appelé ce poëme, car c'est ainsi qu'il faut le nommer, l'épopée du jugement dernier, et nous ne connoissons point de définition qui puisse en donner une idée plus exacte. L'imagination n'a jamais embrassé de scènes plus imposantes, et l'homme ne s'est jamais servi pour le représenter de couleurs plus extraordinaires et plus merveilleuses. On ne s'étonnera pas que cet ouvrage ait ébranlé la raison de quelques-uns de ses commentateurs. La faculté de le sentir est une de celles dont la nature est le moins prodigue envers les hommes, s'il est vrai, comme le pensoit Klopstock, que sa lecture ne puisse être goûtée que par un poëte.

On a aussi de saint Jean des *Épîtres* pleines de douceur et de charité.

———

Constantini Lascaris Erotemata cū interpretatione latina. De
lris græcis ac diphthōgis et quĕadmodū ad nos ueniāt.
Abbreuiationes quibus frequentissime Græci utuntur. Oratio
Dominica et duplex salutatio Beatæ Virginis. Symbolum
apostolorum. EUANGELIUM DIUI JOANNIS EUANGELISTÆ. Carmina aurea Pythagoræ. Phocilidis uiri sapientissimi moralia. Omnia supra scripta habent e regione interpretatione
latina de uerbo ad uerbū. *Venetiis summo studio litteris ac
impensis Aldi Manucii Romani*, 1494 et 1495, *in-4°*, avec
2 feuillets d'*errata*.

> « Premier livre d'Alde, avec date, et véritablement le premier par lui mis
> « sous presse, les deux pièces, *Musæus* et *Galcomyomachia*, sans date, mais
> « publiées en 1494, ayant été commencées et terminées pendant l'impres-
> « sion de cet ouvrage de plus longue haleine; ce que prouve le caractère latin
> « du *Lascaris*, déjà abandonné par Alde, dans le *Musæus*. »

Constantini Lascaris Byzantini de octo partibus orationis
liber primus. Eiusdem de constructione liber secundus.
Eiusdem de nomine et uerbo liber tertius. Eiusdem de pronomine secundum omnem linguā, et poeticū usum opusculum. Haec omnia habent e regione latinam interpretationem ad uerbum fere propter rudes, ita tamen ut et
amoueri, et addi possit pro cuiuscumq; arbitrio. — Cebetis tabula et græca et latina, opus morale, et utile omnibus, et præcipue adulescentibus. De literis græcis ac
diphthongis et quĕadmodū ad nos ueniāt. Abbreuiationes,
quibus frequentissime Græci utuntur. Oratio Dominica et
duplex Salutatio ad Beatiss. Virginem. Symbolum Apostolorum. EUANGELIUM DIUI JOANNIS EUANGELISTÆ. Carmina aurea Pythagoræ. Phocylidis poema ad bene, beateq;
uiuendum, omnia hæc cum interpretatione latina. Introductio perbreuis ad hebraicam linguam. *Venetiis, apud
Aldū, in-4°*, sans date.

In hoc libro hæc habentur, Constantini Lascaris Byzantini
de octo partibus orōnis liber 1. Eiusdem de constructione

liber secundus. Eiusdem de nomine et uerbo liber tertius. Eiusdem de pronomine in omni idiomate loquendi, ac ut poetæ utuntur opusculum. Hæc omnia habent e regione latinam interpretationem ad uerbum fere propter rudiusculos, ita tamen ut et amoueri, et addi possit pro cuiusq; arbitrio. — Cebetis Tabula, et græca et latina, opus morale, et utile omnibus, et praecipue adulescentibus. De literis grauis ac diphthongis et quēadmodū ad nos ueniāt. Abbreuiationes, quibus frequentissime Græci utuntur. Oratio Dominica et duplex salutatio ad Beatiss. Virginem. Symbolum apostolorum. EUANGELIUM DIUI JOANNIS EUANGELISTÆ. Carmina aurea Pythagoræ. Phocylidis poema ad bene, beateq; uiuendum. De idiomatib. linguarum tres tractatus Joannis grammatici. Eustathii, Corinth.; cum interpretatione latina. Introductio perbreuis ad hebraicam linguam. *Venetiis, apud Aldum*, 1512, *in-4°.*

Aldi Manutii Romani Rudimenta grammatices latinæ linguæ. De literis græcis et diphthōgis, et quemadmodū ad nos veniāt. Abbreuiationes, quibus frequenter Græci utuntur. Oratio Dominica, et duplex salutatio ad Virginem gloriosiss. Symbolum apostolorum. DIUI JOANNIS EUANGELISTÆ EUANGELIUM. Aurea carmina Pythagoræ. Phocylidis poema ad bene, beateq; uiuendum. Omnia hæc cum interpretatione latina. Introductio perbreuis ad hebraicam linguam. *Venetiis, Aldus*, 1501, *in-4°.*

« Édition extrêmement rare, et qui manque à la plupart des collections
« Aldines, même les plus complètes. »

Catalogue de la bibliothèque d'un Amateur (M. Renouard), tom. II,
pag. 9, 10, 11 et 27.

S. JOANNIS EUANGELIUM, gr. et lat. *Basileæ*, 1547, *in-8°.*
— lat. et ital. *Venetiis*, 1569, *in-4°.*

JOHANNIS APOSTOLI ET EUANGELISTÆ EPISTOLÆ CATHOLICÆ TRES, arabicæ et æthiopicæ omnes ad uerbum in latinum uersæ cum vocalium figuris exacte appositis, quo studiosæ

inventuti accessus ad hasce linguas expeditior culturaque
earundem uberior conciliaretur. Cura—I. G. Nisselii et
Theod. Petraci. *Lugd. Batav. ex offic. Joh. et Dan. Elsevier,*
1654, *in-4° maj.*

Cette édition est fort rare au témoignage de Bauer, tom. II, pag. 192, et
de Vogt, pag. 528. Je ne la trouve pas marquée dans l'*Essai bibliographique*
de M. Bérard, au chapitre des éditions Elzeviriennes en caractères orientaux;
sur quoi je remarquerai en passant qu'il faudra peut-être distraire en partie
ces éditions précieuses du nombre de leurs titres typographiques; puis qu'il
est bien reconnu qu'elles ont été imprimées aux frais et avec les caractères des
savants orientalistes qui les ont publiées, et particulièrement d'Erpenius.

— APOCALYPSIS, ex manuscripto exemplari et bibliotheca
clariss. viri Josephi Scaligeri deprompto, edita charactere
syro et ebræo, cum versione latina et notis, opera et studio Ludovici de Dieu. *Lugduni Batavorum, ex typographia
Elzeviriana,* 1627, *in-4° min.*

Ce volume contient 211 pages sans les pièces liminaires. Il est fort bien
exécuté. On y trouve, à côté de la version latine, une version grecque qui
n'est point promise sur le titre, ce qui lui donne un double droit à prendre
place dans notre *Bibliothéque sacrée.*

— gr. et lat. *Cantabrigiæ, Ricardus Bentley,* 1720, *in-8°.*
— gr. et lat. *Lipsiæ,* 1737, *in-80.*
— lat. *Parisiis,* 1510, in-12.

Cette édition est indiquée par le P. Lelong, suivi par Mauro-Boni et Gamba.
Nous sommes portés à croire que ce n'est qu'un fragment des *Bibles latines*
de 1509 ou 1511, imprimées dans la même ville, quoiqu'elles soient annoncées
in-8°, ces deux formats étant très-sujets à se confondre.

—lat. et ital. a Locresio P. A. *Patavii, Cominus,* 1747, *in-4°.*

Une des rares éditions de Comino, qui sont toutes recherchées d'ailleurs
pour leur exactitude et leur élégance.

— lat. et ital. *Colle Ameno,* 1756, *in-4°.*

La traduction italienne est de Flaminio Scarselli.

On ne désigne ici ces éditions et quelques autres du même genre que pour
ne rien omettre de l'ouvrage qu'on s'est assujéti à représenter. Nous ne citerons d'ailleurs aucune traduction en langue moderne, si ce n'est comme curiosité bibliographique, ou à titre de renseignement littéraire.

HISTORIA SANCTI JOANNIS EVANGELISTÆ , EJUSQUE VISIONES APOCALYPTICÆ.

Voyez plus loin le chapitre intitulé : BIBLES FIGURÉES.

~~~~~~

SIÈCLE DE N. S. J. C.

MATTHIEU ET LUC.

L'*Oraison Dominicale* étant commune au chapitre VI de l'Évangile de saint Matthieu, et au chapitre XI de l'Évangile de saint Luc, nous la plaçons à la suite des saintes Écritures publiées par parties séparées. Elle en est en quelque sorte l'expression et le complément. Cette prière est telle dans sa simplicité sublime que le génie de l'homme n'auroit jamais pu l'imaginer, et qu'elle embrasse en quelques mots toutes ses affections et tous ses intérêts du siècle et de l'avenir, depuis le pain de tous les jours jusqu'à la vie éternelle. Aussi ne nous sera-t-il pas difficile de prouver, en copiant quelques titres disséminés dans les Bibliographies, que c'est la plus universelle des polyglottes.

ORATIO DOMINICA POLYGLOTTA IN XXVI LINGUIS, studio Angeli Rochæ, *Romæ*, 1591, *in-4°*.

Il y a une réimpression de *Rome*, 1719, *in-fol.*

—IN XL LINGUIS, a Mesigero. *Francofurti, 1592, in-8°.*

—IN XL LINGUIS, a Mullero. *Berolini, 1640, in-4°.*

—IN L. LINGUIS, a Mesigero. *Francofurti, 1593, in-4°.*

—C PROPE LINGUIS, a Gothofredo Stanhio. *Berolini, 1703, in-4°.*

ORATIO DOMINICA Πολυγλωττος , Πολυμορφος ; nimirum PLUS CENTUM LINGUIS , versionibus aut characteribus reddita expressa. Editio novissima , speciminibus variis quam priores comitatior. *Londini , Brown , 1700 , in-4°.*

Édition plus rare, mais moins ample que la suivante. Elle a été donnée par Wilkins et Muller.

— in diversas omnium fere gentium linguas versa et propriis cujusque linguæ characteribus expressa ; editore Joanne Chamberlaynio. *Amstelaed. Goereus, 1715 , in-4°.*

Édition peu commune, et encore fort estimée, 15 à 20 fr. et souvent davantage. Il y a des exemplaires en grand papier fort , qui sont d'une extrême rareté et d'un très-haut prix. Celui de M. Caillard a été vendu 240 fr.

Il faut y trouver deux grandes pages pliées, qui ne portent ni chiffres, ni signatures, la première entre la page 20 et la page 21 , qui contient l'oraison Dominicale en chinois , et la seconde entre la page 22 et la page 23. Elles manquent dans quelques exemplaires.

— CL LINGUIS versa , et propriis cujusque linguis characteribus expressa. (a J. J. Marcel). *Parisiis , typis imperial. 1805, gr. in-4°. 36 fr.*

Un peu plus cher en papier vélin. Cette édition n'est pas fort considérée. Elle ne présente pas des échantillons de tous les caractères étrangers que possède l'imprimerie royale , et c'étoit cependant ce qu'on devoit en attendre.

M. Brunet indique sous la même date une contrefaçon qui a été signalée dans la *Bibliographie de la France*, année 1819, n° 1; il sera facile de la reconnoître parce que les n°s 56, 87, 88, etc. sont exécutés avec des planches d'étain , et d'autres avec des planches en bois et avec des caractères usés ou grossièrement gravés; que le papier en est inégal et de mauvaise qualité, et qu'enfin le frontispice porte pour fleuron , au lieu des armes de l'empire françois, la religion tenant une croix et un calice.

—IN CLV LINGUAS versa et exoticis characteribus plerumque expressa (avec une triple préface, en italien par

Bodoni, en latin par l'abbé Tonani, et en françois par M. Moreau de Saint Mery le fils, revue par M. Jos. de Lama, et modifiée ou corrigée suivant les intentions de M. le comte Méjan, secrétaire des commandemens du prince Eugène). *Parmæ, typis Bodonianis*, 1806, *in-fol.*

Siècle de N. S. J. C.

Volume magnifique dont il a été tiré plusieurs exemplaires sur papier vélin, mais deux seulement sur papier vélin de France. Toute l'édition avoit été achetée par le prince Eugène Beauharnais, auquel elle est dédiée, et qui étoit alors vice-roi d'Italie. Comme ils ont été distribués en cadeau à des savans et à des dignitaires françois, ils se rencontrent assez communément dans les ventes, où ils ne se paient pas au-dessus de 90 à 110 fr.; mais ils sont beaucoup plus chers en Italie.

Arrivés au terme de l'énumération des *Hagiographes inspirés*, pris séparément, nous finirons cette première division de notre travail en récapitulant ici ce qu'il est indispensable de savoir sur la composition matérielle des textes originaux. Les livres sacrés de l'ancien Testament ont été écrits originairement en langue hébraïque, excepté Judith, Tobie, Esther, Baruch, la Sagesse l'Ecclésiastique, partie d'Esdras, de Daniel, et une Épître de Jérémie réunie à celles de Baruch, qui n'ont point d'original hébraïque, mais qui paroissent avoir été d'abord composés en grec. La verion hébraïque de ces livres est l'ouvrage récent e Jean Leusden, excellent éditeur de la jolie ible hébraïque de 1701, la seule qui puisse rendre place à côté des *Elzevirs* dans les bibliohéques élégantes. Les livres sacrés du nouveau

Testament ont été écrits en grec, à l'exception de
l'Évangile de saint Matthieu, qui a été traduit en
grec par saint Jacques apôtre, ou par saint Jean.
Quoique le grec et le latin fussent alors *universels,*
comme on le dit aujourd'hui du françois, l'hébreu étoit encore populaire dans le peuple de
Dieu, et il falloit qu'un de ses Évangiles, qui
est précisément le plus populaire par sa forme,
fût conçu dans la langue du peuple. La version
latine du nouveau Testament est aussi du temps
des apôtres. La version hébraïque qui ne nous
occupe point est d'ailleurs l'ouvrage assez malheureux d'un savant du XVIe siècle, Élias Hut-
terus, qui mourut jeune après avoir fait faire un
pas immense à ce genre d'étude et aux procédés
typographiques qui s'y rapportent; mais sa réputation, comme ses ouvrages, n'étoit encore qu'é-
bauchée, et le résultat de ses travaux n'a enrichi
que celle de ses successeurs. Nous ne parlons pas
de la version ou plutôt de la paraphrase chal-
daïque des livres de l'ancien Testament, connue
sous le nom de *Targum.* Elle est d'une haute antiquité, puisqu'elle a été faite pour l'usage des
Hébreux, qui avoient presque entièrement oublié
dans l'esclavage la langue de la patrie, et qui ne
pouvoient plus comprendre les enseignements de
la loi qu'à la faveur d'une traduction.

COLLECTION

DES

SAINTES ÉCRITURES.

———

LA BIBLE.

Ce nom comprend tous les livres de l'ancien et du nouveau Testament, que nous venons de désigner dans leur ordre successif. Les éditions de la Bible dans les langues classiques grecque et latine qui sont les seules dont nous devions nous occuper, comme les seules qui entrent aujourd'hui dans nos études littéraires et religieuses, peuvent se distinguer en trois espèces différentes; 1° Bibles polyglottes ; 2° Bibles grecques; 3° Bibles latines. Il en sera de même pour l'ancien Testament et pour le nouveau, pris séparément.

BIBLES POLYGLOTTES.

Biblia sacra, vetus Testamentum multiplici linguâ nunc primò impressum et imprimis Pentateuchus hebraïco atque chaldaïco idiomate. Adjunctâ unicuique suâ latinâ interpretatione, 4 vol. in-fol. ad quorum calcem leguntur hæc *verba :* Explicit quarta et ultima pars totius veteri Testamenti hebraïco , græcoque et latino idiomate nunc primum impressa in hâc præclarissimâ Compluti universitate. De mandato et sumptibus reverendissimo in Christo Patris Domini, Francisci Ximenii de Cisneros, etc. Industriâ et solertiâ honorabilis viri *Arnaldi Guillelmi de Brocario ,* artis impressori magistri. Anno Domini millesimo quingentesimo decimo-septimo , mensis julii die decimo. — *Adjunguntur* NOVUM TESTAMENTUM , gr. lat. vocabularium hebraïcum et chaldaïcum totius veteris Testamenti , introductio artis grammaticæ hebraïcæ et dictionarium græcum. *Compluti* (Alcala), 1514-1517, 6 *in-fol.*

C'est ici un de ces livres capitaux qui ne peuvent être signalés avec trop de soin. M. Brunet nous en fournit la description.

Tom. I, 6 feuillets de pièces préliminaires , non compris l'intitulé. Suit le texte dont les feuillets ne sont pas chiffrés, et qui finit avec le Deutéronome par le registre des cahiers, suivi de deux feuillets d'*errata.*

Tom. II, epuis Josué jusqu'aux Paralipomènes, suivis de l'Oraison de Manassés en latin , et du registre des cahiers ; en tête du volume sont deux feuillets séparés, l'intitulé compris , et à la fin deux feuillets d'*errata.*

Tom. III , depuis Esdras jusqu'à l'Ecclésiastique, suivi du registre ; il y a au commencement deux feuillets séparés, y compris l'intitulé, et à la fin un seul feuillet d'*errata.*

Tom. IV, Isaïe.— Les Machabées sans registre (224 feuillets signés a iij-pp. 3, et 39 feuillets signés A-GIII). Au commencement sont deux feuillets séparés, l'intitulé compris, et à la fin trois feuillets qui contiennent une souscription et les *errata.*

Tom. V, 1514, commence par quatre feuillets séparés d'intitulé et pièces préliminaires. Suit tout le nouveau Testament, grec et latin , y compris l'Apocalypse, dont le dernier feuillet contient une souscription encadrée dans une bordure. (Cette partie n'a point de registre ; elle est de 217 feuillets, signés A et A-mm v ; les signatures a et bh sont répétées : et mm est de huit feuillets) viennent ensuite : 1° un feuillet contenant des vers grecs et latins ; 2° *Interpretationes hebræorum nominum* , etc. [1] ; dix feuillets ; 3° *Introductio quam brevis ad græcas litteras* , etc., 39 feuillets.

Tom. VI, 1° un titre séparé ; 2° un Vocabulaire de 172 feuillets ; 3° un *Index* de mots latins de huit feuillets ; 4° une partie de 24 feuillets intitulée:

[1] Dom Calmet en a tiré un grand parti dans son *Dictionnaire de la Bible.*

Interpretationes hebraïcarum, *chaldaïcorum*, etc., *nominum*; 5° une partie de deux feuillets, intitulée : *Nomina quæ sequuntur*, etc.; 6° une dernière partie de quinze feuillets, intitulée *Introductiones grammaticæ hebraïcæ*. Les parties peu homogènes qui composent ce volume se trouvent au reste assez souvent placées dans un ordre différent.

Cette polyglotte, qui est la moins complète de toutes, conserve du moins le précieux mérite d'être la première, et d'avoir enrichi la littérature sacrée quand un demi-siècle s'étoit à peine écoulé depuis l'invention de l'imprimerie. Aussi sa valeur s'est maintenue dans l'estime des amateurs, qui en paient encore les exemplaires à un très-haut prix. Vendue 660 fr. Gaignat, 710 fr. La Vallière, 929 fr. Soubise, 63 liv. sterl. Willett. Quant aux exemplaires tirés sur peau de vélin, on n'en connoît que trois. Celui de Pinelli fut acheté 483 liv. sterling, par M. de Mac-Carthy, et porté à 16,100 fr. à la vente de ce célèbre amateur. Il est malheureusement échu aux Anglois, chez lesquels il orne maintenant la bibliothéque de M. Hibbert.

Quoiqu'on ne puisse refuser à la Bible de Ximénès une incontestable priorité, il est juste d'avouer que cette immense entreprise avoit du moins été rêvée avant lui; François Tissard, François, nous apprend en 1508 dans la préface de sa *Grammaire hébraïque*, qu'il a dessein d'imprimer une Bible en hébren, en grec et en latin. C'étoit la plus naturelle et la plus classique des polyglottes. Il paroît qu'Alde l'ancien s'en occupoit aussi quelque temps avant sa mort, qui arriva au commencement de 1516, et ce projet est bien indiqué dans la préface du beau Psautier de Decadyus dont nous avons parlé en son rang. Le Psautier de Justiniani n'annonçoit pas, comme nous l'avons dit, un travail moins immense et moins bien préparé; mais pour mener à leur fin des travaux aussi gigantesques, il faut plus que de la patience et du génie, il faut tout ce concours de circonstances favorables que les hommes appellent le bonheur. Ximénès, arrivé des cellules de saint François à l'archiépiscopat, à la pourpre, au ministère, et pour ainsi dire au pouvoir absolu, étoit un des plus grands hommes de son temps et même de tous les temps. Possédé du besoin d'attacher sa renommée à un de ces grands monuments littéraires qui perpétuent à travers les siècles le nom de celui qui les a conçus, il forma le plan de sa polyglotte, et l'exécuta en quelques années. Il avoit tout pour cela, l'or, la puissance, la volonté, le concours des hommes les plus doctes, et une merveilleuse aptitude à les découvrir. C'étoient Démétrius Ducas, savant grec de l'école d'Alexandrie; cet Antoine de Lebrixa, que nous appelons *Nebrissensis*, et qui a si puissamment influé sur la renaissance des lettres; Jacques Lopez de Zuniga, ou comme il se nommoit lui-même en latin, *Didacus Lopez Astuniga*, qui a eu le malheur de trouver Érasme pour adversaire dans je ne sais quelle question de scholastique; Ferdinand Nunez de Guzman, ou *Ferdinandus Nonnius Pincianus*, élève de Jovien de Péloponnèse et de Philippe Béroalde, auquel on attribue une bonne partie de la version latine du texte des Septante; Paul Coronel, juif espagnol converti, et Alphonse de Zamora, qui appartenoit à la même religion, et qui l'avoit également quittée, tous hommes accomplis en savoir, et dont Ximenès avoit sagement adopté les travaux, sans égard à la position que l'opinion des sectes ou des partis leur donnoit. Ce qui recommande enfin cette Bible aux amateurs, c'est qu'on sait qu'elle a été tirée à un fort petit nombre d'exemplaires, *scarso numero di copie*, dit Gamba.

— hebr. chald. gr. et lat., curâ et studio Benedicti Ariæ Montani (*Regia sive Antuerpiensia dicta*). *Antuerpiæ, Plantin.*, 1569-1572, 8 *in-fol.*

Indépendamment de l'édition tetraglotte, il y a aussi une version syriaque du nouveau Testament dans le cinquième tome. La plupart des leçons sont prises sur l'édition d'Alcala, seul prototype d'une pareille entreprise; mais l'édition d'Anvers offroit certainement beaucoup de conditions de succès. Philippe II, qui n'étoit pas un bon roi, mais qui étoit curieux et entreprenant, aimoit comme Ximenès à lier son nom à des choses imposantes et nouvelles. Plus heureux encore que le ministre de Ferdinand *le Catholique* et de Charles-Quint, il put employer à sa *Bible royale d'Anvers* des talents plus perfectionnés et des génies plus rares. Le fameux typographe Christophe Plantin, qu'il nomma son *archi-imprimeur*, venoit d'être fixé dans les Pays-Bas par une aventure romanesque. Le fondeur de caractères, Guillaume le Bé, se rendoit de Paris à Anvers pour y frapper ces poinçons élégans qui ont illustré tant de presses, et le savant Arias Montanus recueilloit de toutes parts des matériaux propres à rendre cette entreprise aussi accomplie en bon savoir qu'elle l'étoit en matière et en industrie. On commença à travailler à l'édition en 1568; le premier tome fut achevé le premier jour de mars de l'année suivante, et tout l'ouvrage en 1572, le dernier jour du mois de mai. On dit que soixante ouvriers y furent employés, et qu'ils ne cessèrent de travailler pendant quatre ans. Louis Guichardin rapporte que chacune de leurs journées coûtoit à Plantin plus de deux cents écus d'or, ce qui fait près de trois cent mille écus d'or pour l'exécution matérielle de l'entreprise ; à quoi il faut ajouter les frais d'établissement, la fonte des caractères, l'acquisition des manuscrits, et la rétribution des gens de lettres et des savants qui coopéroient à cet immense travail. Cette polyglotte n'est, comme toutes les autres, un livre important et recherché que pour les grandes bibliothéques. Vend. 264 francs Gaignat, 296 fr. La Vallière, et tout au plus moitié, quand elle se rencontre aujourd'hui. Il en a existé à Paris deux exemplaires sur vélin.

Plantin a aussi publié, en 1584, une Bible hébraïque, grecque et latine, *in-fol.*, répétée in-8° par Antoine Raphelengius, en 1608 et 1613, dont la version latine interlinéaire est d'un excellent usage pour les études.

— græca ex editione Complutensi latina ex versione tam

vulgata quam Xantis Pagnini, et germanica ex versione Lutheri juxta codicem anni 1545, edita studio Davidis Wolderi. Accessit bibliorum quadrilingium tomus primus. (Textus hebraicus Bibliorum hebraïcorum Eliæ Hutteri.) *Hamburgi, excudebat Jacobus Lucius*, 1596, ou *ibid. in bibliopolio Commeliniano*, 1603, *in-fol.*

Ces deux dates appartiennent à une seule et même édition, qui est peu considérée, et sur tout peu connue en France.

Nous ne parlons pas des polyglottes de Raimondi et d'André de Léon, qui n'ont été que projetées. Quant à celle de Jean Draconite, il n'en existe qu'un très-petit nombre de *specimen* qu'on trouvera mentionnés au livre spécial de l'Écriture qui y est contenu.

—hebraïce, samarit. chald. syr. lat. et arabice : cura et studio Guidonis Mich. Le Jay. *Parisiis, typis Ant. Vitré*, 1628—45, 9 tomes en 10 *vol. in-fol. maxim.*

Il y a des exemplaires auxquels on a mis de nouveaux titres ainsi conçus :

BIBLIA Alexandrina heptaglotta.... *Lutetiæ Parisiorum, prostant apud Joannem Janssonium a Wœsberge, Joannem Jacob. Chipper, Elizæum Werstraet,* 1666.

C'est la fameuse édition ordinairement nommée *Bible de Vitré*, ou *polyglotte de Le Jay*, du nom de l'imprimeur et de l'éditeur, qui se ruinèrent tous deux à cette vaste et dispendieuse publication. La typographie de toutes les époques n'a peut-être rien produit de plus magnifique. Le format du papier qui étoit tout-à-fait nouveau a quelque chose d'extraordinaire et d'imposant, et la qualité en est admirable. Les caractères ont été gravés par les meilleurs fondeurs du temps, le Bé et Jacques Saulecque, et l'édition fut dirigée par des hommes d'un immense savoir. Ce monument merveilleux de tant de sciences et d'arts réunis conserve cependant peu de valeur. La multiplicité des exemplaires, leur volume énorme, qui les rend presque inutiles pour l'usage, et dont les dimensions ne peuvent s'assortir qu'à celles des spacieuses galeries de nos bibliothèques publiques, la publication plus récente enfin de polyglottes plus complètes, plus correctes et plus commodes, expliquent assez cette dépréciation. De 200 à 300 fr. *la Bible de Vitré*, déchue par degré jusqu'à 120 fr., se donneroit peut-être aujourd'hui à moins.

Ce n'est pas ici le lieu de suivre le P. Lelong (*Discours historique sur les éditions des Bibles polyglottes*, pag. 104-204), dans sa curieuse histoire des tristes démêlés de Vitré et de Gabriel Sionite ; mais toutes les occasions sont bonnes pour justifier un honnête homme d'une fausse imputation. Le libraire

La Caille (*Histoire de l'Imprimerie*, liv. II , p. 240), « écrit que la gloire que « Vitré a méritée par ses belles éditions , et surtout par celle de sa *polyglotte* « de Paris , a été flétrie par la malice qu'il a eu de faire fondre en sa présence « les caractères orientaux qui avoient servi à l'impression de cette Bible, pour « ôter par-là le moyen d'imprimer à Paris aucuns livres en ces langues après « sa mort; ce qui est une perte irréparable pour l'art de l'imprimerie ». Cette calomnie, textuellement répetée dans le second volume du *Ménagiana* , a été publiquement confondue par la découverte de ces caractères , retrouvés au Louvre vers le commencement de la révolution.

SS. BIBLIA POLYGLOTTA , complectentia textus originales, hebraïcum cum Pentateucho samaritano , chaldaïcum, græcum ; versionum antiquarum samaritanæ , græcæ LXX interpretum , caldaïcæ, syriacæ, arabicæ, ethiopicæ, per-sicæ, vulgatæ latinæ , quidquid comparari poterat, cum textuum et versionum orientalium translationibus latinis, ex manuscriptis antiquissimis undique conquisitis, optimis-que exemplaribus impressis, summâ fide collatio. Quæ in prioribus editionibus deerant , suppleta. Multa antehac inedita, de novo adjecta. Omnia eo ordine disposita ut textus cum versionibus uno intuita conferri possint. Cum apparatu, appendicibus, tabulis, variis lectionibus , anno-tationibus, indicibus, etc. Opus totum in sex tomos tribu-tum edidit Brianus Waltonus S. T. D. *Londini , imprimebat Thomas Roycroft*, 1657 , 6 *in-fol.*

Il faut joindre à ces six volumes les deux volumes suivans :

CASTELLI (EDM.) LEXICON HEPTAGLOTTON , hebraïc. chaldaïc. syriac, samarit., etc. Cui accessit brevis grammaticæ de-lineatio. *Londini* , *Th. Roycroft*, 1669 , 2 *in-fol.*

Il y a des exemplaires de ce Dictionnaire auxquels on a mis un nouveau titre, daté de 1686, et à l'adresse du libraire Scott. Il est si estimé, dit M. Brunet qui nous en fournira la description, que les exemplaires de la po-lyglotte auxquels il ne se trouve pas joint, perdent moitié de leur valeur.

Le tom. Ier se compose ainsi qu'il suit : 1° six feuillets préliminaires qui contiennent le portrait de Castel, un frontispice, l'épître dédicatoire à Charles II; la préface, le privilége de Charles II; 2° *harmonia brevis et perpetua sex linguarum orientalium*, onze feuillets ou 44 col.; 3° *Dictiona-*

rium persico-lat., sign. A—Bbb col. 1—573 : cette partie manque dans plusieurs exemplaires ; 4° *Lexicon orientale ;* sig. A—Mmmm. col. —1656.

Le tome II. n'a point de frontispice, et les colonnes y sont chiffrées à la suite de celles du 1er vol. de 1657 à 4008.

Il étoit peut-être impossible que la *polyglotte* de Walton luttât de beauté avec celle de Le Jay, mais indépendamment de la modicité relative de son prix (proportion qui est maintenant bien changée), elle offroit une foule d'avantages réels qui lui ont justement mérité la préférence et parmi lesquels il faut citer en première ligne, celui de présenter sur diverses colonnes dans le même tome, des textes et des versions souvent épars dans les volumes inébranlables de Le Jay. On ne sera sans doute pas fâché de savoir que c'est Walton, qui pour subvenir aux frais d'impression de sa *polyglotte*, s'avisa le premier de recourir à la voie des souscriptions, aujourd'hui si communes et si commodes.

« Ce livre ayant été commencé en 1653 (le second volume est daté de 1655,
« et le troisième de 1656), fut terminé en 1657 sous le protectorat de Cromwell ;
« Walton avoit fait mention du protecteur dans un passage qui se trouvoit
« pag. 10. de la préface, immédiatement avant la liste des personnes qui ont
« encouragé l'ouvrage ; mais après la restauration, il supprima ce passage, et
« il remplaça les deux derniers feuillets de sa préface par trois autres feuillets
« dans lesquels il fit des changemens et des augmentations considérables, ainsi
« qu'on peut s'en convaincre en comparant les deux versions. Mais comme les
« exemplaires avec la préface dans le premier état sont très-rares en France
« (quoique cette preface vienne d'être réimprimée en Angleterrre), il ne sera
« peut-être pas inutile de rapporter ici le morceau qui a rapport à Cromwell ;
« le voici :

Primo autem commemorandi, quorum favore chartam a vectigalibus immunem habuimus, quod quinque abhinc annis a concilio secretiori primo concessum, postea a SERENISSIMO D. PROTECTORE *ejusque concilio, operis promovendi causa, benigne confirmatum et continuatum erat, quibus subjungendi etc.*

« En supprimant cette phrase, on y substitua celle-ci :

Inter hos effusiore bonitate labores nostros prosecuti sunt (præter eos quorum favore chartam a vectigalibus immunem habuimus). Serenissimus Princeps D. Carolus, etc.

« Ce fut M. César de Missy qui, dans une lettre insérée dans l'ouvrage de
« Bowyer, intitulé *the origin of printing*, fit connoître pour la première fois
« les deux leçons différentes de la préface de Walton. Depuis, M. Adam Clark,
« *Bibliographical dictionary*, tom. I, a donné sur le même sujet de nouveaux
« éclaircissemens qui ne sont pas sans intérêt ; c'est cependant mal à propos que
« cet estimable bibliographe paroît croire qu'il n'existe dans aucun exemplaire
« de cette polyglotte d'épître dédicatoire à Charles II : j'ai vu cette épître qui
« occupe quatre pages ; elle se trouve dans un des exemplaires de la bibliothéque

« du roi, mais je l'ai vainement cherchée dans plusieurs autres. Le même
« M. Clark désigne le volume suivant comme nécessaire pour compléter la
« polyglotte de Walton. »

**Paraphrasis chaldaïca in librum priorem et posteriorem
chronicorum, auctore Rabbi Josepho, a ms. cantabri-
giensi descripta, ac cum versione lat. in lucem emissa a
Dav. Wilkins.** *Amstelodami,* 1715, *in-*4°.

Manuel du libraire, par M. Brunet, tom. Ier, pag. 191-192.

Nous avons rapporté ce dernier titre d'après M. Clark et M. Brunet, parce
que la version de M. Wilkins classe l'ouvrage dans notre travail, mais il
nous paroît fort étranger par la forme et par le plan à la *Polyglotte* de Walton.
Outre Edm. Castell, il n'eût pour coopérateurs essentiels qu'Alex. Huisse,
Th. Hyde, Sam. Clarke et Lightfoot. Jacques Lesher, archevêque d'Armagh
en Irlande, lui communiqua beaucoup de manuscrits; Édouard Pockoke et
Thomas Greaves des remarques sur diverses variantes de leçons arabes ou
persiennes, et Dudley Loftus, gentilhomme irlandois, toute la version latine
du nouveau Testament éthiopien. Jean Pearson paroît avoir aussi une grande
part à la rédaction des prolégomènes, mais ce ne sont là que des travaux
secondaires et étrangers au système général de l'entreprise.

La Bible de Walton a conservé une grande valeur, même en France, où
elle s'est vendue 380 fr., Saint-Céran, avec le lexique de Castell. Elle vaut le
double au moins en Angleterre. De beaux exemplaires dans lesquels se trouvoit la préface à la gloire du protecteur, ont été payés 75 liv. 10 schell.
Heat. en 1810 : 61 liv. Edwards. 53 liv. 11 schell. Willett.

Il y a des exemplaires en gr. pap. format atlant. qui, à ce qu'on prétend,
n'excèdent pas le nombre de DOUZE, mais il est probable que le *Lexicon*
n'a jamais été tiré dans ce format. Vend. les 6 vol. de la Bible, gr. pap. et
les 2 vol. du *Lexicon*, pap. ordinaire, 1050 fr. Colbert, 1610 fr. Lauraguais,
1251 fr. La Vallière.

**BIBLIA hebr. gr. et lat. Latina interpretatio duplex est, altera
vetus, altera nova Xantis Pagnini, cum annotat. Fr. Vatabli.** *Ex officinâ sanctandreanâ.* (*Hieron. Commelini*),
1586, ou *Heidelbergæ,* 1599, ou *ex officinâ Commeliniand,*
1616, 2 vol. *in-fol.*

Ces trois éditions n'en font qu'une que nous plaçons à la suite des Bibles
polyglottes, malgré sa date, parce qu'elle ne contient que l'ancien Testament.
Elle n'est d'ailleurs que triglotte. Vatable protesta contre ces notes, quand
elles furent imprimées sous son nom par Robert Estienne, en 1545; et mort
en 1547, il est bien étranger à ce dernier travail, que le P. Lelong attribue

sur des motifs assez plausibles, à Corneille Bonaventure Bertram, mais qui pourroit être de Sylburge.

— hebraïca, gr. lat. germ. et slavonica, ab Helia Huttero. *Norimbergæ*, 1599, *in-fol.*

Polyglotte en six langues dont les quatre premières sont copiées sur la Bible d'Anvers, savoir l'hébreu, le chaldéen, le grec, et le latin. La cinquième est la version allemande de Luther; pour la sixième les exemplaires varient selon les nations auxquelles ils sont destinés, dit le savant père Lelong, car les uns ont la version esclavone de l'édition de Wittemberg, les autres la françoise de Genève, la troisième, l'italienne aussi de Genève, et la quatrième espèce la version saxonne faite sur l'allemande de Luther. Ces quatre dernières traductions ne vont que jusqu'au livre de *Ruth*, ce qui nous fait ranger la Bible de Hutter parmi les polyglottes incomplètes. Nous citerons tout de suite après comme un ouvrage qui se rapporte au précédent son *Nouveau Testament* en douze langues, imprimé à Nuremberg aussi en 1599, 2 vol. in-fol. ou 4 vol in-4° : édition peu connue.

— Quadrilinguis; 1° Veteris Testamenti hebraïci, cum versionibus, e regione positis, utpote versione græcâ LXX interpr., versione latinâ Sebast. Schmidii, et germanicâ Lutheri; 2° novi Testamenti græci cum versionibus syriaca, græca vulgari (Max. Calliupoletis), lat. Sebast. Schmidii, germanica Lutheri; adjectis variant. Lectionibus, etc., accurante M. Christ. Reineccio. *Lipsiæ*, 1747-51, 3 *in-fol.* 100 fr., catal de M. Schoëll. (Il manquoit le titre du tom. IIIe).

Cette Bible passe pour fort correcte, selon M. Brunet. C'est le nouveau Testament qui est daté de 1747.

Les sociétés bibliques ont répandu depuis quelques années une quantité innombrable de Bibles dans toutes les langues du monde, et le goût nouveau, mais très-bien approprié à une société où les livres se multiplient outre toute mesure, qui vient de se manifester pour les éditions compactes, a suggéré à quelques imprimeurs anglois l'idée de réunir en un seul volume assez portatif plusieurs de ces bibles spéciales pour en composer une polyglotte. Nous avons vu plusieurs de ces volumes parfaitement exécutés, et qui réunissoient dans un format presque aussi exigu que celui de la *Bible des Évêques* autant de langues diverses que les dix atlas gigantesques de Vitré. Maintenant l'immense développement de nos connoissances lexicologiques et la multiplicité de nos types rendent impossible une polyglotte nouvelle qui approche assez du complet pour satisfaire à taus les besoins de la science [1]. La polyglotte de Walton restera donc probablement l'ouvrage le plus accompli en ce genre.

BIBLES GRECQUES.

VETUS TESTAMENTUM ex LXX interpretibus, et NOVUM TESTAMENTUM curante Andreâ Asulano. gr. *Ven. Ald.*, 1518, *in-fol.*

Édition belle et rare, et la première de toutes les éditions grecques de la Bible.

— gr. a Joan. Lomiero, *Argentor. Cephal.* 1524-26, 3 *in-fol.*

Édition belle et rare, renouvelée à Bâle, en 1529, par le même imprimeur.

— gr. *Basil. Hervagius*, 1545, *in-fol.*
— gr. *Basil. Nicol. Brylingerus*, 1550 et 1582, 4 gr. *in-fol.*
— gr. *Francof. Wechel*, 1597, *in-fol.*

Excellente édition.

— gr. *Venetiis*, *Nicolaus Dulci ord. Johannei*, 1687, *in-fol.*

— gr. et lat., à Joanne Morino. *Parisiis, Antonius Stephanus*, 1618, 3 *in-fol.*

Cette première édition de toute la Bible grecque-latine, qui jouit d'une grande considération, est exécutée sur les éditions romaines de 1587 et 1588. Il s'en trouve des exemplaires avec un nouveau frontispice, *Parisiis, Piget*, 1641.

Ancien Testament selon la version grecque des Septante.

VETUS TESTAMENTUM à cardinale Caraf., gr. *Romæ, Franc. Zanetti*, 1587, *in-fol.*

[1] Nous sentons mieux que personne que cette observation doit s'appliquer aussi à la Bibliographie, et c'est là surtout ce qui nous a décidés à renfermer notre plan dans des limites déjà tracées.

Belle édition rare et assez recherchée. Les exemplaires en sont de deux sortes, les uns de M. D. LXXXVI, tels qu'ils parurent d'abord ; les autres portant la date de M. D. LXXXVII, au moyen d'un ɪ ajouté avec la plume. Ces derniers exemplaires sont ceux qu'on trouve le plus souvent ; ils contiennent 783 p. de texte, précédées de 4 f préliminaires, et suivies d'un f ajouté après coup, intitulé : *Corrigenda in notationibus psalterii*, etc. Ce dernier f n'est pas aux exemplaires datés de 1586, où l'on ne trouve pas non plus, au bas du *verso* du 4ᵉ feuillet préliminaire, le privilége de Sixte V, daté du 9 mai 1587. *Manuel du libraire*, tom. I, pag. 196.

On réunit ordinairement à cette version la traduction latine, *Romæ, Zanetti*, 1588, *in-fol.*

— Juxta exemplar vaticanum, gr. *Londini, Daniel, sub signo Campanæ*, 1653, *in-4°.*

C'est l'édition connue sous le nom de la *Bible de la Cloche*, parce que le fleuron du frontispice représente une cloche. Quoique Walton et Lambert Bos aient reproché aux éditeurs d'avoir changé et interpolé à leur fantaisie le texte des Septante, elle est cependant fort recherchée pour la beauté des caractères et la correction. Les exemplaires en grand papier sont rares.

— Cum scholiis, gr. *Cantabr.* 1665, *in-12.*

Avec une préface de Jean Pearson, remplie d'érudition.

— gr. *Lipsiæ*, 1697, 2 *in-8°.*
— ex codice ms. Alexandrino, à Jo. Ernesto Grabe, gr. *Oxon.* 1707, 2 *in-fol.;* et *ibid.* 1707-9, 4 *in-8°.*

Bonnes éditions, moins considérées cependant que celles de Breytinger.

— a Lamberto Bos, gr. *Franequeræ*, 1709, *in-4°.*

Édition très-estimée, et dont les exemplaires en grand papier sont très-rares.

— a Joanne Millio, gr. *Amstel.* 1725, 2 *in-8°.*

Belle édition : 12 à 15 fr.

— a Joanne Jacobo Breytingero, gr. *Tiguri*, 1730, 4 *in-4°.*

Les variantes du ms. du Vatican et les notes du nouvel éditeur lui donnent un grand prix.

— gr. *Lipsiæ, Breitkoptius*, 1730, *in-8°;* et à *Christ. Reinecio, ibid*, 1757, *in-8°.*

Partie de l'ancien Testament de la version grecque des Septante.

Bibliæ pars iv quæ hebraïce non extat. gr. *Basileæ, Brylingerus*, 1550 et 1582, *in-8°*.

— gr. *Ant. Plant. sine anno*, *in-4°*.

— gr. *Francofurti*, 1694, *in-8°*.

— gr. *Halæ*, 1711, *in-8°*; et 1749, *in-12*.

— gr. et lat. *Lipsiæ*, 1691, *in-4°*.

— gr. cum latinâ vers. interlineari. *Ant. Plant.* 1584, *in-fol.*; et *Ant. Raphelengius*, 1608 et 1613, *in-8°*.

C'est une partie de la Bible dont nous avons fait mention dans les polyglottes.

— gr. cum lat. vers. interl. *Genevæ*, 1609 et 1619, *in-fol.*

— gr. cum lat. vers. interl. *Lips.* 1657, *in-fol.*

— gr. cum lat. vers. interl. *Parisiis*, 1753.

Partie de l'ancien Testament des versions grecques anciennes.

Aquilæ symmachi et theodotionis fragmenta, à Petro Morino. *Romæ*, 1587, gr. *in-fol.*; et lat. *ibid.* 1588, *in-fol.*

— à Joanne Drusio, gr. et lat. *Arn. Barmide*, 1622, *in-4°*.

Il ne reste qu'un très-petit nombre de fragments de ces traductions, souvent citées avec éloge par les saints Pères des premiers siècles.

Origenis hexapla, à Bern. de Montfaucon, gr. et lat. *Parisiis, Simart*, 1713, 2 *in-fol.*

Avec quelques opuscules inédits d'Origène.

— à Car. Frid. Bahrdt, grec et lat. *Lipsiæ et Lubecæ*, 1769-70, *in-8°*.

Nouveau Testament grec.

NOVUM TESTAMENTUM diligenter à Desiderio Erasmo recognitum et emendatum. *Basileæ , Froben.* 1516, *in-fol.*

Première édition du nouveau Testament en grec (car celle d'Alcala, quoiqu'imprimée en 1514, ne fut publiée qu'en 1520); elle est rare et fort,
recherchée. *Manuel du libraire*, tom. III, pag. 431.

—ab eodem, gr. et lat. *Basileæ ,* 1519, 1522 , 1527 ,
in-fol.

— à Nicolao Gerbelio , gr. *Hagenoæ ,* 1521 , *in-4°.*

Édition très-rare, et fort estimée.

—gr. *Argentorati , Cephal. ,* 1524 , *in-8°.*

Édition très-correcte.

—gr. *Basileæ , Bebelius ,* 1524 , *in-8°.*
—gr. *Parisiis , Colin. ,* 1534, *in-8°.*

Édition belle et correcte : 12 à 15 fr.

—gr. *Venetiis , Nic. de Sabio ,* 1538, *pet. in-8°.*

Édition rare.

—gr. et lat. *Basileæ , Brylingerus ,* 1541, *in-8°.*

Cette édition a été renouvelée sous plusieurs dates.

—gr. et lat. *Parisiis , Bogart,* 1543, *in-8°.*

Quelques exemplaires portent le nom de Carola Guillart au lieu de celui
de Bogart.

—gr. a Roberto Stephano. *Parisiis ,* 1546, *in-16.*

Jolie édition, à laquelle on préfère néanmoins celle de 1549.
C'est dans celle-ci que se trouve à l'avant-dernière ligne de la préface, la
faute si souvent citée comme unique, *pulres* pour *plures.* On en a cependant découvert plusieurs autres dans le texte. Cette dernière se vend de 15
à 30 fr., suivant la condition des exemplaires.

—— gr. *Parisiis*, *Prevotius*, 1549, *in-16*.

—— gr. *Parisiis*, *Rob. Stephanus*, 1550, *in-fol*.

Cette édition, imprimée avec les beaux caractères de Garamond, dont les poinçons se conservent encore à l'imprimerie royale, peut soutenir la comparaison avec ce qui existe de plus beau en ce genre; cependant elle est ordinairement donnée à très-bas prix. *Manuel du libraire*, tom. III, p. 432. Un superbe exemplaire s'est vendu 100 fr. chez M. de Cotte.

—— gr. et lat. *Parisiis*, *Rob. Stephanus*, 1551, *in-16*.

Cette édition est la première dans laquelle on trouve le nouveau Testament grec divisé en versets; et elle est en même temps la plus rare de cet éditeur.

—— à Theodoro Beza, gr. et lat. *Sin. notâ*, 1559, *in-8°*; et *Basileæ*, 1559; *Henr. Stephanus*, 1565; *Genevæ*, *Henr. Steph.* 1582; *Henr. Steph.*, 1589, et *Cantab.* 1642, *in-fol.*

Cette dernière édition est considérée comme la meilleure.

—— gr. *Antuerp. Plant.* 1573, 1601, 1612, *in-24*.

La première de ces trois éditions est considérée comme la meilleure et la plus correcte.

—— à Mathæo Flacco Illyrico, cum glossis, gr. et lat. *Basileæ*, 1570, *in-fol.*

—— à G. Fabricio, hebr. gr. et lat. *Parisiis*, 1584, *in-4°*.

—— à Sebastiano Castalioneo, gr. et lat. *Venetiis*, 1582, *Antuerpiæ*, 1589, et *Lipsiæ*, 1591, *in-8°*.

—— à Theologis Lovaniensibus, gr. et lat. *Colon. Milius*, 1592, *in-8°*.

—— gr. *Commelin.* 1602, 2 *in-8°*.

—— ab Is. Casaubono et Henr. Stephano, gr. et lat. *P. Steph.* 1617, *in-12*.

—— à Josepho Scaligero, gr. *Genevæ*, 1620, *in-4°*.

—— ab Erasmo Schmidio et Zacaria Gergano, gr. *Vitembergæ*, 1622, *in-4°*.

—— gr. *Lugd. Bat. Elzev.* 1624, 1633, 1641, 1656, 1678, *in-12*.

Quoique l'édition de 1624 ait servi de modèle à toutes les autres, celle de 1633 n'en est pas moins la plus recherchée de toutes les éditions du nouveau Testament grec, données par les Elzevirs.

— gr. *Sedani*, *ex typographia et typis novissimis Joannis Jan-noni*, 1628, *in-*32.

Très-jolie édition en très-petits caractères. Les exemplaires en sont fort recherchés : 12 à 15 fr.

— a Joanne Morino, gr. *Parisiis*, 1628, *in-fol.*
— gr. *Cantab. Buck*, 1632, *in-*8°.
— gr. *Amsterod. Guill. Blaeu*, 1633, *in-*24.

Très-jolie édition.

— cum notis Rob. Stephani, Jos. Scaligeri et Is. Casauboni, gr. *Londini*, 1633, *in-*8°.
— cum interpr. græco-vulg. Maximi Calliopolitæ. *Sine loco*, 1638, *in-*4°.
— gr. *Parisiis*, *typ. reg.* 1642, *in-fol.*

Belle édition, moins considérée en France qu'à l'étranger.

— a Theodoro Beza, gr. et lat. *Cantabr.* 1642, *in-fol.*
— a Stephano Curcellæo, gr. *Amstel. Elzevir*, 1658, *in-*12.

Édition bien imprimée.

— ab Erasmo Schmidio, gr. et lat. *Norimb.* 1658, *in-fol.*
— a Stephano Curcellæo, gr. *Amstel. Elzevir*, 1675, *in-*12.

Édition très-belle et très-correcte, et cependant la moins recherchée des Elzevirs.

— a Joanne Fel, gr. *Oxonii*, 1675, *in-*8°.

Édition très-estimable, qui fait grand honneur à l'éditeur, tant parce qu'elle est d'une correction achevée, que parce qu'elle représente les diverses leçons avec une grande fidélité.

— cum scholiis, a Joanne Gregorio, gr. *Oxonii*, 1703, *in-fol.*
— a Joanne Millio, gr. *Oxonii*, 1707, *in-fol.*

Édition belle et estimée, et contenant des préliminaires très-importants, que nos auteurs regardent comme un trésor de critique sacrée.

— ex eadem editione, a Ludolpho Kustero, gr. *Roterodami*, 1710; et *Lipsiæ*, 1723, *in-fol.*

— a G. D. T. (scilicet Gerardo de Trajecto, seu Gerardo Van-Mastricht), gr. *Amstel. West.* 1711, 1735, *in-8°.*

L'une et l'autre édition sont enrichies de leçons diverses. La première est plus belle, et la seconde passe pour plus correcte.

— a Michaele Maittaire, gr. *Londini, Tonson,* 1714, 1715, *in-12.*

— a Johanne Leusden, gr. *Lugd. Batav. sumpt. Societ.* 1716, *in-16.*

La plus jolie de ces bonnes petites éditions de Leusden, qu'il faut réunir à sa Bible hébraïque de 1701.

— a Christiano Stockio, gr. *Jenæ,* 1731, 2 *in-8°.*

— a Joanne Alberto Bengelio, gr. *Tubingæ,* 1734, *in-4°.*

Édition excellente, et à laquelle les éditeurs ont apporté le plus grand soin.

— a Christ. Sigism. Georgio, gr. *Witteberg.* 1736, *in-8°.*

— gr. et lat. *Vien. Austr. Kalliwoda,* 1740, *in-8°.*

— a Millio et Ludolpho Kustero, gr. *Amstel.* 1746, *in-fol.*

— gr. *Glasguæ. R. Urie,* 1750, *in-8°.*

— gr. cum lectionibus variant. nec non commentario pleniore, opera et studio Joannis-Jacobi Wetstenii. *Amstel.* 1751-52. 2 *in-fol.*

Cette édition peut passer pour la meilleure et la plus soigneusement exécutée du nouveau Testament grec. Nos auteurs prétendent cependant y avoir observé quelques fautes d'impression assez graves; mais ils rendent une entière justice aux précieuses notes de Wetstein.

— gr. juxta exemplar millianum. *Oxonii, J. Baskerville,* 1763, *in-4°.*

— gr. ex editione Wetstenii, cum emendationibus conjecturalibus anglicè scriptis. *Londini, Bowyer,* 1763, 2 *in-12.*

Cette édition est très-correcte, et ne se trouve pas facilement. Il y a dans quelques exemplaires une préface relative aux variantes et à leur origine; dans d'autres on a mis, au lieu de cette préface, une table sommaire des principales éditions imprimées d'après des manuscrits. Les *Conjectural emendations on the new Testament,* qui forment la dernière partie du 2ᵉ volume de cette édition, ont été réimprimées séparément *in-8°,* en 1772; elles l'ont été aussi plus correctement, et avec des augmentations, en 1783, *in-4°*, pour faire suite au nouveau Testament grec, imprimé dans le même format, par *Bowyer*, en 1782. (*Manuel du libraire*, tom. III, pag. 434.)

— a Christiano Schoettgenio, gr. *Lipsiæ*, 1765, *in-8°*.

— a Joanne Jacobo Griesbach, gr. *Halæ*, 1774-75. 2 *in-8°*.

.Édition très-estimée.

— ab Eduardo Harwood, gr. cum notis anglicis. *Londini*, 1775, 2 *in-12*.

« J'ai joint à cette édition, dit le savant Harwood, le catalogue des meilleures « éditions du nouveau Testament grec, et la liste des commentaires les plus « estimés, avec l'indication des éditions de ces commentaires dont on fait le « plus de cas. Le texte en a été collationné avec les meilleurs manuscrits. »

— gr. cum scholiis theologicis et philologicis. *Londini*, 1778, 2 *in-8°*.

— gr. è codice alexandrino descript. a Car. Godefr. Woide. *Londini*, *Jo. Nichols*, 1786, *in-fol*.

Belle édition.

— a F. C. Alter, juxta codicem Vindobon. gr. *Vindob*. 1787, 2 *in-8°*.

— gr. ex recens. Jo-Jac. Griesbachii, cum selecta lectionum varietate. *Lipsiæ*, *Goschen*, 1803-1807, 4 *in-4°*.

Édition de luxe.

— gr. accurante Guill. Whitfield Dekins. *Londini*, *Wilson*, 1808, *in-8°*.

Édition bien imprimée.

— gr. *Oxonii*, 1809, 2 *in-8°*.

— gr. juxta exemplar millianum. *Londini*, *Bagster*, 1813, *in-32*.

Édition assez jolie.

— gr. cum notis diversorum, edidit E. Valpy, *Londini*, 1815, 3 *in-8°*.

LE NOUVEAU TESTAMENT DE NOSTRE SEIGNEUR JÉSUS CHRIST,

traduit en françois avec le grec et le latin de la Vulgate
ajoutés à côté. *Mons, Gaspard Migeot*, 1673, *in-8°.*

Jolie édition des Blaeu d'Amsterdam, imprimée à l'instar des *Provinciales,*
en 4 langues, et avec les mêmes caractères.

Partie du nouveau Testament grec et latin.

IV. Evangelia et actus Apostolorum, gr. et lat. *Lugd. Bat.*
    1653, *in-4°.*
— gr. et lat. *Amstelodami, Ravestein,* 1662, *in-4°.*
— cum commentario Francisci Lucæ Brugensis, gr. et lat.
    Antuerpiæ, Moretus, 1606-16, 4 *in-fol.*
— ab Andræa Birch, cum variantibus ex plurimis codicibus.
    gr. *Hauniæ, Schultz,* 1788, *in-fol.*

Cette édition est une des plus magnifiques des Évangiles ; elle a été collationnée avec une exactitude extraordinaire par le savant éditeur, sur les
meilleurs manuscrits de Rome, de Vienne et de l'Escurial.

Harmonia evangelica, gr. et lat. *Amstelodami, Huguetan,*
    1699, *in-fol.*

BIBLES LATINES

SELON LA VULGATE.

Parmi le nombre considérable des Bibles latines sans date, imprimées de format *in-fol.* sans
chiffres, réclames, ni signatures, et avec toutes les
marques qui caractérisent les premières productions typographiques, nous nous bornerons à indiquer les plus anciennes, les plus précieuses, et
les mieux décrites.

MM. Mauro-Boni et Gamba citent quelques
autres éditions du quinzième siècle, et l'on auroit

pu en ajouter un grand nombre, mais qui seroient ou de trop peu d'importance pour mériter une mention spéciale, ou même trop douteuses pour y avoir un droit légitime. Il y a peu d'inconvénients à une omission dans un livre où l'on s'est bien gardé d'ailleurs de promettre le complet absolu, et il y en a beaucoup à surcharger de fausses indications la science déjà si embarrassée et si confuse des bibliographes.

BIBLIA LATINA SINE TITULO, ET SINE ULLA NOTA. 2 gr. *in-fol.*

Cette Bible, qu'on croit sortie des presses de Guttenberg à Mayence, vers 1455, est imprimée sur deux colonnes de 42 lignes chacune dans les pages entières, à l'exception des neuf premières qui n'ont que 40 lignes, et de la deuxième qui n'en contient que 41. Le premier volume a 324 feuillets et le second 317. (Panzer indique seulement 321 et 316 feuillets, ce qui prouve qu'il s'est servi d'un exemplaire incomplet).

Les quatre premiers feuillets du premier volume contiennent l'Épître de saint Jérôme, laquelle commence par l'intitulé suivant, tiré en rouge.

Incipit epistola sancti iheronimi ad paulinum presbiterum de omnibus divinæ historiæ libris. capitulū pmū.

La bibliothèque du roi en possède deux exemplaires, sur l'un desquels on lit, à la fin de chaque volume, une souscription latine, écrite dans le temps par l'enlumineur, et que l'on croit authentique. De la seconde de ces souscriptions, il résulte que l'exemplaire a été achevé de colorier et relié au mois d'août 1456.

Un exemplaire, imprimé sur vélin, vendu 2,100 fr. Gaignat; 6,260 fr. Mac-Carthy; sur pap. 2,500 fr. Brienne-Laire; et un autre exemplaire, conforme à celui-ci pour les caractères, vendu aussi 2,500 fr. chez le même; 1,900 fr. d'O... 212t fr. Larcher.

— Sine titulo, et sine ulla nota. 2 g. *in-fol.*

On croit cette Bible imprimée à Bamberg, par Albert Pfister, parce que les caractères sont semblables à ceux que cet imprimeur a employés pour le livre des quatre histoires, en allemand, imprimé en 1462. Elle avoit été long-

temps regardée comme la première Bible, imprimée à Mayence. Elle commence au *recto* de la première page de cette manière :

(F)   *Rater   am*

brosius   mi

chi   tua   minuscula...

Elle est imprimée à deux colonnes de 36 lignes chacune, et selon la description très-détaillée qu'en a donnée M. Dibdin, *Bibliotheca Spencer.*, tom. IV,
p. 573—76, elle est composée de 881 feuillets en tout; savoir, de 445 feuillets
pour le premier tome, depuis le prologue jusqu'à la fin des psaumes, et de
436 feuillets pour le second, depuis le commencement des Proverbes jusqu'à
la fin de l'Apocalypse. Les bibliographes qui ont parlé de cette Bible avant
M. Dibdin, n'y comptoient que 870 feuillets, mais ils se sont copiés les uns
les autres, et il est vraisemblable que le premier d'entre eux qui a fait cette
fausse énumération a eu sous les yeux un exemplaire incomplet.

BIBLIA LATINA sine titulo et sine ulla nota. *in-folio.*

Cette Bible, qui a 427 feuillets à deux colonnes de 49 lignes sur les pages
entières, commence ainsi :

(F)   *Rater   ambrosius   tua*

michi   munuscula   perfecere, etc.

Caractères gothiques, que l'on croit être ceux de J. Mentel; vendue 253 fr.
Crévenna.

— SINE ULLA NOTA. *in-folio.*

Bible qui a 213 et 212 feuillets à deux colonnes de 56 lignes chacune dans
les pages entières, en caractères ronds, semblables à ceux de Mentel, et
qui commence ainsi :

(F)   *Rater   Ambrosi9*

tua   mihi   minus-

cula, etc.

Vendue 223 fr. Brienne-Laire; 200 fr. de Servais.

— SINE ULLA NOTA. 2 *in-fol.*

Cette Bible, qui a 320 feuillets dans le premier volume, et 312 dans le
second, deux colonnes de 41 lignes sur les pages entières, caractères gothiques, est attribuée à Eggestein de Strasbourg. Elle commence ainsi :

(F)   *Rater   Ambrosi9   tuă*

michi   munusculă   p-

ferens, etc.

Vendue 90 fr. Brienne-Laire; 331 fr. Jourdan.

BIBLIA LATINA SINE ULLA NOTA. 2 *in-fol.*

Bible qui a 345 feuillets dans le premier volume, et 334 dans le second, imprimée à deux colonnes de 42 lignes. Panzer attribue cette édition à Ulric Zel, imprimeur à Cologne, et rapporte les quatre dernières lignes de l'Apocalypse de cette manière :

> *ni dni ihu. Gra dni nri ihu xpi cum*
> *omnibq vobis amen.*
> *Explicit liber apocalipsis bea*
> *ti Johannis apostoli.*

Dans une seconde édition sans date de la Bible, imprimée avec les caractères d'Ulric Zel, les mêmes lignes sont autrement disposées.

— *Moguntiæ, per Joannem Fust et Petrum Scöffer*, 1462, 2 *in-fol.*

Première édition de la Bible avec une date certaine. Le premier volume commence par cet intitulé imprimé en rouge :

> *Incip epl' a S^{oi} iheronimi... etc.*

et contient 42 feuillets. Le second volume renferme 239 feuillets, sur le dernier desquels se lit la souscription :

> *Pn̄s hoc Opusculū Artificiosa, etc.*

tirée en rouge. On a remarqué que cette souscription n'étoit pas la même dans tous les exemplaires. (*Manuel du libraire*, tom. I, pag. 198, 199.)

— 1464. *in-fol.*

Sans nom d'imprimeur.

— *Reutlingæ, Jo. Averbach.* 1467, *in-fol.*

Édition célèbre, mentionnée par Maittaire, Orlandi et plusieurs autres. Denis soutient que Jean Averbach ne peut pas l'avoir imprimée, par la raison que Jean Averbach, jurisconsulte distingué, étoit vicaire de l'évêque de Bamberg; mais cela peut-il suffire pour nier le fait évident d'une date si claire? Plusieurs savants ecclésiastiques du quinzième siècle qui contribuèrent par leurs soins et leurs travaux à introduire l'art de l'imprimerie dans les villes qu'ils habitoient, se trouvent portés au rang des imprimeurs. Ne seroit-il pas possible d'ailleurs qu'il se fût trouvé deux Jean Averbach, dont l'un vicaire de l'évêque de Bamberg, et l'autre imprimeur à Reutling? Il ne faut toutefois pas confondre, comme on l'a fait souvent, ce Jean Averbach de Reutling avec Jean Amerbach de Bâle, qui imprimoit en 1481 et dans les années suivantes.

BIBLIA LATINA. *Romæ, Conr. Sweynheim et Arn. Pannartz,* 1471. 2 *in-fol.*

Cette Bible est la première qui ait été imprimée à Rome.

—— *Moguntiæ, Petr. Scöffher,* 1472, *in-fol.*

Cette édition représente, page pour page et ligne pour ligne, celle de 1462, et contient, comme elle, 481 feuillets; elle ne diffère que par les abréviations. (*Manuel du libraire,* tom. I, p. 199.)

—— *ex charactere Richelii, impressoris Basileensis,* 1475, 2 *in-fol.*

—— *Norimbergæ, Andreas Fisner et Joannes Sensenschmidt,* 1475, *in-fol.*

—— *Placentiæ, Johannes-Petrus de Ferraris Cremonensis,* 1475, *in-4°.*

Cette Bible, à deux colonnes, et en très-petits caractères, est le premier livre connu imprimé à Plaisance. Elle contient 358 feuillets.

—— *Norimbergæ, Ant. Coburger,* 1475, 1477, 1478, 1479, 1480, 1501, *in-fol.*

Monumens curieux de l'art, dus à un des plus habiles et des plus féconds typographes de cette belle époque dont les productions sont aussi grandes, aussi imposantes que les cathédrales du moyen âge. L'esprit humain semble ne s'être élevé à ces hauteurs que parce qu'il y étoit porté par la religion.

—— *Venetiis, Franc. de Hailbrun,* 1475, 1476, *in-fol.;* et 1480, *in-4°.*

—— *absque loco,* 1475, 2 *in-fol.*

Cette Bible est attribuée à Bernard Richel, imprimeur à Bâle; elle est à deux colonnes, en caractères gothiques.

—— *Parisiis, Ulricus Gering, Martinus Crantz, et Michael Friburger,* 2 *in-fol.*

Les bibliographes rapportent cette édition à 1475 ou 1476.

—— *Venetiis, Nic. Jenson,* 1476, *in-fol.*

—— *Ibid., Leonard. de Basilea,* 1476, *in-fol.*

—— *Ibid., Franc. de Hailbrun et Nic. de Frankfordia,* 1476, *in-fol.*

—— *Neapoli, Mathias Moravus,* 1476, *in-fol.*

Édition très-recherchée, et fort rare, comme toutes celles qui ont été imprimées à Naples vers le même temps.

BIBLIA LATINA. *Basileæ, Bernardus Richel., 1477, in-fol.*

— *Venetiis, Reinsburch, 1478, in-fol.*

— *Ibid. Leonard. Wild, 1478, et 1481.*

— *Ibid. Nic. Jenson, 1479, in-fol.*

— *Sine loco, 1479, in-fol.*

Édition en caractères gothiques, qui a été décrite par Clément, Braun, Masch et Laire. C'est la première des éditions où se lise l'inscription souvent répétée depuis : *Fontibus ex græcis*, etc.

— *Coloniæ, Conr. de Homborch, 1479, 1489, in-fol.*

— *Lugduni, Perrinus Lathomi, 1479, in-fol.*

— *Norimbergæ, Sensenschmidt, 1479, in-fol.*

— *Ulmæ, Joann. Zeiner, 1480, in-fol.*

— *Florentiæ, 1480, in-fol.*

— *Venetiis, Joann. Herbert de Selgenstadt, 1484, in-4°.*

— cum concordantiis; *sine loco, 1489, in-fol.*

Première édition avec les concordances.

— *Basileæ, Joann. Frobenius, 1491, in-8°.*

Tres-belle édition, imprimée en très-petits caractères.

— *Typis Johannis Piverd, 1500, in-4°.*

— *Parisiis, Vostre, 1500, in-fol.*

— *Norimbergæ, 1500, in-fol.*

— *Basileæ, Froben, 1500, in-8°.*

— *Lugduni, 1500, in-8°.*

— cura Gabrielis Bruni ex ord. minim. *Parisiis, Joh. Petit, 1501, in-fol.*

— per Angelum de Monte Ulmi. *Venetiis, Paganinus de Paganinis, 1501, in-8°.*

Édition très-peu connue et d'un assez grand prix, comme toutes celles de cet imprimeur.

— cum apparatu summariorum et concordantiarum, secunda editio. *Parisiis, Thielman. Kerver pro Jo. Petit, 1504; in-fol. gothic.*

Biblia latina. *Lugduni, Davost*, 1505, *in-fol. gothic.*
— *Ibid. Jac. Saconus*, 1506, *in-fol.*

Édition assez estimée, et qui a été réimprimée en divers formats.

— *Venetiis, Junta*, 1506, *in-fol.*
— *Parisiis, Philippus Pigouchet*, 1507, *in-fol.;* réimprimée
en 1512.
—cum apparatu et concordantiis. *Basileæ, Froben,* 1509, *in-fol.*
— *Basileæ*, 1509, *in-8°.*
— *Parisiis*, 1509, *in-8°.*
— *ibid. Jo. Clereret*, 1511, *in-8°.*
— *Rhotomagi, Petr. Olivier*, 1511, *in-fol.*
— *Cadomi*, 1511, *in-4°.*
— per Albertum Castellanum. *Venetiis*, 1511, *in-4°.*
— *Lugd. Nicol. de Benedictis*, 1512, *in-4°.*
— *Basileæ, Froben*, 1514, *in-fol.*
— *Parisiis*, 1514, *in-8°.*
— cum brevibus annotationibus. *Lugd. Mareschal*, 1514,
in-8°.

Réimprimée en 1523, 1525 et 1526, *in-fol.* et souvent *in-8°.*

— *Lugduni, Joann. Moylin*, 1516, 2 *in-fol.*

Édition très-estimée et réimprimée souvent.

— *Lugd.* 1517, *in-fol.*
— *Parisiis, Jo. Prevel*, 1519, *in-8°.*

Réimprimée en 1523 et 1528.

— *ibid. Jo. Clereret*, 1519, *in-4°.*
— *Lugd.* 1519, *in-4°.*
— *Venetiis, Luca de Giunta*, 1519, *in-8°.*
— *Lugd. Jo. Marion*, 1520, *in-fol. gothic.*
— *ibid.* 1524, *in-8°.*
— *Parisiis, Thielmann Kerver*, 1526, *in-8°.*

Réimprimée en 1530. — Il y a deux éditions, dont l'une sans date, mais
des mêmes caractères, et probablement du même temps.

— *Lugd. Jo. Theobaldus*, 1526, *in-fol.*

Identique avec celle de Mareschal, qui est datée de la même année. Nous ne citons ces réimpressions que pour l'acquit d'un travail consciencieux. Leur énumération n'appartient qu'à l'entreprise impossible d'une bibliographie complète.

BIBLIA LATINA. *Coloniæ et Antuerpiæ, impensis Francisci Birckmanni,* 1526, 3 *in-8º.*

— *Parisiis, Simon Colinæus,* 1527-30, 5 *in-16.*

Édition jolie et rare.

— *Parisiis, Rob. Stephanus,* 1528, *in-fol.*

Réimprimée souvent *in-8º.*

— *Lugd. Jo. a Porta,* 1528, *in-fol.*

Édition qu'il ne faut pas confondre avec celle de Servet, qui fut imprimée quatorze ans après par Hugues de La Porte, probablement fils de celui-ci.

— *Antuerpiæ, Vortesman,* 1528 et 1534, *in-fol.*

— *Coloniæ, Quentel,* 1529, *in-fol.*

— *ibid. Eucharius Cervicornis,* 1530, *in-fol.*

— *Lugd. Jacob. Myt,* 1531, *in-8º.*

— *ibid. Treschel,* 1532, *in-8º.*

— *ibid.* 1533, *in-fol.*

— *Parisiis, ex offic. Rob. Stephani,* 1534, *in-8º.*

— cum annotationibus (Rob. Stephani seu a Rob. Stephano editis anno 1532). *Antuerpiæ, excudebat Martinus Cæsar, impensis et opera Godofredi Dumæi,* 1534, *in-fol.*

— *Parisiis, Yolande Bonhomme,* 1534, *in-fol.*

— *Lugduni, Moylin,* 1535, *in-fol.*

— *ibid. Jac. Junta,* 1535, *in-4º.*

— cum concordantiis per Henric. Regium. *Coloniæ, Melchior Novesianus,* 1535, *in-4º.*

— *Lugduni, Jo. Savor.* 1536...

— *ibid. Henric. Lauretus,* 1536...

— *ibid. Jac. Junta,* 1536, *in-8º.*

— cum annotationibus Rob. Stephani. *ibid. Scipio de Gabiano,* 1536, *in-fol.*

— cum iisdem annotationibus. *ibid. Guill. Boulle,* 1537, *in-fol.*

BIBLIA LATINA cum iisdem annotationibus. *Antuerpiæ, Jo. Steelsius,* 1537, *in-4°.*

— *Parisis, Jo. Goult,* 1537....

— cum annotationibus Steph. *Lugduni, Hugo a Porta,* 1538, *in-fol.*

— *Venetiis, Bernardinus Stagninius,* 1538, *in-8°.*

— *Antuerpiæ, Jo. Steelsius,* 1538, *in-4°ᵉᵗ in-8°.*

— *Parisiis,* 1539, 4 *in-*16.

— cum Duplici translatione et Scholiis. *Parisiis, Regnault,* 1540, *in-fol.*

Réimprimée la même année chez le même Pierre Regnault, de format *in-8°.*

— *Venetiis, in-8°, et absque nomine typographi, in-4°.*

— cum annotationibus Stephani. *Antuerpiæ, Antonius Goinus,* 1540, *in-fol.*

— Juxta veterem editionem qua hactenus utitur ecclesia latina. *Parisiis et Lugduni,* 1541, *in-fol.*

— insignium figurarum simulacris cum venustati tum veritate accommodatis illustrata. *Excudebat Fr. Gryphius,* 1541, *in-8°.*

— cum brevi præfatione Joannis Benedicti ejusque scholiis ad marginem. *Parisiis, Colinæus pro Galeoto a Prato,* 1541, *in-fol.*

Ces scholies ont été réimprimées en 1549, 1552, 1558, 1564, 1565, 1567 et 1573. Il y a une édition de *Paris, Macé,* 1566, *in-fol.,* qui est la même que celle de 1564.

— *Antuerpiæ, typis Martini, Ap. Jo. Stcelsium,* 1541, *in-fol.*

— *ibid. Batman, Ant de Jahide, Henric. Petersen, Ant. Meranus,* 1541, *in-8°.*

Ces éditions sont rapportées comme distinctes les unes des autres dans l'*Index librorum prohibitorum.*

— cum figuris. *Excudebat Fr. Gryphius,* 1542, *in-8°.*

La même édition, peut-être, que celle de 1541.

— *Parisiis, Petrus Regnault,* 1542, 5 *in-*16.

BIBLIA LATINA. *Lugduni, Theob. Paganus,* 1542, *in-8°* et 6 *in-*16.
— *ibid. Ap. Hugonem a Porta, Caspar Treschel excudebat*
Viennæ, 1542, *in-8°.*

Le rapport de Treschel, alors imprimeur à Vienne, avec le libraire Hugues de La Porte, éditeur de la Bible de Servet, donne lieu de croire que le fameux traité de cet anti-trinitaire, imprimée à Vienne en Dauphiné, en 1553, étoit aussi sorti de ses presses.

— *ibid. Guill. Boulle,* 1542, *in-8°.*
— *ibid. Jac. Junta,* 1542, *in-8°.*
— *ibid. Sebastianus Gryphius,* 1542, *in-8°.*
— cum variis lectionibus juxta editionem Stephanianam, 1540, *in-fol. Antuerpiæ, Jo. Steelsius,* 1542, *in-fol.*
— *Venetiis, Itechem et Magnantius,* 1542, *in-fol.*
— ex versione Sanct. Pagnini, à Michaele (Serveto) Villa-novano. *Lugduni, Hugo a Porta,* 1542, *in-fol.*

Édition très-recherchée, à cause des notes marginales du fameux Servet, qui ont occasioné sa suppression. Vendue 121 fr. La Vallière, 66 fr. Crevenna,

— ab Isidoro Clario Brixiano. *Venetiis, Petr. Schoffer,* 1542, et *Junta,* 1557, *in-fol.*

Édition peu commune, recherchée à cause de la préface, dans laquelle l'auteur dit avoir corrigé ou annoté plus de 8000 fautes ou endroits obscurs de la Vulgate. D'après de pareilles corrections, on doit moins regarder ce livre comme une édition de la Vulgate, que comme une version nouvelle de la Bible. (*Manuel du Libraire,* tom. 1, pag. 201.)
Réimprimée en 1564.

— cum annotationibus Rob. Stephani. *Parisiis, Pet. Regnault,* 1543, in-8°.
— *ibid. Yolanda Bonhomme,* 1543, *in-8°.*
— *Antuerpiæ, Jacob. Lisbest,* 1543, *in-8°.*
— *Parisiis et Lugduni, Hugo a Porta,* 1544, *in-8°.*
— cum annotationibus marginalibus. *Lugduni, Æerno a Porta,* 1544, *in-fol.*
— *Antuerpiæ, Guill. Vortesman,* 1544, *in-fol.*
— *Venetiis, Bartolomæus de Albertis, ad insigne Spei,* 1544, *in-8°.*

— (« Charactere nitidissimo et minimo, duplici distincta columna » Le Long). *Parisiis, Rob. Stephanus,* 1545, *in-8°.*

Réimprimée avec notes en 1557, 1586, 1605, 1721, etc.

BIBLIA LATINA. *Lugduni, Jo. Junta,* 1545...

— *ibid. Hugo a Porta,* 1545...

— *Antuerpiœ,* 1545...

— Cum variis lectionibus juxta editionem anni 1546 (charactere tamen minori). *Parisiis. ex officina Rob. Stephani,* 1546, *in-fol.*

— *Lugduni, Jac. Grozet,* 1546, *in-fol.*

— *ibid. hœredes Jac. Juntœ,* 1546, *in-8°.*

— *ibid. Hugo a Porta,* 1546, *in-8°.*

— *ibid. Junta,* 1546, *in-8°.*

— ad vetustissima exemplaria recens castigata, curâ Jo. Hentenii cum ejus præfatione. *Lovanii, Bartolomœus Gravius,* 1547, *in-fol.*

Réimprimée en 1563, 1565, deux fois en 1566, 1567; deux fois en 1572, 1575, 1579; et revue par d'autres docteurs de Louvain, en 1573, 1574, 1575, 1580, 1582, 1583, 1584, 1587, 1590. Nous en citons plus bas quelques-unes qui méritoient une mention particulière.

— cum iconibus historiarum veteris Testamenti. *Lugduni,* 1547, *in-4°.*

— *Parisiis,* 1548, *in-8°.*

— *Parisiis, Carola Guillard et Desbois,* 1549, *in-fol.*

Seconde édition, *cum scholiis Joannis Benedicti.* Nous citons les autres plus haut en parlant de la première, sous l'année 1541.

— *ibid. Yolanda Bonhomme,* 1549, in-8°.

— *Lugduni, Theob. Paganus,* 1549, *in-8°.*

— ad optima quæque veteris ut vocant tralationis exemplaria editio correcta, (cujus errata quædam perpauca ex adversa tituli pagina posita sunt; deinde sequitur epistola Joanni Bellaio Parisiensium præsuli nuncupata). *Lugduni, apud Sebastianum Gryphium,* 1550, 2 *in-fol.*

Édition magnifique, imprimée en très-grands caractères, et dont la merveilleuse exécution typographique ne sera peut-être jamais surpassée. Cependant le même imprimeur publioit dans la même année une charmante édition de la Bible, en 5 vol. *in-16*, comme un délassement de son immense entreprise. Il falloit, pour produire de pareils chefs-d'œuvre, des éléments qui ne se retrouveront plus, mais surtout le désintéressement des âmes généreuses et la patience du génie.

Biblia latina *Venetiis, apud Juntas*, 1550, *in-4°*.

— *Parisiis*, 1550, *in-8°*.

— ibid. *Yolanda Bonhomme*, 1551, *in-8°*.

— *Lugduni, Frellon*, 1551, *in-fol.*

— ibid. *hæredes Jac. Juntæ*, 1551 et 1561, *in-8°*.

— ibid. *Jac de Millis, typis Joannis Pullon*, 1551, *in-8°*.

— *Parisiis*, 1552, *in-4°*.

— ex recognitione Dominici de Soto. *Salmanticæ, Andreas a Portonariis*, 1555...

Bible rare, désavouée par son éditeur.

— *Lugduni, Gryphius*, 1556, *in-12*.

— ibid. *Jac. de Millis*, 1556, *in-8°*.

— ibid. *Joann. Tornesius*, 1556, *in-fol.*

— ibid. 1558, *in-8°*.

— *Antuerpiæ, Plantin*, 1559, *in-8°*.; et 1564-65, 5 *in-16*.

La seconde de ces deux éditions est la plus belle. Les beaux exemplaires en sont toujours assez recherchés.

Plantin a réimprimée la Bible en 1563, 1564, 1565, 1567, 1569, 1580, 1583, 1584, 1587, etc..

— *Parisiis, Kerver*, 1560, *in-8°*.

— *Lugduni, Frellon*, 1566, *in-fol.* et *in-8°*.

— ad vetustissima exemplaria nunc recens castigata. His accesserunt schemata tabernacula mosaici et cum præfatione Jo. Hentenii. *Francofurti ad Moenum, Georgius Corvinus, Sigismundus Feyrabend et Hæredæs Vigandi Galli*, 1566, *in-fol.*

On sait que les livres imprimés chez Feyrabend se recommandoient par le mérite des gravures en bois de cet imprimeur xilographe, dont les presses ont été illustrées d'ailleurs par les plus jolies productions de Jost Ammon.

BIBLIA LATINA. *Lugduni*, 1567, *in-8°.*

— *ibid. Jo Frellon*, 1568, *in-8°.*

— *Coloniæ*, 1568, *in-8°.*

— cum versione gallica Renati Benoist: *Parisiis, Chesneau,* 1568, 2 *in-4°.*

— cum figuris. *Antuerpiæ, hæredes Jo. Steelsii, typis Birckmanni,* 1570, *in-4°.*, ou 5 *in-16*, ou 3 *in-12.*

— *Venetiis, Juntæ,* 1571, *in-8°.*

— cum novo Testamento ex versione Desiderii Erasmi. *Venetiis,* 1578, *in-4°* et *in-8°.*

— ex duplici translatione, una vulgata, et altera Vatabli, studio doctorum salmaticensium. *Salmanticæ, Gaspar a Portonariis,* 1584, 2 *in-fol.*

— *Antuerpiæ, Jo. Moretus,* 1599, *in-4°* et *in-8°.*

— ad vetustissima exemplaria nunc recens castigata, cum figuris. *Venetiis,* 1599, *in-4°.*

— a Francisco Luca Brugensi. *Antuerpiæ, J. Moretus,* 1603, *in-fol.*

— cum figuris. *Venetiis, Evangelista Deuchinus,* 1607, *in-4°.*

Réimprimée dans le même lieu, et probablement avec les mêmes figures, en 1608.

— *ibid. apud Juntas,* 1608, *in-8°.*

— *Antuerpiæ, Moretus,* 1608, *in-8°.*

— *Parisiis, Petr. Hennengius,* 1609, *in-8°.*

— *Lugduni, hæredes Guill. Rovillii,* 1609, *in-8°.*

— *Coloniæ, Jo. Merthenich,* 1609, *in-8°.*

— nunc cxxxx figuris noviter inventis, illustrata a De Bry. *Moguntiæ, apud Jo. Albinum, impensis Joannis Theobaldi Schonwenteri et Jacobi Fischeri,* 1609, *in-4°.*

Édition peu commune, recherchée pour les figures de Théodore de Bry.

— *Venetiis,* 1611, *in-4°.*

— *Lugduni, Juilleron,* 1611, *in-8°.*

— *ibid. Rovillius,* 1613, *in-8°.*

— *ibid. iisdem typis,* 1614, *in-8°.*

BIBLIA LATINA cum versione gallica DD. Lovaniensium. *Pa.*
risiis, Dionisius Thierry, 1615, *in-fol.*

Réimprimée à *Paris,* chez *Jean Rebuffe,* en 1631 ; à *Rouen, Godefroi,* 1648.

— *Lugduni,* 1616, *in-fol.*

— cum figuris. *Venetiis,* 1616, *in-4°.*

— *Lugduni, Bartholomæus Vincentius,* 1617, *in-8°.*

— *Romæ, Audræas Phœus,* 1618, *in-8°.*

— cum frontispicio editionis sixtianæ. *Parisiis, Fouet, Buon,*
Cramoisy, 1618, *in-fol.*

— *ibid.* 1618, *in-4°.*

— *Lugduni, Pillehotte,* 1818, *in-4°.*

— *ibid. Juilleron,* 1818, *in-8°.*

— a Luca Brugensi. *Antuerpiæ, Balthazar Moretus,* 1618,
in-4°.

— *ibid. Balth. Moretus,* 1619, *in-8°.*

— *Coloniæ Agrippinæ,* 1619, in-8°.

— cum commentariis Leonardi Marii. *Coloniæ,* 1621, *in-fol.*

— *Romæ, sumptibus Andreæ Brugiotti, apud hæredes Bar-*
thol. Zanetti, 1624, *in-16.*

— cum Scholiis Jo. Marianæ, notationibus Emmanuelis Sa,
Petri Lansselii supplemento, etc. *Antuerpiæ, Balthaz.*
Moretus, 1624, 2 *in-fol.*

— *ibid. et iisdem typis,* 1628, *in-8°.*

— *ibid. et iisdem typis,* 1529, 5 *in-16.*

— *Parisiis, Casp. Meturas,* 1629, *in-8°.*

— Vulgata authentica, jussu Sixti V, recognita et edita.
Romæ, ex typographia apostolica vaticana (opera Aldi
Manutii), 1590, *in-fol.*

Édition célèbre, connue sous le nom de Bible de Sixte-Quint, et devenue
très-rare parce qu'elle a été supprimée exactement. Le volume commence par
11 feuillets qui contiennent deux titres, l'un imprimé et l'autre gravé ; le
décret du concile de Trente ; la bulle de Sixte V ; *Series librorum vet. Testa-*
menti; et le faux titre du t. I : après le fol. 479, sont intercalés (sur deux
feuillets non chiffrés) le titre et la table de la 2ᵉ partie qui finit au fol. 899;
la 3ᵉ partie, contenant le Nouveau Testament, finit à la pag. 1141, par ces
mots, qui ne sont pas dans tous les exemplaires : *Finis tertii tomi et Novi*

Testamenti; elle est précédée d'un titre et d'une table, occupant 2 feuillets non chiffrés. Vend 600 fr. *m. v. dent.* Lauraguais ; 700 fr. (exempl. en *m. r.* décoré d'un frontispice enluminé avec soin) Gaignat; 3oo fr. *m. r.* La Vallière ; 5oo fr. *m. bl.* Crévenna; 275 fr. *m. r.* Mac-Carthy, et en gr. pap. dont les exemplaires sont extrêmement rares, 1080 fr. Gaignat; 1000 fr. La Vallière ; 1210 fr. Camus de Limare ; 600 fr. seulement S. Ceran, en 1791; 64 liv. S. Pâris. (*Manuel du Libraire, tom. I, p.* 202.)

BBLIA LATINA, auctoritate Clementis VIII, recognita et recusa, *Romæ, ex typogr. apostolica vaticana,* 1592, *in-fol.;* et 1593, *in-4°.*

— *Coloniæ-Agrippinæ,* B. Gualterus, 1630, *in-12.*

Jolie édition, rare et recherchée, communément appelée DES ÉVÈQUES. Comme elle n'est pas divisée par versets, on lui préfère l'édition de 1682, *in-8°,* qui est également jolie.

Ce chef-d'œuvre typographique, à peine surpassé depuis, a été attribué avec quelques motifs aux Blaeu, qui ont donné plusieurs éditions du même genre, et certaines du même temps, sous leurs insignes et sous leur nom, un *Sénèque,* un *Tite-Live, etc.* Elle a été reproduite avec le nom de Gualter, en 1634, *in-8°,* et sous celui de ses héritiers en 1634 et 1638, 6 *in-24;* en 1647, *in-8°* et 5 *in-24.* J'en ai vu d'autres éditions, ou au moins des éditions autrement datées, dont la plupart sont peut-être identiques, ce qui mériteroit d'être vérifié parce qu'elles sont fort jolies, et ce qui ne le sera jamais, parce qu'elles sont de trop peu d'importance pour qu'on s'en occupe.

— Collectore et Scholiaste Francisco Haræo. *Antuerpiæ,* *Hieronymus Verdussen,* 1630, *in-fol.*

— cum brevi explicatione, cura et studio Stephani Menochii. *Coloniæ Agrippinæ, Jo. Kinchius,* 1630, 2 *in-fol.*

— *Lugduni, Cl. Rigaud et Cl. Obert,* 1631, *in-8°.*

— *Antuerpiæ, Balthaz. Moretus,* 1631, *in-4°.*

— cum commentariis Jac. Tirini. *Antuerpiæ, Martinus Nutius,* 1632, 3 *in-fol.*

— cum commentariis ad sensum, et explicatione temporum, locorum, rerum etc.; auct. Jac. Gordono. *Parisiis, Sebast.* *Cramoisy,* 1632, 3 *in-fol.*

— *Lugduni, Cl. de Villiers,* 1637, *in-8°.*

— *ibid. Cl. Rigaud,* 1638, *in-8°.*

— *Parisiis, e typographiæ regia,* 1642, 8 *in-fol.*

Cette Bible, qui est superbe d'exécution et fort incommode pour l'usage, n'est considérée que des étrangers, depuis qu'on ne fait que de petites bibliothèques. Cependant l'imprimerie a produit peu de chefs-d'œuvre qu'on puisse lui comparer.

BIBLIA LATINA. *Lud. Boullanger*, 1647, *in-8°.*

— *ibid. Hesnault*, 1647, *in-8°.*

— *Lugduni, Cl. Rigaud*, 1647, *in-8°.*

— *Parisiis, Sebast. Huré et Jo. Jost.*, 1648, *in-fol.*

— *Venetiis, Juntæ*, 1648, *in-8°.*

— *Antuerpiæ, Moretus*, 1648, *in-4°.*

— de exemplari romano fidelissime expressa. *Parisiis, Caspar Meturas*, 1650, *in-8°.*

— jussu Cleri Gallicani edita. *ibid. Anton. Vitré*, 1652, 8 *in-12.*

Vitré, si célèbre par sa grande polyglotte, a depuis réimprimé cette Bible en 1652, *in-fol.*, et en 1666 *in-4°.* La plus jolie de ces éditions qui ne sont pas exemptes de fautes est celle de 1652. Elle parvient dans les ventes à un prix assez élevé.

— *Parisiis, e typographia regia*, 1653, *in-4°.*

Édition très-élégante et en très-beaux caractères, mais dédaignée chez nous et suivant notre usage, comme tous les produits du génie et des arts qui proviennent de nous.

— *Lugduni*, 1653, *in-8°.*

— (*Richeliana* vulgo dicta sumptibus Joannis Armandi Duplessis de Vignerod Ducis Richelii.) *Parisiis, Sebastianus Martin*, 1656, *in-16 maj.*

Édition imprimée en très-petits caractères, toutefois élégants et lisibles. Il y en a des exemplaires de différentes sortes, soit pour leur contenu, soit pour la dimension du papier sur lequel ils ont été tirés. La plupart se trouvent joints au *Nouveau Testament*, et ne sont même pas parfaits sans ce complément essentiel des écritures. On rencontre de plus dans quelques-uns l'*Imitatio Christi*, dans quelques autres la *Pugna spiritualis* de Lorichius, ou d'autres écrits ascétiques, exécutés avec ces lettres d'une arête si fine et si pure que le vulgaire des amateurs les crut d'argent. Presque tous les exemplaires ont été reliés assez uniformément, sans doute parce qu'ils étoient donnés en présent, au gré de l'illustre éditeur ou du relieur oublié (si ce n'est toutefois Boyer) qui a disposé de leurs marges. C'est ce qui a produit parmi ceux qui nous restent la variété que nous avons remarquée en commençant, et qui est peut-être moins absolue qu'on ne croit. Un exemplaire broché éclairciroit singulièrement la difficulté. Quoi qu'il en soit, les exemplaires nommés *en grand papier* ont une valeur élevée, et la Bible (sans le *Nouveau Testament*) a été payée 80 fr. en *très-grand papier,* pour le cabinet de M. Renouard.

Novum Testamentum. *Lugduni*, 1656, *in-8°.*

— *ibid. Borde et Socii*, 1658 et 1663, *in-8°.*

— *Coloniæ, Balthaz. ab Egmond*, 1659, *in-8°.*

Une des éditions nommées *Elzeviriennes*, que nous croyons pouvoir attribuer aux Blaeu.

—cum notis et summariis Fr. Cheminant. *Parisiis, Couste-lier*, 1664, *in-12.*

Charmante édition dont nous n'avons jamais vu d'exemplaire parfaitement conservé.

— *Parisiis, Clem. Gasse*, 1665, 3 *in-12.*

— juxta minorem editionem Ant. Vitré. *Coloniæ, Balthaz. ab Egmond*, 1666, 8 *in-8°.*

Le P. Le Long est le premier de nos anciens bibliographes qui ait trouvé le mot de ces pseudonymies, au moins par approximation. Il suppose que cette jolie édition peut être de Blaeu. M. Renouard la croit de Daniel Elzevir.

— *Lugduni, Honor. Boissat*, 1669, *in-fol.*

— *ibid. Bourgeat*, 1669, *in-4°.*

— *ibid.* 1669, *in-8°.*

— *Coloniæ, Balth. ab Egmont*, 1670, 5 *in-24.*

Une de ces éditions *Blaviennes* ou *Elzeviriennes* dont il a été question plus haut.

— *Lugduni, Walfray*, 1674, *in-8°.*

— *ibid. Carteron*, 1676, *in-8°.*

— *ibid. Beaujolin*, 1680, *in-4°.* ou 6 *in-12.*

— cum brevi et dilucida explicatione gallica Marci de Berulle. *Gratianopoli, Cl. Faure*, 1681, *in-fol.*

— *Coloniæ, Corn. ab Egmond*, 1682, *in-8°.* (Voy. à l'édition de 1630.)

— *Lugduni, sumptibus fratrum Huguetan*, 1684, *in-fol.*

— *ibid., Anton. Carteron*, 1691, *in-8°.*

— jussu episcopi Bambergensis edita. *Bambergæ,* 1693, *in-fol.*

BIBLIA LATINA. *Parisiis, Fridericus Leonard.*, 1697, 6 *in-24.*

Petite édition bien exécutée, qui a été réimprimée en 1705.

— *Lugduni,* 1705, *in-fol.*

— ad institutionem Delphini. *Parisiis, Fr. Ambr. Didot, natu major,* 1785, 2 *in-4°.*

Édition tirée à 250 exemplaires avec le titre : *Ad instit. Delphini.* 36 à 48 fr. Il en a été imprimé des exemplaires pour le clergé de France, qui sont peu communs. Un exemplaire sur vélin, 1350 fr. en 1789.

— *ibid. iisdem typis, eod. anno* 1785, 8 *in-8°.*, pap. vélin, 36 à 48 *fr.*

On pourroit porter beaucoup plus loin l'énumération des éditions de la Vulgate. Nous nous bornons à celles qui viennent d'être citées, et qui offrent sinon une série complète et impossible de toutes les Bibles latines imprimées, du moins un vaste *specimen* de ce que pourroit être une bibliographie entreprise dans ces proportions. Les éditions du dix-huitième siècle que nous laissons de côté sont nécessairement d'ailleurs les moins intéressantes et les moins rares.

— Cum selectis annotationibus, prolegom. novis et tabulis chronologicis, histor. et geograph. illustrata... auctore J. B. du Hamel. *Parisiis,* 1706, *in-fol.*

On estime les notes de cette édition qui a été réimprimée à *Louvain,* 1740, *in-fol.* et à *Madrid,* 1767 et 1783, 2 *in-fol.*

BIBLIA magna cum commentar. litteral. Gagnæi, Estii et aliorum, edente Johan. de la Haye. *Parisiis,* 1643, 5 *in-fol.*

— maxima versionum, cum commentariis Nic. de Lyra et aliorum, stud. et opera Johan. de la Haye. *Parisiis,* 1660, 19 *in-fol.*

Cette volumineuse collection, aujourd'hui très-peu recherchée, a valu de 300 à 400 fr.

BIBLIA SACRA, cum universis Fr. Vatabli et variorum interpretum annotationibus. *Parisiis,* 1729-45, 2 *in-fol.*

Cette bible offre deux versions latines, l'une ancienne et l'autre nouvelle.

BIBLIORUM SACRORUM latinæ versiones antiquæ, D. Petro. Sabatier. *Parisis,* 1751, 3 *in-fol*

BIBLIA ITALA (antica versione latina), cum vulgata comparata et textu græco, à Petro Sabatier congr. S. Mauri. *Remis, Reginaldus florentain, typ. regius,* 1743, 3 *in-fol.; et Remis et Parisiis,* 1749-51, 3 *in-fol.*

Excellentes éditions.

Ancien Testament latin.

VETUS TESTAMENTUM LAT. ex itala veteri versione secundum LXX. *Romæ, in ædib. Pop. Romani, Georg. Ferrarius,* 1588, *in-fol.*

Édition très-estimée de cette précieuse version qui a été réimprimée plusieurs fois.

Nouveau Testament latin.

NOVUM TESTAMENTUM LATINUM. *Parisiis, Jo. Barbier,* 1507, *in-8°.*

NOVUM TESTAMENTUM LAT. *Venetiis, Ald. 1517, in 16.*

— *Coloniæ,* 1522, *in-8°.*

— ex recognitione Desiderii Erasmi. *Basileæ, in edibus Pamphili gengebachii,* 1522, 6 *Kale. Septem., in-16.*

Jolie édition en petites lettres semi-gothiques. Le *Nouveau Testament* de la révision et selon les leçons d'Erasme, a été souvent réimprimé.

— *Moguntiæ,* 1523, *in-8°.*

— a Rob. Stephano. *Parisiis, Colinæus,* 1523, *in-16.*

Édition très-élégamment exécutée.

— *ibid. Jo. Petit,* 1524, *in-12.*

— *ibid. Guichard Sotquand,* 1525, *in-8°.*

— *Coloniæ,* 1525, *in-8°.*

— *Parisiis, Sim. Silvius,* 1527, 2 *in-16.*

— *Lugduni,* 1527, *in-8°.*

— *Parisiis, Sim. Colinæus,* 1528, 1531 et 1532, *in-16.*

— *ibid. Ambr. Girault,* 1531, *in-16.*

Novum Testamentum *Jo. Kerbriandrus*, 1531, *in-24.*

—*Antuerpiæ*, 1531, *in-12.*

—*Parisiis, apud viduam Thielm. Kerver*, 1535, *in-12.*

—*ibid. Yolande Bonhomme*, 1536, *in-16.*

—*Antuerpiæ, Jo. Steelsius*, 1537, *in-18.*

—*Parisiis, Guill. Bossolezus*, 1537, *in-18.*

—(*Lugduni*) *typis Francisci Gryphii*, 1539, *in-16.*

—*ibid. Jo. Barbou*, 1540, *in-16.*

— *Lugduni, Stephanus Doletus*, 1541, 2 *in-16.*

—*Parisiis, Rob. Stephanus*, 1541, 2 *in-8°.*

Édition célèbre par les controverses dont elle fut l'objet. Elle a été renouvelée en 1543 et 1545.

—cum spatiis interlinearibus. *Parisiis, Sim. Colinæus*, 1541, *in-4°.*

ibid. iisdem typis, 1541, 2 *in-16.*

—*ibid. Amb. Girault*, 1541, *in-16.*

— *Moguntiæ*, 1541, *in-8°.*

—*Antuerpiæ, Jo. Richard; in ædibus Jo. Steelsii*, 1542, *in-12.*

—cum scholiis Benedicti. *Parisiis, Sim. Colinæus*, 1542, *in-8°.*

Réimprimé avec les mêmes scholies, en 1551, 1554 et 1563.

—*ibid. Jac. Fezandat et Oliverius Maillard*, 1543, *in-16.*

— *Antuerpiæ, Graphæus*, 1543, *in-8°.*

Certains catalogues citent une édition *in-12* des mêmes presses et de la même année, qui est probablement la même.

—*ibid. Jo. Richard*, 1543, *in-12.*

Cette édition ne diffère peut-être pas de celle de 1542, qui porte le nom du même imprimeur.

— *Lugduni, apud Sebastianum Gryphium*, 1543, *in-12.*

Très-bien imprimé, avec beaucoup de gravures en bois. Volume assez rare.

—*Parisiis, Sim. Colinæus,*, 1544, 2 *in-16.*

—cum scholiis Isidori Clarii. *Antuerpiæ, Jo. Steelsius*, 1544, *in-8°.*

NOVUM TESTAMENTUM. *Parisiis, Jo. Barbœus,* 1545, *in-*16.

— cum variis lectionibus. *Ibid. Rob. Stephanus,* 1545, 2 *in-*12.

— *Antuerpiæ,* 1546. *in-*8°.

— *ibid. Jo. Steelsius,* 1546, 2 *in-*16.

— *Lugduni, Rovillius,* 1546, *in-*16; et 1548, *in* 8°.

— cum scholiis Benedicti. *Parisiis,* 1551, 2 *in-*16.

— *ibid. Bonhomme,* 1551, *in-*16.

— *ibid. apud viduam Francisci Regnault,* 1552, *in-*16.

Édition ornée de figures en bois.

— ex recognitione Desiderii Erasmi. (*Lugduni*), *Franciscus Gryphius,* 1552, *in-*16.

Jolie édition, également ornée de jolies figures en bois, et dont les exemplaires sont fort difficiles à trouver, surtout d'une bonne conservation.

— (*Parisiis*), *ex officina Caroli Stephani,* 1553, *in-*12.

— *Lugduni, Jo. Frellonius,* 1553....

— cum scholiis Benedicti. *Parisiis, Phil. Rithoveus,* 1554, *in-*12.

— *ibid. apud hæredes Carolæ Guillard,* 1554, *in-*12.

— *ibid. Menier,* 1556, *in-*16.

— *ibid. apud viduam Francisci Regnault,* 1556, *in-*16.

— *Lugduni, Jo. Frellonius,* 1556, *in-*16.

— *Parisiis, Merlin,* 1559, *in-*16.

— *ibid. Jo. Ruellius,* 1559, *in-*24.

— *Lugduni, apud hæredes Sebastiani Gryphii,* 1560, *in-*16.

— *Antuerpiæ, Jo. Steelsius,* 1561, 2 *in-*16.

— *Parisiis, Marnef,* 1563, *in-*16.

— cum scholiis Benedicti. *ibid. Desboys,* 1563, *in-*16.

— cum spatiis interlinearibus. *Lovanii, Barth. Gravius,* 1563, *in-*4°.

— cum figuris. *Parisiis,* 1563, 2 *in-*12.

— *Venetiis,* 1564, *in-*8°.

— *Lugduni, apud hæredes Sebastiani Gryphii,* 1564, *in-*16.

— *ibid. Antonius Gryphius,* 1569, *in-*16.

— *Antuerpiæ, Christoph. Plantinus,* 1569, *in-*24.

— *Venetiis, apud Juntas,* 1572, *in-*8°.

Novum Testamentum. *Lugduni, Antonius Gryphius,* 1578, *in-16.*

—cum notis Lucæ Brugensis. *Antuerpiæ, Christoph. Plantinus,* 1584, *in-24.*

—ex correctione romana. *Romæ, e typographia Vaticana,* 1607, *in-16.*

—*Samieli in Lotharingia* (S. Mihiel). *Philip. Dubois,* 1613, *in-16.*

—*Lugduni, Mich. Chevalier,* 1619, *in-24.*

—*Parisiis, Carolus Hulpeau,* 1627.

—Petro Cardinali Berullo nuncupatum. *Parisiis, Sebast. Huré,* 1628, *in-32.*

Petite édition qui peut se joindre au *Nouveau Testament grec* de Jannon. Il n'en existe peut-être pas d'un format plus exigu.

—*Coloniæ,* 1639, *in-24.*

Cette édition et toutes celles qui portent le même nom de lieu, à des dates plus ou moins rapprochées de celle-ci, particulièrement celles de Naulæus, de Gualter, et des Egmond, sont recherchées pour leur élégance et la commodité de leur usage, mais il est rare d'en trouver des exemplaires bien conditionnés, parce qu'elles ont beaucoup servi. On sait maintenant, à n'en pas douter, qu'elles sortent presque toutes des presses de Blaeu, excellent imprimeur d'Amsterdam.

—*Parisiis, Ant. Vitré,* 1644, *in-8°.*

—*ibid. Seb. Huré,* 1645, *in-8°.*

—*Coloniæ, Jodocus Kalcovius,* 1646, *in-24.*

—*Parisiis, Sebast. Huré,* 1648, *in-8°.*

—*ibid. e typographia regia,* 1649, 2 *in-12,* souvent reliés en un.

Charmante édition, aussi lisible qu'élégante, enrichie de petits ornements chalcographiques bien exécutés et fort rares en beaux exemplaires : 6 à 20 fr. suivant la condition. Il est à remarquer que le feuillet iij, en comptant le frontispice gravé, est signé iv, parce que l'imprimeur a laissé au frontispice un feuillet blanc.

—*ibid. Loyson Bourricant,* 1661, *in-24.*

—*ibid. Sebast. Martin,* 1656, *in-12.*

Nous avons déjà indiqué cette édition célèbre, en parlant de la Bible de

Martin, communément nommée *de Richelieu*, dont elle fait essentiellement partie; mais nous ne devons pas omettre qu'elle fut réimprimée en 1657, avec des sommaires, et que celle-ci paroît avoir été destinée à se vendre séparément. Cette édition est aussi fort jolie, et peu commune en grand papier. Une troisième édition de 1662, dont les caractères sont un peu moins menus, et qui est exécutée à l'instar de beaucoup de livres ascétiques de la même époque, est moins recherchée des amateurs.

NOVUM TESTAMENTUM cum annotationibus Henrici Holden. *ibid. Carolus Savreux*, 1660, 2 *in*-12.

Jolie édition. Savreux est un des excellents imprimeurs de cette époque, et plusieurs livres sortis de ses presses peuvent lutter avantageusement avec les jolies éditions des Elzevirs. Ils ont toutefois très-peu de valeur dans les ventes.

— *Lugduni, Boissat*, 1664, *in*-24.
— *Parisiis, Petr. Delaulne*, 1674, *in*-16.
— *Lovanii, Martinus Hullegaeerda*, 1674, *in*-8°.
— *ibid.* 1679, *in*-12.
— *Coloniæ*, 1679, *in*-12.
— *Lugduni, Guillimin*, 1680, *in*-12.
— a Sebastiano Castalioneo. *Amstelodami*, 1681, 1690; et *Lipsiæ*, 1760.
— cum considerationibus Christianis Paschasii Quesnel latine redditis. *Lovanii*, 1694, 8 *in*-16.
— cum notis brevissimis Caroli Huré. *Rothomagi*, 1695, 2 *in*-12.

Réimprimé à Bruxelles, 1696, *in*-16.

— *Lovanii, Guill. Stryckwant*, 1697, *in*-12.
— *Bruxellis, Eugen. Henri Fricx*, 1698, *in*-12.
— ab Hammondo et S. Clerico. *Amstelodami*, 1698, *in-fol.*; et *Francofurti*, 1714, 2 *in-fol.*
— cum præfatione D. Langlet. *Parisiis, Florentinus Delaulne*, 1703, *in*-24.
— *Bruxellis, Eugen. Henr. Fricx*, 1704, *in*-24.
— ad exemplar Vaticanum. *Parisiis, Barbou*, 1767, *in*-12.

7 à 8 fr. en papier fin. Réimprimée en 1785.

Novum Testtamenum. *Matriti, Ibarra, 1767, in-8⁰.*

Édition bien exécutée, mais qui ne jouit pas d'une grande considération : 12 fr. d'Hangard.

Gloses de la Bible.

Biblia, sine titulo, et sine ulla nota. *4. maj. in-fol.*

Cette édition des gloses est fort rare. L'auteur de la première glose fut Walafrid Strabo, vers le milieu du 9ᵉ siècle, et l'auteur de la seconde, Anselme de Laon, doyen et archidiacre de cette ville, mort le 15 juillet 1117.

— cum postillis Nicolai de Lyra. *Romæ, Conrad. Sweynheym et Arnold Pannartz,* 1471-72, 5 *in-fol.*

Cette édition, dont il est très-difficile de trouver des exemplaires complets, est célèbre dans l'histoire de l'imprimerie, parce que le tome 5 contient une requête adressée à Sixte IV, où se trouve la liste des éditions imprimées jusqu'alors par Sweynheym et Pannartz, avec le nombre des exemplaires tirés de chacune d'elles.

Le Iᵉʳ. vol. a 451 feuillets dont les trois premiers renferment l'épître de J. André au Pape Sixte IV, et une table.

Le 2ᵉ vol. contenant depuis *Esdras* jusqu'à l'*Ecclésiastique*, est aussi de 451 feuillets.

Le 3ᵉ vol. a 394 feuillets et contient depuis *Isaïe* jusqu'au 2ᵉ livre des *Machabées.*

Le 4ᵉ vol. a 234 feuillets et contient les quatre *Évangélistes.*

Le 5ᵉ vol. a 290 feuillets, et contient le reste du *Nouveau Testament.*

— cum glossis Nicolai de Lyra. *Norimb. Antonius Coburger,* 1481, 2 *in-fol.*

— cum postillis Nicolai de Lyra. *Venetiis, Joannes de Colonia et Nicolaus Jenson,* 1481, 4 *in-fol.*

Belle édition, dont les exemplaires n'ont cependant de valeur que lorsqu'ils sont sur *vélin*, comme celui qui fut vendu 445 fr. à La Haye, en 1722, chez Peteau et Mansart. C'est la première édition où le texte sacré se trouve imprimé avec la glose (*Manuel du libraire*, tom. II. p. 295.)

— cum glossa ordinaria. *Basileæ, ex officinâ Frobeniana,* 1498, 1502, 6 *in-fol.*

— cum glossa ordinaria. *Lugduni, Gaspar Treschel,* 1545, 7 *in-fol.*

NOVUM TESTAMENTUM. *Venetiis*, 1588, 4 *in-fol.*

— cum glossis Hugonis Cardinalis, addito indice. *Venetiis, apud Sessas*, 1600, 8 *in-fol.*

— Opera et studio Theologorum duacenorum, *Duaci, Baltazar Bellerus*, 1617, 6 *in-fol.*

— recensione Leandri a sancto Martino. *Antuerpiæ, Jo. Meursius*, 1634, *in-fol.*

Édition très-estimée, et regardée comme la meilleure.

BIBLES FIGURÉES [1].

BIBLIA PAUPERUM VETERIS ET NOVI TESTAMENTI, sine nota, cum figuris, *in-fol.*

APOCALYPSIS S. JOANNIS BAPTISTÆ. 48 *figures.*

HISTORIA B. V. EX CANTIC. CANTIC. 16 *figures.*

LIBER ANTICHRISTI. 39 *figures.*

ARS MEMORANDI PER FIGURAS. 30 *figures.*

ARS MORIENDI. 12 *figures.*

SPECULUM HUMANÆ SALVATIONIS. 63 *figures.*

---

[1] Ce seroit abuser du privilége qu'ont les bibliographes de mettre leurs prédécesseurs à contribution, que de s'étendre ici sur des détails fort étrangers d'ailleurs à la bibliologie proprement dite et à la critique littéraire. On trouvera ces curiosités, exposées avec beaucoup d'exactitude, dans l'excellent ouvrage de Heiniken, intitulé : *Idée générale d'une collection complète d'estampes*, pag, 292 et suiv.

SECONDE PARTIE.

———

HAGIOGRAPHIE ECCLÉSIASTIQUE.

SECONDE PARTIE.

HAGIOGRAPHIE ECCLÉSIASTIQUE.

SIÈCLE AVANT N. S. J. C.

SAINT BARNABÉ.

De la tribu de Lévi, un des soixante et douze disciples, et selon l'opinion commune, le compagnon de saint Paul; martyrisé en Chypre. On n'a de lui qu'une *Épître* plusieurs fois imprimée. On y remarque, comme en général dans les écrits des pères apostoliques du premier siècle, le style simple, mais vif et pénétrant, qui convenoit à leur saint ministère. Les premiers apologistes de la religion chrétienne sont aussi de parfaits modèles de l'éloquence propre aux controverses religieuses.

Le nom de saint Barnabé étoit originairement *José* ou *Joseph*. Les apôtres ne lui donnèrent qu'après l'Ascension celui de *Barnabé*, qui signifie selon saint Luc, *fils de consolation*, et selon saint Jérôme, *fils du prophète*. Cette double qualification lui convenoit sous ses deux rapports, puisque l'onction tendre et pénétrante de son langage le rendoit éminemment propre à consoler les affligés, et qu'il avoit été doué du don de prophétie.

———

EPISTOLA, a Jacobo Usserio, gr. et lat. *Oxonii*, 1643, *in-4°*.
  Première édition.

— Ab Hugone Menardo, gr. et lat. *Parisiis*, 1645, *in-4°*.

— ab Isaaco Vossio, gr. et lat. *Amstelodami*, 1646, et *Londini*, 1680, *in-4°*.
  Imprimée avec les lettres de saint Ignace.

— ab Eduardo Bernardo, gr. et lat. *Oxonii*, 1685, *in-12*.
  Bonne édition.

— a Stephano le Moyne, gr. lat. *Lugduni-Batavorum*, 1685, *in-4°*.

~~~~~~~~~~~~~~~~~~~~~~~~~~~~~~~~~~~~~~~

AUTEUR INCONNU

DE L'ÉPITRE A DIOGNÈTE.

———

Il paroît par le texte de cette lettre qu'elle a été écrite avant la destruction de Jérusalem, c'est-à-dire, vers l'an 70 de notre seigneur Jésus-Christ.

Ce précieux monument de zèle a été souvent attribué à saint Justin, et se trouve effectivement inséré dans ses œuvres, mais il est si loin de de lui appartenir, que l'auteur y parle de lui même comme d'un disciple des apôtres et d'un élève de leur école.

Epistola ad Diognetum , et Oratio ad Græcos, ab Henrico Stephano, gr. et lat. *Henr. Steph.* 1671 , 1592 , *in-4°.*

~~~~~~

SIÈCLE DE N. S. J. C.

SAINT HERMAS.

Chrétien du premier siècle, disciple des apôtres, et spécialement de saint Paul, qui en fait mention dans l'*Épitre aux Romains,* chap. XVI, v. 14.

Le livre du *Pasteur* a joui d'une grande autorité dans la primitive Église, et deux de ses grands hommes, Clément d'Alexandrie et Origène, le croient même écrit sous l'inspiration divine. Le style en est simple, sans figures et sans ornements, mais plein d'instructions intéressantes, exprimées avec clarté. Cet ouvrage est d'ailleurs un des plus curieux monuments des traditions ecclésiastiques, et renferme sur la discipline des premiers temps et sur les mœurs primitives des chrétiens une foule de documents qu'on ne trouveroit pas ailleurs. Il étoit originairement écrit en grec, mais il ne nous en reste qu'une traduction latine faite dans des temps fort reculés et peut-être contemporaine de l'auteur.

PASTOR, a Jacobo Fabro, lat. *Parisiis*, 1513, *in-fol.*

Première édition.

— a Nicolao Gerbelio, lat. *Argentorati*, 1522, *in-4°.*

Cet ouvrage est aussi annexé à l'Épître de saint Barnabé, *Oxford*, 1685, *in-12.*

SIÈCLE DE N. S. J. C.

SAINT CLÉMENT ROMAIN.

Premier pape de ce nom, successeur de saint Lin, ou selon d'autres, de saint Anaclet; mort en l'an 100 après avoir gouverné l'Église pendant dix ans. Son *Épître aux Corinthiens* est un des écrits les plus importants de cette époque.

EPISTOLÆ AD CORINTHIOS, a Patric. Junio, gr. et lat. *Oxonii,* 1633, *in-4°.*

Première édition.

— a Joanne Fell, gr. et lat. *Oxonii*, 1677, *in-12.*

— a Paulo Colomesio, gr. et lat. *Londini*, 1687, *in-12.*

— ab Henrico Wotton, gr. et lat. *Cantabr. typis acad.* 1718, *in-8°.*

Édition très-correcte.

EPITOME de rebus gestis atque concionibus D. Petri, gr. et
lat. *Parisiis, Turneb.* 1555, *in-4°.*

CONSTITUTIONES SANCTORUM APOSTOLORUM, a Francisco Tur-
riano, gr. *Venetiis, Jordanus Zileti,* 1563, *in-4°.*

Édition très-rare. Il en parut la même année à Venise une traduction latine
de Jean Charles Bovius ; cette édition n'est pas moins rare que l'original.

~~~~~~

IIᵉ SIÈCLE APRÈS N. S. J. C.

———

SAINT IGNACE L'ANCIEN,

Surnommé THÉOPHORE.

Syrien, évêque d'Antioche, l'un des pères et
es premiers docteurs de l'Église, livré aux lions
ers l'an 116. Il étoit disciple de saint Pierre, et
emplaça saint Évode dans l'épiscopat.

Ses lettres dont l'authenticité a été attaquée
ar Basnage, et démontrée par D. Cellier (*His-
oire générale des Auteurs ecclésiastiques,* tom. 1,
.627 et suiv.), sont regardées avec raison comme
n des titres importants de la primitive Église.

———

PISTOLÆ, a Guill. Morellio, gr. et lat. *Parisiis, Morel,* 1562,
in-8°.

Les lettres de S. Ignace ont été imprimées pour la première fois, en grec,
r Guill. Morel, *Paris,* 1558, *in 8°.* ; et le même imprimeur en a donné une
rsion latine, également en 1558, *in-8°.*

a Jacobo Usserio, gr. et lat. *Oxonii,* 1642, 1644, *in-4°.*

— ab eodem, gr. et lat. *Londini*, 1647, *in-4°.*

Édition meilleure que la précédente.

— ab Isaaco Vossio, gr. et lat. *Amstelodami*, 1646, et *Londini*, 1680, *in-4°.*

Avec l'épître de Saint Barnabé.

— stud. C. Aldrich, gr. et lat. *Oxonii, Th. Sheld.* 1708, *in-8.*

Édition excellente et très-correcte. On assure qu'elle n'a été tirée qu'à cent exemplaires. Voy. Schelorn, *Acta Eruditorum, Lipsiæ*, 1713, p. 399.

— a Thoma Smith, gr. et lat. *Londini*, 1709, *in-4°.*

~~~~~~

II° SIÈCLE APRÈS N. S. J. C.

SAINT POLYCARPE.

Évêque de Smyrne, un des premiers disciples des apôtres. Il fut en quelque sorte l'élève de saint Jean l'Évangéliste, et saint Irénée s'honoroit de l'avoir eu pour maître.

EPISTOLA AD PHILIPPENSES, gr. et lat. *Duaci*, 1632, *in-fol.*

Première édition.

Cette lettre se trouve dans le recueil de Halloix, intitulé : *Illustrium Ec- clesiæ Orientalis scriptorum, qui primo et secundo à Christi sæculo vixerunt vitæ et documenta. Duaci, typis Petri Bogardi*, 1633-36, *in-fol.*

Elle se trouve aussi réunie aux *Épîtres* de saint Ignace des éditions d'Oxford et de Londres, 1644 et 1647, *in-4°.*; et d'Oxford, 1708, in-8°.

IIᵉ SIÈCLE APRÈS N. S. J. C.

SAINT JUSTIN.

Né à Sichem en Palestine ; d'abord philosophe platonicien, puis converti à la foi chrétienne, et devenu un de ses plus glorieux défenseurs. Il termina ses illustres travaux par le martyre.

Les critiques lui reprochent un style embarrassé, dur, traînant, souvent obscur, quelquefois inintelligible, et qui est bien loin d'offrir les principales qualités de la langue grecque, le nombre, l'élégance, l'harmonie ; mais ils lui reconnoissent une dialectique habile, et une véhémence de zèle qui s'élève de temps en temps jusqu'à l'éloquence.

OPERA, gr. *Parisiis, Rob. Stephanus*, 1551, *in-fol.*

Première édition de Saint-Justin. Elle est à bas prix malgré sa belle exécution.

—ab Henr. Stephano, gr. et lat. 1592, *in-fol.*

— a Frid. Sylburgio, gr. et lat. *Heidelberg, Commelinus*, 1593, *in-fol.*

—gr. et lat. *Parisiis, Morel*, 1615, 1636, *in-fol.*

La dernière de ces deux éditions, quoique fort mal imprimée contre l'usage des Morel, est cependant suffisamment correcte.

— a Monach. S. Mauri, gr. et lat. *Parisiis*, 1742, *in-fol.*

Cette édition, publiée par les soins du bénédictin D. Prud. Maran, est bonne et estimée. Elle renferme plusieurs auteurs analogues, savoir : *Tatiani adversus Græcos oratio ; Athenagoræ legatio pro christianis ; S. Theophili tres ad Autolycum libri ; Hermiæ irrisio gentilium philosophorum.*

— gr. et lat. curante D. Oberthur. *Wirceburgi*, 1777, *in-8°.*

Epistola ad Diognetum, et Oratio ad Græcos, ab Henr. Sthephano gr. et lat. *Henr. Steph.* 1571.

Voyez ce que nous avons dit de cette épître dans l'article qui la concerne.

Apologia prima pro christianis, a Joan. Ernesto Grabe, gr. et lat. *Oxonii, Th. Sheld.* 1700, *in-8°.*

Apologia secunda, oratio ad Græcos, et liber de Monarchia, ab Henr. Hutchinson, gr. et lat. *Oxonii, Th. Sheld.* 1703, *in-8°.*

Apologiæ duæ, et dialogus cum Triphone Judæo a Styano Thirlbyo, gr. et lat. *Londini*, 1722, *in-fol.*

Les exemplaires de ces trois éditions sont fort rares.

Apologiæ duæ, a Christ. Guill. Thalemanno, gr. *Lipsiæ*, 1755, *in-8°.*

— a Car. Asthon, gr. et lat. *Cantabrigiæ*, 1768, *in-8°.*

Dialogus cum Triphone Judæo, a Sam. Jebb. gr. et lat. *Londini*, 1719, *in-8°.*

IIᵉ SIÈCLE APRÈS N. S. J. C.

TATIEN.

Syrien de naissance, disciple de saint Justin, après avoir été platonicien comme lui, mais moins irrépréhensible dans les doctrines qu'il professa depuis sa conversion.

———

ORATIO AD GRÆCOS, a Conr. Gesnero, gr. *Tigur.* 1546, *in-fol.* Première édition.

— a Wilhelmo Worth, gr. et lat. *Oxonii,* 1700, *in-8°.*

Édition excellente et peu commune, dans laquelle on trouve une dissertation sur Tatien, pièce de 27 pages dont l'auteur anonyme est Louis Dufour de Longuerue. Elle contient de plus : *Hermiæ irrisio philosophorum, etc.*

L'ORATIO AD GRÆCOS se trouve aussi à la fin des œuvres de saint Justin, martyr, *Paris.*, 1616, 1635, 1742.

~~~~~~

II° SIÈCLE APRÈS N. S. J. C.

———

ATHÉNAGORAS.

Né à Athènes; philosophe platonicien ou plutôt éclectique, mais converti dès sa jeunesse à la religion chrétienne.

C'est par une supposition blâmable que Martin Fumée, sieur de Génillé, a publié sous son nom un roman fort insipide, intitulé: *Du vray et parfait amour*, et contenant *les amours honestes de Théogènes et de Charide, de Phérécides et de Mélangénie, Paris, Sonnius,* 1599, *ou Guillemot,* 1612, *in-12.* Cette ennuyeuse histoire n'est plus guère recherchée, si toutefois elle l'est encore, que des rares adeptes de l'alchimie, qui prétendent y trouver, sous le voile d'une allégorie impénétrable, la confection du grand-œuvre.

DE RESURRECTIONE MORTUORUM, Petro Nannio Alecmariano interprete, gr. et lat. *Lovanii, Barth. Grævius,* 1541, *in-4°.*

Première édition, d'après laquelle a été donnée l'édition de Paris.

— gr. et lat. *Parisiis, Chr. Wechel,* 1541, *in-4°.*

— *Lugduni-Batavorum, ex offic. Plantin,* 1588, *in-8°.*

— LEGATIO, SEU APOLOGIA PRO CHRISTIANIS, gr. *Basileæ,* 1551.

— a Conr. Gesnero, gr. et lat. *Tiguri,* 1557, *in-8°.*

— gr. et lat. *Parisiis, Joan. Benenatus,* 1577, *in-8°.*

— gr. cum indice lat. et notis. *Longosalissæ, Jo. Gottl. Lindner,* 1774, *in-8°.*

DE RESURRECTIONE MORTUORUM, ET LEGATIO PRO CHRISTIANIS, gr. et lat. *Parisiis, Henr. Stephanus,* 1557, *in-8°.*

— a Joann. Fell, gr. et lat. *Oxonii,* 1682, *in-8°.*

Bonne édition.

— ab Adamo Rechenbergio, gr. et lat. *Lipsiæ,* 1684-85, 2 *in-8°.*

— ab Eduardo Dechair, gr. et lat. *Oxonii, Th. Scheld,* 1706, *in-8°.*

Édition excellente et fort bien exécutée, qui fait honneur au savoir et au goût de l'éditeur.

II° SIÈCLE APRÈS N. S. J. C.

THÉOPHILE.

Sixième évêque d'Antioche. On prétend que II° siècle après N. S. J. C. c'est dans son ouvrage qu'on trouve pour la première fois la désignation explicite et nominale de la sainte Trinité.

———

AD AUTOLYCUM LIBRI III, a Conr. Gesnero, gr. *Tiguri*, 1546, *in-fol.*

Première édition.

— a Joann Fell, gr. et lat. *Oxonii*, 1684, *in-12*.
— a Joann. Christiano Volfio, gr. et lat. *Hamburgi*, 1724, *in-8°*.

Bien que cette édition soit imprimée en fort méchans caractères, sur du mauvais papier, elle est toutefois, grâces aux soins du savant éditeur, très-préférable aux précédentes.

Théophile se trouve aussi réuni à saint Justin dans les éditions de Paris, 1615, 1636, etc. Il en est de même d'Hermias.

II.ᶜ SIÈCLE APRÈS N. S. J. C.

HERMIAS.

II.ᵉ siècle
après
N. S. J. C.
Philosophe chrétien, dont l'abbé Houteville compare le style et le tour d'esprit à celui de Lucien.

IRRISIO PHILOSOPHORUM GENTILIUM, a Raph. Seilero, gr. et lat. *Basileæ*, 1553, *in-8°*.

Première édition, imprimée avec l'opuscule de Démétrius Cydonius : *De contemnendâ morte.*

— gr. et lat. *Oxonii, Th. Sheld.*, 1700, *in-8°*.

Édition imprimée avec le discours de Tatien aux Grecs. Voyez l'article sur Tatien.

— cum not. var. a Christ. Dommerich, gr. *Halæ*, 1764, *in-8°*.

III.ᵉ SIÈCLE APRÈS N. S. J. C.

SAINT IRÉNÉE.

III.ᵉ siècle
après
N. S. J. C.
Grec de l'Asie mineure, évêque de Lyon, et martyr. Nous avons dit qu'il fut élève de saint Polycarpe, alors le flambeau des Églises du Levant.

Il ne nous reste malheusement qu'une foible partie du texte original de son précieux ouvrage contre les hérésies, mais la traduction latine, écrite probablement sous les yeux de l'auteur, laisse apercevoir encore, à travers la barbarie du langage de cette époque, quelque chose de l'éloquence et de l'érudition qu'on admire dans le premier livre grec, et dans les rares lambeaux des quatre autres que le hasard a conservés.

III.ᵉ siècle après N. S. J. C.

———

Adversus hæreses libri V. a Desid. Erasmo, gr. *Basileæ*, 1526, 1534, *in-fol.*

—a Franc. Feuardentio, gr. et lat. *Coloniæ*, 1596, *in-fol.*

—ab eodem, gr. et lat. *Parisiis*, 1639, *in-fol.*

Bonne édition.

—à Joan. Ernesto Grabe, gr. et lat. *Oxonii*, 1702, *in-fol.*

—a Renato Massuet, mon. S. Mauri, gr. et lat. *Parisis*, 1710, *in-fol.*

Bonne édition.

Opera omnia, gr. et lat. stud. R. Massuet, cum fragmentis a Chr. Math. Pfaffio inventis. *Venetiis*, 1734, 2 *in-fol.*

Les fragments ajoutés dans cette édition ont été d'abord imprimés séparément à La Haye, en 1715, in-8°. (ou avec un nouveau titre daté de Leyde, 1743), et on peut les joindre à l'édition de Paris. (*Manuel du libraire*, tom. II, p. 252.)

IIIᵉ SIÈCLE APRÈS N. S. J. C.

SAINT CLÉMENT D'ALEXANDRIE.

(*TITUS-FLAVIUS CLEMENS.*)

IIIᵉ siècle
après
N. S. J. C. Docteur de l'Église; né dans le paganisme, et converti au christianisme, par les leçons de Saint-Pantenius, catéchiste d'Égypte.

Le style de saint Clément dans le *Pédagogue* et dans l'*Instruction aux Gentils* est, suivant Eusèbe et Photius, fleuri, éloquent, sublime. On reproche de l'obscurité, de la négligence et même de la dureté, à celui des *Stromates* et des *Hypotyposes*. Saint Jérôme et Théodoret regardent saint Clément d'Alexandrie comme le plus savant et le plus disert des écrivains ecclésiastiques qui avoient paru jusqu'à eux.

———

OPERA, a Pet. Victorio, gr. *Florentiæ*, *Laur.* *Torrentinus.* 1550, *in-fol.*

Première édition bien exécutée et peu commune. Le même imprimeur publia la version latine dans le cours de l'année suivante.

—gr. *Basileæ*, 1556, *in-fol.*

Il est à craindre qu'Harvood n'ait indiqué cette édition par erreur. Maur Boni et Gambas ne trouvent sous cette date qu'une édition latine.

—a Frid. Sylburgio, gr. *Heidelbergæ, Commelin.* 1592, *in-fol.*

—a Dan. Heinsio, gr. et lat. *Lugduni-Batavorum,* 1616, *in-fol.*

Bonne édition.

—a Frontone Ducæo, gr. et lat. *Parisiis, Morel,* 1629.

— gr. et lat. *Parisiis, typis regiis,* 1641, *in-fol.*

La première de ces deux éditions est une des meilleures qu'ait données ce savant écrivain, auquel on n'accorde pas toutefois beaucoup de jugement et d'esprit de critique. L'édition de 1641 passe pour fort incorrecte.

—a Joann. Pottero, gr. et lat. *Oxonii, Th. Sheld,* 1715, 2 *in-fol.*

Magnifique édition, exécutée avec le plus grand soin, et digne en tout point de la célébrité des presses auxquelles elle fut confiée, et de la réputation de son savant éditeur.

— gr. et lat. *Wirceburgi,* 1780, 3 *in-8°.*

OPERUM SUPPLEMENTUM, a Thoma Ittigio, gr. et lat. *Lipsiæ,* 1706, *in-8°.*

LIBER; quis dives salutem consequi possit, commentario illustr. a Car. Segaar. *Trajecti ad Rhen.* 1816, *in-8°.*

IIIe SIÈCLE APRÈS N. S. J. C.

———

SAINT HIPPOLYTE.

Évêque et martyr, disciple de saint Irénée.

Saint Hippolyte fut un des écrivains les plus féconds des premiers siècles de l'ère chrétienne, mais la plupart de ses ouvrages se sont perdus. Ceux qui restent suffisent, dit le savant M. Weiss, son biographe, pour prouver qu'il joignit à une vaste érudition une dialectique forte et convaincante. On convient que son style est grave, vif, concis et d'une aimable simplicité, quoique Photius ait exprimé, avec un peu de dureté une opinion moins favorable. Il reproche à saint Hippolyte d'être incorrect, et de s'être laissé entraîner à des écarts singuliers dans l'explication des saintes Écritures.

———

Opera, a Joann. Alb. Fabricio, gr. et lat. *Hamburgi*, 1716–18, 2 *in-fol.*

De consummatione mundi, ac de antichristo, etc. a Jo. Pico, gr. et lat. *Lutetiæ Parisiorum*, 1557, *in-8°.*

Fragmentum, a Carolo Christ. Weogio, gr. et lat. *Lipsiæ*, 1763, *in-8°.*

IIIᵉ siècle après N. S. J. C.

———

MARCUS MINUTIUS FELIX.

Orateur latin, né en Afrique; un des plus zélés et des plus puissans défenseurs du christianisme.

Le style de cet écrivain, d'ailleurs plein de solidité et de savoir, est extrêmement élégant; et c'est peut-être l'excès de cette parure inusitée

dans les livres austères des premiers chrétiens,
qui a fait dire à certains critiques modernes que le fameux dialogue de Minutius Félix étoit moins l'ouvrage d'un théologien qui a profondément étudié les matières sérieuses dont il s'occupe, que celui d'un homme du monde qui exerce à plaisir son imagination sur une matière donnée. C'est ce que l'on pourroit dire avec beaucoup plus de justice des *Provinciales* de Pascal.

———

OCTAVIUS, a Franc. Balduino. *Heidelberg*, 1560, *in-8.*
Première édition.

— a Geverharto Elmenhorstio. *Hamburgi*, 1612, *in-fol.*
— a Desid. Heraldo. *Parisiis*, 1613, *in-4°.*
— cum notis variorum, a Jac. Ouzelio. *Lugduni-Batavorum*, 1652, *in-4°.*, 1672, *in-8°.*
Ces deux éditions sont bonnes, mais on préfère la première.

— a Nic. Rigaltio, CUM S. CYPRIANI OPUSCULO, ET JULIO FIRMICO MATERNO, cum notis Wowerii. *Oxonii*, 1678, *in-12.*
— a Jo. Davisio, cum notis variorum. *Londini*, 1706, et *Cantabr. Owenus*, 1707, *in-8°.*
— a Jac. Gronovio. *Lugduni-Batavorum*, 1709, *in-8°.*
Excellente édition, qui renferme encore Firmicus Maternus et Saint Cyprien *De idolorum vanitate.*

— a Joann. Davisio. *Cantabr.* 1712, *in-8°.*
ab eodem. *Glasg.*, 1750, *in-8°.*
— a Christophoro Cellario. *Lipsiæ*, 1748, *in-8°.*

~~~~~~

IIIᵉ SIÈCLE APRÈS N. S. J. C.

TERTULLIEN.

(*QUINTUS SEPTIMIUS FLORENS TERTULIANUS*)

IIIᵉ siècle
après
N. S. J. C.   Prêtre de Carthage, fils d'un centenier dans la milice sous le proconsul d'Afrique.

Son apologie pour les chrétiens a toujours passé pour un chef-d'œuvre d'éloquence et d'érudition. Les critiques disent que son élocution est un peu dure, ses expressions obscures, ses raisonnements quelquefois embarrassés, mais qu'il brille dans tout ce qu'il écrit, une noblesse, une vivacité et une force qu'on ne peut s'empêcher d'admirer. Après avoir confondu les hérétiques de son siècle, et soumis par l'autorité de ses raisonnemens un assez grand nombre d'entre eux à l'empire des véritables doctrines, ce grand homme s'égara lui-même dans de fatales erreurs. Les ouvrages qu'il a publiés depuis cette seconde époque sont justement repoussés par l'Église, dont il avoit été si long-temps le défenseur, et dont il mourut l'ennemi.

OPERA, a Beato Rhenano. *Basileæ, Froben,* 1521, *in-fol.*

Première édition qui fut répétée par le même imprimeur dans les années 1525, 1539, et 1550.

— a Jac. Pamelio. *Antuerpiæ,* 1579, *in-fol.*

— ab eodem. *Heidelberg.* 1596, *in-fol.*

— ex editione Pamelii, a Franc. Junio. *Franequeræ,* 1597, *in-fol.*

Avec le livre *De Trinitate* et celui *De Cibis judaicis* de Novatien, premier antipape, qui écrivoit vers le milieu du IIIe siècle.

— a Nic. Rigaltio. *Parisiis,* 1641, *in-fol.*

C'est cet éditeur qui a donné lieu au curieux traité du R. P. Pilart, *De singulari Jesu Christi pulchritudine, Parisiis,* 1641, *in-12,* contre l'opinion de Rigaud, qui prétend que N. S. J. C. avait dédaigné cette *recommandation corporelle,* dont parle Montaigne.

— ex eadem editione, a Phil. Priorio. *Parisiis,* 1664, *in-fol.*

L'année marquée au frontispice est 1664; à la fin du livre on lit 1663.

— ex eadem editione. *Parisiis,* 1675, *in-fol.*

Édition très-considérée.

— accedunt Sigeb. Havercampi comment. et J.-Laur. Moshemii disquisitio de verâ ætate apologetici à Tertulliano conscripti. *Venetiis,* 1746, *in-fol.*

— a Joann. Salom. Semlero. *Halæ Magd.* 1770-76.

— ex editione Joann. Salom. Semleri, curante Oberthur. *Wiceburgi,* 1780-81, 2 *in-8°.*

— LIBRI IX, a Nicolao Rigaltio. *Parisiis, Rob. Stephanus,* 1728, *in-8.*

APOLOGETICUS, sine anni notâ. *Venetiis, Bern. Benalius, in-fol.*

Il y en a une autre édition du même imprimeur sous la date de 1492.

Mediolani, Scinzenzeller, 1493, *in-fol.*

Florentiæ, Junta, 1513, *in-8°.*

Venetiis, Aldus, 1515, et 1535, *in-8°.*

Édition qui comprend aussi Lactance.

— a Desiderio Heraldo. *Parisiis*, 1613, *in-4°*.

Édition qui comprend aussi Minutius Felix.

— a Sigeb. Havercampo, cum not. var. *Lugduni-Batavorum*, 1718, *in-8°*.

Bonne édition, l'une des meilleures des œuvres de Tertullien. Ce volume qui s'annexe à la collection *Variorum*, contient quelquefois une pièce de 64 pages, intitulée : *Jo. H. Mosheim disquisitio chronologico-critica de vera ætate apologetici a Tertulliano conscripti. Lugd.-Bat.* 1720.

— Et liber ad scapulam. *Cantabr.* 1686, *in-12*.

Avec Minutius Félix.

—Ad nationes lib .II, a Jac. Gothofrido. *Aureliopoli*, 1625, *in-4°*.

— De pallio ex recens. et cum not. Cl. Salmasii. *Lugduni-Batavorum*, 1656, *in-8°*.

Volume peu commun qui se joint aux *Variorum*.

De prescriptionibus adversus hæreticos , cum notis. *Saluburgi*, 1752, *in-8°*.

~~~~~~

IIIᵉ siècle après N. S. J. C.

———

ORIGÈNE.

Docteur de l'Église, né à Alexandrie, mort en 253, âgé de 69 ans.

Saint Jérôme a dit de lui : « Après les apôtres, « je regarde Origène comme le grand maître des « Églises ; l'ignorance seule pourroit nier cette « vérité. Je me chargerois volontiers des calomnies

« qui ont été dirigées contre son nom, si l'on
« pouvoit obtenir, à ce prix, sa profonde con-
« noissance des Écritures. »

Opera, a Car. de la Rue mon. S. Mauri, gr. et lat. *Parisiis,*
1733-59, 4 *in*-fol.

—ad Parisiensem edit. Caroli de la Rue recusa a Fr. Oberthur,
gr. et lat. *Viceburgæ,* 1780 *et ann. seqq.* 15 *in*-8°.

Édition mal exécutée.

— lat. ex variis antiq. interpretationibus edita, studio. Jac.
Merlini, cura Guill. Paroy. *Parisiis, J. Parvus et Jod. Badius,*
1512, 4 *in-fol.*

Contra celsum libri VIII, a Davide Hæschelio, gr. et lat.
Aug. Vindel. 1605, *in*-4°.

Première édition dont on fait peu de cas.

Contra celsum et philocalia, a Guill. Spencero, gr. et lat.
Cantabr. 1658, 1677, *in*-4°.

Cette seconde édition est très-peu considérée.

Philocalia, a Jo. Tarino, gr. et lat. *Londini,* 1618, *in*-4°
De oratione libellus, gr. et lat. *Oxonii,* 1686, *in*-12.
—a Guill. Reading, gr. et lat. *Londini,* 1728, *in*-4°.
Bonne édition.

Dialogus contra marcionitas, a Joann. Rudolpho Westenio,
gr. et lat. *Basileæ,* 1674, *in*-4°.

Commentaria, a P. Dan. Huetio, gr. et lat. *Rothom.* 1668,
2 *in-fol.*

Bonne édition de tout ce qui reste des Commentaires d'Origène sur l'Écriture sainte ; la préface de Huet est fort estimée.

Philosophumena, a Jo. Christoph. Wolfio, gr. et lat. *Hamburgi,* 1706, *in*-8°.

Hexapla, a Bern. de Montfaucon, hebr. gr. et lat. *Parisiis,*
1713, 2 *in-fol.*

—a Car. Frid. Bahrdt, hebr. gr. et lat. *Lipsiæ,* 1769, 2 *in*-8°.

IIIᵉ SIÈCLE AVANT N. S. J. C.

—

SAINT GRÉGOIRE LE THAUMATURGE,

ou

LE FAISEUR DE MIRACLES.

IIIᵉ siècle
après
N. S. J. C.

Né à Néocésarée dans le Pont, de parens riches et nobles, et d'abord connu sous le nom de Théodore ; disciple d'Origène, qui le convertit au christianisme, et ensuite, évêque de Néocésarée sa patrie. On croit qu'il mourut en 270 ou 271, le 17 novembre, jour où son nom est consacré par le martyrologe romain. L'histoire atteste un fait bien glorieux pour lui ; c'est qu'il n'y avoit que dix-sept chrétiens dans son diocèse, quand il y parvint à l'épiscopat, et qu'il n'y restoit que dix-sept infidèles quand Dieu le rappela à lui.

Le *Discours de remercîment* à Origène est cité par les critiques comme une pièce de la plus haute éloquence, et un des plus beaux monuments littéraires de l'antiquité.

—

OPERA, a Gerardo Vossio, gr. et lat. *Romæ*, 1594, *in-fol.*
Première édition.

—ab eodem, gr. et lat. *Moguntiæ*, 1604, *in-4°*.

—ET MACARII ÆGYPTII, AC BASILII SELEUCIENSIS HOMILIÆ, gr.
et lat. 1622, *in-fol.*

Excellente édition.

~~~~~~

IIIe SIÈCLE APRÈS N. S. J. C.

SAINT CYPRIEN.

(*THASCIUS CYPRIANUS.*)

Aussi nommé *Cœcilius*, du nom du prêtre auquel il dut sa conversion : Africain, et probablement Carthaginois de naissance, comme la plupart des docteurs de l'Église de cette époque; évêque de Carthage, et martyr: Il subit son glorieux supplice le 14 septembre 258.

Lactance remarque que saint Cyprien est un des premiers auteurs chrétiens qui aient possédé une haute éloquence, dans le sens que les rhéteurs attachent à ce mot. « Il avoit, dit-il, un esprit subtil, agréable, et une grande netteté, ce qui est une des plus belles qualités du discours. Son style est orné, son expression facile, son raisonnement plein de vigueur et d'autorité. Il plaît, il instruit, il persuade, et fait si bien ces trois choses, qu'il seroit difficile de dire dans

« laquelle il excelle le plus ». Les premiers écrits de saint Cyprien se ressentent encore de cette éloquence mondaine dont la primitive Église a toujours désapprouvé l'élégance affectée. Plus tard, il adopta une manière d'écrire plus mâle, plus grave, plus chrétienne, pour tout dire en un mot, et où la force de la pensée dédommage amplement le lecteur du prestige d'un faux luxe et d'une pompe déplacée.

———

OPERA sin. not. *in-fol.*

Édition du xvᵉ siècle.

— a Desid. Erasmo. *Basileæ*, 1520, *in-fol.*
— a Paulo Manutio. *Romæ*, 1563, *in-fol.*
— a Jacobo Pammelio. *Antuerpiæ*, 1568, et 1589, *in-fol.*

Édition plus soignée et plus correcte que celle de Paul Manuce.

— a Nic. Rigaltio. *Parisis*, 1666, *in-fol.*

Bonne édition, contenant en outre : *Liber adversus Paganos*, de Commodianus, auteur du ivᵉ siècle.

— a Joann. Fell. *Oxonii*, 1682, et *Amstelodami*, 1700, *in-fol.*

La première de ces deux éditions est excellente; la seconde est belle et correcte.

— ex editione Jo. Fellii. *Bremæ*, 1690, *in-fol.*
— a Steph. Baluzio, et monach. S. Mauri. *Parisiis*, 1726, *in-fol.*

EPISTOLÆ, ex recens. Joann. Andreæ, episc. Aleriensis. *Romæ, Conrad. Sweynheym et Arnold. Pannartz*, 1471, *in-fol.*

Édition regardée comme la première de ces lettres avec date.

— *Venetiis, Vind. Spir.*, 1471, *in-fol.*

Belle édition qui paroît faite sur la précédente.

— absque ullâ notâ, *in-fol.*

Édition imprimée à longues lignes, avec des signatures, et qu'on présume être de 1476.

— *Venetiis, Lucas ˋVenetus,* 1483, *in-fol.*

— *Parisiis,* 1512, *in-fol.*

— *Coloniæ,* 1520, *in-fol.*

DE DUODECIM ABUSIVIS SÆCULI, sine nota, *in-*4°.

Attribué à S. Cyprien. Le caractère est celui d'Urich Zel de Cologne.

— sine nota, *in-fol.*

Autre édition fort ancienne, sortie des presses d'Antoine Sorg, imprimeur d'Augsbourg.

CARMEN DE LIGNO CRUCIS. *Mirandulæ,* 1496, *in-fol.*

Avec les OEuvres de Pic de La Mirandole.

IIIᵉ SIÈCLE APRÈS N. S. J. C.

———

ARNOBE L'ANCIEN.

Né à Sicque en Numidie; rhéteur célèbre, et l'un des plus illustres apologistes de la religion chrétienne.

Vossius appelle Arnobe le Varron des écrivains ecclésiastiques. Son style se ressent cependant de l'enflure et de la rudesse africaines. Il est inégal, dur, emphatique, et quelquefois obscur; mais il offre des tours très-hardis, des raisonnements très-subtils, des railleries très-ingénieuses, et il est remarquable par son énergie.

ADVERSUS GENTES LIBRI VII , a Fausto Sabæo Brixiano.
    Romæ, Franc. Prissianensis, 1542, *in-fol.*

> Première édition, peu recherchée et à bas prix. On y donne comme VIIIe liv. de cet auteur l'*Octavius* de *Minutius Felix.*

— a Sigism. Gelenio. *Basileæ, Froben,* 1546, *in-8°.*

— a Theod. Cantero. *Antuerpiæ, Plantinus,* 1582, *in-8°.*

— ET MINUTIUS FELIX, ex edit. Fulvii Ursini. *Romæ, Domin. Basa,* 1583, *in-4°.*

> Édition rare.

— a Desid. Heraldo. *Genevæ, in-8°.*

— ET MINUTII FELICIS OCTAVIUS. *Parisiis,* 1605 , *in-8°.*

— a Geverharto Elmenhorstio. *Hamburgi,* 1610, *in-8°.*

— cum not. var. ab Ant. Thysio. *Lugduni-Batavorum,* 1651, *in-4°.*

> Excellente édition, et qui a été long-temps la plus estimée de cet auteur.

— cum notis J. C. Orelli. *Lipsiæ,* 1816, 2 *in-8°.*

> On a publié à Leipzig, en 1817, un *Appendix* à cette excellente édition, 80 pp. *in-8°.*

IIIe SIÈCLE APRÈS N. S. J. C.

SAINT MÉTHODIUS.

Surnommé *Eubulius*; successivement évêque d'Olympe et de Tyr; couronné de la palme du martyre à Chalcide, l'an 311 ou 312.

Saint Méthodius avoit composé un poëme de dix mille vers contre Porphyre; deux traités de la

Résurrection et de *la Pythonisse* contre Origène, dont il avoit d'abord partagé les erreurs ; un autre *du libre arbitre* contre les Valentiniens; des *Commentaires sur la Genèse* et *sur le Cantique des cantiques, etc.* De ces nombreux ouvrages, il ne reste que celui qui est indiqué ci-dessous, et qui, indépendamment de ses éditions spéciales, a été inséré dans différentes collections : au tom. I⁰ʳ du *Supplément de la Bibliothéque des Pères*; à la fin du second tome des *OEuvres de saint Hippolyte*, Hambourg, 1718 ; avec les *OEuvres d'Amphilochius*, Paris, 1644, et peut-être ailleurs. Saint Jérome cite saint Méthodius avec de grands éloges. Cependant son style diffus, enflé et chargé d'épithètes, a tous les défauts d'une mauvaise versification transportés dans la prose. On devineroit aisément que saint Méthodius a commencé par être poëte.

———

Opera, a Franc. Combefisio, gr. et lat. *Parisiis*, 1644, *in-fol.*

Excellente édition, dans laquelle se trouvent aussi les OEuvres d'Amphilochius et d'André de Crète.

Convivium virginum, a Leone Allatio, gr. et lat. *Romæ*, 1655, *in-8⁰.*

— a Petro Possino, gr. et lat. *Parisiis, typ. reg.*, 1657, *in-fol.*

IVᵉ SIÈCLE APRÈS N. S. J. C.

LACTANCE.

(*LUCIUS-COELIUS-FIRMINIANUS LACTANTIUS.*)

Surnommé quelquefois *Cœcilius* comme Saint Cyprien, sans qu'on en sache la raison; né, suivant quelques-uns, à Fermo dans la marche d'Ancône, d'où lui viendroit le surnom de *Firmianus*, et selon d'autres en Afrique, parce qu'il étudia à Sicque ou Sicca en Numidie, patrie d'Arnobe son maître; et mort à ce qu'il paroît, en 325, à une époque où il étoit depuis peu appelé à diriger l'éducation de Crispus César, fils de Constantin.

Lactance, dit un critique, s'étoit proposé Cicéron pour modèle, et l'on peut dire qu'il a fait passer dans ses écrits toutes les beautés de style qu'on admire dans l'orateur romain. C'est la même pureté, la même noblesse, la même clarté, la même élégance. S'il est quelquefois obscur, ajoutent ses admirateurs, c'est quand il est obligé d'envelopper sa pensée d'un voile pour la soustraire à des lecteurs foibles et indiscrets. S'il est quelquefois déclamateur, c'est qu'il se représente un auditoire nombreux affamé de la parole, et qu'il se transporte par la pensée dans la chaire de la prédication. Saint Jérôme l'a nommé le *Cicéron chrétien*, et Kortholt l'a désigné sous ce nom dans une dissertation spéciale à sa gloire : *Dissertatio de Cicerone christiano, sive eloquentia Lactantii Ciceroniana*. Gieffen, 1711, in-4°.

OPERA. *In monasterio Sublacensi*, 1465, *in-fol.*

Livre précieux, qui est en même temps la première édition de Lactance, et le premier ouvrage imprimé en Italie avec date ; ce n'est cependant pas un des plus rares de la classe des éditions du xve siècle, car on en connoît au moins 10 à 12 exemplaires tant en France qu'en Angleterre. En tête du volume se trouve ordinairement une table des rubriques, occupant 9 feuillets et commençant de cette manière : *Lactantii Firmiani de divinis institutionibus adversus gentes rubrice p̄mi libri incipiūt*. On voit ensuite, dans quelques exemplaires seulement, un *errata* de 4 pages d'impression, précédé et suivi d'un feuillet blanc. Le texte de Lactance suit, et commence sans aucun intitulé, par ces mots : *(M)agno et excellenti ingenio viri*, etc. A la fin, sur le 182e et dernier feuillet *verso*, est la souscription suivante, imprimée en 5 lignes : *Lactantii Firmiani de divinis institutionibus adversus gentes libri septem. Nec non ejusdem ad Donatum de ira Dei liber unus, una cum libro de opificio hominis ad Demetrium finiunt sub anno Dni* M.CCCC.LXV... *In venerabili monasterio Sublacensi. Deo Gratias.* (*Manuel du libraire*, t. II, p. 312.)

— ex recens. Adami Genuensis. *Romæ, Conr. Sweynheim et Arn. Pannartz*, 1468, *in-fol.*

Seconde édition, très-rare. Le volume commence par la table des arguments des chapitres, en 9 feuillets, laquelle est suivie de 2 feuillets d'*errata*.

— cum præfatione Joannis Andreæ, episcopi Aleriensis. *Romæ, Conr. Sweynheym et Arn. Pannartz*, 1470, *in-fol.*

Cette édition contient en tout 222 feuillets, dont les 12 premiers renferment l'épître de Jean André à Paul II, la table des rubriques et l'*errata*. On lit à la fin du volume, au bas du dernier feuillet *recto*, la souscription de 8 vers : *Aspicis illustris lector.....*

— *Venetiis, Adam, 1471, in-fol.*

Édition très-rare. Le volume consiste en 218 feuillets, dont la table des rubriques et les *errata* occupent les 11 premiers. On trouve à la fin une souscription de 10 vers commençant ainsi :

Arguit hic hominum sectas Lactantius omnes, etc.

Cette souscription est accompagnée de la date de M.CCCC.LXXI et du nom de l'imprimeur *Adam*.

— absque loci et typographi indicio. 1471, *in-fol.*
— *Venetiis, Vindel. de Spira, 1472, in-fol.*

Dans cette édition qui est très-belle, on trouve à la fin du volume, après la souscription placée au *verso* du 195e feuillet, sept autres feuillets contenant le *Nephytomon*. Une table de 11 feuillets commence le volume.

— cum præfatione Jo. Andreæ, ex recens. Angeli Enei Sabini. *Romæ, Udalr. Gallus et Sim. Nicol. de Luca*, 1474, *in-fol.*

Cette édition forme un volume de 256 feuillets, dont les 12 premiers renferment l'épître de Jean André et la table.

— *Rostochii, per presbyteros et clericos congregationis domûs viridis horti, 1476, in-fol.*
— *Venetiis, Andreas de Paltasichis et Boninus de Boninis, 1478, in-fol.*
— *Venetiis, Joan. de Colon., 1478, in-fol.*
— *Venetiis, Theodorus de Regazonibus, 1490, in-fol.*
— a Joanne Parrasio. *Venetiis, Tacuinus, 1509, in-fol.*
— a Mariano Tuccio. *Florentiæ, Junta, 1513, in-8°.*
— a Joan. Bapt. Egnatio. *Venetiis, Aldus, 1515, in-8°.*

Édition dans laquelle on trouve l'*Apologétique* de Tertullien.

— ab Honorato Fascitellio. *Venetiis, Aldus, 1535, in-8°.*

Édition supérieure en mérite à la précédente, mais qui a cependant moins de valeur dans le commerce. Elle renferme aussi l'*Apologétique* de Tertullien.

— *Lugduni, Seb. Gryphius, 1541, 1543, in-8°.*

—a Desid. Erasmo. *Coloniæ*, 1544, *in-fol.*

Édition très-correcte.

—ab eodem. *Antuerpiæ*, 1555, *in-8°.*

—ex castigatione Honorati Fascitellii. *Lugduni, Jo. Torne-sius et Guill. Gazeius*, 1558, *in-12.*

Édition belle et très-correcte.

—a Mich. Thomasio. *Antuerpiæ, Plant.*, 1570, *in-8°.*

—cum not. var. ab Ant. Thysio. *Lugduni-Batavorum*, 1652, 1660, *in-8°.*

La seconde de ces deux éditions est belle et correcte.

—a Thoma Sparke. *Oxonii*, 1684, *in-8°.*

—ad fidem Codicum recensita. *Cantabrigæ, Hayes, in-8°.*

—a Jo. Georg. Walchio. *Lipsiæ*, 1735, *in-8°.*

—a Christoph. Aug. Heumanno. *Gottingæ*, 1736, *in-8°.*

—a Jo. Ludolpho Bunemanno. *Lipsiæ*, 1739, *in-8°.*

Édition estimée.

—cum notis et animadvers. Nic. Lenglet du Fresnoy. *Pari-siis, de Bure aîné*, 1748, 2 *in-4°.*

Édition exécutée avec beaucoup de soin et collationnée sur un grand nombre de manuscrits.

—ab Eduardo a S. Xaverio. *Romæ*, 1754-59, 14 *in-8°.*

Excellente édition, enrichie de notes et de savantes dissertations.

DE MORTIBUS PERSECUTORUM, a Joan. Columbo. *Aboæ*, 1684, *in-8°.*

—cum notis Stephani Baluzii et variorum; recensuit, suis auxit, cum versionibus contulit Paulus Bauldri. *Traj. ad Rhen.*, 1692 seu 1693, *in-8°.*

Ces deux dates se rapportent à une seule édition, dont on a changé le titre.

EPITOME DIVINARUM INSTITUTIONUM, a Christoph. Matthæo Pfaffio. *Parisiis*, 1712, *in-8°.*

a Joan. Davisio. *Cantabrigiæ*, 1718, *in-8°.*

SYMPOSIUM, à Christ. Aug. Heumanno. *Hannov.*, 1722, *in-8°.*

IVe SIÈCLE APRÈS N. S. J. C.

THÉODORE.

IVe siècle après N. S. J. C.   Évêque d'Héraclée en Thrace, sous le règne de Constantin-le-Grand.

COMMENTARIUS in Psalmos Davidis, à Balthassare Corderio. *Antuerpiæ, Moretus,* 1642, *in-fol.*

A ce Commentaire sont joints deux autres Commentaires d'auteurs anonymes.

IVe SIÈCLE APRÈS N. S. J. C.

JUVENCUS.

(C. VETTIUS AQUILINUS.)

Né en Espagne d'une illustre famille, et le plus ancien des poëtes chrétiens dont il nous reste des ouvrages.

Il est souvent imprimé avec Sedulius, Arator, Venance, Fortunat, etc.

IVe siècle après N. S. J. C.

HISTORIÆ EVANGELICÆ LIBRI IV, sine nota, *in-4*°.

Cette édition, que l'on croit être de 1490, ou à peu près, contient en outre Arator, et quelques pièces de S. Cyprien, de Prudence, de Columelle, de Palladius, etc.

— a Jacobo Fabro. *Parisiis, 1499, in-fol.*

On trouve dans cette édition : P. BARRI POEANES QUINQUE FESTORUM D. VIRGINIS, etc., et de plus Sedulius.

—(*Parisiis*), *Jehan Petit*, sine nota, *in-4*°.

Édition qu'on présume être de l'an 1500.

—*Venetiis, Aldus,* 1502, *in-4*°.

Édition qui fait partie du second volume de la précieuse collection des Poëtes chrétiens.

—*Lipsiæ, Melch. Lotterus,* 1511, *in-4*°.
—*Viennæ Pannoniæ, Joan. Singrenius,* 1519, *in-4*°.
—a Lorichio. *Coloniæ,* 1537, *in-8*°.
—ab eodem. *Antuerpiæ,* 1538, *in-8*°.
—sine nota. *Basileæ,* 1537, 1538, 1541, 1542, 1545, 1551, *in-8*°.

Toutes ces éditions contiennent en outre Sedulius, Arator, et quelques autres poëtes chrétiens.

—*Lugduni, Tornesius,* 1553, 1556, 1558, *in-12* ou *in-16*.

On trouve aussi dans ces éditions Sedulius et Arator.

a Theod. Poelmanno Cranemburgense. *Calari,* 1573, *in-8*°.

Édition bonne et correcte.

ab Erhardo Reusch. *Francofurti,* 1710, *in-8*°.
ab eodem. *Lipsiæ,* 1710, *in-8*°.
a Faustino Arevalo. *Romæ,* 1792, *in-4*°.

Cette édition est la meilleure et la plus complète que l'on connoisse. Le lume qui la renferme fait partie de la collection des poëtes chrétiens, pu-'ée en 5 volumes par le même éditeur.

IVᵉ SIÈCLE APRÈS N. S. J. C.

SAINT MACAIRE L'ANCIEN.

Né dans la Haute-Égypte où il fut employé dans sa jeunesse à la garde des troupeaux ; mort cénobite dans le désert de Scité.

On le confond souvent avec Saint Macaire surnommé *le Jeune*, qui lui est postérieur de peu d'années, et que les Grecs honorent le même jour, 29 du mois de janvier. C'est à ce dernier qu'on attribue le plus généralement la *Règle de Saint Macaire*, imprimée dans le *Codex regularum*, Rome, 1661, 2 *in-4°*. D. Ménard en a publié un autre sous le nom des deux Macaire, dans la *Concordia Regularum*, Paris, 1638, *in-4°*. Il est assez doux de penser que ce nom de Macaire, si fréquemment reproduit dans l'antiquité chrétienne, et qui signifie *heureux*, a pu être générique pour de pieux solitaires.

———

HOMILIÆ L. ex Bibl. reg. gr. *Parisiis*, *Morel*, 1559, *in-8°*.
L'édition latine est de la même année.

— gr. et lat. *Parisiis*, 1622, *in-fol*.
Avec les OEuvres de S. Grégoire Thaumaturge.

IVe SIÈCLE APRÈS N. S. J. C.

———

OPTATIEN PORPHYRE.

(*PUBLIUS PORPHYRIUS OPTATIANUS.*)

Poëte latin qu'il ne faut pas confondre avec Porphyre le philosophe, ennemi déclaré des chrétiens.

IVe siècle après N. S. J. C.

Optatien est le Lycophron de la poésie latine. Il s'est fait de l'inspiration une sorte de torture qui se révèle dans les acrostiches multiformes et dans les logogryphes inextricables de ses vers tourmentés. Il ne manquoit cependant ni d'esprit ni d'imagination, et le plus ingénieux de nos érudits, le docte et spirituel M. Boissonade ense qu'il lui en auroit moins coûté pour deveir un poëte passable que pour se faire si ridiule. (*Dissertation sur les vers figurés*, insérée ans le *Journal des Débats*, novembre 1806.)

Optatien a produit nombre de ces petits poëmes ù la disposition du vers affecte la figure d'un bjet connu, comme un *autel*, une *Syrinx*, un gue *hydraulique*, misérable ressource d'une dustrie qui n'est pas le talent, et qui a malheu-

reusement en sa faveur l'autorité classique de
Théocrite.

PANEGYRICUS Constantino Augusto dictus, ex codice manuscripto Pauli Velseri. *Augustæ Vindelicor.* 1595, *in-fol.*

> Petit poëme latin en acrostiches très-compliqués : c'est vraisemblablement
> le plus ancien monument qui nous reste de ces sortes de jeux d'esprit.
> P. Pithou le publia pour la première fois dans ses *Epigrammata et Poemata*
> *vetera, Parisiis,* 1590, *in*-12. Il est ici accompagné d'un commentaire qui se
> trouve aussi dans les œuvres de Velser, *Nuremberg.* 1682 , *in-fol.;* mais aug-
> menté par Christ. Daumius d'un spicilége critique dans lequel on compare
> l'édition de Velser avec celle de P. Pithou. Voyez sur cet auteur, *Fabricius,*
> *Bib. med. lat.,* édit. de Mansi, tom. V, p. 169. (*Manuel du libraire,* t. III,
> p. 137.)

~~~~~~

IVe SIÈCLE APRÈS N. S. J. C.

EUSÈBE (PAMPHILE).

Né sous le règne de Galien, vers l'an 267;
évêque de Césarée dans la Palestine , et l'un des
hommes les plus éclairés et les plus célèbres de
l'église chrétienne.

Un grand nombre de ses ouvrages ne se sont
pas retrouvés; ceux que nous connoissons justi-
fient la haute renommée d'éloquence et d'érudition dont il jouit de son temps, et que ne parvint
pas même à obscurcir la funeste influence de ses
erreurs.

PRÆPARATIO EVANGELICA, gr. et lat. *Parisiis, Rob. Stephanus,* IVe siècle
 1544, *in-fol.*

après

N. S. J. C.

—à Franc. Vigero, gr. et lat. *Rothomagi,* 1628, *in-fol.*

Edition estimée.

DEMONSTRATIO EVANGELICA, gr. et lat. *Parisiis, Rob. Stephanus,* 1545, *in-fol.*
—à Franc. Vigero, gr. et lat. *Rothomagi,* 1628, *in-fol.*

Cet excellent traité d'Eusèbe est un trésor de science et de bon discerne-
ment; il renferme tous les arguments en faveur de la foi, et de l'autorité
divine de la religion chrétienne.

EUSEBII, POLYCRONI, PSELLI IN CANTICUM CANTICORUM EXPO-
 SITIONES, à Joann. Meursio, gr. *Lugduni-Batavorum,* 1617,
 in-4°.

Edition très-rare. Se trouve aussi avec l'ouvrage intitulé : *Variorum divinorum auctores, seu theologi græci varii,* gr. *Lugd. Bat.,* *Elzev.,* 1619,
in-4°.

COMMENTARII in Psalmos et in Isaïam, cum Athanasii et
 Cosmæ Ægyptii opusculis, a Bern. de Montfaucon, gr. et
 lat. *Parisiis,* 1706, 2 *in-fol.*
ONOMASTICON urbium et locorum sacræ Scripturæ, a Jo.
 Clerico, gr. et lat. *Amstelodami,* 1707, *in-fol.*
CHRONICON, a S. Hieronymo latine versum et continuatum.
 Mediolani, Ph. Lavagnia, in-fol.

Ancienne édition imprimée sans chiffres, réclames ni signatures, en caractères romains, et de la plus grande rareté. Il y a au *verso* du premier feuillet
une épigramme en 10 vers, de l'éditeur Boninus Monbritius, dans laquelle se
trouve le nom de l'imprimeur indiqué de cette manière :

> . . . . . *Tabulis impressit ahenis*
> *Utile lauania gente Philippus opus.*

L'ouvrage se termine au *recto* du 208e feuillet, par ces mots :

> *Mediolanenses laudem receperunt.*

—à Lucilio Hippodamo Helbronensi. *Venetiis, Erhardus
 Ratdolt,* 1483, *in-4°. goth.*

Edition fort incorrecte, qui a long-temps passé pour la première.

—*Parisiis, Henr. Stephanus,* 1512, *in-4°.*

— *Basileœ, Henr. Petri*, 1536, *in-fol.*

— a Jo. Scaligero, gr. et lat. *Amstelodami, Janssonius*, 1658, *in-fol.*

— a Thoma Roncallio, in collect. veter. chronicorum. *Patavii*, 1787, 2 *in-4°*.

Edition corrigée avec un très-grand soin, mais qui seroit encore meilleure si le savant éditeur eût connu la première de Milan.

THESAURI TEMPORUM LIBRI II, ex interpret. S. Hieronymi, cum notis Scaligeri, gr. et lat. *Amstelodami*, 1658, *in-fol.*

Bonne édition, mais qui perd beaucoup de son intérêt par la découverte que l'on a faite récemment d'une traduction complète, en arménien, de la chronique d'Eusèbe, dont nous allons citer deux éditions.

CHRONICORUM CANONUM LIBRI DUO, opus ex haicano codice a Johanne Zohrabo diligenter repressum et castigatum; Ang. Maius et Joh. Zohrabus nunc primum conjunctis curis latinitate donatum notisque illustratum additis græcis reliquiis, ediderunt.— Samuelis presbyteri aniensis temporum usque ad suam ætatem (1179 J. C.) ratio, e libris historicorum summatim collecta, opus ex haicanis quinque codicibus a Joh. Zohrabo diligenter descriptum atque emendatum; F. Zorabus et Ang. Maius ediderunt. *Mediolani, regiis typis*, 1818, *in-4°*.

Publication importante, qu'a devancée celle du texte arménien.

CHRONICON BIPARTITUM, nunc primum ex armeniaco textu in latinum conversum, adnotationibus auctum, græcis fragmentis exornatum, opera P. Jo. Baptistæ Aucher, ancyrani monachi armeni, et doctoris mechitaristæ. *Venetiis, typis Cœnobii P. P. Armenorum*, 1818, 2 *in-4°*.

Quoique datée de 1818, cette édition n'a paru qu'en 1819, dix mois après la précédente. L'ouvrage de Samuel n'en fait pas partie. (*Manuel du libraire*, tom. I, p. 610.)

Pour l'Histoire ecclésiastique d'Eusèbe, voyez le chapitre spécial que nous avons consacré aux historiens ecclésiastiques grecs.

IVe SIÈCLE APRÈS N. S. J. C.

JULIUS FIRMICUS MATERNUS.

Écrivain latin, sous le règne des premiers suc- IVe siècle
cesseurs de Constantin ; auteur d'un ouvrage fort après
estimé, de la plus haute polémique. N. S. J. C.

On doute de son identité avec Firmicus l'astronome, imprimé en 1501 par Alde Manuce, et
plusieurs fois depuis.

DE ERRORE PROPHANARUM RELIGIONUM, a Matth. Flacco.
  Argentor. 1562, *in*-8°.

Cette édition ne m'est connue que par nos auteurs. Si elle est due aux soins
de Flaccus Illyricus qui florissoit à cette époque, elle doit tenir une certaine
place parmi les livres curieux. Elle est aussi fort rare.

—a Joan. Wowerio. *In Bibliopol. Frobeniano*, 1603, *in*-8°.
—a Jac. Oiselio. *Lugduni-Batavorum*, 1672, *in*-8°.

Excellente édition dans laquelle on trouve Minutius Félix, ainsi que dans
une autre édition fort exacte, donnée par Jac. Gronovius, sous la date de 1709.
On attribue aussi, comme nous l'avons dit, à Julius Firmicus Maternus,
huit livres sur l'astronomie. Plusieurs savants, et entre autres Tiraboschi, ont
à peu près démontré qu'ils ne lui appartenoient pas.

IVe SIÈCLE APRÈS N. S. J. C.

DIDYME D'ALEXANDRIE.

Surnommé *le Théologien*, pour le distinguer
le l'infatigable Didyme d'Alexandrie, surnommé

Chalcentrée, qui laissa, selon Sénèque, quatre mille traités différents. On sait au reste ce que c'étoit que ces *volumes* des anciens, et rien ne prouve que nos infatigables polygraphes leur aient cédé en fécondité.

' Didyme d'Alexandrie fut aussi appelé *l'Aveugle*, parcequ'il avoit perdu la vue dans sa première enfance. Il passa pour un des plus grands orateurs qui eussent encore illustré les écoles chrétiennes, et eut la gloire de compter saint Jérôme en cheveux blancs au nombre de ses auditeurs. Ruffin, Pallade et Isidore furent ses disciples.

LIBRI TRES DE TRINITATE, a Jo. Aloysio Mingarello, gr. et lat. *Bononiæ*, 1769, *in-fol.*
LIBER ADVERSUS MANICHÆOS, gr. et lat.

Dans l'*Auctuarium* de Combefis.

Il se trouve dans la bibliothèque des Pères un traité de cet auteur sur le Saint-Esprit et sur les épîtres canoniques.

IV⁰ SIÈCLE APRÈS N. S. J. C.

PHÉBADE ou FITADE.

Évêque d'Agen, que les habitants du pays nomment saint Fiari, et qui a échappé sous ces trois noms aux laborieux et savants rédacteurs de la *Biographie universelle*; mort vers l'an 400, après plus de quarante ans de travaux dans la carrière de l'épiscopat.

———

LIBER CONTRA ARIANOS. *Parisiis*, 1570, *in-8°*.

~~~~~~~~~~~~~~~~~~~~~~~~~~~~~~~~~~~~

IVe SIÈCLE APRÈS N. S. J. C.

———

SAINT CÉSAIRE.

Fils de saint Grégoire de Nazianze le père et de sainte Nonne; frère de saint Grégoire surnommé *le Théologien*, et de sainte Gorgonie; né vers l'an 330; rhéteur, philosophe, géomètre, astronome, médecin.

L'empereur Julien l'excepta seul de l'exclusion des emplois, qui frappoit les chrétiens attachés à sa cour. Tout semble prouver que ce fut un homme d'un talent très-élevé; mais les seuls écrits qui nous restent de lui passent pour apocryphes.

———

QUÆSTIONES THEOLOGIÆ ET PHILOSOPHICÆ, ab Elia Ehingero, gr. et lat. *Augustæ Vindelicorum*, 1626, *in-4°*.

IVe SIÈCLE APRÈS N. S. J. C.

SAINT HILAIRE.

IVe siècle après N. S. J. C. Évêque de Poitiers, mort, suivant saint Jérôme, en 368.

« Plusieurs de ses ouvrages sont perdus, dit
« son biographe; on lui en a attribué plusieurs
« autres qui ne sont pas de lui. Son style est
« serré, précis, nerveux; ses expressions sont
« nobles et énergiques : il y a beaucoup d'ordre
« dans ses écrits, de force dans ses raisonnements,
« de justesse dans ses pensées, d'esprit dans le
« tour qu'il leur donne. Sa critique est sévère,
« mais juste; ses descriptions sont vives et pathé-
« tiques, ses figures fréquentes et placées à
« propos. On trouve cependant chez lui de l'en-
« flure, de l'obscurité, des périodes trop longues,
« des expressions qui ne sont point latines, et
« des tours peu conformes aux règles de la gram-
« maire. »

Saint Jérôme a donné une idée bien vive et bien
pittoresque de l'impétuosité de son éloquence
par le nom caractéristique qu'il lui impose. Il
l'appelle *le Rhône de l'éloquence latine.*

OPERA, stud. monachor. S. Benedicti, præcipuè Petr. Constant, gr. et lat. *Parisiis*, 1693, *in-fol.*

Cette édition de S. Hilaire est une des meilleures éditions données par les PP. Bénédictins.

— cum additionibus, ex eadem editione. *Veronæ, Berni et Vallarsi*, 1730, 2 *in-fol.*

On fait peu de cas en France de cette édition de Vérone, malgré les augmentations qu'elle contient.

— à D. Fr. Oberthur, gr. et lat. *Wirceburgi*, 1785-88, 4 *in-8°.*

Excellente édition.

~~~~~~

IVᵉ SIÈCLE APRÈS N. S. J. C.

———

SAINT OPTAT.

Évêque de Milève en Numidie. C'est tout ce qu'on sait de cet auteur, dont il reste un écrit contre les donatistes, qui se fait remarquer par un style pressant et une excellente dialectique.

———

DE SCHISMATE DONATISTARUM LIBRI SEPTEM, a Lud. du Pin. *Parisiis*, 1679, *in-fol.*

— *ibid.* 1700, *in-fol.*

— ab eòdem, cum notis variorum. *Antuerpiæ*, 1702, *in-fol.*

SAINT ZÉNON.

IVᵉ siècle
après
N. S. J. C.

Évêque de Vérone vers l'an 370. Mauro Boni et Gamba disent de cet écrivain que son éloquence est pleine d'élégance et de douceur.

SERMONES. *Veronæ*, 1586, *in-4°*.
— *Veronæ et Pataviæ*, 1710, *in-4°*.
— a fratribus Ballerinis. *Veronæ*, 1739, *in-4°*.
— ab iisdem. *Augustæ-Vindelicorum*, 1758, *in-4°*.
Excellentes éditions.

LUCIFER.

Né en Sardaigne; évêque de Cagliari; mort en exil dans les déserts de la Thébaïde.

Théologien véhément jusqu'à la violence, intrépide jusqu'à l'audace, inflexible jusqu'à la rebellion, et qui expia par de longs malheurs la hardiesse de ses sentiments. Plusieurs églises l'invoquent comme un saint.

OPERA, a fratribus Coletis. *Venetiis, Coleti*, 1778, *in-fol.*

IVe SIÈCLE APRÈS N. S. J. C.

———

SAINT BASILE.

Né à Césarée en Cappadoce, dont il fut depuis archevêque; fils de sainte Emmélie; frère de saint Grégoire de Nysse, de saint Pierre de Sébaste et de sainte Macrine; ami de saint Grégoire de Nazianze; élève de Libanius; mort en 379, également regretté par les chrétiens, les juifs et les païens, qui le regardoient comme leur père.

Saint Basile est un des excellents écrivains de l'Église. Les critiques lui accordent toutes les parties qui composent le parfait orateur, une dialectique admirable, des connoissances étendues et variées, des mouvements vrais et entraînants, une imagination riche, féconde en grandes pensées et en conceptions fortes, l'attrait de la grâce uni à la majesté du génie, une diction pleine de pureté, de clarté et d'élégance, et que relève encore un mérite unique d'ordre et de précision. Photius regarde son talent comme le plus propre à entraîner les cœurs et à persuader les esprits dans les actions publiques. C'est la définition de l'éloquence même.

———

IVe siècle
après
N. S. J. C.

ORATIONES, a Desid. Erasmo, gr. *Basileæ, Froben*, 1532, *in-fol.*

Froben commença par cette édition sa précieuse collection des Pères grecs.

MORALIA, gr. *Venetiis, de Sabio*, 1535, 3 *in-fol.*

OPERA, a Jano Cornario, gr. *Basileæ, Froben*, 1551, *fol.*

— à Frontone Ducæo et Feder. Morello, gr. et lat. *Parisiis*, 1618, 2 *in-fol.*

— gr. et lat. *Parisiis*, 1638, 3 *in-fol.*

— a Juliano Garnier, mon. S. Mauri, gr. et lat. *Parisiis*, 1721-30, 3 *in-fol.*

Excellente édition.

ORATIONES XIV, a Simeone magistro ac logotheta, gr. *Parisiis, Morel*, 1556, *in-8°.*

ORATIO DE HUMANA CHRISTI GENERATIONE, a Jo. Bened. Carpzovio, gr. et lat. *Helmstadii*, 1757, *in-4°.*

— a Christ. Frid. Mathæi, gr. *Mosquæ*, 1775, *in-4°.*

Il y est joint à quelques discours de Jean Xyphilin.

HOMILIA DE INVIDIA, a Daniele Augentio, gr. et lat. *Parisiis, Morel*, 1586, *in-4°.*

— ET ALIORUM HOMILIÆ, a Davide Hoeschelio, gr. *Augustæ*, 1587, *in-8°.*

OPUSCULUM ad juvenes. — (in fine). Magnus Basilius.... *Mogutiæ impressus, in-4°.*

Dix-huit feuillets imprimés des caractères dont Schoyffer s'est servi pour la *Secunda Secundæ* de S. Thomas, édit. de 1467. (*Manuel du libraire*, tom. I, p. 161.)

EPISTOLA ad Gregor. Nanzianzenum de officiis vitæ solitariæ, 1471, *in-4°.*

Édition très-rare, décrite par M. Beloe, *Anecdotes*, tom. III, p. 355, d'après l'exemplaire de l'évêque de Rochester. Cet opuscule commence par une épître de Fr. Philelphe à *Albert. Sartianensis*, et il finit au 9° feuillet.

EPISTOLÆ, gr. *Hagenoæ*, 1528, *in-8°.*

On y a joint des lettres inédites de Saint Grégoire de Nazianze.

SAINT ATHANASE.

Né à Alexandrie vers 296 ; mort en 373, après IVe siècle
avoir exercé pendant quarante-six ans l'épiscopat ^{après} N. S. J. C.
dans sa ville natale ; un des plus grands docteurs,
des plus beaux génies, des prélats les plus énergiques, et des hommes les plus vertueux de l'Église.

OPERA, gr. *Heidelberg., Commel.* 1601, 2 *in-fol.*

Harvood indique une édition d'Augsbourg, 1611, qu'il regardoit comme
la première.

— gr. et lat. *Parisiis,* 1627, 2 *in-fol.*
— a Bern. de Montfaucon, mon. S. Mauri, gr. et lat. *Parisiis,*
1698, 3 *in-fol.*

Très-bonne édition.

— gr. et lat. *Patavii, typis Seminarii,* 1777, *in-fol.*

Quoiqu'on ait inséré dans cette édition les ouvrages de S. Athanase, qui se
trouvent dans le recueil intitulé, *Collectio nova,* elle a moins de valeur que
les trois volumes de Paris, 1698.

SAINT ÉPHREM LE SYRIEN.

Né à Nisibe en Mésopotamie, sous le règne de
onstantin ; mort vers l'an 379, dans les mon-

tagnes voisines de la ville d'Edesse; moine solitaire, et docteur.

OPERA, gr. *Oxonii, Edw. Twaiter*, 1709, *in-fol.*
Très-belle édition.

— a Josepho Simonio Assemano, gr. syr. et lat. *Romæ*, 1732-46, 6 *in-fol.*

IVe SIÈCLE APRÈS N. S. J. C.

SAINT AMPHILOQUE.

Évêque d'Icone, mort dans un âge très-avancé, sur la fin du quatrième siècle ou au commencement du cinquième.

OPERA, a Franc. Combefisio, gr. et lat. *Parisiis*, 1664, *in-fol.*
Avec les œuvres de Saint Méthodius.

IVe SIÈCLE APRÈS N. S. J. C.

SAINT DAMASE I.

Espagnol; successeur de Libère au pontificat, le 1er octobre 366; mort âgé de 80 ans, le 11 décembre 384.

Il avoit été poëte, et Maittaire en a conservé quelques vers dans le *Corpus Poetarum.*

OPERA, a Mario Milezio Saraziano. *Romæ,* 1638, *in-4°.*

—ab eodem. *Parisiis,* 1672, *in-8°.*

—cum notis. *Romæ,* 1754, *in-fol.*

Excellente édition.

CARMINA SACRA, ab Andr. Rivino. *Lipsiæ,* 1652, *in-8°.*

IVe SIÈCLE APRÈS N. S. J. C.

APOLLINAIRE.

Selon quelques-uns, évêque de Laodicée, où, selon d'autres, il ne fit qu'exercer la prêtrise dans les ordres inférieurs, après la mort de sa femme.

Il paroît qu'Apollinaire s'étoit proposé dans la composition de ses ouvrages un but fort ingénieux. Pénétré des chefs-d'œuvre de la littérature classique, il s'efforce de prêter leurs beautés à la littérature chrétienne. On assuroit qu'en soumettant aux lois de la poésie les histoires de l'ancien Testament, il ne restoit pas inférieur à Pindare dans les passages lyriques, et à Ménandre dans les passages familiers. Ses dialogues sur les Évangiles étoient écrits à l'imitation de Platon.

Apollinaire travailloit en société avec son fils,

moins connu comme poëte que comme héré-
siarque, et il est difficile de distinguer dans leurs
ouvrages ce qui appartient à chacun des deux.

INTERPRETATIO PSALMORUM, gr. et lat. *Parisiis*, Turneb.,
1552, *in-8°*.

> Première édition, très-belle, assez rare, et cependant peu recherchée.

— a Nic. Goulonio, gr. et lat. *Parisiis*, 1580, *in-8°*.
— ab eodem, gr. et lat. *Parisiis*, 1613, *in-8°*.
— a Frider. Sylburgio, gr. et lat. *Heidelberg.* 1596, *in-8°*.

> Quelques auteurs lui attribuent la tragédie intitulée *Christus patiens*, qui
> se trouve dans les œuvres de S. Grégoire de Nazianze.

IVe SIÈCLE APRÈS N. S. J. C.

SAINT PHILASTRE.

Évêque de Bresse en Italie, vers 374; mort le
18 juillet 387.

L'ouvrage qui nous reste de lui fait peu d'honneur à sa logique, et il est écrit d'un fort mauvais
style.

LIBER DE HÆRESIBUS, a Jo. Alberto Fabricio. *Hamburgi*, 1721,
in-8°.

— ET LANFRANCUS DE EUCHARISTIA, a Jo. Sichardo. *Basileœ*,
1528, *in-8°*.

IVe SIÈCLE APRÈS **N. S. J. C.**

SAINT GAUDENCE.

Évêque de Bresse en Italie; disciple, ami et successeur de saint Philastre, dont il a écrit l'histoire; mort à une époque douteuse du cinquième siècle, mais toutefois de 410 à 427.

SERMONES, CUM RAMPERTI ET ADELMANNI OPUSCULIS, a Paulo Galeardo. *Pataviæ, Cominus*, 1720, *in-4°.*

Édition belle et rare.

— ab eodem. *Augustæ-Vindelicorum*, 1757, *in-4°.*

IVe SIÈCLE APRÈS **N. S. J. C.**

FAUSTIN.

On ne sait rien de lui, sinon qu'il étoit ecclésiastique, qu'il vécut sous Théodose-le-Grand, et qu'il combattit avec succès les doctrines des ariens.

IDEI ORTHODOXÆ ADVERSUS ARIANOS VINDICIS OPERA. *Oxonii*, 1678, *in-8°.*

I.

IV° SIÈCLE APRÈS N. S. J. C.

SAINT CYRILLE.

IVe siècle
après
N. S. J. C.

Archevêque de Jérusalem, où il étoit né vers l'an 315; mort en 386, dans la soixante-dixième année de son âge, et la trente-cinquième de sa prélature; catéchiste et sermonnaire.

Les qualités remarquables de son style, les seules d'ailleurs qu'exige de nécessité absolue le genre d'enseignement auquel il s'étoit livré, sont l'exactitude, la précision, et une simplicité familière qui se communique aisément à toutes les intelligences. Ses *Catéchèses* sont regardées comme l'abrégé le plus ancien et le plus parfait de la doctrine de l'Église.

OPERA, a Dionys. Petavio, gr. et lat. *Parisiis*, 1622, *in-fol.*
— a Joan. Prævotio, gr. et lat. *Parisiis*, 1631, *in-fol.*

Excellente édition. Elle se trouve ordinairement réunie au *Synesius* de Petau, imprimé à Paris dans la même année.

— a Thoma Milles, gr. et lat. *Oxonii, Th. Sheldon.* 1703, *in-fol.*

Édition fort belle, et qui cependant n'a presque aucune valeur en France.

— ab August. Touttée, mon. S. Mauri, gr. et lat. *Parisiis,* 1720, *in-fol.*

Édition très-estimée.

CATECHESIS, a Guill. Morello, gr. *Parisiis*, 1564, *in-8°.*

Première édition.

—gr. et lat. *Coloniæ*, 1564.

On en connoît une édition datée de Cologne, 1574, *in-fol.;* mais elle est seulement latine. Les bibliographes ne font pas mention de celle que nous venons d'indiquer d'après Harvood.

—a Joan. Prævotio, gr. et lat. *Parisiis*, 1609, *in-4°.*

DE DICTIONIBUS. *Venetiis*, *Aldus*, 1497, *in-fol.*

Ce traité fait partie du Dictionnaire grec d'Alde, *Venetiis*, 1497, *in-fol.*

IVe SIÈCLE APRÈS N. S. J. C.

SAINT GRÉGOIRE DE NAZIANZE.

Né en 328 dans le bourg d'Azianze, près de la ville de Nazianze en Cappadoce; mort vers l'an 389; grand prosateur, excellent poëte, et un des hommes les plus éminents du christianisme.

L'abondance, la grâce, l'élégance, la facilité, sont les caractères distinctifs de son style. On lui a reproché un goût trop prédominant pour la poésie, puisqu'il se manifeste jusque dans ses sermons, trop de prédilection pour les traits tirés de la Fable et de l'Histoire, et quelque recherche dans les ornements du discours. Ces défauts se comprennent facilement dans un écrivain dont saint Jérôme et Suidas rapportent qu'il avoit composé trente mille vers.

OPERA, a Volfgango Musculo, gr. *Basileæ, Hervag.*, 1550, *in-fol.*

Première édition.

—— ex interpret. Jac. Billii Prunæi, cura et studio Frider. Morelli. *Parisiis,* 1609-11 , 2 *in-fol.*

—— ex edit. Billii et Morellii, gr. et lat. *Parisiis,* 1630, 2 *in-fol.*

Très-bonne édition.

— ex eadem editione, gr. et lat. *Coloniæ,* 1690, 2 *in-fol.*

—— a monachis S. Mauri, gr. et lat. *Parisiis,* 1778, *in-fol. vol. prim.*

Cette édition n'a pas été continuée.

CARMINA, gr. et lat. *Venetiis, Aldus,* 1504, *in-4°.*

— a Jo. Langio, gr. et lat. *Basileæ, Oporinus,* 1567, *in-8°.*

ORATIONES SEXDECIM, gr. *Venetiis, Aldus,* 1516, *in-8°.*

ORATIONES NOVEM, ET GREGORII NYSSENI LIBER DE HOMINE, gr. *Venetiis, Aldus,* 1536, *in-8°.*

ORATIONES DUÆ, cum scholiis, a Christ. Frid. Matthæi, gr. et lat. *Mosquæ,* 1780, *in-4°.*

CHRISTUS PATIENS, tragœdia, gr. *Romæ, Bladus,* 1542, *in-8°.*

Voyez l'article d'Apollinaire, dans les *Anecdota græca.*

ARCANA, a Davide Hoeschelio, gr. *Lugduni-Batavorum, Plant.* 1591, *in-8°.*

DEFINITIONES RERUM SIMPLICES, ab eodem, gr. et lat. *Ex officina Sanctandreana,* 1591, *in-8°.*

INVECTIVÆ DUÆ IN JULIANUM, a Richardo Montacutio, gr. et lat. *Etonæ,* 1610, *in-4°.*

EPIGRAMMATA CCXXVIII, a Lud. Ant. Muratori, gr. et lat. *Pataviæ,* 1709, *in-4°.*

IVe SIÈCLE APRÈS N. S. J. C.

—

AUSONE.

(*DECIUS MAGNUS AUSONIUS.*)

Né à Bordeaux vers l'an 3o9; mort vers 394; IVe siècle
après
N. S. J. C. précepteur de l'empereur Gratien ; successive-ment comte de l'empire, questeur, préfet du pré-toire, et consul dans les Gaules ; le meilleur poëte du quatrième siècle.

Les opinions sont fort partagées sur le mérite d'Ausone, mais ses ouvrages sont assez répandus pour que nous puissions nous dispenser de ba-lancer les sentiments de ses enthousiastes et de ses détracteurs, cette question étant du nombre de celles que chacun est appelé à juger suivant ses impressions particulières. Il nous semble ce-pendant qu'on sera juste envers Ausone, en im-putant le plus grand nombre de ses défauts à l'esprit de son siècle et au goût de ses contem-porains.

—

OPERA, à Barthol. Girardino. *Venetiis,* 1472, *in-fol.*

Première édition très-rare. Elle contient 1° 6 feuillets préliminaires; 2° 46 feuillets pour les ouvrages d'Ausone ; 3° 11 feuillets pour les centons de Proba ; enfin 16 feuillets pour Calphurnius. L'exemplaire acheté 7oo fr. à la vente La Vallière, pour la Bibliothèque du Roi, est conforme à cette description : ainsi il ne renferme ni l'épître d'Ovide *de Morte Drusi,* ni les épîtres et épigrammes de Publ. Gregor. Tifernus, qui sont annoncées dans la table placée au commencement du volume. Cependant l'épître d'Ovide se trouve dans un exemplaire porté dans le catalogue de MM. Payne et Foss, de Londres, pour 1818; et la description qu'on donne de la même édition dans la *Biblioth. Spencer.* tom. Ier, p. 273, semble comprendre et l'épître d'Ovide et les poésies de Tifernus. (*Manuel du Libraire*, t. I, p. 135.)

L'exemplaire décrit par Mauroboni et Gamba est conforme à l'exemplaire de Spencer.

— a Jul. Æmil. Ferrario. *Mediolani, Ulder. Scinzenzeler,* 1490, *in-fol.*

— a Gregorio Merula. *Venetiis, de Tridino,* 1494, 1496, 1501, *in-fol.*

— a Hieronymo Avantio. *Venetiis,* 1495, *in-fol.*

— a Thadæo Ugoleto. *Parmæ,* 1499, *in-4°.*

— ex recens. Hieron. Aleandri. *Parisiis,* 1513, *in-4°.*

Édition très-rare.

— ex emend. Hieron. Avantii. *Venetiis, Aldus,* 1517, *in-8°.*

Édition peu commune.

— cura frid. comitis Valmontonii. *Florentiæ, Phil. Junta,* 1517, *in-8°.*

Édition rare et estimée.

— a Josepho Scaligero. *Lugduni, Gryphius,* 1575, *in-16.*

— ab eodem. *Heidelb.,* 1588, *in-8°.*

— cum comment. Eliæ Vincti et aliorum. *Burdigallæ, Millangius,* 1580, *in-4°.*

Édition assez estimée.

— *Amstelodami,* 1669 et 1661, *in-32.*

— cum notis variorum, a Jac. Tollio. *Amstel.* 1671, *in-8°.*

Excellente édition.

— cum interpr. et notis Juliani Floridi, ad usum Delphini. *Parisiis,* 1730, *in-4°.*

Cette édition, la meilleure de toutes celles d'Ausone, forme le dernier volume de la collection *ad usum Delphini.*

— *Basileæ,* 1771, *in-8°.*

SENTENTIÆ SEPTEM SAPIENTUM. *Viennæ, Jo. Wintherburg,* 1500, *in-4°.*

IVe SIÈCLE APRÈS N. S. J. C.

PRUDENCE.

(*AURELIUS CLEMENS PRUDENTIUS.*)

Né l'an 348 dans la province de Tarragone, en _{IV^e siècle} Espagne ; mort à une époque incertaine, mais _{après N. S. J. C.} sans doute assez avancé en âge , puisqu'il nous apprend qu'il avoit cinquante-sept ans quand il prit la résolution de ne plus exercer son talent pour la poésie que sur des sujets chrétiens.

OPERA, *in-4°, gothic.* de 166 feuillets, signat. A-D , second alphabet.

Édition imprimée vers 1492 , avec les caractères de Richard Paffroed à Deventer. Vend. 176 fr. Larcher.

— a Rodulpho Langio. *Daventriæ,* 1495 , *in-4°.*

Cette édition se trouve avec l'ouvrage intitulé : *Hugubaldi Monaci de Laude calvorum carmen ; et S. Prosperi Epigrammata de virtutibus et vitiis.* Hugbald étoit un écrivain du 10e siècle.

— *Venetiis, Aldus,* 1501 , *in-4°.*

Cette édition est comprise dans le 1er volume des *Poëtes chrétiens,* 1501-4, 3 *in-4°* ; collection très-estimée et très-difficile à réunir.

cum præfatione Aldi, absque ulla nota, *in-8°.*

Cette édition n'est point imprimée en caractères des Aldes ; quant à sa préace, elle est la même que celle de l'édition précédente. C'est une de ces copies e Lyon sur lesquelles M. Renouard a fait d'intéressantes recherches.

ET DAMASCENI CARMINA. *Venetiis , Aldus,* 1518, *in-8°.*

Édition indiquée dans le catalogue de la *Biblioteca Foscarini,* mais dont l. Renouard ne fait pas mention , et qui paroît suspecte à M. Brunet.

IVe siècle
après
N. S. J. C.

— a Sichardo et Erasmo. *Lugduni*, 1553, 1564, *in-16*, et 1696, *in-24*.

— a Victore Giselino. *Antuerpiœ*, *Plant*. 1564, *in-8°*.

— a Joanne Weitzio. *Hanoviœ*, 1613, *in-8°*.

— cum postrema doctorum virorum recensione. *Amstelod.* 1625, *in-24*.

— a Nic. Heinsio. *Lugd.-Batavorum*, *Elzevir*, 1667, 2 *in-12*.

Édition correcte et fort belle dont les exemplaires bien conservés se vendent de 20 à 30 fr. Les 2 vol. de cette édition sont ordinairement reliés en un.

— a Steph. Chamillard, ad usum Delphini. *Parisiis*, 1687, *in-4°*.

Édition estimée, et qui est un des volumes les plus rares de la collection *ad usum Delphini*, 150 à 200 fr.

— cum notis Nic. Heinsii et variorum. *Coloniœ*, 1701, *in-8°*.

— cum notis Christ. Cellarii. *Halœ-Magd.* 1703 ou 1739, *in-8°*.

— cum notis. *Parmœ*, *typis Bodonianis*, 1788, 2 *in-4°*.

— glossis Esonis magistri et var. lect. illustrata a Fausto Arevalo. *Romœ*, 1789, 2 *in-4°*.

Bonne édition : 30 à 36 fr.

LIBER DE SEPTEM PECCATIS ET VIRTUTIBUS, sine nota, *in-4°*.

Denis considère cette édition comme très-ancienne; il la fait remouter à 1460 environ.

LIBER HYMNORUM. *Viennœ*, *Jo. Wintherburg*, sine anno, *in-4°*.

Édition du xve siècle, d'une grande rareté.

IVe SIÈCLE APRÈS N. S. J. C.

FALCONIA PROBA.

Femme du proconsul Adelfius, sous le règne d'Honorius.

Elle jouit de quelque renommée dans la poésie latine, mais le seul ouvrage qui nous reste d'elle ne prouve guère plus de goût et de jugement que ceux d'Optatien Porphire.

CENTO VIRGILIANUS, seu centimetrum de Christo, versibus virgilianis compagatum. *Venetiis,* 1472, *in-fol.*

Édition imprimée avec Ausone. On attribuoit à Falconia Proba un autre poëme, adressé à Honorius, fils du grand Théodose, sous le règne duquel elle vivoit; mais P. Wesseling a démontré la fausseté de cette supposition, dans sa lettre à H. Veneman, p. 46 et suiv.

— sine nota, *in-fol.*

Édition de 12 feuillets, en caractères de Biet et Venzler, anciens imprimeurs de Bâle, vers 1475.

— sine nota, *in-4°.*

Ancienne édition, attribuée à Jean Zeiner d'Ulm.

— *Antuerpiæ,* 1489, *in-4°.*
— *Brixiæ, per Bernardum Misintham,* 1496, *in-4°.*
— *Parisiis,* 1499, *in-4°.*
— *Lipsiæ,* 1513, *in-4°.*
— *Lugduni, Stephanus de Basignana Carmelita, in officina Bern. Lescuyer,* 1516, *in-8°.*

Édition jolie et rare.

— a Joan. Henr. Kromayero. *Halæ-Magdeb.,* 1719, *in-8°.*

— ET XII SIBYLLARUM ORACULA, sine ulla nota, *in-4°.*

Cette édition est attribuée à Sixte Russinger par le P. Laire. On y remarque le portrait de Proba et ceux des douze sibylles, gravés en bois, dans le goût de quelques estampes qui ornoient d'autres éditions de Russinger, vers l'an 1478.

PROBÆ FALCONIÆ, LÆLII ET JULII CAPILUPORUM, ALIORUM-QUE VIRGILIO-CENTONES. *Coloniæ,* 1601, *in-8?*

Le centon de Proba se trouve aussi dans le *Corpus Poetarum latinorum* de Mich. Maittaire, Genève, 1713, *in-fol.,* et dans le recueil publié par Wolf, sous le titre de *Mulierum Græcarum fragmenta,* Hambourg, 1734, *in-4°.*

IVe SIÈCLE APRÈS N. S. J. C.

SAINT GRÉGOIRE DE NYSSE.

IVe siècle après N. S. J. C. Né à Sébaste, vers l'an 331 ou 332; mort de 396 à 400; frère de saint Basile; évêque de Nysse.

OPERA, a Frid. Morellio, gr. et lat. *Parisiis*, 1615, 2 *in-fol.*

Excellente édition.

A ces deux volumes de 1615, il faut joindre le suivant : APPENDIX AD S. GREGORII EPISCOPI NYSSENI OPERA, NON ITA PRIDEM VULGATA, ex editione, et partim ex interpretatione Jac. Gretseri, gr. et lat. *Parisiis*, 1618, *in-fol.*

— gr. et lat. *Parisiis*, 1638, 3 *in-fol.*

Édition moins belle que celle de 1615, mais plus ample et plus commode. Elle passe pour être fort incorrecte.

EPISTOLÆ VII, a Joan. Bapt. Caracciolo, gr. et lat. *Florentiæ*, 1731, *in-fol.*

DE SCOPO HYPOTYPOSIS, a Feder. Morello, gr. et lat. *Parisiis*, 1606, *in-8°.*

IVe SIÈCLE APRÈS N. S. J. C.

SAINT AMBROISE.

Né vers l'an 340; mort en l'an 397, après avoir occupé pendant vingt-trois ans le siège épiscopal de Milan.

Saint Ambroise occupe un des premiers rangs parmi les pères de l'Église, et parmi les écrivains de son siècle. Les caractères distinctifs de son style, comme de son caractère, sont la douceur et l'onction, mais il s'élève quand il le veut, et ne manque, dans les sujets qui l'exigent, ni d'énergie ni de majesté.

On a remarqué comme deux choses également honorables à sa mémoire qu'il eut des rois pour amis, et saint Augustin pour disciple.

————

Opera, a Masello Venia. *Mediolani, sine anno, in-fol.*

— ab eodem. *Mediolani, Pachel,* 1490, *in-fol.*

— a Desid. Erasmo. *Basileæ,* 1527, 2 *in-fol.*

— a Joan. Gillotio. *Parisiis,* 1568, *in-fol.*

Édition fort estimée.

— curante felice card. de Montealto. *Romæ,* 1579-87, 6 *in-fol.*

Bonne édition.

— juxta editionem romanam. *Parisiis,* 1603, 1614, 1632, 1642, 1665, *in-fol.*

Toutes ces éditions sont en 2 volumes.

— a mon. S. Mauri. *Parisiis, Jo. Bapt. Coignard,* 1686-90, 2 *in-fol.*

Excellente édition.

De officiis libri III, sine ulla notâ, *in-4°.*

Édition crue antérieure à 1470, et attribuée à Ulric Zel.

— *Parisiis, Udalr. Gallus,* 1470, *in-fol.*

On connoît une autre édition sans date du même imprimeur, à laquelle se trouve joint le traité de Sénèque de iv virtutibus cardinalibus.

— absque ulla nota, *in-fol.*

Édition sans lieu ni date, mais imprimée à Rome vers 1471, par les soins de Ph. de Lignamine, ainsi qu'il nous l'apprend lui-mème dans une épitre au pape Sixte IV, qu'il a mise en tête d'une édition du *Pungilingua* de *Cavalcha*, qu'il fit imprimer à Rome en 1472. Le volume est en totalité de 88 feuillets imprimés à longues lignes, qui sont au nombre de 30 par page entière. (*Manuel du libraire*, tom. I, p. 52.)

— ET ALIA. *Mediolani*, *Waldarfer*, 1474, *in-4°*.

Il en existe des exemplaires sur vélin.

— *Mediolani*, *Scinzenzeler*, 1478 et 1488, *in-4*.

HEXAMERON, absque ulla nota, *goth. in-fol.*

— *Augustæ-Vindelicorum*, *Jo. Schussler*, 1472, *in-fol.*

EXPOSITIO EVANGELII SECUNDUM LUCAM. *Augustæ*, *Ant. Sorg*, *incola oppidi Augustensis*, 1476, *in-fol.*

OPUSCULUM DE OBITU SATYRI FRATRIS SUI, ET ALIA. *Mediolani*, *Scinzenzeler*, 1488, *in-4°*.

EPISTOLÆ ET OPUSCULA. *Mediolani*, *Pachel*, 1490, *in-fol.*

— *Mediolani*, *Zarotus*, 1491, *in-4°*.

— *Basileæ*, *Amerbachius*, 1492, *in-fol.*

DE HELIA ET JEJUNIO, sine notâ, *in-8°*.

LIBER PASTORALIS. *Mediolani*, *Scinzenzeler*, 1492, *in-4°*.

NATIONALE DIVINORUM. *Argentinæ*, 1486, *in-fol.*

DE VIRGINITATE OPUSCULA SANCTORUM DOCTORUM AMBROSII, HIERONYMI ET AUGUSTINI. *Romæ*, *Aldus*, 1562, *in-4°*.

IVe SIÈCLE APRÈS N. S. J. C.

PHILON, ÉVÊQUE.

On n'a aucun renseignement sur sa vie. On sait seulement qu'il faut la placer vers la fin du IVe siècle après N. S. J. C.

ENARRATIO IN CANTICUM CANTICORUM, a Mich. Ang. Giaco-mellio, gr. et lat. *Romæ*, 1772, *in-4°*.

IVe SIÈCLE APRÈS N. S. J. C.

SAINT JEAN DE JÉRUSALEM.

L'auteur qui a écrit sous ce nom paroît avoir été contemporain de Philon.

IVe siècle
après
N. S. J. C.

OPERA. *Bruxel.* 1642, 2 in-fol.

IVe SIÈCLE APRÈS N. S. J. C.

SAINT ÉPIPHANE.

Né vers l'an 310, dans le territoire d'Eleuthe-rople en Palestine; mort en 403, comme il retour-noit de Constantinople à Salamine dont il étoit archevêque; un des hommes les plus doctes, mais un des écrivains les plus médiocres de l'Église.

OPERA, a Dionys. Petavio, gr. et lat. *Parisiis*, 1622, 2 *in-fol.*
Bonne édition.

— ex eadem editione, gr. et lat. *Coloniæ*, 1682, 2 *in-fol.*

COMMENTARIUS AD PHYSIOLOGUM, a Consalo Ponce de Leon, gr. et lat. *Antuerpiæ*, *Plant.* 1588, *in-8°.*

OPUSCULA, ab eodem, gr. et lat. *Antuerpiæ*, *Plant.*, 1588, *in-8°.*

Édition rare, ornée de gravures en bois fort élégantes.

IVe SIÈCLE APRÈS N. S. J. C.

COMMODIANUS GAZÆUS.

IVe siècle
après
N. S. J. C.

On croit qu'il a vécu du temps du pape saint Sylvestre, et qu'il étoit Africain d'origine. Ses poésies, détestables même pour le temps où elles ont été écrites, et dans lesquelles on chercheroit inutilement le sentiment de la mesure et de l'harmonie, se recommandent par une fort bonne morale. Les philosophes les plus sévères n'ont pas professé avec autant de conviction l'amour de la pauvreté. Aussi Commodien s'appelle lui-même *le mendiant de J. C.* Optatien n'est pas d'ailleurs plus affecté, et il est certainement plus élégant.

COMMODIANI AFRI, LIBER ADVERSUS PAGANOS, a Nic. Rigaltio. *Tulli Leucorum, S. Belgrand et J. Laurentius, typogr. regii,* 1650, *in-*8°.

Le manuscrit de cette édition originale avoit été communiqué par le père Sirmond.

— cum notis Rigaltii, H. Dodwelli Dissertatione, et Præfat. H. L. Schurtzfleischii. *Witebergæ,* 1705, *in-*4°.

Il est aussi réuni au *Minutius Felix* de Davis, *Cantabrigiæ,* 1712, *in-*8°.

IV_e SIÈCLE APRÈS N. S. J. C.

HÉGÉSIPPE.

Un de ces auteurs équivoques dont l'existence IVe siècle après N. S. J. C. repose peut-être sur une faute de prononciation ou sur une erreur de copiste. Le rapport du nom d'Hegesippus avec celui de Josippus ou Josèphe, et du sujet qu'ils ont traité tous deux avec une telle analogie de disposition et une telle conformité de détails que le plus récent ne paroît être que le traducteur ou l'abréviateur de l'autre, a pu produire facilement cette méprise. Delà de nombreuses incertitudes sur l'époque où a vécu un homme qui n'a peut-être pas vécu. Nous suivons l'opinion générale qui le place après Constantin-le-Grand. Il ne s'élève pas moins de difficultés sur l'authenticité de la traduction attribuée à saint Ambroise. Certains critiques pensent même que le livre original, si l'on peut appeler originale cette copie de Josèphe, n'a jamais été écrit qu'en latin, et l'on ne sauroit presque douter, d'après la coincidence de certaines expressions et de certains faits, qu'il ne soit postérieur au neuvième siècle. Peu d'histoires ont eu cependant plus de succès que celle-ci, et ce succès est trop bien expliqué par l'intérêt du sujet, pour qu'il soit nécessaire de le chercher dans le mérite propre de l'auteur.

———

EGESIPPUS DE BELLO JUDAÏCO ET EXCIDIO URBIS HIEROSOLYMI-
TANÆ, a divo Ambrosio è græco latine facta. (*Parisiis*),
Jodocus Badius Ascensius, 1511, *in-fol.*

Première édition. Bauer annonce cependant une édition de 1510 qui est probablement la même.

— *ibid.* 1514, *in-fol.*
— *Mediolani,* 1513, *in-fol.*
— *Coloniæ, Eucharius Cervicornus,* 1525, *in-fol.*
— *ibid.* 1526, *in-fol.*

C'est peut-être la même édition.

— *sine loco,* 1544, *in-fol.*
— a Corn. Gualterio Gandav. *Coloniæ,* 1559, *in-8°.*

Édition rare et fort recherchée.

— *ibid.* et ejusd. edit. 1575 et 1580, *in-8°.*

L'histoire d'Hégésippe a été aussi publiée par René Laurent Labarre, dans son *Historia Christian. Vet. Patrum*, et dans la *Bibliothéque des Pères*. Elle a été traduite en italien par *Pietro Lauro, Venetia,* 1544, *in-8°* ; et en françois par Millet de Saint-Amour, Franc-Comtois, *Paris,* 1556, *in-4°.* éditions étrangères à notre plan, mais que nous croyons devoir citer pour leur singulière rareté.

Le savant Othon Arntzenius avoit promis une nouvelle édition de cet auteur. Nous ne savons si elle a paru.

Ve SIÈCLE APRÈS N. S. J. C.

SAINT JEAN CHRYSOSTOME.

Né à Antioche vers l'an 344; mort le 14 sep- Ve siècle
après
tembre 407, après avoir occupé pendant dix ans N. S. J. C.
le siége de Constantinople.

Saint Jean Chrysostome a été considéré par plusieurs juges d'un grand poids, et entre autres par saint Augustin, comme le plus illustre docteur de l'Église. Il avoit été l'élève de Libanius, mais il laissa son maître bien plus loin derrière lui, que Libanius n'y avoit laissé les sophistes de son temps. Le nom de *Chrysostome*, dont on a dit que c'étoit celui de l'éloquence même, indique du moins l'opinion que l'on s'étoit formée, dès sa jeunesse, de la riche abondance de son style. Le christianisme n'a pas compté de plus grand orateur jusqu'à Bossuet, et la littérature ancienne ne lui oppose que Démosthène et Cicéron auxquels il n'est pas resté inférieur. Il a la force et la majesté du premier; il ne le cède au second ni en facilité ni en harmonie, et il reste toujours lui, même quand il les imite l'un ou l'autre. On sait quel jugement en portoit Érasme, qui avoit abandonné, pour le lire et relire, l'étude de son orateur favori. L'abbé Auger l'appelle l'*Homère de l'éloquence.*

———

OPERA, ab Henr. Savilio, gr. *Etonæ*, 1612, 8 *in-fol.*

Excellente édition, qui a coûté à son savant et célèbre éditeur des soins et des frais fort considérables.

— a Frontone Ducæo, gr. et lat. *Parisiis*, 1636, 11 *in-fol.*

— a Bern. de Montfauçon, mon. S. Mauri, gr. et lat. *Parisiis,* 1718-38, 13 *in-fol.*

Bonne édition devenue peu commune.

HOMILIÆ IN EPISTOLAS D. PAULI, a Bernardo Donato, gr. *Venetiis, de Sabio,* 1529, 1535, 4 *in-fol.*

HOMILIA DE MORALI POLITIA ET IN PRÆCURSORIS DECOLLATIO-NEM AC PECCATRICEM, a Francisco Combefisio, gr. et lat. *Parisiis,* 1645, *in-4°.*

HOMILIA IN DICTUM APOSTOLI : MODICO VINO UTERE, gr. *Lovan.* 1562, *in-4°.*

HOMILIÆ SEX CONTRA JUDÆOS, à Davide Hoeschelio, gr. et lat. *Augustæ-Vindelicorum,* 1602, *in-8°.*

— DECEM, a Jo. Bapt. Gabio, gr. *Romæ, Zanettus,* 1581, *in-4°.*

— XXII, AD POPULUM ANTIOCHENUM, a Jo. Harman, gr. *Lond.* 1590, *in-8°.*

CONCIUNCULÆ SEX DE FATO ET PROVIDENTIA DEI, gr. *Lovanii, Rescius,* 1532, *in-4°.*

DE ORANDO DEUM LIBRI II, gr. *Lovanii,* 1566, *in-4°.*

— gr. *Lovanii, Ant. Plant.* 1579, *in-8°.*

OPUSCULA ALIQUOT, a Desiderio Erasmo, gr. *Basileæ, Froben,* 1529, *in-4°.*

DIALOGI SEX, gr. *Lovanii, Rescius,* 1529, *in-4°.*

DECAS ORATIONUM, a Jo. Jacobo Beurero, gr. et lat. *Basileæ,* 1585, *in-8°.*

ORATIO IN NATALEM D. N. J. C., a Davide Hoeschelio, gr. *Augustæ-Vindelicorum,* 1594, *in-8°.*

DE EDUCANDIS LIBERIS, ET ALIA, a Franc. Combefisio, gr. et
lat. *Parisiis*, 1656, *in-4°*.

DE SACERDOTIO LIBRI VI, a Sam Thirlby, gr. et lat. *Cantabr.*
1712, *in-8°*.

—a J. Alb. Bengelio, gr. et lat. *Stuttgard*, 1725, *in-8°*.

—a Mich. Ang. Giacomellio, gr. et ital. *Romæ*, 1757, *in-4°*.

DIVINÆ MISSÆ EXEMPLARIA DUO, gr. et lat. *Venetiis*, 1644,
in-8°.

Édition fort rare, contenant une double version latine de Demetrius Duca
et d'Erasme.

D. JOANNIS CHRYSOSTOMI, ET D. GREGORII NISSENI DE VIR-
GINITATE, a Jo. Livinejo, gr. et lat. *Antuerpiæ*, *Plant.* 1574,
1575, *in-4°*.

Saint Jean Chrysostome a été imprimé plusieurs fois, seulement en latin.
On peut citer parmi ces éditions, beaucoup moins recherchées que celles
dont nous avons fait mention, celles de Venise, 1503, *in-fol.*, et de Bâle,
1504 et 1522, même format.

~~~~~~

Vᵉ SIÈCLE APRÈS N. S. J. C.

———

TYRANNIUS RUFIN.

Né à Concordia dans le Frioul; mort septua-
génaire en Sicile, vers l'an 410; moine d'Aquilée.
Rufin n'est guère célèbre que par ses controverses avec saint Jérôme.

———

OPERA, a Renato Laurentio de La Barre. *Parisiis*, *Sonnius*,
1580, *in-fol.*

Édition très-rare.

ECCLESIASTICÆ HISTORIÆ LIBRI III, a Simone Grinæo. *Basileæ,*
1570, *in-fol.*

DE VITIS PATRUM LIBRI III, cum notis Rosweydii. *Lugduni,*
1617, *in-fol.*

OPUSCULA QUÆDAM, a F. Petro Thoma Cacciari. *Romæ,* 1741,
in-4°.

Ils se trouvent avec l'Histoire ecclésiastique d'Eusèbe Pamphile, dont Rufin
fut le traducteur.

OPERA QUÆ EXTANT, a Dominico Vallarsi. *Veronæ,* 1745,
in-fol.

Édition qui n'a point été terminée, et dont il n'a paru que le premier volume.

Ve SIÈCLE APRÈS N. S. J. C.

RUFIN LE SYRIEN.

Homonyme et contemporain du précédent, il
ne faut pas s'étonner qu'il ait été souvent confondu
avec lui.

Rufin le Syrien, uni d'amitié avec saint Jérôme,
étoit cependant disciple de Théodore de Mopsueste, et passe pour avoir été le maître de Pélage.
On lui attribue le *Libellus fidei, continens* XII *ana-
thematismos,* imprimé dans le livre premier de
l'*Historia Pelagiana,* Padoue, 1673, et parmi les
œuvres de Marcius Mercator, qui parurent à Paris
la même année.

RUFINI LIBER DE FIDE, cum notis J. Sirmondi. *Parisiis,* 1650,
in-8°.

Ve SIÈCLE APRÈS N. S. J. C.

THÉOPHILE D'ALEXANDRIE.

Patriarche d'Alexandrie; mort en 412; adversaire et persécuteur de saint Jean Chrysostome. C'est, malheureusement pour sa mémoire, le seul souvenir que son nom puisse rappeler aujourd'hui. Ses écrits peu considérés ont été réimprimés dans la *Bibliothèque des Pères*.

DISSERTATIO, a Fed. Morello, gr. et lat. *Parisiis, Morel,* 1608, *in-8°*.

Ve SIÈCLE APRÈS N. S. J. C.

SULPICE SÉVÈRE.

Né à Agen; mort vers l'an 420, dans un âge probablement assez avancé, car il avoit été homme du monde et marié; disciple de saint Martin de Tours, et son biographe; le plus élégant des historiens sacrés du moyen âge.

On a appelé Sulpice Sévère le *Salluste chrétien*. Cet éloge est exagéré. Son principal mérite est d'avoir écrit purement, dans un siècle où les bonnes traditions classiques devenoient rares, et dans un pays où elles étoient plus rares alors que partout ailleurs. Il est aussi très-clair, quoique très-concis, double mérite fort précieux dans un abrégé.

La *Vie de saint Martin* manque nécessairement, comme on l'a dit, de cet esprit de critique et de scepticisme aujourd'hui si recherché dans l'histoire, et c'est précisément ce qui donne un véritable charme à sa lecture. Ce qu'on attend d'un historien du cinquième siècle, ce n'est pas l'ambiguité philosophique d'un pyrrhonien, c'est la bonne foi d'un honnête homme et la conviction naïve d'un témoin.

HISTORIA SACRA. *Venetiis, Aldus*, 1502, *in-4°*.

Avec les *Poëtes chrétiens*.

Cet ouvrage se trouve aussi réuni au *Salvien* des *Aldes, Romæ*, 1564, *in-fol.*

— *Basileæ, Oporinus*, 1556, *in-8°*.

Édition extrêmement rare; elle est recherchée principalement à cause du traité qui concerne les anciennes liturgies latines, et qui peut servir d'appendix au fameux livre de Flaccus Illyricus, intitulé : *Missa latina*. L'*Index rerum et verborum*, annoncé sur le titre, ne se trouve pas dans le volume, qui se vend jusqu'à 120 fr.

— *Lugduni-Batavorum, Elzevir*, 1626, *in-8°*.

— *Lugduni-Batavorum, Elzevir*, 1635, *in-12*.

De toutes les éditions de cet auteur qu'ont données les Elzevirs, celle-ci est sans contredit la plus belle; mais il en existe deux sortes d'exemplaires; les uns, avec le titre d'*Historia sacra*, ne renferment que cet ouvrage terminé à la pag. 306, et ont ordinairement une épître dédicatoire à Abrah. Heydan, laquelle est quelquefois remplacée par un Avis au lecteur; les autres, ara le titre d'*Opera quæ extant*, renferment de plus quelques opuscules de l'auteur, et se composent de 352 pages, y compris les 10 dernières qui ne sont pas chiffrées. Ces derniers sont les plus recherchés. 6 à 12 fr. (*Manuel du libraire*, tom. III, p. 331.)

— *Lugduni-Batavorum, Elzevir*, 1643, *in*-12.

Cette édition imprimée en petits caractères, est plus complète que la précédente; on doit y trouver, après la pag. 212, la Vie de saint Martin, et autres Opuscules qui vont jusqu'à la p. 329, suivie de 9 pages non chiffrées. Il y a aussi des exemplaires qui, au lieu du frontispice gravé, en ont un imprimé, portant *Historia sacra*, et qui ne vont que jusqu'à la pag. 212. En place de l'épître à Abrah. Heydan, datée de 1634, qui se trouve au commencement du volume dans les exemplaires complets, ceux-ci ont un Avis au lecteur. (*Manuel du libraire*, t. III, p. 332.) Un exemplaire complet, 25 fr. Mac-Carthy.

— cum notis variorum, a Georg. Hornio. *Lugd.-Batavorum,* 1647, 1654, 1655, *in*-8°.
— a Joanne Vorstio. *Lipsiæ*, 1703, *in*-8°.
— a Joanne Clerico. *Lipsiæ*, 1709, *in*-8°.

Très-bonne édition.

— a Hieron. de Prato. *Veronæ*, 1741-54, 2 *in*-4°.

Édition la plus complète et la plus estimée de cet auteur, mais dont on trouve difficilement des exemplaires.

Vᵉ SIÈCLE APRÈS N. S. J. C.

PAUL OROSE.

Né, suivant les uns, à Tarragone en Catalogne, suivant les autres, à Brague en Portugal, vers la fin du quatrième ou le commencement du cinquième siècle; historien.

HISTORIÆ. *Augustæ, Joann. Schuszler,* 1471, *in-fol.*

Cette édition, faite d'après de bons manuscrits, est très-rare et très-re-cherchée.

— *Romæ,* 1471, *in-fol.*

Cette édition ne porte point de nom d'imprimeur, mais elle est attribuée à George Laver.

— ab Ænea Vulpe. *Vincent. Herman. a Levilapide, absque anni indicio, in-fol.*

— ex eadem recensione. *Leon. de Basilea, absque loci et anni indicio, in-fol.*

Édition de Vicence, qui n'est que la copie de la précédente.

— *Venetiis, Octavianus Scotus,* 1483, *in-fol.*
— *Coloniæ,* 1561, *in-8⁰.*
— ab Andrea Schotto. *Moguntiæ,* 1615, *in-8⁰.*
— a Sigeberto Havercampo. *Lugduni,* 1738, *in-4⁰.*

Il se trouve des exemplaires de cette bonne édition dont le frontispice seul a été réimprimé, et porte la date 1767.

BEATI PAULI HOROSII PRESB. HISTORIOGRAPHI DISCIPULI S. AU-GUSTINI IN CHRISTIANI NOMINIS QUERULOS LIBRI SEPTEM, impressi germanico-gothico charactere. *Augustæ-Vindeli-corum, Jo. Schuszler,* 1471, *in-fol.*

Je trouve le titre qui est en tête de cet article sous l'astérisque de Pinelli, et celui-ci sous le signe particulier des additions de Mauro Boni et Gamba. C'est probablement un double emploi.

Ve SIÈCLE APRÈS N. S. J. C.

FLAVIUS LUCIUS DEXTER.

Né, selon Bivar, en 368, et mort en 440; fils de Ve siècle après N. S. J. C. saint Pacien, évêque de Barcelone; parent de Paul Orose, et ami de Prudence; historien et poëte.

Les ouvrages qui nous restent sous ce nom sont supposés. On croit que sa *Chronique* a été fabriquée par le jésuite Jérôme-Romain Higuera, de Tolède.

FRAGMENTA OMNIMODÆ HISTORIÆ, cum M. Maximi episc. Cesar-Augustani continuatione. *Hispali,* 1627, *in-4°.*

Ve SIÈCLE APRÈS N. S. J. C.

SAINT JÉROME.

(*HIERONYMUS.*)

Né vers l'an 331, à Stridon (aujourd'hui Sdrigna en Styrie), non loin des confins de la Dalmatie; mort le 30 septembre de l'an 420; le plus savant docteur de l'Église latine.

La traduction des saintes Écritures que l'Église

a consacrée sous le titre de *Vulgate*, associe le nom de saint Jérôme à celui des *Hagiographes inspirés*. Dieu semble l'avoir marqué comme un autre Esdras, pour recueillir les trésors de sa parole, et les conserver aux nations à venir.

———

OPERA, a Desid. Erasmo. *Basileæ, Froben*, 1516, 5 *in-fol.*
Première édition.

— a Mariano Victorio. *Romæ, Manut.*, 1566–72, 9 *in-fol.*
Édition d'après laquelle ont été imprimées les deux suivantes, d'Anvers et de Paris.

— *Antuerpiæ*, 1518, 6 *in-fol.*
Bonne édition.

— *Parisiis*, 1623, 9 *in-fol.*

— a Joan. Martianæo, mon. S. Mauri. *Parisiis*, 1695–1706, 5 *in-fol.*
Excellente édition, bien supérieure à toutes les précédentes. Vend. 150 fr. La Vallière.

— a Dominico Vallarsio. *Veronæ*, 1734–40, *in-fol.*
Cette édition, dont le 11ᵉ volume contient la vie de S. Jérôme, les écrits supposés et un index, est encore assez estimée ; cependant elle n'est pas chère en France.

EPISTOLARE, sine ulla nota, *in-fol.*
Édition ancienne, caractères gothiques, sans chiffres, réclames ni signatures, imprimée à deux colonnes de 50 lignes, avec les caractères attribués à Mentel. Les deux premiers feuillets contiennent la table des chapitres; le texte commence au *recto* du 3ᵉ feuillet, et finit à la 36ᵉ ligne de la première colonne du 223ᵉ et dernier feuillet *verso*. Il est très-correct.

EPISTOLÆ, cum præfat. Joan. Andræ episc. Aleriensis. *Romæ, Conrad. Sweynheym et Arnold. Pannartz*, 1468, 2 *in-fol.*
Première édition de ce livre, avec date. On trouve en tête du premier volume 9 feuillets contenant une épître de l'évêque d'Aleria à Paul II (qui commence : *Sacrosanctam romanam Ecclesiam*); la table des épîtres de ce

volume, et la vie de S. Jérome. Le texte le suit, et continue depuis le 10⁰ jusqu'au 302⁰ feuillet *recto*, où le volume finit par ces mots : *In secula seculorum, amen.* Le second volume est composé de 329 feuillets, dont les 8 premiers sont occupés par une autre épître de J. d'Aleria, commençant : *Ante omnia munerum*, et par la table de ce volume. La souscription est placée au *recto* du dernier feuillet. (*Manuel du libraire*, tom. II, p. 179) Vend. 250 à 400 fr.

— *Moguntiæ*, 1470, 2 *in-fol.*

Belle édition encore, mais moins précieuse que les précédentes.

— *Romæ, Sweynheym et Pannartz*, 1470, 2 *in-fol.*

Seconde édition de Rome. Le premier volume contient 300 feuillets, selon Panzer, ou 298, selon M. Santander, et le second 335. Chacun de ces volumes commence par une épître de J. André au pape Paul II. Vend. 72 fr., exemplaire piqué des vers, La Vallière, 61 fr. Crevenna.

— a Theodoro Lælio, ex edit. Matthiæ Palmerii. *Neapoli, Russinger, in-fol.*

Quoique cette édition soit sans date, on pense qu'elle a été imprimée vers l'an 1470.

— absque ulla nota, *in-fol.*

Édition ancienne, imprimée à deux colonnes, sans chiffres, réclames, ni signatures, en caractères demi-gothiques; elles porte 50 lignes par page entière. La souscription JA. RU. placée à la fin du second volume, a fait attribuer cette édition à Jacobus Rubens, qui imprimoit à Venise de 1472 à 1481; cependant le rédacteur du catalogue de La Vallière croit l'édition sortie des presses d'Ulric Han, à Rome, vers 1469; et le P. Audiffredi la regarde comme une des productions typographiques de Russinger, qui, le premier, établit l'art de l'imprimerie à Naples.

— *Romæ, Pannartz*, 1476, 2 *in-fol.*
— *Parmæ, sine typog. nomine*, 1480, 2 *in-fol.*
— *Basileæ, Nic. Kester*, 1480 et 1489, *in-fol.*
— *Venetiis, Andreas de Torresanis*, 1488, 2 *in-fol.*

Cette édition curieuse a cela de particulier, qu'au lieu d'être chiffrée au haut des pages, elle l'est en bas, près de la signature.

— *Venetiis, Bern. Benalius*, 2 *in-fol.*

— a Mariano Victorio. *Romæ, Aldus*, 1566, 3 *in-8⁰.*
— ab eodem. *Romæ, Aldus*, 1566, 3 *in-8⁰.*

TRACTATUS VARII ET EPISTOLÆ. *Romæ, in-fol.*

Le premier de ces deux volumes fut publié par Pannartz, en 1476, et le second par George Laur de Herbipoli, en 1479. Cette édition étant demeurée imparfaite par la mort de Pannartz, Laur l'acheva en même format et mêmes caractères. Les deux volumes qui la composent sont très-difficiles à réunir.

LIBER FLOSCULORUM. *Mediolani, Phil. de Lavagnia*, 1475, *in-4°.*

EXPOSITIO IN SYMBOLUM APOSTOLORUM, ad Laurentium, *impressa Oxonie et finita anno Domini* M.CCCC.LXVIII, *xvij die decembris, in-4°.*

Édition très-rare, et que sa date rend fort remarquable. Le volume a des signatures (de *a* jusqu'à *e*, par cahiers de 8 feuill., à l'exception du cah. *e*, qui en a 10 dont un feuillet blanc, et cette circonstance fait supposer, avec beaucoup de fondement, qu'il y a un x d'oublié dans les chiffres de la souscription, et qu'au lieu de 1468, il faut lire 1478. On ne connoît en Angleterre que 8 exemplaires de ce livre; lord Spencer a payé le sien 150 liv. sterl., mais celui de la vente Blanford n'a été porté qu'à 28 liv. sterling. M. Singer a écrit à l'occasion de cette édition une dissertation curieuse, dont voici le titre :

Some account of the book printed at Oxford, in 1468, *under the title of* Expositio sancti Jeronimi, in symbolo Apostolorum, *London*, 1812, *in-8°.* (*Manuel du libraire*, tom. II, p. 180.)

EPISTOLA AD PAULINUM, ET AUGUSTINUS DE FUGA MULIERUM, sine notâ, *in-4°.*

Édition en caractères d'Ulric Zel, imprimée vers l'an 1470.

VITÆ SANCTORUM ÆGYPTIORUM. *Ulmæ, Joannes Zeiner, in-fol.*

Édition sans date, mais imprimée vers l'an 1474.

— *Nurembergæ, Coburger,* 1478, *in-fol.*

HISTORIA EREMITICA, ab Heriberto Rossweydo. *Antuerpiæ,* 1628, *in-fol.*

Édition rare et recherchée.

CONTRA HELVIDIUM DE B. MARIÆ VIRGINITATE, ET EPISTOLÆ AD GAUDENTIUM ET PAMMACHIUM ET DECANUM, sine ulla nota, *in 4°.*

Édition fort ancienne, imprimée en caractères gothiques.

Ordo vivendi Deo ad Eustochium, sine ulla nota, *in-4°. got.*

Epitaphium Nepotiani. *Zwollis, Thimannus Petri Os de Breda,* sine anno.

Édition du xve siècle.

Prologus in librum de Viris illustribus, sine nota, *in-fol.*

Édition ancienne, et qui paroît l'un des premiers essais des presses de Zeiner.

Ve siècle après N. S. J. C.

Ve SIÈCLE APRÈS N. S. J. C.

PHILIPPE LE PRÊTRE.

Disciple de saint Jérôme, sur lequel on n'a presque point d'autres renseignements.

Opera. *Basileæ, Adamus Petrus,* 1527, *in-4°.*
— *ibid. eodem anno , in-fol.*

C'est peut-être la même édition mal indiquée.

Ve SIÈCLE APRÈS N. S. J. C.

SAINT JULIEN L'ÉVÊQUE.

Né dans la Pouille, florit environ l'an 420, sous le règne de l'empereur Théodose II.

Libellus fidei, a Joanne Garnier. *Parisiis, Cramoisy,* 1668, *in-4°.*

SAINT DENYS L'ARÉOPAGITE.

Nous ne plaçons ici cet écrivain du premier siècle, bien loin de la catégorie à laquelle il appartient, que parce que les ouvrages qu'on lui attribue sont tenus pour apocryphes par les meilleurs critiques, qui les croient supposés par un anonyme du quatrième ou du cinquième siècle.

OPERA, gr. *Florentiæ, Junta,* 1516, *in-8°.*

— a Marsilio Ficino, gr. et lat. *Venetiis, Zanetti,* 1538, *in-8°.*

— gr. et lat. *Basileæ,* 1539, *in-8°.*

— cum scholiis S. Maximi, a Guill. Morello, gr. et lat. *Paris,* 1562, 2 *in-8°.*

— a Petro Lanssellio, gr. et lat. *Parisiis,* 1615 , *in-fol.*

— cum scholiis S. Maximi, et Paraphrasi Pachymeræ, a Balthas. Corderio, gr. et lat. *Antuerpiæ, Moretus,* 1634, 2 *in-fol.*

Très-bonne édition , dont l'exécution typographique est d'une grande beauté.

— ex editione Corderii, gr. et lat. *Parisiis,* 1644, 2 *in-fol.*

— cum expositione, per Marsilium Ficinum, lat. *Impressum Florentiæ, per Lauretium Francici uenetum, in-4°.*

La souscription de cette édition ne porte point de date ; mais l'épître dédicatoire de Marsile Ficin au cardinal Jean de Médicis, placée sur le premier feuillet, est datée de 1492. La bibliothèque de Sainte-Geneviève, à Paris, possède un bel exemplaire de ce volume imprimé sur vélin. (*Manuel du libraire,* tom. I, p. 541.)

—lat. ex interpret. Ambrosii; Ignacii Epistolæ xɪ; Policarpi
Epistola una omnia ex edit. Jac. Fabri Stapulensis. *Parhi-*
siis, Joan. Higmannus et Wolf. Hopylius, 1498 , *in-fol.* V° siècle
après
N. S. J. C.

La Bibliothéque du Roi possède un exemplaire *vélin* de cette édition.

DE COELESTI HIERARCHIA , cap. xv ; de divinis nominibus
cap. xɪɪɪ; de pontificali dignitate cap. vɪɪ, etc. gr. *Florentiœ,*
Phil. Junta , 1516 , *in-8°.*

Édition rare.

DE COELESTI HIERARCHIA , ad Timotheum episcopum. *Impres-*
sum Brugis, per Colardum Mansionis, in-4°.

Cette édition de 194 pages, imprimée à deux colonnes, en caractères gothiques, est remarquable par sa rareté et le nom de son imprimeur.

V° SIÈCLE APRÈS N. S. J. C.

SYNÉSIUS.

Évêque de Ptolémaïde ; élève de la fameuse
Hypacie d'Alexandrie. On ignore l'année de sa
naissance et celle de sa mort ; mais il est certain
qu'il fut député à Constantinople en l'an 400, et
qu'il y présenta son livre *de la Royauté* à l'empereur Arcadius.

L'orthodoxie de Synesius est un point plus
sujet à contestation que ses talents.

OPERA, ab Adriano Turnebo, gr. *Parisiis, Turnebus,* 1553,
in-fol.

Première édition , plus rare que recherchée.

— a Dionysio Petavio, gr. et lat. *Parisiis*, 1612, *in-fol.*
· Très-bonne édition.

— ab eodem, gr. et lat. *Lutetiæ*, 1633, *in fol.*
Édition fort belle, et plus complète que la précédente.

Epistolæ, a Thoma Naogeorgio, gr. et lat. *Basileæ, Oporinus*, 1558, *in-8°.*

— cum notis, gr. et lat. *Parisiis, Orry*, 1605, *in-8°.*

— cum scholiis græcis Neophytæ, edidit Gregorius Demetriadæ. *Viennæ*, 1792, *in-8°.*

Orationes iv et Hymni, a Guill. Cantero, gr. et lat. *Basileæ, Oporinus*, 1567, *in-8°.*

Hymni, et Gregorii Nazianzeni odæ aliquot, a Francisco Porto, gr. et lat. *Henr. Stephanus*, 1569, *in-32.*

Hymni; Gregorii Nazianzeni odæ, et Joan. Damasceni hymnus in theologiam, gr. et lat. *Parisiis, J. Benenatus*, 1570, *in-8°.*

Très-belle édition.

Hymni x, et Gregorii Nazianzeni odæ iv, gr. *Lutetiæ-Parisiorum, Morel*, 1586, *in-8°.*

~~~~~~

Ve SIÈCLE APRÈS N. S. J. C.

———

SAINT AUGUSTIN.

Né à Tagaste en Afrique, le 13 novembre 354, sous le règne de l'empereur Constance ; mort à Hippone dont il étoit évêque, pendant le siége de cette ville par les Vandales, le 28 août 430.

Les ouvrages de saint Augustin composent un

cours complet de doctrine et de philosophie chré- Ve siècle
tienne. Il en est quelques-uns qui peuvent être N. S. J. C.
lus avec délices, même quand on n'a pas le bonheur d'être chrétien, et qui font sentir le besoin
de le devenir. Il a cette faculté immense de l'uni-
versalité qui n'est propre qu'au génie, et qui lui
donne un droit infaillible sur l'intelligence des
savants comme sur la sensibilité des simples.
C'est un moraliste, un orateur, un profond politique, un sage historien. Il a jusqu'à l'attrait
du poëte quand il décrit, et du romancier quand
il raconte. Les commentateurs des livres sacrés
l'ont appelé le *Docteur de la grâce*. Les pein-
tres mystiques du moyen âge lui ont donné un
cœur enflammé pour symbole. Saint Augustin
est le théologien de tous les âges et de tous les
hommes.

———

Opera, a Desid. Erasmo. *Basileæ, Froben*, 1528-29, 10 *in-fol.*
— *Venetiis, ad signum spei*, 1552, 11 *in-4°*.
— *Venetiis, Dominicus Nicolinus*, 1570, 11 *in-4°*.

Célèbre édition connue sous le nom de *Augustinus castratus*, et décrite
avec soin par Clément, qui prouve, contre l'opinion de plusieurs, qu'elle est
mutilée en divers endroits.

— a Theologis lovaniensibus. *Antuerp. Plant.* 1577, 10 *in-fol.*

Pinelli indique 11 volumes.

— a mon. S. Mauri. *Parisiis*, 1679-1700, 8 *in-fol.*

Bonne édition, dont les 8 volumes renferment onze tomes.

— cum appendice. *Antuerpiæ*, 1700-1703, 12 *in-fol.*

Excellente édition.

Ve siècle
aprcs
N. S. J. C.

SERMONES INEDITI, admixtis quibusdam dubiis, a Michaele Denis. *Vindobonæ, Trattner,* 1792, *in-fol.*

Cette édition renferme 56 sermons de S. Augustin, dont 25 n'étoient pas encore connus, et furent découverts et mis au jour à cette époque par le savant Michel Denis.

DE CIVITATE DEI LIBRI XXII, cum Thomæ Anglici commentariis, sine nota, *in-fol.*

Ancienne édition, imprimée en caractères de Jean Mentel de Strasbourg. On la regarde comme l'édition originale, et on la croit fort antérieure aux suivantes.

— 1467, *absque loci et typographi indicio, in-fol.*

Édition très-rare, exécutée à 2 colonnes. Vend. 632 fr. La Vallière; 484 f. *Crévenna.* On la croit imprimée à Subbiaco.

— *Romæ, Sweynheym et Pannartz,* 1468, *in-fol.*

Édition encore fort rare.

— *Venetiis, Vendel. de Spira,* 1470, *in-fol.*

Édition fort belle, mais qui n'est pas d'une grande rareté.

— absque ulla nota, *in-fol.*

Pinelli la croit de 1470.

— *Romæ, Sweynheym et Pannartz,* 1740, *in-fol.*

— *Venetiis, Jenson,* 1473 et 1475, *in-fol.*

— cum comment. Th. Valois et Nic. Thiveth. *Moguntiæ, Petrus Schoffer,* 1473, *in-fol.*

— *Romæ, Ulr. Gallus et Sim. Nicolai,* 1474, *fol.*

Édition d'une grande rareté.

— *Tarvisii,* 1475, *in-fol.*

— *Venetiis, Gabriel Petri,* 1475, *in-fol.*

— *Neapoli, Moravus,* 1477, *in-fol.*

Édition imprimée en caractères gothiques.

— cum comment. Th. Valois et Nic. Triveth. *Basileæ,* 1479, *in-fol.*

— *Romæ,* 1482, *in-fol.*

CONFESSIONUM LIB. XIII. *Moguntiæ, Joan. Fust et P. Schoffer,* sine anno, *in-fol.*

— sine nota, *in-fol.*

Imprimée en 1470, suivant l'auteur du catalogue de Pinelli.

— *Mediolani, per Fr. Jo. Bonum* , 1475, *in-4°.*

— a Fr. Archang. a Præsentatione. *Florentiæ* , 1657, 2 *in-fol.*

— *Lugduni-Batavorum*, Elzev., 1675, *in-12.*

Fort jolie édition dont les exemplaires bien conservés sont très recherchés des curieux. Vend. 30 à 40 fr.

— *Antuerpiæ* , 1680 , *in-8°.*

Édition recherchée et fort belle.

— *Parisiis, J. B. Coignard*, 1687, *in-12.*

Bonne et charmante édition, peu commune. 10 à 12 fr.

LIBELLUS DE VERÆ VITÆ COGNITIONE, sine nota, *in-4°.* .

Édition de Mayence, vers l'an 1470.

EPISTOLÆ, sine ulla nota, *in-fol.*

Édition rare et ancienne, imprimée à 2 colonnes, dont celles qui sont entières ont 50 lignes, caractères de Jean Mentel. Quoique non datée, elle est certainement bien antérieure à celle de *Basle, Jean de Amersbach*, 1493, *in-fol.*

OPUSCULA VARIA. *Daventeriæ, Ricardus de Paffroed*, 1483, *in-4°.*

— *Venetiis, Andr. de Bonetis*, 1484, *in-4°.*

OPERA VARIA, a Severino Calcho. *Parmæ , Ugoletus*, 1491, *in-fol.*

DE ANIMA ET SPIRITU, DE SOBRIETATE, DE EBRIETATE, DE QUATUOR VIRTUTIBUS, ET DE CONTRITIONE CORDIS, sine ulla nota, 1472, *in-4°.*

Le caractère de cette édition est de Zeiner.

DE CONSENSU EVANGELISTARUM LIBRI IV. *Lavingæ* (Laugingen en Souabe), 1473, *in-fol.*

Édition très-rare.

DE COGNITIONE VITÆ, sine ulla nota, *in-4°.*

Elle porte l'écusson de Fust et Schöffer. Mauro-Boni et Gamba présument que cette édition a été publiée, ainsi que quelques autres du même genre et du même caractère, entre 1462 et 1465, dans quelque lieu hors de Mayence, où tous les travaux étoient interrompus par les désastres des guerres civiles.

DE SANCTA VIRGINITATE. *In-4°.*

Opuscule très-rare, de 21 feuillets, sans chiffres, réclames ni signatures, qu'on attribue aux presses de Guttemberg.

DE SALUTE, SIVE DE ADSPIRATIONE ANIMÆ AD DEUM. *Tarvisii, Ger. de Flandria,* 1471, *in-4°.*

La souscription de sept vers latins, placée à la fin de cette rare édition, la présente comme le premier livre imprimé à Trévise.

SERMONES AD FRATRES IN HEREMO. *Mutinæ, Balthassar de Struciis,* 1477, *in-4°.*
— ET HOMILIÆ. *Mediolani,* 1484, *in-4°.*
— *Venetiis, Bernardinus Risus,* 1490, *in-8°.*
— *Basileæ, Jo. Amerbachius,* 1494, *in-fol.*
HOMILIÆ QUINQUAGINTA. *Augustæ, Anton. Sorg,* 1475, *in-fol.*
DE ARTE PRÆDICANDI, sine ulla nota, *in-fol.*

Édition très-rare, en caractères gothiques, qui ne contient que 22 feuillets et 40 lignes par page entière. On lit au commencement du volume un avertissement en tête duquel est l'intitulé suivant imprimé en rouge :

Canon pro recommendatione hujus famosi operis sive libelli sequentis, de arte predicandi sancti Augustini.

Cet avertissement, qui occupe 2 pages et demie, est d'autant plus remarquable qu'il nous apprend (p. 2, lig. 38) que cet opuscule a été imprimé par J. Fust; d'où l'on conclut qu'il ne peut être postérieur à l'année 1466, puisque le nom de ce premier imprimeur ne se trouve plus dans les éditions de Mayence après cette époque. Vend. 612 fr. La Vallière. (*Manuel du libraire,* t. Ier, p. 131.)

Il existe une autre édition, *sine nota, in-fol.,* dans l'avertissement de laquelle on a substitué le nom de J. Mentel à celui de Fust, qui se trouve dans l'édition précédente. Cet ouvrage est le quatrième livre du traité de *Doctrina christiana.*

TRACTATUS VARII, cum sermone B. Augustini de communi vita clericorum, *in-4°.*

Édition d'Ulric Zel de Hanau, de Cologne, vers l'an 1470.

SOLILOQUIA. *Augustæ, Gunt. Zeiner,* 1473, *in-fol.*
— *Venetiis,* 1484, *in-4°.*
— *Florentiæ,* 1491, *in-4°.*

DE VITA CHRISTIANA, sine ulla nota, *in-4°.*

Édition en caractères gothiques, à la fin de laquelle se trouve l'écusson de Schöffer tiré en rouge; elle n'a que 17 feuillets, dont les pages entières portent 28 lignes.

— ET DE SINGULARITATE CLERICORUM. *Coloniæ, Olricus Zel, clericus dioc. Mogunt.,* 1467, *in-4°.*

Ce petit volume a été long-temps regardé comme le premier livre avec date imprimé par Zel.

MEDITATIONES. *Venetiis, Andr. Bonetus,* 1484, *in-4°.*

ENCHIRIDION, sine ulla nota, *in-4°.*

Édition en caractères gothiques, imprimée par Ulric Zell.

LIBER DE QUESTIONIBUS OROSII. *Finit. liber... a Luca Brandis... urbe Marsipoli commanenti arte impressoria in medium feliciter deditus. Anno millesimo quadragintesimo septuagesimo tertio,* in-4°. *goth.*

Cette édition rare est le premier livre imprimé à Marsbourg en Saxe.

DE MIRABILIBUS SACRÆ SCRIPTURÆ, *in-fol.*

Édition en caractères gothiques, sans lieu ni date, et sans chiffres, réclames ni signatures; elle est imprimée avec les caractères que Nic. Katelaer et Ger. de Leempt ont employés, à Utrecht, vers 1473. Les pages entières portent 30 lignes, et on lit au *verso* du 54ᵉ et dernier feuillet, la souscription suivante, en deux lignes :

Liber beati Augustini aurelii Ypponen episcopi.
de mirabilibus sacre scripture. explicit feliciter.

REGULA. *Romæ,* 1481, *in-fol.*

— cum expositione Hugonis de S. Victore. *Venetiis, Gregor. de Gregoriis,* 1508, *in-fol.*

— cum expositione Hugonis de S. Victore, lat. et ital. *Venetiis, Bernard Fasianus,* 1561, *in-4°.*

NONNUS.

Surnommé Panopolitain, de la ville de Pano-
polis en Égypte, où il florissoit, selon Suidas,
vers l'an 410.

Nonnus est un de ces auteurs à deux aspects
sur lesquels nos traditions littéraires paroissent
trompées par quelque identité de nom. On comprend cependant qu'au premier âge d'une religion naissante, ce phénomène d'un génie profane
qui a fini par prêter sa lumière aux enseignements
de la foi, a pu se renouveler souvent. Quoi qu'il
en soit, Nonnus auroit été dans son premier ouvrage un mythologue plein d'érudition, mais
exubérant d'images et de mots, et dans le second,
un paraphraste clair, facile, sensé, qui se seroit
interdit, dans une matière bien digne de s'en re-
vêtir, le luxe des mots et des images. Cette question est à juger. Elle pourroit s'expliquer par la
différence seule de l'âge et de la croyance.

PARAPHRASIS IN JOANNEM, gr. *Venetiis, Aldus, in-4°.*

Ce petit volume de 51 feuillets, imprimé vers 1501, est rare ; on n'y trouve
aucunes pièces préliminaires. *Voy.* sur cette édit. les *Annales des Alde,*
tom. I, p. 438.

—gr. *Venetiis, Aldus,* 1508, *in-4°.*

Fabricius cite une autre édition de Rome sous la même date, mais on pense qu'il l'a confondue avec l'édition *Aldine.*

—a Demetr. Duca, gr. *Romæ,* 1526, *in-4°.*

—a Philippo Melanchthone, gr. *Hagan.* 1527, *in-8°.*

Édition qui se trouve avec les centons d'Homère et de Virgile.

—gr. *Parisiis, Bogard,* 1541, *in-8°.*

—a Joanne Bordato, gr. et lat. *Parisiis,* 1556, *in-8°.*

—ab eodem, gr. et lat. *Coloniæ,* 1566 et 1588, *in-8°.*

—gr. et lat. *Parisiis, Perierius,* 1561, *in-8°.*

—gr. et lat. *Basileæ, Perna,* 1571, *in-8°.*

Ou trouve dans cette édition : *Gregorii Nazianzeni Dystica et Tetrastica.* Elle fut réimprimée en 1577, 1578 et 1588.

—ex versione Erhardi Hedeneccii, ab Henr. Stephano. *Henr. Stephanus,* 1578, *in-16.*

Avec les centons d'Homère et de Virgile. Assez rare. 10 à 12 fr.

Édition souvent reproduite. On fait quelques cas des éditions de Bâle, 1596, *in-8°,* et Leipsick, 1604, même format.

—a Francisco Nansio, gr. et lat. *Antuerpiæ, Plantin.* 1588, *in-8°.*

Excellente édition.

—a Frid. Sylburgio, gr. et lat. *Commel.,* 1596, *in-8°.*

—a Francisco Nansio, gr. et lat. *Lugduni-Batavorum,* 1598, *in-8°.*

—gr. et lat. *Ingolstadii, Ederus,* 1614, *in-8°.*

—a Frid. Sylburgio, gr. et lat. *Goslaviae, typis capitalibus,* 1616, *in-8°.*

Édition très-remarquable par sa singulière exécution.

gr. et lat. *Lugduni,* 1620, *in-8°.*

a Nic. Abrahamo, gr. et lat. *Parisiis, Cramoisy,* 1623, *in-8°.*

a Dan. Heinsio, gr. et lat. *Lugduni-Batavorum,* 1627, *in-8°.*

Excellente édition.

Il n'est point question ici des *Dionysiaques,* qui rentrent dans la *Bibliothèque classique.*

Ve SIÈCLE APRÈS N. S. J. C.

SAINT MARC LE MOINE.

Ve siècle après N. S. J. C. On ne le connoît que par ses ouvrages, qui appartiennent évidemment au cinquième siècle.

SERMONES DE JEJUNIO ET DE MELCHISEDECH, a Balthassare Maria Remondini, gr. et lat. *Romæ*, 1748, *in-4°*.

Ve SIÈCLE APRÈS N. S. J. C.

SAINT MARC L'ERMITE.

Écrivain de la même époque, et qui n'est pas plus connu.

SANCTI MARCI EREMITÆ QUÆ EXTANT. gr. *Parisiis*, *Morel*, 1563, *in-8°*.

DRACONTIUS.

Prêtre poëte, qui vivoit en Espagne sous le règne de Théodose-le-Jeune.

Son poëme a été d'abord imprimé à Bâle, dans le recueil de G. Fabricius, 1562, *in-4°*, et au tom. VIII de la *Bibliothéque des Pères*.

CARMINA, a Faustino Arevallo. *Romæ*, 1791, *in-4°*.

Édition qui fait partie de la collection des poëtes chretiens, imprimée à Rome.

HEXAMERON, ET EUGENII EPISC. TOLETANI OPUSCULA, a Jacobo Sirmondo. *Lutetiæ-Parisiorum*, 1620, *in-8°*.

—ab Andr. Rivino. *Lipsiæ*, 1651, *in-8°*.

Nous pourrions citer plusieurs autres éditions de Dracontius, pour lesquelles nous renvoyons à Juvencus et aux collections des poëtes chrétiens.

THÉODOTE.

Évêque d'Ancyre, vers l'an 430, sous le règne de Théodose II.

EXPOSITIO IN SYMBOLUM NICÆUM, a Luca Holstenio. *Romæ*, 1669, *in-8°*.

SAINT HILAIRE.

Vᵉ siècle
après
N. S. J. C.

Né au commencement du cinquième siècle, sur les confins de la Lorraine et de la Champagne, d'une famille illustre de l'ancienne Belgique; mort, exténué d'abstinences, de veilles et de travaux, le 5 mai 449; élève de saint Honorat, et son successeur au siége épiscopal d'Arles.

Les seuls ouvrages authentiques de saint Hilaire ont été recueillis par le père Quesnel, dans l'*Appendix* de son édition des œuvres de saint Léon. L'éloge funèbre de saint Honorat surtout a bien inspiré son ami. C'est un chef-d'œuvre de touchante éloquence et de sensibilité.

OPERA, a Jos. Salinas. *Romæ*, 1731, *in-4°*.
Avec Vincent de Lérins.

DE S. HONORATO ORATIO FUNEBRIS, e Lerinensi Biblioth. producta. *Parisiis, Ægid. Gorbinus*, 1578, *in-8°*.
Édition qui contient en outre un discours de S. Eucher.

Ve SIÈCLE APRÈS N. S. J. C.

SAINT PAULIN.

(*PONTIUS MEROPIUS PAULINUS.*)

Né à Bordeaux en 353, d'un préfet du prétoire; mort à Nole, dont il étoit évêque depuis l'an 409, le 22 juin 431; théologien et poëte, et, dans cette dernière carrière, le disciple et le successeur d'Ausone, qu'il n'a pas égalé.

OPERA. *Parisiis, Badius Ascensius*, 1516, *in-8°*.

Édition publiée d'après un manuscrit défectueux. On en connoît un exemplaire sur vélin.

— a Frontone Ducæo et Heriberto Rosweido. *Antuerpiæ, Moretus*, 1622, *in-8°*.

On y trouve la Vie de saint Paulin par le P. Sacchini.

— ex editione Joannis Baptistæ Le Brun des Marettes. *Parisiis, Couterot*, 1685, *in-4°*.

— a L. Ant. Muratori. *Veronæ*, 1736, *in-fol.*

Cette édition est la plus complète de toutes.

CARMINA NATALIA, a Jo. Aloysio Mingarelli. *Romæ*, 1756, *in-4°*.

Avec d'autres opuscules d'un anonyme, d'Alain et de Théophilacte.

JEAN CASSIEN.

Né dans la Scythie, selon Gennade, et selon d'autres, en Provence [1] ; conduit dès sa plus tendre jeunesse au monastère de Bethléem en Syrie, et fondateur de celui de Saint-Victor à Marseille, où il mourut en 440, selon Dupin, en 448, selon Baillet, et, suivant tous les deux, âgé de quatre-vingt-dix-sept ans.

Ses écrits, peu recommandables par l'élégance, ne sont cependant pas dénués de tout mérite. Ils ont cette clarté facile si précieuse dans les matières théologiques, et cette onction persuasive qui est le principal caractère de l'éloquence chrétienne.

OPERA. *Basileæ*, 1485, *in-fol.*
Première édition.
— ab Henrico Cuquio. *Antuerpiæ*, 1578, *in-8°.*
— *Romæ*, 1580 et 1611, *in-8°.*
— *Duaci*, 1616, 2 *in-8°.*

[1] Cette dernière opinion est de beaucoup la plus vraisemblable. Jean Cassien parle, en différents endroits de ses ouvrages, de la beauté et de la fertilité de son pays natal, ce qui ne sauroit s'appliquer aux déserts de la Scythie.

— *Atrebat.* 1628, *in-fol.*

— *Parisiis*, 1642, *in-fol.*

— *Lipsiæ*, 1722, *in-fol.*

— ab Alardo Gazæo. *Lipsiæ*, 1733, *in-fol.*

Ces quatre éditions sont assez considérées.

Daus quelques éditions se trouve la règle de saint Pacôme, célèbre cénobite, mort en 348.

Vᵉ SIÈCLE APRÈS N. S. J. C.

SAINT PIERRE CHRYSOLOGUE.

Né à Imola, mort le 2 décembre 452, archevéque de Ravenne.

Le surnom de *Chrysologue* qui lui fut donné deux siècles et demi après sa mort, indique la haute estime que l'on faisoit de son style, un peu recherché, mais plein d'élégance et de politesse.

SERMONES, ab Agapito Vincentino. *Bononiæ*, 1534, *in-4°.*

— a P. Sebastiano Paoli. *Venetiis*, 1750, *in-fol.*

Cette édition est meilleure et plus complète que la précédente.

— ab eodem, cum serm. S. Valeriani episc. Cemelensis; acced. Josephi Aloysii Amadesii Dissert. de Metropoli Ecclesia Ravennatensi. *Augustæ-Vindelicorum*, 1758, *in-fol.*

SAINT PROCLUS.

Mort le 12 juillet 446, après avoir occupé huit ans le siége épiscopal de Cyzique, et douze ans celui de Constantinople. Il avoit été secrétaire de saint Jean Chrysostome, dont ses écrits ne rappellent pas la sublime éloquence.

ANALECTA, a Vincentio Ricardo, gr. et lat. *Romæ, Zanetti,* 1630, *in-*4°.

OPUSCULA, a Geverharto Elmenhorstio, gr. et lat. *Lugduni-Batavorum,* 1617, *in-*8°.

Ces deux éditions sont loin d'être correctes; cependant la première est moins défectueuse que la seconde.

Une partie des ouvrages de saint Proclus a été publiée aussi, en latin, dans la *Bibliothéque des Pères,* édition de Lyon.

CELIUS SEDULIUS.

Poëte latin, passable pour un âge qui n'est pas celui de la belle poésie. On croit qu'il étoit Irlandois, et qu'il est mort en 440.

Il est compris dans le *Corpus Poetarum* de

Maittaire, et on le trouve ordinairement réuni, comme nous avons déjà eu l'occasion de le dire, à *Juvencus Arator* et à quelques autres.

—

IN LIBRUM EVANGELIARUM. *Goth. in-fol.*

Ancienne édition très-rare, imprimée avec les caractères de Ketelaer d'Utrecht.

CARMEN PASCHALE ET HYMNI, sine nota, *in-4°.*

Édition du 15ᵉ siècle.

— *Medioloni, Janus et Catellianus Cottae, dexteritate Guillermorum le Siguerre fratrum.* (1501), *in-8°.*

Livre rare : 15 fr. *Crevenna.*

— *Spiræ,* 1501, *in-4°.*

CARMEN PASCHALE ET HYMNI DUO, cum notis variorum, ab Henr. Arntzenio. *Leovardiæ,* 1761, *in-8°.*

OPERA OMNIA, recognita, prolegomenis, scholiis et append. illustrata a Fr. Arevalo. *Romæ,* 1794, *in-4°.*

Bonne édition. 12 à 15 fr.

Vᵉ SIÈCLE APRÈS N. S. J. C.

—

SAINT ISIDORE DE PELUSE.

Originaire d'Alexandrie, où l'on croit qu'il naquit vers le milieu du quatrième siècle; mort centenaire en 450. Le surnom qui le distingue des saints du même nom, lui vient du long séjour qu'il fit près de Peluse, et qui l'y avoit naturalisé.

Ami de saint Cyrille et de saint Jean Chrysostome, admirateur passionné de ce dernier, dont il élevoit les ouvrages au-dessus de tout ce que l'antiquité a produit de plus illustre, il ne se montra indigne de l'école de ces célèbres docteurs ni par sa ferveur ni par son talent. Le style de ses *Épîtres* est si pur et si élégant, que Possevin vouloit qu'on s'en servît dans les classes pour apprendre la langue grecque aux jeunes gens. Chr. Aug. Heumann a pensé qu'elles étoient supposées.

EPISTOLARUM LIBRI III, a Jac. Billio, gr. et lat. *Parisiis,* 1585, *in-fol.*

   Première édition.

— LIBRI IV, a Conr. Rittershusio, gr. et lat. *Heidelberg. Commel.* 1605, *in-fol.*

— LIBRI V, ab Andr. Schotto, gr. et lat. *Parisiis,* 1636, *in-fol.*

   Excellente édition.

Vᵉ SIÈCLE APRÈS N. S. J. C.

SAINT CYRILLE D'ALEXANDRÍE.

Mort le 28 juin 444, patriarche d'Alexandrie, après quarante-deux ans d'épiscopat.

OPERA, a Joan. Auberto, gr. et lat. *Parisiis,* 1633 et 1638, 7 *in-fol.*

   Excellente édition. 120 à 160 fr. en grand papier.

HOMILIÆ XIX, a Balth. Corderio, gr. et lat. *Antuerpiæ*, *Plant.* 1648, *in-8°*.

Ses dix livres contre l'empereur Julien ont été publiés avec les œuvres de cet Empereur, *Lipsiæ*, 1696, *in-fol.*

Vᵉ SIÈCLE APRÈS N. S. J. C.

BASILE DE SÉLEUCIE.

Mort en 458, dans une extrême vieillesse, archevêque de Séleucie.

Il paroît, d'après sa conduite au concile d'Éphèse, et le ton qui règne dans quelques-uns de ses écrits, que c'étoit un homme d'un esprit ardent, mais sans règles, dont l'imagination abondoit en faux brillants et en figures affectées, et dont le goût manquoit de justesse, la logique d'exactitude, la doctrine de stabilité. On se confirme dans cette opinion en lisant Basile de Séleucie. Il n'en est pas des défauts du jugement de l'homme comme de ceux de son cœur. Ils se trahissent toujours dans ses ouvrages.

OPERA, gr. *In Bibliopol. Commelin.*, 1596, *in-8°*.

— gr. et lat. *Parisiis*, 1622, *in-fol.*

Basile y est réuni à saint Grégoire le Thaumaturge et à Macaire d'Égypte.

DE VITA S. THECLÆ LIBRI II, cum comment. Simeonis Metaphrastæ, a Petro Pantino, gr. et lat. *Antuerpiæ*, *Plant.* 1608, *in-4°*.

MARTIUS MERCATOR.

Né probablement en Afrique, sur la fin du quatrième siècle. Il vivoit encore en 450.

Le plus beau de ses titres est d'avoir été l'ami de saint Augustin, qui lui écrivoit, en 418, une lettre qu'on retrouve dans la collection des œuvres de ce grand homme.

OPERA. *Bruxell.*, 1673, 2 *in-12.*
— a Joanne Garnerio. *Parisiis*, 1673, 2 *in-fol.*
Edition complète.

VINCENT DE LÉRINS.

Né à Toul, mort en 450; moine de Lérins; un des plus solides adversaires de Nestorius.

COMMONITORIUM ADVERSUS HÆRETICOS. *Basileæ*, 1528, *in-8°.*
— a Steph. Baluzio. *Parisiis*, 1669, *in-8°.*
Excellente édition dans laquelle cet auteur se trouve joint à Salvien, ainsi que dans une autre édition de Paris, 1684, *in-8°.*

—*Cantabrigiæ,* 1687, *in-8°.*

—gr. et lat. *Romæ,* 1709, *in-8°.*

On le trouve aussi dans le premier volume de l'excellent recueil intitulé : *Institutiones theologicæ antiquorum Patrum. Romæ,* 1709, 3 *in-8°.*

—ET HILARII ARELATENSIS OPERA, a Jos. Salinas. *Romæ,* 1731, *in-4°.*

Vᵉ SIÈCLE APRÈS N. S. J. C.

SAINT NIL.

Né à Ancyre dans la Galatie, mort dans un âge très-avancé, sous le règne de Marcius, c'est-à-dire de 451 à 457; disciple de saint Chrysostome, puis préfet de Constantinople, et enfin solitaire avec son fils Théodule, dans le désert de Sinaï. Tous les bibliographes sacrés parlent avec de grands éloges de la pureté de sa morale et de la noblesse de son style.

OPERA QUÆDAM, a Petro Possino, gr. et lat. *Parisiis, Cramoisy,* 1639, *in-4°.*

ÉPISTOLÆ QUÆDAM, a Petro Possino, gr. et lat. *Parisiis, typ. reg.* 1657, *in-8°.*

a Leone Allatio, gr. et lat. *Romæ, typ. Barberinis,* 1668, 2 *in-fol.*

OPUSCULA, a Josepho M. Suarezio, gr. et lat. *Romæ,* 1673, *in-fol.*

SAINT EUCHER.

Évêque de Lyon. L'époque de sa naissance et celle de sa mort sont incertaines; mais on sait qu'il assista en 441 au premier concile d'Orange, et qu'il fut l'ami de saint Hilaire et de saint Honorat.

COMMENTARII IN GENESIM, IN LIBROS REGUM et alia, a Petro Galesinio. *Romæ, Aldus,* 1564, *in-fol.*

Il existe deux éditions des Aldes, de cette même année.

DE LAUDIBUS EREMI. *Parisiis, Ægid. Gorbinus,* 1578, *in-8º.*

Avec saint Hilaire d'Arles.

THÉODORET.

Né en 386, mort dans la seconde moitié du cinquième siècle; évêque de Cyr qu'il enrichit de plusieurs monuments.

Théodoret étoit disciple de Théodore de Mopsueste, et son nom diminutif n'est peut-être que

l'expression d'une reconnoissance profondément
sentie, qui se manifestoit souvent alors par cette
adoption rétrograde de l'élève à son maître et de
l'obligé à son bienfaiteur. Il reçut aussi les leçons
de saint Jean Chrysostome, dont son style noble
et hardiment figuré reproduit quelquefois les artifices oratoires.

OPERA, a Jac. Sirmondo, gr. et lat. *Parisiis*, 1642, 4 *in-fol.*

Excellente édition, que complète l'ouvrage indiqué ci-après ; mais il est
difficile de rassembler ces 5 volumes qui, réunis, valent de 80 à 100 fr.

AUCTARIUM OPERUM THEODORETI, a Joan. Garnerio, gr. et lat.
Parisiis, 1684, *in-fol.*

OPERA, cum auctario, a Joan. Lud. Schulze, gr. et lat.
Halæ, 1759-74, 5 *tòm. en* 10 *vol. in-4°.*

QUESTIONES IN PENTATEUCHUM, etc. a Jo. Pico, gr. *Parisiis*,
1558, *in-4°.*

DIALOGI TRES, a Camillo Perusco, gr. *Romæ*, *de Sabio*, 1547.

Vᵉ SIÈCLE APRÈS N. S. J. C.

SAINT PROSPER D'AQUITAINE.

Né en Aquitaine vers 403 ; mort après 463 ;
prosateur et poëte ; un des écrivains remarquables de l'école de saint Augustin.

OPERA, a Luca Urbano Mangeant. *Parisiis*, 1711, *in-fol.*

Édition devenue rare.

— *Romæ*, 1752, *in-fol.*

Bonne édition donnée par Foggini, sur laquelle ont été faites celles de *Paris*, 1760, et la traduction françoise.

DE VITA CONTEMPLATIVA, et alia, 1486, *in-8°*.

Édition sans nom de lieu ni d'imprimeur.

Ve SIÈCLE APRÈS N. S. J. C.

BENOIT PAULIN PETROCORIUS.

Poëte chrétien qui florit dans l'Aquitaine, vers l'an 460. Il n'est connu que par ses ouvrages, qui sont à peine connus.

POEMATA ET ALIA SACRÆ ANTIQUITATIS FRAGMENTA, cum notis variorum, a Christiano Daumio. *Lipsiæ*, 1686, *in-8°*.

Ve SIÈCLE APRÈS N. S. J. C.

SAINT MAXIME.

Évêque de Turin. Il assista au concile de Milan en 451, et souscrivit celui de Rome en 465, immédiatement à la suite du pape saint Hilaire, ce qui prouve qu'il étoit alors le plus âgé de tous les prélats. Sa mort dut arriver peu de temps après, mais on n'en connoît pas l'époque précise.

OPERA, jussu Pii VI P. M. *Romæ, typ. Propag.* 1784, *in-fol.*

Excellente édition, donnée sous les auspices et par les soins du pape Pie VI.

HOMILIÆ, a Damiano Ascendiensi. *Coloniæ, Gymnicus,* 1535, *in-8°.*

— a Petro Galesinio. *Romæ, Aldus,* 1564, *in-4°.*

Avec Salvien, Pacien, Dorothée et autres. Il y a sous la même date deux éditions des Aldes, dont l'une est incomparablement plus complète et plus correcte que l'autre.

Ve SIÈCLE APRÈS N. S. J. C.

CLAUDIUS MARIUS VICTOR

OU

VICTORINUS.

Rhéteur de Marseille qui florissoit vers l'an 425, et mourut l'an 443, sous le règne de Théodose-le-Jeune; poëte célèbre de son temps, mais dont nous ne connoissons pas d'édition séparée. Il a été imprimé avec Avitus Alcimus:

Ve SIÈCLE APRÈS N. S. J. C.

SAINT LÉON-LE-GRAND.

Premier pape de ce nom; originaire de Toscane; né à Rome, où il mourut le 10 novembre 461. Son pontificat fut un temps d'épreuves. Il concourut avec l'invasion d'Attila, les tragiques vengeances d'Eudoxie, veuve de Valentinien, et le retour des Barbares sous le commandement de Genseric.

Les circonstances où il a vécu demandoient un grand homme; ses écrits annoncent une grande élévation de talent. On peut le regarder comme le fondateur d'une grande puissance, dans l'acception temporelle de ce mot. Les empereurs avoient fini de régner. Les pontifes commençoient à régner. La terre changeoit de maître comme le ciel.

OPERA, a canon. Lovaniensibus. *Lovanii*, 1575, *in-8°*.
— *Parisiis, Morellus*, 1618, *in-fol.*
— a Pascasio Quesnel. *Parisiis*, 1675, 2 *in-4°*.
— ab eodem. *Lugduni*, 1700, 2 *in-fol.*
  Édition meilleure que la précédente.
— a Petro Thoma Cacciari. *Romæ*, 1751-53, 3 *in-fol.*
  Bonne édition.

— a Petro et Hyeronymo fratribus Ballerinis. *Venetiis, Occhi,*
1752, *in-fol.*

Excellente édition.

SERMONES, sine ulla nota, *in-fol.*

Édition très-remarquable et très-singulière. Les caratères en paroissent gravés sur le métal, et non pas fondus. Ils sont en partie de forme gothique, et en partie d'une forme latine qui se rapproche beaucoup plus de nos caractères. L'exemplaire décrit par Denis portoit d'une main ancienne la date de 1461.

SERMONES ET EPISTOLÆ. *Romæ, Sweynheym et Pannartz,* 1470, *in-fol.*

— a Jo. Andrea episc. Aleriensi, sine nota, *in-fol.*

On pense que cette édition est d'Ulric Gall, vers 1470.

— *Romæ, Pannartz,* 1475, *in-fol.*

— ex eadem edit. *Venetiis, Lucas Venetus,* 1482, *in-fol.* ; et *ibid. Andr. Parmensis,* 1485, *in-fol.*

— *Coloniæ-Agrippinæ,* 1569, *in-fol.*

Vᵉ SIÈCLE APRÈS N. S. J. C.

SALVIEN.

Né, selon Tillemont, vers 390, à Cologne ou à Trèves, de parents qui tenoient un rang considérable dans les Gaules; mort en 484, prêtre de Marseille, après avoir décidé sa femme Palladie et sa fille Auspiciole à embrasser la vie monastique, et distribué ses biens aux pauvres. Il fut d'abord moine de Lérins, et ensuite précepteur des enfants du saint évêque Eucher, Salonius et

Veranius, dont il avoit dirigé les premières études
dans ce monastère, et qu'il suivit probablement
sur ce triste rocher de *Léro*, qu'on appelle aujourd'hui *Sainte-Marguerite*. Sa tristesse l'avoit
fait surnommer *le Jérémie du cinquième siècle*, et
sa doctrine *le Maître des Évéques*. Sincère dans
son humilité, le *Maître des Évéques* refusa l'épiscopat.

———

OPERA. *Basileæ, Froben,* 1530, *in-fol.*

Première édition.

— a Petro Pjthæo. *Parisiis,* 1580, *in-8°.*

Édition estimée, ainsi que les suivantes :

— a Conrad. Rittherh. *Aldtorf,* 1611, *in-8°.*
— a Steph. *Baluzio. Parisiis,* 1669, *in-8°.*
— ab eodem. *Parisiis,* 1684, *in-8°.*

A cette seconde édition du savant et judicieux Baluze, la plus belle et la
meilleure de toutes celles de Salvien, se trouvent réunis les *Opuscules* de
saint Vincent de Lerins.

ADVERSUS AVARITIAM LIBRI IV, a Joan. Sichard. *Basileæ,* 1528.

Édition publié dans l'*Antidotum*.

— cum notis Joan. Macherentini. *Augustæ-Trevirorum,* 1609,
in-4°.

DE VERO JUDICIO, ET PROVIDENTIA DEI LIBRI VIII, etc. *Romæ,*
Aldus, 1564, *in-4°.*

Édition très-estimée, où se trouvent réunis beaucoup d'autres opuscules de
saint Maxime, d'Aimon, de Pacien, de Dorothée et de Sulpice Sévère. On
connoît deux éditions *Aldines* sous la même date, et l'une des deux est, dit-on,
préférable à l'autre. M. Brunet indique une édition *in-fol.*

Vᵉ SIÈCLE APRÈS N. S. J. C.

SAINT REMI.

Apôtre des François, archevêque de Reims; né Vᵉ siècle vers 438, de parents nobles, à Laon ou dans les après N. S. J. C. environs de cette ville; mort le 13 janvier 533, à l'âge de quatre-vingt-quinze ans, après en avoir passé plus de soixante-dix dans l'exercice de l'épiscopat. L'éloge de saint Remi se renferme en peu de paroles. C'est à ce grand homme que la France doit de si longues générations de rois chrétiens. Ses ouvrages lui sont contestés, à l'exception de ses *Lettres*, qui se trouvent dans les recueils des *Conciles* et dans beaucoup d'autres collections. Celui que nous lui donnons, sur la foi du docte Villalpand, est attribué par quelques bibliographes à saint Remi, archevêque de Lyon, et M. Weiss, dont l'autorité est si infaillible, le croit d'un moine de l'abbaye de Saint-Germain d'Auxerre, qui portoit le même nom.

S. Remigii Rhemensis explanationes epistolarum B. Pauli apostoli, a J. B. Villalpando. *Moguntiæ*, 1614, *in-fol.*

ADRIEN.

Auteur grec qui est cité par Cassiodore et par Photius. L'époque où il a vécu est assez incertaine, mais il est à présumer que ce fut vers la fin du cinquième siècle.

ISAGOGEN SACRÆ SCRIPTURÆ, ex codicibus MSS. gr. *Augustæ-Vindelicorum*, 1602.

Cet ouvrage se trouve aussi à la fin du 17ᵉ et dernier volume de la Bibliothèque des Pères. *Lugduni, Anisson*, 1677, *in-fol.*

SIDOINE APOLLINAIRE.

(*CAIUS-SOLLIUS-SIDONIUS APOLLINARIS.*)

Né à Lyon vers 430, d'Apollinaire, un des premiers fonctionnaires des Gaules; mort évêque de Clermont le 23 août 488; prosateur et poëte distingué pour son temps.

Indépendamment de leur mérite propre, les écrits de Sidoine Apollinaire doivent être consi-

dérés comme un monument précieux de la littérature intermédiaire; simple, vrai, pittoresque,
comme tous les poëtes qui ont touché à l'histoire,
il abonde en détails qu'on ne trouveroit pas ailleurs. C'est pour nos Gaulois le César et le Tacite
du moyen âge.

————

Opera omnia, sine ulla nota, *in-fol.*

On avoit cru long-temps que l'édition de Milan que nous allons citer étoit
la première de cet auteur; mais celle-ci a tous les caractères d'une antiquité
plus reculée, et nos bibliographes avoient lu sur un exemplaire cette note
décisive : *Emptus liber hic, et ligatus,* 1477.

Carmina et Epistola. *Mediolani, Ulder. Scinzenzeler,* 1498,
in-fol.

—*Basileæ,* 1542, *in-8°.*

—*Lugduni, Tornesius,* 1552, *in-8°.*

—a Joanne Savaron. *Parisiis,* 1609, *in-4°.*

Savaron s'est particulièrement servi pour cette édition d'un précieux exemplaire de l'édition de *Lyon,* 1552, qui avoit été collationné avec les meilleurs
manuscrits, et chargé de nombreuses leçons et de notes excellentes par André
Schott, Josias Mercier et Carrion. Cet inestimable volume fait partie de ma
bibliothèque particulière.

—a Jacobo Sirmondo. *Parisiis,* 1614, *in-8°.*

—cum notis Sirmondi, cura Philippi Labbæi. *Parisiis,* 1652,
in-4°.

Excellente édition.

Vᵉ SIÈCLE APRÈS N. S. J. C.

VICTOR DE VITE.

Vᵉ siècle
après
N. S. J. C.

Appelé mal à propos, par quelques-uns, *Victor Uticensis*, au lieu de *Victor Vitensis*, et plus mal à propos oublié par la plupart des biographes; évêque de Vite, ville de Byzacène, vers la fin du cinquième siècle.

DE PERSECUTIONE VANDALICA LIBRI III, a Petro Francisco Chifflet. *Divione*, 1665, *in-4°*.

Avec Vigile, évêque de Tapse. Édition recommandée par le savant et consciencieux travail de Chifflet.

—— a Theodor. Ruinart. *Parisiis*, 1693, *in-8°*.

Vᵉ SIÈCLE APRÈS N. S. J. C.

ÉNÉE GAZÆUS.

Né à Gaza en Palestine; philosophe chrétien.

On ne sait rien de lui, sinon qu'il vivoit sous le règne de Zénon. Ce vrai sage, qui a écrit sur l'immortalité, ne s'est point occupé de la sienne.

DE IMMORTALITATE ANIMÆ ET MORTALITATE UNIVERSI, a Gaspare Barthio, gr. et lat. *Lipsiæ*, 1655, *in-4°*.

Ve SIÈCLE APRÈS N. S. J. C.

BACCHIARIUS.

Moine espagnol sur lequel on n'a d'ailleurs au- cun renseignement. Gennade dit seulement de lui que c'étoit un philosophe chrétien, qui changeoit souvent de demeure pour ne pas s'attacher au monde. L'intérêt piquant de sa lettre à l'évêque Januarius sur la faute d'un moine qui avoit sé- duit une religieuse, le mérite de style qui s'y re- marque, et la vaste érudition qu'il a trouvé moyen d'y développer, sembloient devoir lui assurer un peu plus de célébrité. Son *Apologie*, car il fut obligé de se défendre, a été recueillie par Mura- tori dans ses *Anecdota ex Ambrosianæ biblio- thecæ codicibus eruta*, tome II, p. 9.

BACHIARII MONACI OPUSCULA, a can. Francisco Florio. *Romæ*, 1748, *in-*4°.

Cette édition est enrichie par l'éditeur de deux dissertations très-estimées

VIe SIÈCLE APRÈS N. S. J. C.

ZACHARIE DE MITYLÈNE.

Surnommé *le Scholastique ;* évêque de Mity-
lène. On croit qu'il mourut vers l'an 56o.

DIALOGI DE MUNDI OPIFICIO , a Joanne Tarino Andegavensi,
gr. et lat. *Parisiis,* 16 18, *in-4°.*

Édition qui contient en outre : *Origenis Philocalia*, et *Anastasii presbyteri de hominis ad imaginem et similitudinem Dei creatione.*

VIe SIÈCLE APRÈS N. S. J. C.

EUGIPPE.

Africain, suivant Hérold et quelques autres; né,
suivant Jacques Martin, savant bénédictin, dans
l'ancienne Norique, vaste province qui contenoit
la Bavière, l'Autriche, et d'autres grands domaines
devenus des royaumes ; transporté en Italie dans
la migration de ces peuples à la suite d'Odoacre;
abbé de Lucullano ou Saint-Séverin près de
Naples, vers l'an 511.

THESAURUS EX S. AUGUSTINI OPERIBUS, a Johanne Herold.
Basileæ, 1542, 2 *in-fol.*

Ouvrage très-rare, qui contient une analyse exacte et fort considérée de la doctrine de saint Augustin.

VIe SIÈCLE APRÈS N. S. J. C.

SAINT ORIENTIUS.

Gaulois; mort vers 450, dans un âge avancé, sur le siége épiscopal de la ville d'Auch qui le reconnoît pour patron; théologien et poëte.

Je laisse cet écrivain dans l'ordre chronologique où les auteurs que j'ai traduits l'ont placé, quoiqu'il soit évident qu'il n'y est pas à son rang, ce qui vient probablement de ce qu'ils l'ont confondu avec un autre Orientius, évêque d'Illiberis qui souscrivit en 516 les actes du concile de Tarragone, et qui appartient par conséquent à l'époque à laquelle nous sommes parvenus.

COMMONITORIUM, ab Andr. Rivino. *Lipsiæ*, 1651, *in-8°*.

Ce poëme se trouve encore dans la *Bibliothèque des Pères*, et a été inséré par D. Martène dans le *Thesaur. Anecdotarum*.

SAINT CÉSAIRE.

Né en 470, dans le territoire de Châlons-sur-Saône, d'une famille noble ; mort dans l'église métropolitaine de la ville d'Arles, dont il étoit évêque, le 27 août 542, entouré des évêques de sa province, accourus pour lui rendre leurs derniers hommages et recevoir ses derniers soupirs.

Les sermons et les homélies de saint Césaire ont été quelquefois attribués à saint Augustin. Il est difficile de désirer un succès littéraire plus flatteur. Ces pieux discours sont cependant écrits d'un style très-simple, quelquefois même populaire, et comme il le dit lui-même, *pedestri sermone*. Mais certains mouvements qui s'y rencontrent prouvent que saint Césaire, dont l'éducation oratoire avoit été faite d'ailleurs par un rhéteur renommé, Julianus Pomerius-le-Maure, étoit fort capable de s'élever aux beautés de l'éloquence. Il est donc probable qu'il n'avoit affecté les formes les plus communes du discours, que dans le dessein de se rendre plus intelligible au peuple qui l'écoutoit, et cette préférence est le témoignage d'un excellent jugement.

HOMILIÆ XIV, a Stephano Baluzio. *Parisiis*, 1699, *in-8⁰*.

VIe SIÈCLE APRÈS N. S. J. C.

JEAN MAXENCE.

Moine de Scythie. VIe siècle après N. S. J. C.

OPUSCULA THEOLOGICA, a Jo. Cochlæo. *Coloniæ*, 1526, *in*-8°.

VIe SIÈCLE APRÈS N. S. J. C.

MAGNUS FELIX ENNODIUS.

Né, vers 473, d'une famille noble et illustre, à Arles, qui étoit alors une des capitales de la littérature chrétienne; mort en l'an 521, évêque de Pavie.

Ennodius est auteur de quelques pièces de poésie, dont une partie ont été recueillies dans le *Chorus Poetarum*; sa prose a le défaut commun à celle de la plupart des écrivains de cette époque intermédiaire, qui avoient consacré leurs premiers loisirs aux Muses. Elle n'est exempte ni de recherche, ni de prétention, ni de mauvais goût. On peut donner d'ailleurs à cette observation une extension sans bornes. Les poëtes médiocres sont presque nécessairement de plus médiocres prosateurs, parce que leur prose pèche par un défaut de plus que la prose *pédestre* de saint Césaire. Elle aspire maladroitement à l'élégance d'un autre langage. Cicéron, Fénélon et J.-J. Rousseau ont fait quelques mauvais vers, mais seulement parce que tout le monde en a fait, et sans se croire poëtes. S'ils avoient persisté à suivre concurremment l'une et l'autre carrière, nous aurions trois détestables versificateurs de plus, et trois excellents écrivains de moins.

OPERA, ab Andrea Scotto. *Tornaci,* 1610, *in*-8°.
— a Jacobo Sirmondo. *Parisiis,* 1642, *in*-8°.
Très-bonne édition.

VI° SIÈCLE APRÈS N. S. J. C.

BOÈCE.

(*ANICIUS - MANLIUS - TORQUATUS - SEVERINUS BOETIUS.*)

Né à Rome, vers 470, d'une des plus illustres familles de l'Italie et d'un père qui fut trois fois consul; assassiné judiciairement sous le règne et par les ordres de Théodoric, dans une forteresse des environs de Pavie, sous le prétexte de haute trahison, le 23 octobre 526, après avoir été sous le même prince, patrice, maître des offices et du palais, trois fois consul, et, par une distinction dont il n'y a point d'autre exemple, consul sans collègue en 510. Ses deux fils, très-jeunes encore, furent désignés consuls pour l'an 522, privilége réservé jusque-là aux fils des empereurs, et reçurent devant lui les honneurs d'un triomphe, à la suite duquel il fut proclamé prince de l'éloquence. Aucun homme n'a été comblé de plus de gloire et de plus de malheurs.

Boèce est le Sénèque du moyen âge. Condamné à subir comme lui les vicissitudes les plus extrêmes de la fortune, il jouit des mêmes honneurs auprès d'un prince qui avoit commencé comme Néron, et reçut le même traitement d'un prince qui finit comme lui. Une érudition immense le rendoit propre à écrire, comme Sénèque, sur toutes sortes de sujets, mais c'est comme moraliste que son nom est parvenu à la postérité. Une prescience merveilleuse leur avoit appris à tous deux qu'il n'y a point de grandeur stable, point de bonheur qui ne puisse avoir de funestes retours; et tous deux ont mûri les leçons de la sagesse, tous deux se sont préparé les consolations de la philosophie, comme s'ils étoient nés dans les fers d'Épictète, et marqués dès longtemps à l'avance, pour les persécutions, les tortures et la mort.

Cette comparaison ne seroit pas exacte dans tous les points, si on vouloit la porter à son dernier terme. Sénèque, dont le style est diversement jugé, a cependant, comme écrivain, tout l'avantage de son siècle sur Boèce, qui ne manque certainement ni de pureté, ni d'élégance, ni d'excellentes traditions, mais qui n'a pu se soustraire entièrement à l'influence d'un goût altéré par les subtilités de la scholastique. De son côté, Boèce comme citoyen, comme magistrat, comme homme du monde, comme philosophe, a un avantage d'une toute autre importance sur Sénèque, dont la vertu d'apparat n'est pas à l'épreuve d'un examen approfondi. Boèce étoit chrétien.

————

OPERA OMNIA, cum comment. *Basileæ*, 1570, *in-fol.*

Édition rare et très-recherchée : 18 à 30 fr.

DE CONSOLATIONE PHILOSOPHIÆ, sine nota, *in-fol.*

Ancienne édition, présumée l'édition originale, sortie des presses de Michel Wenzsler et Frédéric Biel, vers l'an 1470.

— sine nota, lat. et angl. *in-fol.*

Le caractère est celui du fameux Caxton, qui imprimoit à Oxford et à Westminster à la fin du 15e siècle.

— cum comment. B Thomæ, lat. et germ. *Norimbergæ, Ant. Coburger,* 1473, 1476, 1483, 1486 et 1495, *in-fol.*

Les commentaires ne sont point de saint Thomas d'Aquin, mais d'un cardinal nommé Thomas. La première de ces éditions est très-rare.

— *Savonæ, impressum in conventu S. Augustini, per fratrem Johannem Bonum Theutonicum, emendante Venturino priore, anno* 1474, *in-4°.*

Édition très-rare, qui doit être un des premiers monuments de l'imprimerie à Savone. Ce Jean Bonus étoit un moine allemand qui donna depuis quelques éditions à Milan. Le précieux exemplaire du *Boèce* de Savone sur lequel on a établi le peu de renseignements qui nous restent relativement à cet imprimeur, faisoit partie de la bibliothèque particulière de Pie VI.

— *Pineroli, Jacobus de Rubeis*, 1479, *in-fol.*

— *Daventriæ*, 1490 et 1493, *in-4°.*

— *Coloniæ, Henr. Quentel*, 1491 et 1495, *in-4°.*

— *Argentinæ*, 1491, *in-4°.*

— a Jodoco Badio Ascensio. *Parisiis*, 1502, *in-4°.*

— ex eadem edit. *Rothomagi*, 1503, *in-4°.*

— *Florentiæ, Junta*, 1507, 1513 et 1521, *in-8°.*

Les deux premières de ces trois éditions sont rares.

— *Antuerpiæ, Plant.*, 1562, *in-16.*

— a Joanne Bernartio. *Antuerpiæ, Plant.*, 1607, *in-8°.*

— a Theod. Sitzmanno. *Hanov.*, 1607, *in-8°.*

— *Amstelodami, Cœsius*, 1625, *in-12.*

— *Lugduni-Batavorum, Maire*, 1633, *in-32.*

Charmante édition.

— a Renato Vallino. *Ibid.* 1656, *in-8°.*

Cette édition, accompagnée des savantes et judicieuses notes de Vallin, est très-belle et très-correcte. Il s'en trouve des exemplaires qui portent la date de Paris, mais qui ne diffèrent que par le frontispice.

— cum notis variorum et Petri Bertii. *Ibid.* 1671, *in-8°.*

Édition qui mérite d'être citée comme une des meilleures : 15 à 20 fr.

— a Petro Callyo, ad usum Delphini. *Parisiis*, 1680, *in-4°.*

Un des plus rares volumes de la collection.

— *Patavii, Cominus*, 1721, seu 1744, *in-8°.*

Bonne édition.

— *Glasguæ*, 1751, *in-4°* et *in-8°.*

L'édition *in-8°* est renommée pour sa pureté : 6 à 8 fr.

— a Jo. Eremita (Debure Saint-Fauxbin). *Parisiis, Lamy*, 1783, *in-16.*

Édition estimée. Il y en a des exemplaires en grand papier qui sont recherchés, et d'autres sur peau de vélin ordinairement partagés en 3 vol. Vend.
300 fr. Mac-Carthy.

DE CONSOLATIONE PHILOSOPHIÆ ET DE DOCTRINA SCHOLARIUM.
　　Lovanii, Jo. de Vestphalia, 1484, *in-fol.*

— *Lugduni, Jo. de Prato*, 1490, *in-4⁰.*

— *Venetiis*, 1499, *in-fol.*

— cum notabili commento. *Coloniæ, Henr. Quentel*, 1489,
　　in-4⁰.

DE DISCIPLINA SCHOLARIUM. *Argentinæ, sine anno*, et 1491,
　　1495, *in-4⁰.*

On attribue cet opuscule à un écrivain plus moderne.

— *Daventriæ, Jacob. de Breda*, 1493, *in-4⁰.*

DE HEBDOMADIBUS. *Cracoviæ, sine anno, in-4⁰.*

Édition fort remarquable et une des premières de cette ville.

DE TRINITATE AD SYMMACUM LIBER. ITEM AD JO. DIACONUM
　　LIBRI II, ET DE HEBDOMADIBUS, *in-4⁰.*

Édition singulière, en caractères gothiques du 15⁰ siècle.

DE DIFFERENTIIS TOPICIS. *Augustæ-Vindelicorum*, 1603, *in-8⁰.*

ARITHMETICA, adjecto commentario. *Impressa per Erhardum
　　Ratdolt viri solertissimi eximia industria et mira imprimendi
　　arte qua nuper Venetiis nunc Auguste excellit. Anno* 1488,
　　in-4⁰.

Ou voit par cette souscription que ce précieux volume est imprimé à Augsbourg, et non à Venise, comme l'annoncent la plupart des bibliographes.

— cum commentariis Gherardi Rufi. *Parisiis, Colinæus*,
　　1521, *in-fol.*

Édition fort rare.

OPUSCULA MINORA. *Venetiis, Jo. de Forlivio*, 1499, *in-fol.*

M. Brunet indique deux parties, l'une imprimée à Venise en 1492, *in-fol.*,
et l'autre en 1491, de même format, qui sont difficiles à réunir, et préfé-
rables à l'édition de 1499.

AVITUS.

(*SEXTUS ALCIMUS ECDICIUS.*)

Neveu de l'empereur Avitus; fils du sénateur Isichius; frère d'Apollinaire; évêque de Valence; archevêque de Vienne en Dauphiné, en 490; mort le 5 février 523, 524, 525 ou 527; sermonnaire et poëte.

Son style a les défauts de cette littérature qui touchoit à sa caducité, l'obscurité, l'embarras et l'affectation.

Il ne faut pas confondre Avitus Alcimus avec un autre Alcimus (*Latinus Aletheius*) qui vivoit à Agen deux siècles plus tôt, et que nous n'avons pas cité à son rang, parce que nous n'avons conservé ni son *Histoire de Julien l'Apostat*, ni celle de *Salluste*, consul et préfet des Gaules sous le règne de cet empereur. Il ne reste de lui qu'une épigramme sur Homère et sur Virgile, insérée dans le *Corpus Poetarum* de Maittaire, et que mon savant ami, M. Beuchot, rapporte dans la *Biographie universelle*.

OPERA, a Jacobo Sirmondo. *Venetiis, Cramoisy*, 1643, *in*-8°.

POEMATA, a Menrhado Molthero. *Basileæ*, 1545, *in-8°.*

— ET CLAUDII MARII VICTORIS POEMATA, etc. a Joanne Gai-
gneio. *Lugduni*, 1536, *in-8°.*

VIe SIÈCLE APRÈS N. S. J. C.

RUSTICUS HELPIDIUS ou ELPIDIUS.

Diacre de l'église de Lyon; médecin de Théodoric; mort vers 533, et probablement à Spolette. Indépendamment de la bonne édition de
Rivinus, que nous citerons dans un chapitre particulier consacré aux poëtes chrétiens, ses vers,
remarquables par une élégance qui lui a mérité
les éloges d'Ennodius, ont été imprimés dans le
Poetarum ecclesiast. thesaurus, de Georg. Fabricius, *Basileæ*, 1562, *in-4°*, et dans la *Bibliotheca
Patrum*. On n'en connoît point d'éditions séparées.

VIe SIÉCLE APRÈS N. S. J. C.

SAINT BENOIT.

Chef d'un ordre qui a puissamment contribué
à la renaissance des lettres, et fondateur des éta-
blissements monastiques en Occident, comme
saint Antoine l'avoit été en Orient deux siècles

auparavant; né l'an 480, au territoire de Norica dans le duché de Spolette, d'une famille illustre; frère jumeau de sainte Scholastique; long-temps solitaire dans les tristes et magnifiques déserts de Subiaco, qui furent le premier point de réunion de ses disciples, et bien des siècles après, un des berceaux de la typographie, comme si le ciel avoit attaché aux institutions et aux localités qui rappellent son nom, une grande influence sur les perfectionnements de la société; abbé du mont Cassin, où il fut visité par Totila, roi des Goths, et où il osa lui reprocher ses excès; mort dans sa retraite le 21 mars 543.

Voltaire, qu'on ne peut trop citer quand il est sincère, parce qu'il sait bien ce qu'il dit, et qu'il dit merveilleusement ce qu'il sait, décrit à peu près ainsi l'ordre de saint Benoît : « C'étoit un asile « ouvert à tous ceux qui vouloient fuir l'oppres- « sion du gouvernement goth et vandale. Presque « tout ce qui n'étoit pas seigneur de château étoit « esclave; on échappoit dans la douceur des « cloîtres ¹ à la tyrannie et à la guerre.... — Le « peu de connoissances qui restoit chez les Bar- « bares fut perpétué dans les cloîtres; les béné- « dictins transcrivoient quelques livres; peu à « peu il sortit des cloîtres quelques inventions

¹ Cette expression est charmante; et ce qui la rend charmante, c'est qu'elle est vraie.

« utiles. D'ailleurs, ces religieux cultivoient la
« terre, chantoient les louanges de Dieu, vivoient
« sobrement, étoient hospitaliers, et leurs exem-
« ples pouvoient servir à mitiger la férocité de
« ces siècles de barbarie. »

Cet éloge est fort modeste, mais il a été écrit
par un ennemi. Quoi qu'il en soit d'ailleurs de
la profonde ignorance de ces pauvres prêtres
chrétiens, « qui étoient hospitaliers, vivoient so-
« brement, cultivoient la terre, chantoient les
« louanges de Dieu », et qui recueilloient, qui
achetoient de leur patrimoine, qui copioient
avec une patience incroyable les manuscrits de
l'antiquité sainte ou profane, c'est à eux seuls
que nous devons tout ce qui nous reste d'Héro-
dote et de Platon, de Tacite et de Tite-Live, d'Horace et Virgile. C'est à saint Benoit et à son ordre
que recommence l'ère classique du moyen âge,
qui précéda la renaissance.

———

REGULA MONASTICA, cum exposit. Joan. de Turrecremata.
Parisiis, Petrus Levet, 1491 et 1494, *in-fol.*

— a Jo. Brixiano. *Venetiis, Luc. Ant. Junta,* 1500, *in-4°.*

Édition qui contient aussi les règles de saint Basile, de saint Augustin et de
saint François.

— ab Auberto Miræo. *Antuerpiæ, Plant.* 1638, *in-8°.*

VIᵉ SIÈCLE APRÈS N. S. J. C.

—

AGAPET.

Diacre de la grande église de Constantinople, vers l'an 527, sous le règne de Justinien.

Son livre sur la conduite et les devoirs des rois a été plusieurs fois imprimé et plusieurs fois traduit[1]. On dit que Louis XIII l'avoit mis en françois. Louis XVI s'est occupé depuis d'un travail presque tout semblable, dans son beau choix des maximes politiques de *Télémaque*.

—

Scheda regia, ad Justinianum imperatorem, gr. et lat. *Venetiis, Zacharias Calliergi*, 1509, *in-8°*.

Édition la plus ancienne et la plus rare que l'on ait de ce petit traité.

—a Matthia Martinio, gr. et lat. *Herbornæ*, 1605, *in-8°*.

—cum notis Jacobi Brunonis, et Pancratii ejus filii, gr. et lat. *Lipsiæ*, 1669, *in-8°*.

—gr. et lat. *Parisiis*, 1711, *in-fol.*

Dans le premier volume de l'*Imperium orientale* du P. Banduri.

—curâ Jo. Aug. Grœbellii, grec et lat. *Lipsiæ*, 1733, *in-8°*.

Dernière édition, accompagnée de notes très-peu importantes.

---

[1] La plus rare des traductions d'Agapet est certainement l'édition italienne de Venise, par Giovanni Padoa, 1525, 12 ff. ou une feuille in-12. Comme elle est tout-à-fait étrangère à notre plan, nous ne la citons ici qu'en raison de l'estime dont elle jouit en Italie.

VIe SIÈCLE APRÈS N. S. J. C.

LE BIENHEUREUX MARIUS.

VIe siècle
après
N. S. J. C.

Évêque d'Avenches ; né, vers l'an 532, à Autun, d'une famille illustre ; mort le dernier jour de l'an 596, à Lausanne, où il avoit transféré son siége épiscopal pendant l'invasion des Barbares. Sa Chronique est très-précieuse, et tient place parmi les monuments les plus importants de l'histoire des Francs et des Bourguignons. Nous ne pouvions la passer sous silence dans cette Bibliothéque, où nous ne citons que par exception les auteurs dont il n'a point paru d'édition séparée. Tout recommandable que soit cet ouvrage, il n'est cependant pas exempt d'erreurs, et on lui reproche d'avoir trompé les chronologistes sur quelques dates importantes.

MARII AVENTICENSIS seu LAUSANNENSIS EPISCOPI CHRONICON, a tempore quò Prosper Aquitanus desinit, usque ad annum vulgaris eræ DLXXXI, cum appendice incerti autoris.

Dans la collection des *Historiens de France*, par Duchesne, tom. Ier, p. 210, et dans le *Nouveau recueil des Historiens de France*, par quelques bénédictins de la congrégation de Saint-Maur, tom. Ier, p. 12.

VI⁰ SIÈCLE APRÈS N. S. J. C.

SAINT FULGENCE.

(*FABIUS CLAUDIUS GORDIANUS FULGENTIUS.*)

Né à Lepte dans la Byzacène en Afrique, en VIᵉ siècle après N. S. J. C. 463 ou 467, d'une famille sénatoriale de Carthage, tombée dans l'abaissement depuis l'invasion des Vandales; mort évêque de Ruspe en 533.

On l'a appelé le Saint-Augustin du sixième siècle.

OPERA. *Parisiis,* 1684, *in-4°.*
— *Venetiis,* 1742, *in-fol.*

Édition qui contient en outre les Homélies de saint Amédée, évêque de Lausanne.

VIᵉ SIÈCLE APRÈS N. S. J. C.

DENYS-LE-PETIT.

Moine, originaire de Scythie; il passa ses jours Rome, et y mourut en 540, sous le règne de ustinien.

Il n'existe aucune édition séparée des œuvres

de ce docte ecclésiastique, si versé dans les bonnes lettres grecques et latines; mais il seroit injuste de ne pas lui accorder une mention que les biographies lui ont trop souvent refusée. Il fut l'auteur du nouveau Cycle pascal, publié avec quelques fragments de lettres, par le P. Pétau, dans son grand ouvrage intitulé *Doctrina temporum.* Denys-le-Petit est aussi le premier qui se soit avisé de recueillir *les canons et les décrétales des papes.* Le travail qu'il a composé à ce sujet embrasse l'espace qui s'étend de saint Sirice à Anastase II. Il est conservé dans la *Bibliotheca juris canonici* d'Henri Justel; *Paris.* 1661, *in-fol.*

VIe SIÈCLE APRÈS N. S. J. C.

ARATOR.

Ligurien, mort en 556; intendant des finances d'Athalaric, et sous-diacre de l'Église romaine.

Arator est un de ces poëtes du moyen âge qui n'auroient pas été cités à une autre époque. Il est cependant réclamé par presque autant de villes qu'Homère. Milan, Gènes et Pavie se disputent l'honneur de l'avoir produit. Ses vers obtinrent même de son vivant un succès dont il n'y a probablement pas d'autre exemple. Le pape Vigile VIe siècle après N. S. J C. en ordonna la lecture publique et solennelle à la suite des offices.

———

De actibus Apostolorum. *Mediolani*, 1470 , *in-8°*.

Édition rapportée par Maittaire, qui en cite une autre de l'an 1469, sur la foi du catalogue Barberini. Il est probable que l'existence de cette édition équivoque résulte, comme cela arrive souvent, d'une simple réimpression du feuillet daté.

—*Venetiis*, *Aldus*, 1502 , *in-8°*.

Édition qui fait partie du second volume des *Poëtes chrétiens*, publiés par Alde. Les éditions suivantes sont aussi imprimées avec divers poëmes religieux.

—*Argentorati*, 1507, *in-8°*.
—*Lipsiæ*, 1515, *i -4°*.
—ab Antonio Barbosa. *Salamanticæ*, 1516, *in-8°*.
—*Basileæ*, 1557, *in-8°*.

Bonne édition.

De actibus Apostolorum libri ii , et Epistolæ iii , ab Henr. Johan. Arntzenio. *Zutphaniæ*, 1769, *in-8°*.

Excellente édition : 8 à 9 fr.

<hr />

VIe siècle après N. S. J. C.

———

LIBÉRAT.

Diacre de Carthage au sixième siècle, qu'il ne faut confondre ni avec saint Libérat, abbé du monastère de Capse, dans cette province de Byzacène en Afrique, si féconde en docteurs, ni avec

VI⁰ siècle
après
N. S. J. C. un autre Africain de même nom, qui souffrit le martyre sous Hunnerich. Les biographies nouvelles les ont négligés tous les trois.

BREVIARIUM. *Parisiis*, 1675, *in-8°.*

Histoire très-développée du nestorianisme et de l'eutychianisme.

~~~~~~

VIᵉ SIÈCLE APRÈS N. S. J. C.

FACUNDUS.

Évêque d'Hermione, dans la province de Byzacène, du temps de l'empereur Justinien et du pape Vigile; schismatique éloquent, auquel ses adversaires eux-mêmes ont accordé un talent remarquable, et que ses partisans les plus décidés n'ont pas cherché à défendre du reproche de violence et d'obstination.

OPERA, a Jacobo Sirmondo. *Parisiis*, *Cramoisy*, 1629, *in-8°.*
— a Lud. du Pin. *Parisiis*, 1700, *in-fol.*

Avec saint Optat.

EPISTOLA IN DEFENSIONE TRIUM CAPITULORUM.

Lettre publiée par le P. dom Luc d'Achery, dans le tom. IV du *Specilegium.*

VIe SIÈCLE APRÈS N. S. J. C.

SAINT GRÉGENCE.

Mort l'an 552 ou 554, sous Justinien Ier, sur le siége archiépiscopal de Taphar, dans l'Arabie-Heureuse, si toutefois il a réellement existé un prélat de ce nom, et si l'ouvrage qui nous reste de lui n'est pas supposé, comme on le pense généralement.

VIe siècle après N. S. J. C.

DISPUTATIO CUM HERMANO JUDÆO, a Nicolao Galonio, gr. et lat. *Parisiis, Morel*, 1586, et *ibid.* 1603, *in-*8°. Excellente édition.

VIe SIÈCLE APRÈS N. S. J. C.

PRIMASE.

Évêque d'Adrumète en Afrique, et non pas d'Utique, comme le veulent certains des rares biographes qui ont daigné conserver son nom. Philippe Elssius, qui met Primase au rang des ermites de Saint-Augustin, le fait vivre en 440; mais il est évident qu'il a été trompé par une de ces homonymies qui jettent tant de confusion dans l'histoire littéraire, puisqu'on sait positivement que ce prélat se trouvoit au cinquième concile général, tenu à Constantinople en 553. C'étoit au reste un écrivain de peu de critique, et dont les ouvrages ne sont que des compilations sans goût.

————

SUPER APOCALYPSIM B. JOANNIS LIBRI V. *Parisiis*, 1544, *in-8⁰.*
COMMENTARII IN OMNES D. PAULI EPISTOLAS. *Parisiis, Jo. Roigny,* 1543, *in-8⁰.*

———————————————————————

VI⁰ SIÈCLE APRÈS N. S. J. C.

————

VIGILE.

Évêque de Tapse dans la province de Byzacène en Afrique. Il est difficile de marquer l'époque où il a vécu, mais il est certain qu'elle doit être postérieure d'un grand nombre d'années et peut-être de plus d'un siècle à celle où florissoit un autre Vigile, évêque de Trente, avec lequel la plupart des biographes l'ont confondu. Mauro-Boni et Gamba la rapportent à l'année 560, je ne sais sur quelle autorité. Si leur calcul étoit juste, il faudroit supposer que la même ville avoit eu long-temps auparavant un évêque du même nom, car Vigile se trouve compris dans la notice des évêques d'Afrique, faite du temps de la persécution de Hunneric, c'est-à-dire avant l'année 484, qui mit un terme à la vie et aux cruautés de ce tyran. Cette controverse mériteroit d'être éclaircie avec soin, s'il est vrai que Vigile soit le véritable auteur de plusieurs écrits importants qui nous sont parvenus sous le nom de saint Athanase, de saint Ambroise et d'Arnobe.

———

OPERA, a Petro Francisco Chiffletio. *Divioni*, 1665, *in-4°*.
Avec les œuvres de Victor de Vite.

⁓⁓⁓⁓⁓⁓⁓⁓⁓⁓⁓⁓⁓⁓⁓⁓⁓⁓⁓⁓⁓⁓⁓⁓⁓

VIe SIÈCLE APRÈS N. S. J. C.

———

CASSIODORE.

(*AMELIUS CASSIODORUS SENATOR.*)

Né à Squillace, vers l'an 470, d'une famille noble; mort centenaire dans le monastère de Viviers en Calabre qu'il avoit fondé, et où il étoit venu goûter les douceurs de la retraite, après avoir été patrice, préfet du prétoire et consul.

Cassiodore n'occupe pas un rang distingué, comme écrivain, dans la littérature classique. Ses ouvrages ont tous les défauts d'un siècle sans goût et d'un auteur sans jugement, plus capable de raffiner sur les défauts de son école que de les éviter. Sa prose, cadencée avec une affectation ridicule, est pleine de rimes recherchées, et hérissée de mauvaises pointes. C'est un Voiture barbare; mais, sous un autre rapport, les lettres ont à Cassiodore une obligation immense, et lui doivent peut-être des statues dans toutes les bibliothéques. Personne, depuis les Ptolémées, n'avoit réuni autant de manuscrits, et consacré autant de soins à en multiplier les copies. Il est le premier qui ait fait de ce genre de travail l'occupation des moines, et cette pensée fut un trait de génie. Elle a sauvé de la destruction une partie des chefs-d'œuvre de l'antiquité. Cassiodore n'a pas moins influé sur la restauration des bonnes études que l'inventeur même de l'imprimerie.

————

OPERA. *Parisiis*, *Orry*, 1588, *in-4°.*

— a Joan. Bapt. Garetio, mon. S. Mauri. *Rothomagi*, 1679, 2 *in-fol.*

Excellente édition d'après laquelle a été faite celle de Venise, 1729.

COMPLEXIONES IN EPISTOLAS CANONICAS, ACTA APOSTOLORUM, ET APOCALYPSIM, a Scipione Maffæio. *Florent.* 1721, *in-8°.*

— a Sam. Chandlero. *Londini*, 1722, *in-8°.*

HISTORIA ECCLESIASTICA tripartita ex græcis auctoribus latine reddita. *Augustæ-Vindelicor.*, *Jo. Schuszler*, 1472, *in-fol.*

COMMENTARIA IN PSALMOS. *Basileæ*, *Jo. Amerbachius*, 1491, *in-fol.*

DE RATIONE ANIMÆ. *Parisiis*, 1500, *in-fol.*

DE REGIMINE ECCLESIÆ PRIMITIVÆ, sine nota, *in-4°.*

Édition du 15⁰ siècle.

VIᵉ SIÈCLE APRÈS N. S. J. C.

FLAVIUS CRESCONIUS CORIPPUS.

Africain de naissance; théologien, canoniste, poëte, et, selon d'excellents critiques, le meilleur poëte latin du moyen âge. Barthius l'appelle *le dernier des Latins*, comme on avoit appelé Cassius *le dernier des Romains*.

Les noms ont leur destinée. Corippus est moins connu aujourd'hui que Fortunat, Sedulius et Arator, qui ne peuvent soutenir la moindre comparaison avec lui. Il est vrai qu'il n'a loué que des saints.

VIᵃ siècle
après
N. S. J. C.

DE LAUDIBUS JUSTINI AUGUSTI MINORIS LIBRI IV, AC CARMEN PANEGYRICUM IN LAUDEM ANASTASII QUESTORIS ET MAGISTRI, a Michaele Ruizio Assagrio. *Antuerpiæ*, *Plantinus*, 1581, *in-8°*.

Première édition, fort incorrecte.

— a Thoma Dempstero. *Parisiis*, 1610, *in-8°*.

— ab Andræa Rivino. *Lipsiæ*, 1653 et 1655, *in-8°*.

— a Nicolao Ritterhuisio. *Altorfii*, 1743, *in-8°*.

Édition meilleure que les précédentes, qui sont toutes rares

— a P. F. F. (Petro Francisco Foginio), cum notis variorum. *Romæ*, 1777, *in-4°*.

CONCORDIA CANONUM, a Petro Pithæo. *Parisiis*, 1558, *in-fol.*

VIᵉ SIÈCLE APRÈS N. S. J. C.

SAINT JEAN CLIMAQUE.

VIᵉ siècle
après
N.S.J.C. Né vers l'an 525, probablement en Palestine, mort dans l'ermitage de Thole, le 30 mars 605, c'est-à-dire à l'âge de 80 ans, après en avoir passé 64 dans la solitude; abbé depuis l'an 600 du grand monastère du mont Sinaï. Saint Jean Climaque avoit été disciple de saint Grégoire de Nazianze. Ses rapides progrès dans les sciences lui acquirent d'abord le surnom de *Scholastique*. Celui de *Climaque* lui fut donné du titre de son premier livre, Κλιμαξ, *l'échelle* ou *l'escalier du ciel*. C'est un de ces nombreux écrivains ascétiques du moyen âge que l'*Imitation de Jésus-Christ* a fait oublier.

Opera, a Matthia Radero, gr. et lat. *Parisiis*, 1633, *in-fol.*
Bonne édition : 12 à 15 fr.

SAINT MARTIN DE DUME.

Nommé tantot *Dumensis* et tantôt *Bracarensis*, parce qu'il étoit abbé de Dume et archevêque de Brague; originaire de Pannonie ou de Hongrie; mort, selon Baronius, en 573, et suivant une opinion plus généralement adoptée, le 20 mars 580.

DE IV VIRTUTIBUS CARDINALIBUS. *Parisiis, Wolphangus,* 1489, *in-fol.*

JEAN PHILOPONE.

Surnommé *le Grammairien;* l'un des principaux chefs des Tritheites, hérétiques qui distinguoient trois natures, et littéralement trois dieux dans la Trinité. On voit par ses ouvrages qu'il vivoit encore en l'an 608.

IN LIBROS DE GENERATIONE ET CORRUPTIONE, gr. *Venetiis,* 1527, *in-fol.*

DE ÆTERNITATE MUNDI CONTRA PROCLUM, gr. *Venetiis*, 1535, *in-fol.*

DE MUNDI CREATIONE, SEU IN HEXAMERON, ET DISPUTATIO DE PASCHATE, a Balthassare Corderio, gr. et lat. *Viennæ Austr.* 1630, *in-4ᵇ.*

~~~~~~

VIᵉ SIÈCLE APRÈS N. S. J. C.

LÉONCE DE BYZANCE.

Surnommé le *Scholastique;* prêtre de Constantinople.

EXCERPTA DE SECTIS HÆRETICORUM AC SYNODO CHALCEDONENSI, a Jo. Leunclavio, gr. et lat. *Basileæ,* 1578, *in-8°.*
Édition qui contient aussi : *Legatio Manuelis Commeni ad Armenos.* Cet ouvrage se trouve encore dans l'*Auctarium Bibl. veterum Patrum.*

~~~~~~

VIᵉ SIÈCLE APRÈS N. S. J. C.

SAINT GRÉGOIRE DE TOURS.

Né en Auvergne, vers l'an 544, et non pas l'an 359, comme on l'a imprimé par erreur dans la *Biographie universelle;* mort le 27 novembre 595; évêque de Tours, docteur et historien.

L'ouvrage de Grégoire de Tours sur l'histoire de France, est inappréciable comme monument

C'est à lui que nous devons de connoître les premiers siècles de la monarchie, et il n'y a que des éloges à accorder à la sincérité de ses récits, à la bonne foi de ses opinions, à la rectitude de sa critique, à la courageuse énergie de ses sentiments. Quant au style, il ne faut y chercher ni pureté, ni grâce, ni vigueur. Grégoire de Tours étoit nourri de la lecture des Pères de l'Église, et il connoissoit les excellents classiques de l'antiquité, puisqu'il les cite quelquefois; mais, à l'époque où il écrivoit, leur secret étoit perdu, et il ne l'a pas retrouvé.

Opera. *Parisiis*, 1512, *in-fol.*

— a Theod. Ruinart, mon. S. Mauri. *Parisiis*, 1699, *in-fol.* Édition bonne et rare.

Cet ouvrage, justement recherché, est aujourd'hui beaucoup moins cher qu'il n'étoit jadis. Les éditions en sont d'ailleurs assez multipliées, et les exemplaires assez communs.

VIe SIÈCLE APRÈS N. S. J. C.

VENANCE FORTUNAT.

(*VENANTIUS HONORIUS CLEMENTIANUS FORTUNATUS.*)

Né près de Geneda, dans les environs de Trévise, d'une famille que l'on croit originaire du Poitou; mort, évêque de Poitiers, vers l'an 609; un des meilleurs poëtes de son temps.

VIe siècle après N. S. J. C. OPERA, a Christoph. Browero. *Moguntiæ, Balth. Lippius,* 1603, *in-4°.*

Des éditions des œuvres de Fortunat ont été faites à Cagliari en 1573, 1574 et 1584, et à Cologne en 1600, mais ces éditions sont incomplètes et fautives.

— ab eodem. *Moguntiæ,* 1617, *in-4°.*

— a Michaele Angelo Luchi. *Romæ,* 1786-87, 2 *in-4°.*

Excellente édition.

CARMINA. *Parisiis,* 1624, *in-8°.*

<hr />

VIIe SIÈCLE APRÈS N. S. J. C.

SAINT GRÉGOIRE-LE-GRAND.

VIIe siècle après N. S. J. C. Fils du sénateur Gordien et de sainte Sylvie; arrière-petit-fils du pape Félix III; né en l'an 542; mort le 12 mars 604, après avoir occupé pendant quatorze ans le trône pontifical où il avoit été appelé après le décès de Pélage II, et sur lequel il fut remplacé par Sabinien; le plus fécond de tous les papes qui ont écrit, et l'un des plus grands docteurs de l'Église.

La langue et la littérature latine étoient dès lors réduites à un tel état de décadence, qu'il ne faut plus chercher dans les livres de cette époque que la doctrine de l'écrivain. Ce seroit trop exiger que de lui demander du style. Cependant saint Grégoire-le-Grand a trouvé quelques mou-

vements d'une assez haute éloquence, et on croit VIIe siècle
que c'est un passage de sa dernière homélie sur après
Ézéchiel, qui a suggéré à Bossuet la sublime pé- N. S. J. C.
roraison de l'Oraison funèbre de Condé.

Opera. *Lugduni*, 1516, 2 *in-fol.*

—*Parisiis*, 1518, 1523, 2 *in-fol.*

—*Basileæ, Frobenius*, 1564, 2 *in-fol.*

—a Petro Tussianensi. *Romæ*, 1588, *in-fol.*

—a Dionys. Sammarthano et Guill. Bessino mon. S. Mauri.
Parisiis, 1705, 4 *in-fol.*

Excellente édition, à laquelle se trouvent réunis les ouvrages de Jean
Diacre, biographe de saint Grégoire-le-Grand, et ceux de saint Patere,
son ami : 5o à 6o fr.

Dialogi, sine ulla nota, *in-fol.*

Première et célèbre édition, qui a été le sujet de grandes controverses
bibliographiques. On convient universellement de son antiquité, qui doit
remonter à l'époque des psautiers de 1457, et l'opinion la plus vraisemblable
l'attribue à Guttemberg, après la dissolution de sa société avec Fust. Elle est
au reste fort peu connue.

Moralia in Job, sine ulla nota, *in-fol.*

Célèbre édition, en caractères gothiques de Bertholde de Basle, vers 1470,
imprimée à 2 colonnes de 48 lignes. Le volume commence ainsi : *Monitum
de ipso opere cujus initium : Beatus Gregorius papa in librum Job, petente
sancto Leandro, etc.* On lit à la fin : *Explicit registrum moralium Gregorii
pape.*

—*Norimbergæ*, 1471, *in-fol.*

Édition sans nom d'imprimeur, qui est encore estimée.

—per Petrum de Cæsariis. *Parisiis, sine anno, in-fol.*

On rapporte cette édition à l'an 1472.

—*Romæ*, 1475, 2 *in-fol.*

Imprimée en caractères de Simon de Lucques.

—*Parisiis, Gering*, 1508, *in-4°.*

VIIe siècle
après
N. S. J. C.

HOMILIÆ IN EVANGELIA. *Parisiis, Friburger, Gering et Crantz,* 1475, *in-4°.*

M. Brunet cite une édition de 1473, *in-fol. gothic.* en 142 ff., qu'on attribue à Zeiner d'Augsbourg.

— *Parisiis, Wolf. Badensis,* 1491, *in-4°.*

— *Parisiis, Gering,* 1508, *in-4°.*

HOMILIÆ SUPER CANTICA ET EZECHIELEM, 1475, *in-fol.*

A cette édition, sans nom de lieu ni d'imprimeur, se trouvent jointes les Homélies d'Origène.

— sine ulla nota, *in-fol.*

Édition présumée de Paris, vers l'an 1480.

— *Basileæ, Michael Furter,* 1496, *in-fol.*

IN CANTICA CANTICORUM. *Parisiis, Udalr. Gering,* 1498, *in-4°.*

IN VII PSALMOS POENITENTIALES. *Moguntiæ, Jacob. Medenbach,* 1495; et *Parisiis, Gering,* 1508, *in-8°.*

REGULA PASTORALIS, sine ulla nota, *in-fol.*

Ancienne édition, regardée comme l'un des premiers essais de Fust et de Schoffer.

— absque ulla nota, *in-4°.*

Édition attribuée à Ulric Gering. *Parisiis,* 1480, *aut circà.*

DIALOGUS B. GREGORII, EJUSQ. DIACONI PETRI, etc. *Parisiis, Petr. Cæsariis, in-fol.*

Édition sans date, mais présumée de l'an 1472.

DE VITIS PATRUM ITALORUM DIALOGUS. *Venetiis,* 1475, *in-fol.*

VIIe SIÈCLE APRÈS N. S. J. C.

PAUL.

Diacre de Mérida, en Espagne.

VITÆ PATRUM EMERITENSIUM, à Thoma Tamaio. *Antuerpiæ,* 1635, *in-4°.*

VIIe SIÈCLE APRÈS N. S. J. C.

SAINT COLOMBAN.

Né vers 540, dans le pays de Leinster en Ir- VIIe siècle
lande; fondateur du monastère de Luxeuil au après N. S. J. C.
pied des Vosges, et de l'abbaye de Bobio en Italie, où il mourut en 615; l'un des plus illustres
cénobites du septième siècle.

On l'a quelquefois confondu avec un autre
Colomban, moine et abbé de Saint-Tron, qui
vivoit à une époque incertaine du neuvième
siècle. Ce dernier est un poëte peu connu et peu
digne de l'être, dont il ne reste qu'un poëme
intitulé : *de Origine atque primordiis gentis Francorum* (*stirpis Carolineæ*), c'est-à-dire, de la
race carlovingienne. Cet ouvrage a été publié
avec des notes du père Thomas d'Aquin de Saint-
Joseph, carme déchaussé; *Parisiis*, 1644, *in-4°*.
Il n'est pas toutefois sans intérêt pour l'histoire.

OPERA, a Patricio Flemingo, Hyberno. *Lovanii*, 1667, *in-fol.*

SAINT GRÉGOIRE D'AGRIGENTE.

VIIe siècle après N. S. J. C. Évêque d'Agrigente, en Sicile, que l'on croit mort vers l'an 620. C'est au savant abbé Morcelli qu'on est redevable de l'édition *princeps* de cet auteur, la plus récente à coup sûr que nous ayons d'un docteur de l'Église.

Explanationis Ecclesiastæ libri x, a Stephano Antonio Morcello, gr. et lat. *Venetiis, Coleti*, 1791, *in-fol.*

SAINT MODESTE.

Évêque de Jérusalem qui florissoit vers l'an 620.

S. Modesti Encomium in Dormitionem Virginis Mariæ, gr. et lat. *Romæ*, 1760, *in-4°*.

C'est un sermon sur la mort de la sainte Vierge, qu'il appelle un sommeil, à la manière des anciens. Saint Modeste en avoit composé deux autres dont il ne nous est parvenu que quelques extraits, conservés dans la bibliothèque de Photius.

VIIe SIÈCLE APRÈS N. S. J. C.

SAINT ISIDORE DE SÉVILLE.

Né vers l'an 570 à Carthagène dont Sévérien, VIIe siècle
son père, étoit gouverneur; frère de saint Léandre, N. S. J. C.
de saint Fulgence et de sainte Florentine; mort
à Séville après 36 ans d'épiscopat, le 4 avril 636;
historien, théologien et grammairien célèbre.
C'est surtout sous ce dernier rapport que les ouvrages de saint Isidore de Séville sont inappré-
ciables. On peut regarder ses *Étymologies* comme
la substance de toute l'érudition du septième
siècle, et il ne nous reste d'aucune époque littéraire un recueil plus complet de documents pour
l'histoire des langues.

OPERA. *Basileæ*, 1477, *in-fol.*

a Jac. du Breul. *Parisiis*, 1601, *in-fol.*

Cette édition incomplète et inexacte est à très-bas prix.

Matriti, Ulloa, 1778, 2 *in-fol.*

Édition excellente et fort bien exécutée.

a Faust. Arevali. *Romæ*, 1797-1803, 7 *in-4°.*

ETYMOLOGIARUM LIBRI XIX, sine ulla nota, *in-fol.*

Édition imprimée en caractères de Jean Mentel, et un des premiers essais de ses presses. On en connoît une autre édition du 15e siècle , également sans date , mais évidemment postérieure à celle-ci. Une troisième est attribuée à Ulric Zell.

ÉTYMOLOGIARUM LIBRI XX, etc. *Augustæ-Vindelicorum, Ginth. Zeiner,* 1472, *in-fol.*

Première édition avec date.

— *Venetiis, Petr. de Loslein,* 1485, *in-fol.*

DE TEMPORIBUS, sine ulla nota, *in-4°.*

Édition en caractères romains de Philippe de Ligamine, vers 1473.

— sine ulla nota , *in-4°.*

Édition en caractères gothiques d'Étienne Planch.

DE RESPONSIONE MUNDI, ET ASTRORUM ORDINATIONE. *Aug. Ginther. Zeiner,* 1472 , *in-fol.*

Avec des figures en bois , en beaux caractères italiens que l'imprimeur dit avoir tirés de Venise. C'est un des premiers livres avec date où il se trouve des gravures.

DE OFFICIIS ECCLESIASTICIS LIBRI. *Antuerpiæ,* 1534, *in-8°.*

CONTRA JUDÆOS, sine ulla nota, *in-4°.*

Édition en caractères romains que l'on suppose imprimée vers l'an 1470.

ACCED. NARRATIONES DUÆ JOSEPHI, ET EPISTOLA PILATI DE CHRISTO, sine ulla nota, *in-4°.*

Ancienne édition imprimée à Rome.

DE ORTU ET OBITU PROPHETARUM, sine ulla nota, *in-4°.*

Édition de la fin du 15e siècle.

DE SUMMO BONO, sine ulla nota, *in-4°.*

Édition imprimée en caractères anciens d'Ulric Zell de Cologne.

— *Norimbergæ, sine anno, in-fol.*

Cette édition est un des premiers essais des presses de Henri Rumel, vers 1470.

— sine ulla nota , *in-8°.*

Édition du 15e siècle.

— *Venetiis, Pet. de Loslein de Langencen,* 1483, *in-fol.*

— *Lovanii, Jo. de Westphalia,* 1486, *in-*4°.

SYNONYMA, SEU SOLILOQUIA DE HOMINE ET RATIONE, sine ulla
nota, *in-*4°.

Édition imprimée en caractères de Rumel de Nuremberg.

— *Antuerpiæ,* 1487, *in-*4°.

— cum colloquio Peccatoris et Jesu Christi. *Antuerpiæ,* 1487,
*in-*4°.

THESAURUS UTRIUSQUE LINGUÆ, a Bonavent. Vulcanio. *Lugduni-Batavorum,* 1600, *in-fol.*

VIIe SIÈCLE APRÈS N. S. J. C.

SAINT DOROTHÉE.

Abbé ou archimandrite d'un monastère de Palestine. On croit qu'il florissoit vers la fin du
sixième siècle, mais il est bien difficile de porter
beaucoup d'ordre et de critique dans la classifi-
cation chronologique des obscurs écrivains de ce
temps.

SERMONES XXIV, DE VITA RECTE ET PIE INSTITUENDA, lat.
Romæ, Aldus, 1564, *in-*4°.

Avec Salvien, Maxime et autres.

— a Chrysostomo Calabro, lat. *Cremonæ,* 1595, *in-*8°.

ANTIOCHUS.

Abbé de Seba ou de Saint-Sabas dans la Palestine, au commencement du septième siècle; sermonaire et poëte.

Indépendamment de l'ouvrage dont nous allons rapporter le titre, et qui est assez considéré, Antiochus a écrit des *Homélies*, et un traité *de vitiosis cogitationibus*, qui fait aussi partie de la *Bibliothèque des Pères*.

Pandectes scripturæ, a Godelfrido Tilmanno. *Parisiis, Jacob. Kerver*, 1543, *in-4°.*

VIIe siècle après N. S. J. C.

EUGÈNE LE JEUNE.

Deuxième du nom au siége épiscopal de Tolède. Il mourut vers l'an 657, après avoir présidé les 8e, 9e et 10e conciles de Tolède, tenus en 693, 695 et 696 de l'ère d'Espagne (653, 55 et 56 de

J. C.). On le regarde comme un écrivain judicieux, mais peu remarquable par le style; l'opinion de ses contemporains lui accordoit cependant un goût pur et délicat, puisqu'il corrigea, pour leur plaire, les poésies de Dracontius, auxquelles ses ouvrages sont ordinairement réunis. Nous n'en connoissons pas d'édition particulière.

VIIe SIÈCLE APRÈS N. S. J. C.

SAINT MAXIME DE CONSTANTINOPLE.

Surnommé *le Martyr*, *le Moine*, *l'Abbé*, *le Confesseur*, pour le distinguer des nombreux docteurs du même nom; né à Constantinople au commencement du septième siècle; mort prisonnier le 13 août de l'an 662, après avoir subi, à Constantinople, l'amputation de la langue et de la main, en châtiment de son opposition à l'hérésie des errants; écrivain d'une scholastique obscure et à peine intelligible, comme presque tous es contemporains.

PERA, a Franc. Combefisio, gr. et lat. *Parisiis*, *Cramoisy*, 1675, 2 *in-fol.*

LIBRI DUO DE COMPUTO ECCLESIASTICO, a Dionysio Petavio, gr. et lat. *Parisiis*, 1630, *in-fol.*

Ces deux livres sont réunis à l'*Uranologium* de Petau.

SCHOLIA IN D. GREGORII NAZIANZENI LOCOS DIFFICILES, a Jo. Scoto Erigena, gr. et lat. *Oxonii, Th. Sheldon*, 1681, *in-fol.*

~~~~~~~~~~~~~~~~~~~~~~~~~~~~~~~~~~~~~

VIIe SIÈCLE APRÈS N. S. J. C.

———

SAINT ILDEFONSE.

Né à Tolède en 607, mort abbé dans la même ville en 669; élève du savant Isidore de Séville, dont il a été le continuateur et le biographe.

———

OPERA. *Parisiis, Nivellius,* 1576, *in-8°.*

Édition fort rare de quelques traités excellents qui ont été insérés depuis dans la *Bibliothèque des Pères.*

DE ILLIBATA AC PERPETUA VIRGINITATE SANCTÆ AC GLORIOSÆ GENITRICIS DEI MARIÆ. *Valentiæ,* 1556, *in-8°.*

Première édition, donnée par M. A. Carranza, et réimprimée à Bâle en 1557.

VIIe SIÈCLE APRÈS N. S. J. C.

SAINT MARCULFE.

Moine françois, vers le milieu du septième siècle. On ne sait rien de précis sur le lieu où il est né, sur celui où il est mort, sur l'ordre auquel il appartenoit, sur le monastère qu'il a habité. C'étoit un écrivain laborieux, dont les compilations ne sont pas inutiles à l'histoire de la jurisprudence et de la diplomatie.

FORMULARUM ANTIQUARUM LIBRI DUO, CUM ALIIS VETERIBUS FORMULIS INCERTORUM AUCTORUM, a Hieronymo Bignonio. *Parisiis*, 1613, *in-fol.*

— a Stephano Baluzio. *Parisiis*, 1677, 2 *in-fol.*

Édition bien préférable à la précédente. Elle fait partie du précieux recueil de Baluze.

VIIe SIÈCLE APRÈS N. S. J. C.

THÉODORE DE CANTORBÉRY.

Moine de Tarse, évêque de Cantorbéry en 668, mort en 690, à l'âge de 88 ans; le plus ancien et le plus célèbre pénitencier de l'Église latine.

Ses ouvrages sont curieux comme monuments

de l'ancienne discipline et des traditions de l'É-
glise.

———

PŒNITENTIALE, ET ALIA OPUSCULA, a Jacobo Petit. *Parisiis,*
1677, 2 *in-4°.*

<hr/>

VIIe SIÈCLE APRÈS N. S. J. C.

———

ANASTASE SINAITE.

Ainsi nommé parce qu'il avoit été moine du
mont Sinaï; écrivain polémique orthodoxe, sur
lequel on a très-peu de renseignements. Il est seulement certain qu'il vivoit en 678.

———

DUX VIÆ ADVERSUS ACEPHALOS, a Jacobo Gretsero, gr. et lat.
Ingolstadii, Adam. Sartorius, 1606, *in-4°.*

Édition fort rare, qui contient en outre quelques traités de Théodore
Abucara (disciple de S. Jean Damascène, vers l'an 770), contre les juifs,
les mahométans et les hérétiques.

QUÆSTIONES ET RESPONSIONES DE VARIIS ARGUMENTIS, a Jacobo
Gretsero, gr. et lat. *Ingolstadii, typ. Ederianis,* 1617, *in-4°.*

Ouvrage fort estimé, auquel se trouvent joints trois discours de saint
Grégoire de Nissène, et neuf homélies de Léon, empereur.

CONTEMPLATIONES IN HEXAMERON, ab Andreâ Dacerio, gr. et
lat. *Londini, Clark,* 1682, *in-4°.*

SAINT JULIEN.

Archevêque de Tolède, où il mourut en 690, selon les anciens biographes. Les continuateurs de Moreri le font vivre dans le huitième siècle. Les biographes modernes le passent sous silence.

DE FUTURO SÆCULO LIBRI III, a Boetio Epone. *Duaci,* 1564, *in-8°.*

ADELME.

On trouve son nom écrit : Adhelme, Aldhelme, Adelhelme, Altelme, Anthelme et Addelin. Il étoit prince, fils de Kenrede et frère d'Ina, roi des Saxons de l'Occident. Il fut successivement moine de saint Benoît, abbé de Malmesbury en Écosse, et évêque de Sherburn. Il mourut en 709. C'étoit un poëte fécond, dont on a dit :

Adelmus cecinit millenis versibus odas;

mais c'étoit un poëte bien frivole, et dont le

goût répond mal à l'idée qu'on se feroit d'un
homme sorti d'une nation si austère et d'un rang
si élevé, exercé à un ministère si sérieux, parvenu à une dignité si grave, et dont toutes les
habitudes d'esprit devoient être imposantes et
solennelles. Ses vers consistent en grande partie
en doubles acrostiches et en énigmes.

ALDHELMI MONOSTICA ALCUINO vel COLUMBANO adscripta, cum
ænigmatibus, a Martino Antonio Delrio. *Moguntiæ,*
1601, *in-*12.

Quelques-uns de ces ouvrages ont été aussi publiés *cum Bedæ Opusculis
et Egberti Eboracensis Dialogo,* ab Henrico Warthono. *Londini,* 1693, *in-*4°

VIIIe SIÈCLE APRÈS N. S. J. C.

ANDRÉ LE JÉROSOLYMITAIN.

Ainsi nommé parce qu'il avoit passé quelques
années à Jérusalem; ou *le Crétois,* parce qu'il
avoit été archevêque de l'île de Crète, au commencement du huitième siècle; né à Damas, mort
vers l'an 720.

HOMILLE, a Francisco Combefisio, gr. et lat. *Parisiis,* 1644,
in-fol.
COMPUTUS, gr. et lat. *Parisiis,* 1630, *in-fol.*

Dans l'*Uranologium* de Denis Petau.

COMMENTARIUS IN APOCALYPSIM B. JOANNIS, a Theodoro Pel- VIII⁰ siècle
tano, cum notis Sylburgii, gr. et lat. *Commelin.* 1596, N. S. J. C. après
in-fol.

Ce Commentaire se trouve encore avec les œuvres de saint Jean Chrysostome, imprimées par le même, 1603, *in-fol.*

~~~~~~

VIII⁰ SIÈCLE APRÈS N. S. J. C.

LE VÉNÉRABLE BÈDE.

Un de ces hommes excellents dont le surnom consacré s'est identifié peu à peu avec leur nom propre, comme le divin Platon et le bon La Fontaine.

On croit que Bède étoit né en 672, près de Weremouth, dans le diocèse de Durham en Angleterre, et qu'il fut élevé à peu de distance du Northumberland, au monastère de Saint-Paul de Jarrow, près de l'embouchure de la rivière de Tyne. Il mourut dans ce couvent en 735.

Les biographes s'accordent à reconnoître dans le vénérable Bède un écrivain sinon élégant et ingénieux, du moins clair et naturel. C'est un grand éloge, pour un auteur du huitième siècle.

OPERA. *Parisiis,* 1544, 3 *in-fol.*
— *Parisiis,* 1554, *in-fol.*

— *Basileæ, Hervagius*, 1563, 8 *in-fol.*
— *Coloniæ*, 1612 et 1688, 8 *in-fol.*
— ab Abrahamo Wheloco. *Cantabrigiæ*, 1642, *in-fol.*

HISTORIA ECCLESIASTICA GENTIS ANGLORUM, sine nota, *in-fol.*

Première édition, attribuée à Conrad Fyner, imprimeur d'Essling, vers 1475.

— sine ulla nota, *in-fol.*

Édition du 15e siècle, imprimée en caractères gothiques.

— lat. et saxon. *Cantabrigiæ*, 1644, *in-fol.*

Cette traduction est d'Alfred, roi d'Angleterre.

— a Johan. Smith. *Cantabrigiæ*, 1722, *in-fol.*

Excellente édition peu commune en France.

EPISTOLÆ ET VITÆ, a Jacobo Wareo. *Dublini*, 1664, *in-8°.*
— ab eodem. *Parisiis, Bilaine*, 1666, *in-8°.*

Ces deux éditions contiennent en outre : *Egbertus de Ecclesiasticá institutione.*

EXPOSITIO EPISTOLARUM S. PAULI EX SENSU AUGUSTINI. *Parisiis, Ulr. Gering*, 1499, *in-fol.*

Avec : *S. J. Chrysostomi Homilia de laudibus Pauli.*

DE SCHEMATE ET TROPO; ejusdem liber de figuris et metris; commentarius Sergii de littera; commentar. Maximi Victorini de ratione metrorum, etc. *Mediolani, Zarotus*, 1473, *in-4°.*

Édition très-rare; vend 134 fr. Crevenna.

SAINT BONIFACE.

Né en Angleterre, dans le Devonshire, vers VIIIe siècle l'an 680, et d'abord nommé Winfrid; assassiné après N. S. J. C. avec soixante autres martyrs, par des barbares auxquels il avoit voulu porter la foi, près de Dockum, à quelques lieues de Lewarden dans la Frise, le 5 juin 755; apôtre de la Germanie, et un des fondateurs de la civilisation chrétienne dans le nord.

Dans les lettres publiées sous son nom, il n'y en a que trente-neuf qui soient de lui. C'est un écrivain clair, simple et touchant, comme ceux qui exerçoient l'apostolat dans ces âges de décadence, mais dénué comme eux d'élégance, de pureté, et même de correction.

OPERA, a Nicolao Serrario. *Moguntiæ*, 1605, *in-4°.*

Avec la Vie de saint Boniface, écrite par S. Willebold, vers l'an 755.

ANTOINE MELISSA.

VIIIᵉ siècle
après
N. S. J. C.

Écrivain d'une époque incertaine, qu'on croit pouvoir rapporter à la dernière moitié du huitième siècle. Oudin ne partage pas cette opinion. Il le rapproche de nous jusqu'au douzième siècle. Cette époque qui sembleroit devoir déjà s'éclairer des lumières prêtes à éclore de la Renaissance, est cependant la plus ténébreuse de la littérature.

SENTENTIÆ EX SACRIS ET PROPHANIS LIBRIS, a Conrado Gesnero, gr. et lat. *Tiguri, Christ. Froschoverus*, 1546, *in-fol.*

Cette rare édition contient en outre : *Abbæ Maximi Centuriæ, Theophilus ad Autolycum, et Tatiani oratio contra Græcos.*

SAINT JEAN DAMASCÈNE.

Né à Damas, vers l'an 676; mort vers l'an 760, dans le monastère de saint Sabas, à Jérusalem.

C'étoit un théologien distingué par la solidité de sa doctrine; on l'a nommé le saint Thomas

des Grecs. Il avoit d'ailleurs une imagination poé- VIIIe siècle
tique et brillante, ce qui se concilie assez diffici- après
lement avec les études sévères du dogme et la po- N. S. J. C.
lémique minutieuse de la scholastique. C'est lui
qui adressoit à un homme pénétré de douleur
par la mort d'une personne chérie, ces paroles
dont nous ne pouvons rendre toute la beauté,
parce qu'il faudroit pour traduire un pareil langage, être éloquent ou poëte : « Dans tout ce qui
« appartient au temps, il n'y a rien qui vaille la
« peine d'être pleuré ». Hors de la révélation, il
n'y a point d'argument plus puissant en faveur
de l'immortalité.

Opera, a Mic. Le Quien, gr. et lat. *Parisiis,* 1712, 2 *in-fol.*
  Bonne édition : 36 à 48 fr., et plus en grand papier.

De fide orthodoxa, etc. gr. *Veronæ, fratres de Sabio,* 1531,
  in-4°.

Liber Barlaam et Josaphat, sine ulla nota, *in-fol.* 77 f.
  D'après les caractères, on juge que cette édition a dû être imprimée à
Spire, vers l'an 1472. Vend. 61 fr. La Vallière.

— *Argentinæ,* 1485, *in-fol.*

De imaginibus orationes tres, et alii auctores, edente
  Nic. Majorano, gr. *Romæ, Nicolinus,* 1553, *in-8°.*

VIIIe siècle après **N. S. J. C.**

PAUL DIACRE.

Appelé aussi *Warnefrid*, du nom de son père; né vers 740, à Cividale, capitale du Frioul, mort dans les solitudes du mont Cassin, le 13 avril 790. Le surnom qui le distingue lui fut donné parce qu'il avoit été diacre de l'église d'Aquilée, avant d'embrasser la vie monastique.

Les ouvrages de Paul Diacre sont très-importants pour l'histoire, mais son style grossier porte en tout point le sceau d'un âge barbare, ce qui n'empêche pas que cet écrivain n'ait été placé de son temps à côté d'Homère et de Virgile. Nous avons fait le même honneur depuis à Jodelle et à Ronsard. Aucun siècle ne peut se juger sainement lui-même.

PAULI DIACONI VITA S. GREGORII SUMMI PONTIFICIS, COGNOMENTO MAGNI.

Édition imprimée à Paris, avec les œuvres de saint Grégoire-le-Grand. La Vie de saint Grégoire-le-Grand a été publiée aussi par Mabillon, dans le tome premier des *Acta Sanctorum ord. S. Benedicti*, et à la tête de l'édition des *OEuvres* de ce père, donnée par les Bénédictins.

— HOMILIARUM ECCLESIASTICUM CUM PRÆVIA CAROLI MAGNI EPISTOLA. *Coloniæ, Conr. de Hombarch, circa* 1475, 2 *in-fol.*

— *Spiræ*, *Petrus Drach Junior*, 1482, *in-fol.*

— *Basileæ*, 1493, *in-fol.*

Ce recueil contient un choix d'homélies des SS. Pères latins, revues et réunies par Paul Diacre, d'après l'ordre de Charlemagne ; il a été réimprimé plusieurs fois dans le 16° siècle.

— De Episcopis melitensibus, et de gestis Longobardorum.

Dans le tome VIII de la *Bibliothèque des Pères*. *Coloniæ - Agrippinæ*, 1618, *in-fol.*

Le tome supplémentaire de cette édition, publiée à Cologne en 1622, contient de Paul-Diacre : *Homilia super parabola regis volentis rationem poscere de servis suis.*

La chronique des évêques de Metz, de Paul Diacre, a été publiée par Freher, dans le *Corpus Historiæ Francicæ*, et par D. Calmet, d'après un manuscrit de l'abbaye de Saint-Arnoul de Metz, dans les *Preuves* du tome premier de son *Histoire de Lorraine*. On la trouve aussi dans le tome XIII de la *Biblioth. Patrum*, édition de Lyon.

De gestis Romanorum liber undecimus ad Eutropii historiam additus.

Cette continuation d'Eutrope fut écrite par Paul Diacre, à la demande et pour l'instruction d'Adelberge, duchesse de Bénévent. On la trouve dans plusieurs éditions d'Eutrope, et avec les ouvrages de quelques autres historiens. On en a toutefois donné séparément l'édition suivante, qui est rare.

Historia Miscella, a Paulo Aquileiensi collecta, post a Landulpho sagaci aucta ad an. 8o6. *Basileæ*, *Petrus Perna*, 1569, *in-8°*.

Eutrope, Paul Diacre et Landulphe Sagax sont les trois écrivains qui ont donné le corps d'histoire romaine le plus complet depuis la fondation de Rome jusqu'à l'an 8o6 de J. C.

De gestis Longobardorum libri VI, a Friderico Lindenbrogio. *Lugduni-Batavorum*, 1595, *in-8°*.

Cette histoire des Lombards commence à leur sortie de la Scandinavie, et finit à la mort de Luitprand, en 744. Erempert l'a continuée jusqu'à l'an 888 ; et deux anonymes, l'un de Bénévent, l'autre de Salerne, en ont donné aussi la continuation, le premier jusqu'en 980, et le second jusqu'en 996, époque de l'extinction des petites principautés que les Lombards s'étoient faites à l'extrémité de l'Italie.

IXe SIÈCLE APRÈS N. S. J. C.

SAINT PAULIN D'AQUILÉE.

IXe siècle
après
N. S. J. C. Né dans le Frioul, vers l'an 73o; mort en 8o4,
patriarche d'Aquilée.

OPERA, a Jo. Francisco Madrisio. *Venetiis*, 1737, *in-fol.*

    Excellente édition, accompagnée de nombreuses annotations et disser-
tations.

    L'abbé J. P. *della Stua* a donné en 1782 une édition des œuvres de Paulin,
suivie de l'histoire du culte de ce saint patriarche. Dans la nouvelle collection des conciles, publiée par Mansi, pag. 921 du tome XIII, se trouve un
traité inédit de saint Paulin, sur le baptême.

IXe SIÈCLE APRÈS N. S. J. C.

THÉODOLFE.

Élu évêque d'Orléans en 793, mort en 811.
Il étoit théologien et poëte. On lui attribue
l'hymne *Gloria*, *laus et honor*, dont on chante
une partie au dimanche des Rameaux.

OPERA, a Jacobo Sirmondo. *Parisiis*, 1646, *in-8°.*

IX.ᵉ SIÈCLE APRÈS N. S. J. C.

ALCUIN.

(*FLACCUS ALBINUS.*[1])

Né dans le Yorskhire, ou, selon d'autres, plus IX.ᵉ siècle après N. S. J. C
près de Londres; successivement abbé de Cantor-
béry, de Ferrières en Gâtinois, de Saint-Loup à
Troyes, et de Saint-Martin à Tours, où il mourut
le 19 mai 804, âgé de près de 70 ans; l'un des
hommes éminents du huitième siècle qui ont influé de loin sur la renaissance des lettres. Il fut
élève du vénérable Bède.

Estimé de Charlemagne dont il étoit l'aumô-
nier, et qui le reconnoissoit pour son maître
dans les études variées dont ce grand monarque
aimoit à occuper ses loisirs, Alcuin se servit de
cet ascendant pour rouvrir les sources de l'instruction depuis si long-temps épuisées, et pour
établir les institutions sur lesquelles s'est fondée
depuis notre gloire littéraire. C'est à l'école pala-
tine d'Alcuin que nous devons l'université de
Paris, qui s'y rattache par une succession de

---

[1] *Flaccus Albinus* étoit le nom académique d'Alcuin, suivant un usage
auquel Charlemagne lui-même daigna se conformer, et qui s'est prolongé
jusqu'à nous dans certaines sociétés littéraires d'Allemagne et d'Italie.

maîtres non interrompue, la création des bibliothéques publiques, et celle des académies. Peu
d'hommes ont donné une impulsion plus puissante à la civilisation.

OPERA, ex edit. Andreæ Quercetani. *Parisiis, Nivellius,* 161₇,
in-fol.

— cura et stud. Frobenii. *Ratisbonæ,* 1777, 2 *.in-fol.*

Édition bien préférable à la précédente : 3o fr.

Le P. Chifflet a aussi publié *la Confession d'Alcuin,* 1656, *in-4°,* que
D. Mabillon prouve être l'ouvrage de ce savant théologien. Fr. Pithou a
placé, dans son *Recueil de Rhéteurs,* son dialogue sur la rhétorique, dont
les interlocuteurs sont Alcuin lui-même et Charlemagne.

~~~~~~

IXe SIÈCLE APRÈS N. S. J. C.

CHARLEMAGNE.

Roi de France, empereur d'Occident, né en
742, au château de Saltzbourg en Bavière, mort
le 28 janvier 814, dans la quarante-septième
année de son règne.

Il est absurde de dire, comme on l'a répété
tant de fois, que ce monarque législateur, qui
connoissoit la plupart des langues parlées de son
temps, qui s'entoura de tous les hommes lettrés
pour présider du milieu d'eux à la restauration
des bonnes études, et qui a laissé des ouvrages

très-remarquables pour l'époque où ils ont été
composés; il est, dis-je, contraire à toute critique et à toute vraisemblance, de supposer que
Charlemagne ne sût pas écrire. Cette opinion ridicule est fondée sur ce passage d'Eginhard, si facile à expliquer : *Tentabat et scribere, tabulasque
et codicillos adhoc in lectulo, sub cervicalibus, cir-
cumferre solebat, ut, cum tempus vacuum esset, ma-
num effingendis litteris assuefaceret.* Quiconque
sait que l'occupation favorite des hommes lettrés
de cette époque étoit de copier des manuscrits
dont les initiales étoient ordinairement très-élé-
gantes et magnifiquement décorées, ne s'étonnera
pas que Charlemagne ait consacré à cet exercice
quelques-uns de ses loisirs, *tempus vacuum*, et
il ne seroit pas même étonnant qu'il n'y eût pas
réussi. Ce genre de talent, qu'on ne trouveroit
peut-être pas aujourd'hui chez nos plus habiles
calligraphes, n'est certainement pas indispensable
à un homme de lettres.

———

DE IMPIO IMAGINUM CULTU. 1549, *in-16.*

Édition très-rare, sans nom de lieu ni d'imprimeur, mais attribuée à
Bernard Turrisan de Paris. Elle contient encore : *Paulini aquileiensis episc.*
Libellus.

—a Matthia Flaccio. *Argentorati*, 1562, *in-fol.*

—sine nota, *in-8°.*

Édition sans nom de lieu et d'imprimeur, et sans date, mais cependant
jugée postérieure à la précédente.

—a Melchiore Haiminsfeldio Goldasto. *Francofurti*, 1608, *in-*8°.

— a Christoph. Aug. Heumanno. *Hanov.* 1731 , *in-*8°.

Excellente édition.

EPISTOLA. *Spiræ*, 1482 , *in-fol.*

Avec le recueil des homélies de Paul Diacre.

CAPITULARIA, SIVE EDICTA CAROLI MAGNI ET LUDOVICI PII, cum notis Jo. Amerbach. *Ingolstad*, 1548 , *in-*8°.
— a Petro Pithou. *Parisiis*, 1588 , *in-*8°.

Il en parut en 1603 et 1620 deux autres éditions, également *in-*8°.

— a Jac. Sirmondo. *Parisiis*, 1623 et 1640 , *in-*8°.

Éditions plus estimées que les précédentes.

— a Steph. Baluzio. *Parisiis*, 1677, 2 *in-fol.*

Édition peu considérée aujourd'hui, quoique fort estimable.

—ab eodem, rursus edita a P. de Chiniac. *Parisiis*, 1780, 2 *in-fol.*

La meilleure des éditions des *Capitulaires.* 3o fr. et plus en gr. papier.

IXe SIÈCLE APRÈS N. S. J. C.

EGINHARD.

Né dans la France orientale ; secrétaire et, dit-on, gendre de Charlemagne ; mort vers l'an 839. Il étoit élève d'Alcuin.

VITA ET GESTA CAROLI MAGNI, cum comment. Frid. Bisselii et notis Bollandi, etc. *Trajecti ad Rhen.*, 1711, *in-*4°.

Bonne édition. Celle qui fut publiée en 1521, *in-*4°, est plus rare que recherchée.

—*Helmstad.*, 1806, *in-8°.*

Édition accompagnée de courtes notes par Bredow : 6 fr.

Cet ouvrage, et les Annales de France depuis l'an 741 jusqu'à l'an 829, par le même auteur, ont été insérées dans la grande collection des historiens de France.

EPISTOLÆ. *Francofurti,* 1714, *in-fol.*

On trouve aussi ces lettres dans la collection des historiens de France, de Duchesne.

IXe SIÈCLE APRÈS N. S. J. C.

SAINT BENOIT D'ANIANE.

Né vers l'an 750; mort dans le monastère d'Inde, près d'Aix-la-Chapelle, le 11 février 821; restaurateur de la discipline monastique en France.

CONCORDIA REGULARUM, ab Hugone Monard, mon. S. Mauri. *Parisiis,* 1638, *in-4°.*

REGULÆ CŒNOBITICÆ, a Luca Holstenio. *Parisiis,* 1663, *in-4°.*

~~~~~~

IXe SIÈCLE APRÈS N. S. J. C.

SAINT CANDIDE.

Bénédictin de Fulde, vers l'an 826; biographe de saint Égile et de saint Bangolfe.

On ne sait pas positivement s'il est le même que Candidus Bruun, moine de la même abbaye, qui florissoit à la même époque, et qui se distingua sous saint Égile, comme peintre et comme poëte, mais cette conjecture est au moins très-vraisemblable.

Vita sancti Eigilis quarti abbatis Fuldensis, a Christophoro Browero. *Moguntiæ*, 1616, *in-4°*.

~~~~~~

IXe SIÈCLE APRÈS N. S. J. C.

THÉODORE STUDITE.

Ainsi nommé parce qu'il fut abbé du monastère de Stude, fondé par Studius, consul romain, dans un faubourg de Constantinople; né en 759; mort le 11 novembre 826, dans l'île de Chalcide.

Epistolæ et alia, a Jac. Sirmondo, gr. et lat. *Venetiis, T. Savarina*, 1728, *in-fol.*
Excellente édition.

IXe SIÈCLE APRÈS N. S. J. C.

AMALAIRE.

(*SYMPHOSIUS AMALARIUS.*)

Prêtre de l'église de Metz, qui vivoit encore
en 84o, mais à la mort duquel on ne peut fixer
aucune date certaine ; le plus savant liturgiste de
son siècle. Nous ne connoissons pas d'édition
complète de ses ouvrages, mais ils se trouvent
tous dans la *Bibliothéque des Pères,* dans l'appendice des *Capitulaires* de Baluze, dans le *Spicilége*
de d'Achery, et dans les *Anecdotes* de D. Martenne.

On a souvent confondu *Symphosius Amalarius* avec *Amalarius Fortunatus*, qui étoit évêque
de Trèves au commencement du même siècle, et
mourut en 814. Ce dernier passe pour auteur
d'un traité *du sacrement de Baptéme*, dédié à
Charlemagne, et qui nous est parvenu sous le
nom d'Alcuin.

IXe siècle
après
N. S. J. C.

FORMA INSTITUTIONIS CANONICORUM et sanctimonialium cano-
nice viventium ; cum notis Alberti Miraei. *Antuerpiæ,*
i638, *in-fol.*

Dans le *Codex Regularum* d'Aubert Le Mire.

IX.ᵉ SIÈCLE APRÈS N. S. J. C.

AGOBARD.

IXᵉ siècle
après
N. S. J. C.

Archevêque de Lyon, né vers la fin du 8ᵉ siècle, mort le 6 juin 840, en Saintonge ; un des hommes les plus savants de son temps.

Ses ouvrages furent retrouvés par Papyre Masson, chez un relieur qui alloit mettre le manuscrit en pièces pour couvrir d'autres livres.

OPERA, a Papyrio Massonio. *Parisiis,* 1606, *in-8°.*
— a Stephano Baluzio. *Parisiis, Muguet,* 1666, 2 *in-8°.*

Bonne édition, augmentée des 4 livres d'Agobard contre Amalarius, et qui comprend aussi les œuvres de Leydrade et d'Amulon, tous deux évêques de Lyon.

IX.ᵉ SIÈCLE APRÈS N. S. J. C.

JONAS D'ORLÉANS.

Ainsi nommé, parce qu'il est mort évêque d'Orléans, en 841 ; l'un des plus illustres ornements de l'église gallicane dans le neuvième siècle, à l'époque où florissoient sur le trône pontifical

Eugène II et Grégoire IV; et sur le trône impé-
rial, Louis-le-Débonnaire et Charles-le-Chauve.

VIA RECTA ET ANTIQUA,... ex manuscripto Bibliothecæ mo-
nasterii Elonensis, vulgo sancti Amandi, etc. *Duaci*, 1645,
in-12.

Voyez aux *Poëtes chrétiens*.

~~~~~~

IXe SIÈCLE APRÈS N. S. J. C.

ANGE DE RAVENNE.

Écrivain qui florissoit certainement vers l'époque
où nous le plaçons, mais qui n'est guère connu
aujourd'hui que par ses ouvrages.

LIBER PONTIFICALIS, SEU VITÆ PONTIFICUM RAVENNATUM,
ab Ab. Bacchinio. *Mutinæ*, 1708, *in*-8°.

Cet ouvrage a été inséré par Muratori dans le vol. II, p. 1. des *Rerum
italicarum Scriptores*.

IXe SIÈCLE APRÈS N. S. J. C.

WALAFRID STRABON.

Bénédictin de Fulde, mort vers l'an 849, abbé de Reichnaw, dans le diocèse de Mayence.

Ses ouvrages sont fort utiles pour l'étude de l'ancienne discipline ecclésiastique.

Le surnom de *Strabon*, joint d'une manière hibride à son nom franc ou saxon, fait probablement allusion à l'infirmité naturelle qu'il désigne en latin et en grec.

OPERA. *Parisiis*, 1624, *in-fol.*

IXe SIÈCLE APRÈS N. S. J. C.

CHRISTIAN DRUTHMAR.

Né dans l'Aquitaine ; moine de l'abbaye de Corvey, vers 850 ; grammairien célèbre.

COMMENTARII IN EVANGELIUM S. MATTHÆI. *Argentinæ,* 1514. *in-fol.*

Édition très-rare.

— *Hagenoæ*, 1530, *in-fol.*

Édition qui n'est pas moins rare que la précédente.

IXe SIÈCLE APRÈS N. S. J. C.

DREPANIUS FLORUS.

Surnommé *Magister* ou le Diacre ; écrivain IXe siècle
dont la vie et les ouvrages sont également obs- N. S. J. C.
curs. Les biographes, incertains sur le temps
de sa naissance, lui assignent une époque in-
déterminée entre le 6e et le 9e siècle; nous suivons l'opinion la plus accréditée, qui met sa
mort en 86o. On a dit de lui qu'il avoit joui d'un
bonheur rare pour les hommes de talent, celui
de posséder toute sa renommée de son vivant.
Malheureusement elle ne lui a pas survécu.

Il ne faut pas confondre Drepanius Florus
avec Drepanius Pacatus, dont la place est parmi
les classiques latins.

DREPANII FLORI POEMATA. *Parisiis*, 156o, *in-8°*.

Cet ouvrage a paru aussi dans la collection des *Poëtes chrétiens*, de George
Fabricius, *Basileæ*, 1562; et avec Modoin et Jonas d'Orléans, dans celle de
Rivinus, *Lipsiæ*, 1653, *in-8°*. (Voyez aux *Poëtes chrétiens*.) Drepanius est
auteur d'un *Liber de Prædestinatione contra Johannis Scoti erroneas definitiones*, qui se trouve sous le nom de Florus dans toutes les collections des
Pères; et d'un *Commentarius in omnes sancti Pauli Epistolas*, qui a été attribué à Bède et qui est imprimé dans ses OEuvres. Martial Masure publia à
Paris, en 1548, sans nom d'auteur, une *Expositio in canonem Missæ*, qui
est également de Drepanius, et qui a été reproduite dans la *Bibliotheca Patrum*, avec des annotations du P. Despont.

IXe SIÈCLE APRÈS N. S. J. C.

SERVATIUS LUPUS.

IXe siècle
après
N. S. J. C.

Né vers l'an 8o5, au diocèse de Sens, d'une famille noble; mort abbé de Ferrières, vers 862; élève de Rabanus Maurus et ami d'Eginhard.

Servatus Lupus est regardé, dit M. Weiss, comme l'écrivain le plus poli qu'ait produit la France au neuvième siècle. Ses lettres, d'un style clair, élégant et nerveux, sont tres-précieuses pour les éclaircissements qu'elles renferment sur les personnages les plus distingués de ce temps-là, et sur les événements auxquels ils ont pris part.

OPERA, a Stephano Baluzio. *Parisiis,* 1664, *in-8°.*
Excellente édition.

— ab eodem. *Lipsiæ,* 1710, *in-8°.*

IXe SIÈCLE APRÈS N. S. J. C.

PASCHASE RADBERT.

Né à Soissons de parents obscurs qui, n'ayant pas le moyen de le nourrir, l'exposèrent à la porte de l'église du monastère de Notre-Dame de cette ville; mort dans l'abbaye de Saint-Riquier, le 26 avril 865, dans un âge extrêmement avancé, après avoir gouverné sept ans l'abbaye de Corbie.

Paschase Radbert, grand théologien et savant du premier ordre, est d'ailleurs, après Servatius Lupus, un des meilleurs écrivains de cette époque où les lettres protégées par les institutions de Charlemagne commençoient à refleurir en France.

Opera, a Jacobo Sirmondo. *Parisiis, Sonnius,* 1618, *in-fol.*

On trouve beaucoup d'opuscules séparés de cet auteur dans diverses collections des Pères, dans le *Spicilegium* du P. d'Achery, et dans la collection des PP. Martin et Durand.

HINCMAR.

IXᵉ siècle après N. S. J. C. Né au commencement du neuvième siècle, d'une famille illustre; mort archevêque de Reims, à Épernay, où il s'étoit dérobé avec les précieuses reliques de son église, lors de l'invasion des Normands, en 882; l'un des grands prélats et des savants écrivains de l'église de France.

OPERA, a Jacobo Sirmondo. *Parisiis, Cramoisy,* 1645, 2 *in-fol.*

Édition à laquelle le P. Cellot ajouta, en 1688, le volume suivant, qui est indiqué par quelques bibliographes, sous la date de 1658, et par d'autres sous celle de 1648 :

CONCILIUM DUZIACENSE, anno 871, cum aliis Hincmari utriusque opusculis, ex editione Lud. Cellotii. *Parisiis, Cramoisy, in-4°.*

Cette édition contient les opuscules d'un autre Hincmar, neveu de celui-ci par sa mère, et 22ᵉ évèque de Laon.

IXe SIÈCLE APRÈS N. S. J. C.

MAGNENCE RABAN-MAUR.

(*MAGNENTIUS RABANUS-MAURUS.*)

Né vers 776, à Mayence, de parens nobles; IXe siècle
mort évêque de Mayence, à Winfeld, le 4 fé- après
N. S. J. C.
vrier 856; l'écrivain le plus laborieux et le plus
fécond de son siècle.

Raban-Maur a renouvelé dans un poëme que
nous indiquons parmi ses ouvrages, les tours de
force puérils d'Optatien, en enchérissant sur ce
ridicule modèle. Ses *Hymnes* prouvent quelquefois qu'il étoit capable d'écrire en vers avec quelque naturel, et on regrette qu'il ait exercé sur
d'absurdes combinaisons de lettres, un talent qui
n'avoit sans doute ni beaucoup de charme ni beaucoup d'élévation, mais qui étoit du moins naïf et
raisonnable, tant qu'il ne s'efforçoit pas d'être
extraordinaire. L'affectation n'est toutefois qu'un
vice de peu d'importance dans la médiocrité; elle
ne devient un malheur irréparable que lorsqu'elle
s'attache au génie.

OPERA, a Georgio Calvenerio. *Coloniæ, Hieratus,* 1627, 6 *tom.*
en 3 *in-fol.*

Édition renfermant 44 ouvrages plus ou moins étendus.

DE LAUDIBUS SANCTÆ CRUCIS. *Pforzemii, Th. Anshelm,* 1501,
in-fol.

— *Ibid.,* 1503 , *in-fol.*

— a Marco Velser. *Augustæ-Vindelicorum ,* 1605, *in-fol.*

EPISTOLÆ TRES , a Jacobo Sirmondo. *Parisiis, Cramoisy,* 1647,
in-4°.

DE UNIVERSO , SIVE ETYMOLOGIARUM LIBRI XX, absque ulla
nota, *in-fol.*

> Première édition, fort rare, que l'on présume avoir été publiée à Venise,
> par Vindelin de Spire , vers l'an 1472.

DE INSTITUTIONE CLERICORUM, ad Haistulphum archiepisco-
pum, libri III, et al. opuscul. *Thorcæ,* 1505, *in-4°.*

> Le plus rare des rares ouvrages de Raban-Maur. Nous en négligeons quelques
> autres qui se trouvent au reste dans l'édition complète de ses *OEuvres.*

IX.e SIÈCLE APRÈS N. S. J. C.

THÉODORE ABUCARA.

Évêque de Carie, dans le courant du neuvième
et non pas du huitième siècle, comme on l'a imprimé par erreur dans la *Biographie universelle,*
puisqu'il prit part aux querelles de Photius, qui
troublèrent, vers 860, l'église de Constantinople.

OPERA VARIA, a Jacobo Gretzero, gr. et lat. *Ingolstadii,* 1606,
in-4°.

> Avec l'ouvrage d'Anastase le Sinaïte, intitulé : *Dux viæ.*

SAINT ADON.

Né dans le Gâtinois, vers l'an 800 ; mort arche- IXe siècle
après
N. S. J. C.
véque de Vienne en Dauphiné, le 16 décembre
875 ; chronologiste sans critique, à une époque
où l'histoire, privée des ressources de l'imprimerie, manquoit d'ailleurs de ses plus précieux
documents. Son ouvrage fait encore autorité cependant, pour les premiers temps de l'histoire de
France.

Il avoit écrit, contre le schisme des Grecs, un
traité qui n'est pas parvenu jusqu'à nous.

Martyrologium, ab Eriberto Rosweide. *Antuerpiæ*, 1513,
in-fol.

Édition qui fut publiée d'après un ancien manuscrit de la cathédrale de
Ravenne.

— *Parisiis*, 1645, *in-fol.*
Dans la *Bibliothéque des Pères*.

— ex recensione Rosweidi, a Dominico Georgio. *Romæ*,
1745, *in-fol.*

Chronicon universale. *Parisiis*, 1512 et 1522, *in-fol.*
Éditions en caractères gothiques.

— *Parisiis*, 1561, *in-8°*.

SAINT REMI.

IXe siècle
après
N. S. J. C.

Archevêque de Lyon, élu en 852, mort le 28 octobre 875.

On lui a attribué les *Explanationes Epistolarum B. Pauli*, que nous avons indiquées à l'article de saint Remi, archevêque de Reims, et que notre savant bibliographe M. Weiss ne croit ni de l'un ni de l'autre.

S. Remigii Lugdunensis de gratia et prædestinatione libri IV, et alia Opuscula, a Petro Francisco Fogginio. *Romæ*, 1771, 2 *in-12*.

REMI D'AUXERRE.

(*REMIGIUS ALTISSODORIENSIS.*)

Né à Auxerre, mort au commencement du dixième siècle; il professoit les lettres et la théologie à Reims en 890, et vint exercer les mêmes fonctions à Paris. On a souvent attribué ses ouvrages à ses illustres homonymes, et à d'autres écrivains avec lesquels il étoit moins excusable de le confondre, comme Haymon d'Alberstadt et Alcuin. Il faut probablement lui restituer les *Explanationes Epistolarum B. Pauli*, que Villalpand s'est cru en droit d'attribuer à saint Remi de Reims. La plupart de ses autres ouvrages sont dans la *Bibliothéque des Pères*.

———

COMMENTARIA IN XI MINORES PROPHETAS POSTERIORES, excepto Osea, ab Hentenio. *Antucrpiœ*, 1545...

Avec OEcumenius.

COMMENTARIA IN OSEÆ QUINQUE PRIORA CAPITA, ET IN OMNES PSALMOS. *Coloniœ*, 1536 et 1538, *in-fol.*

COMMENTARIA IN CANTICA CANTICORUM... 1533.

Sous le nom d'Aymon d'Halberstadt, ainsi que ses *Commentaires sur l'Apocalypse*, imprimés à Paris en 1621 et 1640, et à Cologne en 1624.

~~~~~~

IX⁰ SIÈCLE APRÈS N. S. J. C.

———

EREMPERT.

Moine du mont Cassin, qui paroît avoir vécu vers l'an 890.

———

CHRONICON, ab Antonio Caraccioli. *Neapoli*, 1626, *in-4°.*

A cette chronique sont unis d'autres mémoires sur l'histoire de Naples, par Lupus Protospata, Falcon de Bénévent et l'anonyme du Mont Cassin.

IXe SIÈCLE APRÈS N. S. J. C.

JEAN SCOT ÉRIGÈNE,

OU

L'IRLANDOIS.

IXe siècle
après
N. S J. C.

Surnommé Érigène du nom d'Érin que portoit anciennement l'Irlande. La date de sa naissance et celle de sa mort nous sont inconnues; mais on sait positivement qu'il vivoit sous Charles-le-Chauve dont il étoit le protégé, et qu'il n'existoit plus à l'époque de la mort de ce prince arrivée en 887.

On ne peut pas confondre Jean Scot Érigène avec le fameux Jean Duns, surnommé Scot ou l'Écossois, qui vivoit encore au commencement du quatorzième siècle. Celui-ci, le plus subtil et le plus orthodoxe des scholastiques, différoit en tout point du premier, dont les opinions hardies provoquèrent plus d'une fois les censures de l'Église.

Les biographes rapportent que Jean Scot Érigène dut à son esprit aimable et à son piquant enjouement la faveur de Charles-le-Chauve. Cette circonstance n'est pas indigne d'intérêt, parce qu'elle prouve que le caractère typique des Irlan- dois, toujours célèbres par la gaîté de leur imagination et la finesse de leurs railleries, étoit déjà représenté, si l'on peut s'exprimer ainsi, dans la première cour de l'Europe, il y a près de mille ans.

LIBRI QUINQUE DE NATURIS. *Oxonii, Th. Sheldon.*, 1681, *in-fol.*

Xe SIÈCLE APRÈS N. S. J. C.

REGINON.

Abbé de Prum, dans le diocèse de Trèves; mort en 915, à Trèves, abbé de Saint-Martin de cette ville.

On ignore l'année de sa naissance; mais il étoit déjà revêtu de la première charge de l'abbaye de Prum, en 885, quand il coupa les cheveux au prince Hugues, fils du roi Lothaire, qu'on y relégua comme moine, ou plutôt comme prisonnier, après lui avoir crevé les yeux.

La Chronique de Reginon est de la plus grande importance pour l'histoire d'Allemagne.

DE DISCIPLINA ECCLESIASTICA VETERUM, PRÆSERTIM GERMANORUM, LIBRI DUO, a Joach. Hildebrand. *Helmstad.* 1659, *in-4°.*

Baluze en a mis au jour une seconde édition sous le titre suivant :

DE DISCIPLINIS ECCLESIASTICIS, ET DE RELIGIONE CHRISTIANA, a Stephano Baluzio. *Parisiis*, 1677, *in-8°*.

CHRONICON. *Argentorati*, 1518, *in-fol.*
— *Moguntiæ*, 1521, *in-fol.*

Simon Schard publia de nouveau cette *Chronique* dans un recueil de pièces, *Francfort*, 1566; et Pistorius l'a insérée dans le tome Iᵉʳ des *Rerum germanicar. Scriptor.*, *ibid.*

Xᵉ SIÈCLE APRÈS N. S. J. C.

RATHÈRE ou RATIER.

Moine de l'abbaye de Lobbes; évêque de Vérone, puis de Liége, puis encore de Vérone; mort abbé de Saint-Amand, d'Aumont et d'Aunay, à Namur, en l'an 974.

OPERA, a fratribus Ballerinis. *Veronæ*, 1765, 2 *in-fol.*

Ce recueil est mêlé de littérature sacrée et de littérature profane. Il mérite encore d'être lu.

Xe SIÈCLE APRÈS N. S. J. C.

ACTON.

(*ATTONE*.)

Né en Piémont, au commencement du dixième siècle, d'une famille noble ; mort évêque de Verceil, vers l'an 960 ; canoniste estimé.

OPERA, a P. Achery. *Parisiis*, 1724, *in-fol.*
— a Carolo del Signore. *Vercellis*, 1768, 2 *in-fol.*
Bonne édition.

Xe SIÈCLE APRÈS N. S. J. C.

EUTYCHIUS.

Nommé par les Arabes *Said ben Batric*; né à Fostat en Égypte, vers l'an 876 (263 de l'hégyre), mort patriarche d'Alexandrie en 973, selon quelques biographes, et selon d'autres en 940 ; écrivain très-recommandable parmi les Orientaux, qui ne possèdent, selon Renaudot, aucune *Histoire universelle* qu'on puisse comparer à la sienne.

CONTEXTIO GEMMARUM, etc., ab Eduardo Pocokio, arab. et lat. *Londini*, 1642, et *Oxoniæ*, 1658, 2 *in-4°*.

La bizarrerie de ce titre adapté à une histoire universelle n'aura rien de nouveau pour les lecteurs qui connoissent l'esprit des écrivains orientaux.

Xᵉ SIÈCLE APRÈS N. S. J. C.

THÉODULE.

Évêque grec qui a pris quelque rang parmi les poëtes. Il vivoit au milieu du dixième siècle.

EGLOGA DE MIRACULIS VETERIS TESTAMENTI. *Lipsiæ, Conr. Kacheloven*, 1489, *in-4°.*
— cum commento. *Ibid.* 1499, *in-4°.*
— a J. G. S. Schwabe. *Altenburgii*, 1773, *in-8°.*
DIALOGUS PASTORUM DE VERITATE RELIGIONIS CHRISTIANÆ AD-VERSUS OBJECTIONES INFIDELIUM. *Coloniæ, Henr. Quentel*, 1492, *in-4°.*

Xᵉ SIÈCLE APRÈS N. S. J. C.

LUITPRAND.

Né au commencement du dixième siècle; mort évêque de Crémone, âgé d'environ 60 ans; un des hommes les plus érudits, mais un des écrivains les plus hostiles et les plus mordans de son temps.

Le *Chronicon ad Tractemundum Illiberita-num, etc. Mantuæ Carpetanorum* (Madrid), 1635, *in-4°*, est un ouvrage supposé.

OPERA. *Antuerpiæ*, 1640, *in-fol.*

Certains des ouvrages compris dans cette édition, comme *la Chronique des Goths*, et *les Vies des saints Pères*, ne sont pas de Luitprand, mais d'un écrivain sans critique et sans goût, qui les a remplis de fables.

Xe SIÈCLE APRÈS N. S. J. C.

SAINT DUNSTAN.

Né d'une famille illustre, à Glastenbury, ville du comté de Sommerset en Angleterre, vers l'an 924; évêque de Worcester en 957; archevêque de Cantorbéry en 961; mort en 988 dans cette dernière ville, après avoir annoncé, dans son dernier sermon, qu'il ne tarderoit pas à être séparé de son troupeau; grand prélat et grand canoniste.

OPERA. *Duaci*, 1626, *in-8°.*

Xe SIÈCLE APRÈS N. S. J. C.

OECUMENIUS.

Théologien grec du dixième, et peut-être du onzième siècle; abréviateur peu considéré de saint Jean Chrysostome.

X° siècle
après
N. S. J. C.

EXPOSITIONES IN QUOSDAM NOVI TESTAMENTI LIBROS, a Bern.
Donato, gr. *Veronæ, de Sabio,* 1532, 2 *in-fol.*
— a Frid. Morellio, gr. et lat. *Parisiis,* 1630-31, 2 *in-fol.*

Édition qui contient en outre les ouvrages.d'Aretha, auteur du dixième
siècle qui a interprété l'Apocalypse de saint Jean : 15 à 24 fr.

Xe SIÈCLE APRÈS N. S. J. C.

HÉLÈNE ORHOSSOW.

(*HELENA ORHOSWITA.*)

Chanoinesse de Gaudersheim. Elle florissoit sous
l'empereur Othon II, surnommé *le Sanguinaire,*
qui succéda à son père Othon I, le 13 mai 973.

HELENÆ ORHOSWITÆ MONIALIS POEMATA. *Norimbergæ,* 1501...
— a D. Henric. Leonhardo Schurzfleischio. *Witebergæ,* 1707,
in-4°.

Hélène Orhossow avoit écrit un poëme *de Constructione cœnobii Gauders-
heimensis,* qui a été recueilli par le grand Leibnitz dans le tome II des *Script.
Brunswicens. Hanoveræ,* 1710, *in-fol.* .

Xᵉ SIÈCLE APRÈS N. S. J. C.

ERIGER ou ERIGIER.

Abbé de Lobbes, vers l'an 990.

HISTORIA DE EPISCOPIS LEODIENSIBUS, a Joan. Chapeaville. *Leodii*, 1613, *in-4°*.

LIBER DE CORPORE ET SANGUINE DOMINI.

A la fin de l'*Historia Gottescalchi. Parisiis*, 1655, *in-fol.*

XIᵉ SIÈCLE APRÈS N. S. J. C.

GERBERT.

Depuis connu dans le nombre des souverains pontifes, sous le nom de Sylvestre II; né en Auvergne, d'une famille obscure; mort en l'an 1003, quatre ans après avoir remplacé Grégoire V sur le trône des papes. Il avoit été archevêque de Reims et de Ravenne.

Gerbert est un des plus savants hommes qui aient illustré son siècle et le pontificat. Sa profonde habileté dans les mathématiques et dans les sciences abstraites fit supposer au vulgaire qu'il avoit employé le sortilége pour parvenir à la tiare. Triste fatalité du savoir ! On en fait un crime dans les siècles d'ignorance, et on le méconnoît dans les siècles de vanité.

EPISTOLÆ, a Joanne Massono. *Parisiis*, 1611, *in-4⁰*.

DISPUTATIO CHRISTIANORUM ET JUDÆORUM. *Romæ*, 1544, *in-4⁰*.

RYTHMOMACHIA. *Lipsiæ*, 1616, *in-fol.*

Avec l'ouvrage *de Lusu Schaccorum*, publié sous le nom de Gustave Selenus. Édition fort rare.

XI⁰ SIÈCLE APRÈS N. S. J. C.

BURCHARD.

Né dans le onzième siècle, à Biberach en Souabe; mort en 1126, abbé d'Ursperg, entre Ulm et Augsbourg.

On le croit le véritable auteur de la *Chronique d'Ursperg*, connue sous le nom de Conrad de Lichtenau.

DECRETORUM LIBRI XX. *Coloniæ*, 1548, *in-fol.*

Première édition.

— *Parisiis, Joan. Foucherius*, 1549, *in-8⁰*.

Édition meilleure que la précédente.

— a Bartholdo Questenburgh. *Coloniæ, Birckmann*, 1560, *in-fol.*

FULBERT.

Cinquante-quatrième évêque de Chartres, un des principaux ornements de l'Église gallicane, au siècle où il vécut. Mabillon le croit Italien, et peut-être Romain ; d'autres le font naître à Chartres, et d'autres dans l'Aquitaine. Il mourut le 4 des ides d'avril, dixième jour de ce mois, l'an 1029, après quinze ans, ou, selon une opinion plus vraisemblable, après vingt-un ans et demi d'épiscopat. Ses lettres sont d'un grand intérêt pour l'histoire des mœurs et des usages de cette époque.

OPERA VARIA, a Carolo de Villiers. *Parisiis,* 1608, *in-8°.*

Les ouvrages de Fulbert se trouvent aussi dans le recueil intitulé : *Veterum aliquot Galliæ et Belgii Opuscula,* *Lugduni-Batavorum,* 1692, *in-8°.*

FULBERT (LE SOPHISTE).

Archidiacre de Rouen et conseiller de l'archevêque Maurille ; surnommé *le Sophiste,* parce qu'il étoit versé dans les lettres et la dialectique. Quoique les rares biographes qui en font mention le croient contemporain du précédent, il paroît qu'il ne florit qu'un peu plus tard; mais nous le plaçons ici à la suite de Fulbert l'évêque, pour remédier à une omission des savants auteurs que nous suivons, et préserver nos lecteurs d'une confusion assez naturelle de noms et de personnes. Indépendamment de l'ouvrage ci-après indiqué, il avoit écrit une *Vie de saint Remi*, archevêque de Rouen, mort en 771, qui est insérée dans le *Thesaurus Anecdotorum*, tom. III; et deux petits traités, l'un, *de l'ordre et de la manière de célébrer le concile;* l'autre, *de l'ordination des évêques*, qui ont été recueillis au tom. II des *Analectes* de Mabillon. Il ne faut pas confondre ce second Fulbert, ni avec un troisième qui a écrit la *Vie de saint Achaidre*, abbé de Jumiéges, imprimée dans la collection de Surius, ni avec celui dont le nom plus populaire est consacré par les aventures romanesques d'Abailard, et qui étoit chanoine de Paris.

———

VITA SANCTI ROMANI, e veteri martyrologio edita; cura et cum notis Nicolai Rigaltii. Accessit ejusdem Rigaltii Dissertatio, et ad calcem legitur privilegium Ludovici XII, in gratiam feretri seu capsæ sancti Romani concessum. *Rothomagi*, 1609, 1652, *in-*8°.

C'est Dom Martenne qui a rendu cet ouvrage à Fulbert : Mabillon l'attribuoit à Gerard, prieur de Saint-Médard de Soissons.

XI° siècle après **N. S. J. C.**

ADELMAN.

Mort, évêque de Brescia, en 1057, selon les uns, et, selon les autres, en 1061. On croit que sa lettre à Bérenger est de 1047.

ADELMANNI DE VERITATE CORPORIS ET SANGUINIS DOMINI AD BERENGARIUM EPISTOLA, a Jo. Ulimmerìo. *Lovanii*, 1551, *in-8°*.

Avec d'autres écrits sur la même matière. Première édition, qui fut reproduite en 1561.

— a Can. Galeardo. *Patavii, Comminus*, 1720, *in-4°*.

A la fin des sermons de saint Gaudence.

— ab eod. *Brixiæ*, 1738, *in-fol.*

Avec saint Gaudence, saint Philastre et le bienheureux Rampert.

— cum epistola Berengarii ad Adelmannum, e codice Guelferbytano, a Conrado Arnaldo Schmidio. *Brunsvici*, 1770, *in-8°*.

Les poésies d'Adelman se trouvent dans l'édition de Galeardi ou Gagliardi, et dans les *Analectes de Mabillon*.

XIe SIÈCLE APRÈS N. S. J. C.

MICHEL PSELLUS.

XIe siècle   Né à Constantinople, d'une famille patricienne;
après
N. S. J. C. mort déchu d'une longue fortune dans les cours, et relégué dans un monastère, vers 1079, à un âge très-avancé; le plus célèbre et le plus fécond des écrivains grecs du onzième siècle. Ses nombreux ouvrages de mathématiques sont trop étrangers à la Bibliothèque sacrée pour que nous croyions devoir en faire mention ici.

PARAPHRASIS, SEU COMMENTAR. IN CANTICA CANTICORUM, a Joanne Meursio, gr. *Lugduni-Batavorum*, 1617, *in-4°*.

DE SANCTISSÍMA TRINITATE, CUM CYRILLO CONTRA NESTORIA-NOS, a Wegelino, gr. et lat. *Augustæ-Vindelicorum*, 1611, *in-8°*.

DIALOGUS DE ENERGIA ET OPERATIONE DÆMONUM, a Petro Morellio, gr. et lat. *Parisiis*, 1577, *in-8°*.

DE OPERATIONE DÆMONUM, cum interpret. latina et notis Gilb. Gaulmini. *Lutetiæ Parisiorum*, 1615, *in-8°*.

IAMBI IN VITIA ET VIRTUTES, gr. *Basileæ*, 1544, *in-8°*.

— ET ISAGOGE IN TANTALUM ET IN CIRCEN; ET ALLEGORIA DE SPHINGE, gr. *Basileæ, Oporinus, in-8°*.

Édition sans date.

SINOPSIS LEGUM VERSIBUS IAMBICIS ET POLITICIS, a Francisco Bosqueto, gr. et lat. *Parisiis*, 1632, *in-8°*.

—cum selectis observationibus com. Sibenii, edit. Lud. Herr. Teucherus. *Lipsiæ*, 1796, *in-8°*.

XIe siècle après **N. S. J. C.**

SAINT BRUNO DE WURTZBOURG.

Fils de Conrad, duc de Carinthie, et oncle de l'empereur Conrad II ; mort en Hongrie, le 17 mai 1045, sous les ruines d'une salle dans laquelle il prenoit son repas. Le surnom de *Wurtzbourg* ou *Herbipolensis* lui a été donné pour le distinguer de ses homonymes, du nom de la ville de *Wurtz-bourg*, dont il occupoit le siége épiscopal.

EXPOSITIO IN PSALTERIUM. *Norimb. Ant. Coburger*, 1494, *in-4°*.

XIe siècle après **N. S. J. C.**

PIERRE DAMIEN.

Né à Ravenne, vers l'an 988, d'une famille très-pauvre, et rejeté, dit-on, par sa mère, qui ne voulut pas ou qui ne put pas le nourrir ; mort à Faenza, le 22 février 1072, âgé d'environ quatre-

vingt-trois ans, et parvenu à cette haute vieillesse, malgré l'habitude des plus cruelles austérités, le poids des chaînes de fer et la rigueur des
cilices. Il étoit cardinal-évêque d'Ostie, et avoit
exercé en France les fonctions de légat du Saint-
Siége.

Certains critiques reprochent à Pierre Damien la
diffusion et l'embarras du style ; mais ils recommandent ses ouvrages comme remplis d'instructions précieuses pour la connoissance de l'histoire
ecclésiastique du onzième siècle.

OPERA, a Constantino Cajetano. *Romæ*, 1607, 1608 et 1615,
in-fol.
— *Parisiis*, 1642, 1663, *in-fol.*

XIe SIÈCLE APRÈS N. S. J. C.

PAUL DE BENRIÈDE.

Chanoine des Augustins de Benriède, vers 1080.

DE REBUS GESTIS GREGORII VII, P. M., ET VITA S. HERLUCÆ
VIRGINIS, a Jacobo Gretsero. *Ingolstadii, Adam Sartorius,*
1610, *in-4°.*

Cet ouvrage se trouve aussi dans la collection des Bollandistes.

BENNON ou SAINT BENNON.

Né vers l'an 1011; mort près d'un siècle après, en 1107, évêque de Meissein et cardinal.

DE VITA ET GESTIS HILDEBRANDI, sine ulla nota, *in-fol.*
Édition du 15e siècle.

VITA GREGORII PAPÆ VII, a Melchiore Haiminsfeldio Goldasto. *Hanov.* 1611, *in-4°.*
Avec d'autres écrivains pour la plupart opposés au Saint-Siége.

SAINT BRUNO LE CHARTREUX.

Né à Cologne, vers l'an 1030; fondateur de la Chartreuse de Grenoble, en 1084, et, dix ans après, de celle de Squillace en Calabre, où il mourut entre les bras de ses disciples, le 6 octobre 1101.

La fameuse galerie de Le Sueur a rendu la vie de ce grand homme tout-à-fait populaire. Ce qui mériteroit de l'être, c'est le souvenir des travaux

dont son admirable institution a enrichi les lettres, et qui ont fourni tant de trésors aux éditeurs de la Renaissance. Un de ses successeurs
fit même un devoir capital aux solitaires qui vivoient sous sa règle, de la recherche, de la conservation et de la copie des manuscrits, sollicitude bien étrange dans un de ces moines barbares
si odieux aux siècles éclairés, qui ont proscrit les
livres et les moines.

OPERA ET VITA. *Parisiis, J. Badius Ascensius,* 1524, *in-fol.*

Édition très-rare, dans laquelle se trouve gravée en petites figures en bois
la célèbre histoire du chanoine Raymond de Paris : 42 fr. La Vallière.

Le chartreux Petreius a donné deux éditions de saint Bruno : *Coloniæ,*
1611 et 1640, *in-fol.*

XIIe SIÈCLE APRÈS N. S. J. C.

GUIGUES, DIT DUCHASTEL. [1]

(*GUIGO ou GUIDO DE CASTRO-NOVO.*)

Né en 1083, à Saint-Romain, diocèse de Valence, d'une famille noble; mort en réputation
de sainteté, cinquième prieur de la Grande-Char-

---

[1] Nous déplaçons un peu cet article, sous le rapport de l'ordre chronologique, pour le rapporter à son ordre méthodique, c'est-à-dire à la suite
de l'article de saint BRUNO, dont il est le complément naturel. C'est
d'ailleurs une des additions qui nous sont propres.

treuse, le 27 juillet 1137. C'est lui qui prescrivit xiie siècle
comme obligatoire, dans les statuts de l'ordre, après N. S. J. C.
des travaux purement littéraires , c'est-à-dire
l'investigation et la copie des manuscrits anciens;
et on peut le compter, avec raison, au nombre
des bienfaiteurs de l'étude et de la civilisation.

Indépendamment de ses méditations et des
statuts de son ordre, le bienheureux Guigues
avoit écrit une *Vie de saint Hugues de Castro-
Novo*, qui se trouve insérée dans les recueils de
Surius et de Bollandus.

——

Guilielmi, abbatis S. Theodorici, ord. Cluniacensis, meditationes devotissimæ; ejusdem, libellus meditatorius de
amore Dei : Item, D. Guigonis, Carthusianorum Prioris,
Meditationes. *Antuerpiæ, Christoph. Plant.* 1589, *in-16.*

Nous en avons vu annoncée une édition de 1550, qui n'est point tombée
entre nos mains.

Statuta Ordinis Carthusiensis a Guigone Priore Carthusiæ
compilata, nec non privilegia ejusdem ordinis. *Basileæ,
Joannes Amerbachius; impensis domus montis S. Joannis
Baptistæ prope Friburgum , cum figuris. Anno* 1510, *in-fol.*

La grande rareté de ce précieux volume nous engage à rapporter ici les
détails dans lesquels de Bure a cru devoir entrer sur son contenu. Quoique
les bibliographes modernes puissent le croire, avec quelque justice, un
peu déchu de son ancienne valeur, il n'en conservera pas moins une
valeur très-réelle aux yeux des vrais amateurs, qui ne regardent pas une antiquité monumentale comme perdue, parce que le temps et les révolutions
l'ont détournée de son ancien usage. Les *Statuts des Chartreux* ont le même
genre d'importance que leurs ruines.

Ce volume est divisé en cinq parties :

La première contient les statuts, proprement dits, de Guigues, et elle
forme quatre cahiers de signatures capitales, dont la première signature *a*
est de huit feuillets (y compris dans ce nombre celui de l'intitulé, et d'une

XIIe siècle
après
N. S. J. C.

planche de gravure en bois, qui représente plusieurs sujets d'histoire concernant l'origine de cet ordre) ; la seconde *b*, et la troisième *c*, de six feuillets chacune, et la quatrième *d*, de cinq feuillets seulement, à la fin du dernier desquels on lit ces mots : *Expliciunt consuetudines domini Guigonis priore Carthusiæ.*

La seconde renferme les anciens statuts de l'ordre, en trois parties, qui contiennent quinze cahiers de signatures, savoir, depuis la lettre *a* jusques et compris la lettre *p*. Ces cahiers ne sont point égaux, et voici l'ordre et le nombre des feuillets qui doivent les former : la signature *a* doit être de huit feuillets ; la signature *b* de six feuillets ; *c* de huit feuillets ; *d* de six feuillets ; *e* de huit feuillets ; *f* de huit feuillets ; *g* de huit feuillets ; *h*, *i*, *k*, *l*, *m*, de six feuillets chacune ; *n*, *o*, *p*, chacune de huit feuillets, à la fin du dernier desquels on lit ces mots : *Explicit tertia pars consuetudinum antiquarum ordinis Carthusiensis.*

La troisième renferme les nouveaux statuts de l'ordre, en trois parties, qui contiennent quatre cahiers de signatures sous les lettres alphabétiques *q*, *r*, *s*, *t*, les trois premières de six feuillets chacune, et la dernière seulement, de huit feuillets, à la fin du dernier desquels on lit : *Explicit tertia pars statutorum novorum.* Doit suivre ensuite une petite partie séparée, intitulée : *Tertia compilatio statutorum ordinis Carthusiensis*, laquelle forme quatre cahiers cotés de signatures *v*, de huit feuillets *x* et *y*, de six feuillets chacun, et *z* de huit feuillets ; et on lit à la fin ce qui suit : *Explicit tertia compilatio statutorum ordinis Carthusiensis.*

La quatrième renferme le *Répertoire des statuts*. Ce répertoire est rangé selon l'ordre des lettres de l'alphabet, et les cahiers de signatures en sont cotés ainsi qu'il suit : *a* de huit feuillets : *b*, *c*, *d*, *e*, *f*, *g*, *h*, de six feuillets chacun ; *i* et *k* de huit feuillets chacun ; et à la fin du dernier de ces feuillets, on lit ces mots : *Repertorium statutorum ordinis Carthusiensis explicit.*

La cinquième renferme les priviléges de l'ordre. Cette partie, qui est la plus rare, est précédée d'un *Répertoire* avec son *intitulé*, et une épître dédicatoire, qui composent ensemble un cahier de dix feuillets, signature *a*. Doit suivre immédiatement après, le corps de la partie des priviléges, qui remplissent cinquante feuillets chiffrés ; et c'est au *verso* du 48e de ces feuillets que l'on trouve la date de l'année de l'impression du volume, laquelle est conçue en ces termes : *Finiunt statuta et privilegia ordinis Carthusiensis feliciter impressa Basileæ arte et industria magistri Joannes Amorbachii ac Collegarum suorum, impensis domus montis Sancti Joannis Baptistæ prope Friburgum : Anno domini quingentesimo decimo supra millesimum ad 18 calendas februarias :* et au feuillet 49 se trouve le décret qui porte défense de communiquer, vendre ou aliéner cet ouvrage à qui que ce soit. A la suite de ce décret, l'on trouve encore un *index* ou *table* de toutes les maisons de l'ordre, qui sont rangées par provinces. Cet index ou table finit, avec le volume, à la fin du recto du 50e feuillet.

Cette description, conforme à l'exemplaire que nous avons eu entre les mains, a été critiquée en quelques points par le Père de Tracy dans sa *Vie de saint Bruno*. M. Renouard, qui a certainement collationné le sien sur la description de la *Bibliographie* dont il fait mention dans le paragraphe attaché à son titre, ne parle pas de ces différences.

XIᵉ SIÈCLE APRÈS N. S. J. C.

LE BIENHEUREUX LANFRANC.

Né à Pavie, vers l'an 1005, mort archevêque de Cantorbéry, le 29 septembre 1087. C'est Lanfranc qui couronna roi d'Angleterre Guillaume-le-Roux, fils puîné de Guillaume-le-Conquérant. Il avoit été abbé de Saint-Étienne de Caen et archevêque de Rouen, et il étoit regardé comme une des grandes lumières de l'Église.

Lanfranc s'est fait remarquer dans ses disputes contre Bérenger, par une dialectique habile et profonde. Entraîné par son adversaire sur un terrain qui n'étoit pas le sien, il est le premier théologien qui se soit servi avec un grand succès des plus simples enseignements de la raison pour défendre les vérités de la foi, et qui ait appelé le jugement humain en témoignage des mystères.

OPERA, a Luca Dacherio, mon S. Mauri. *Parisiis*, 1648, *in-fol.*

SAINT IVES, YVES, IVON, ou YVON.

Né vers l'an 1040, dans les environs de Beauvais; mort, évêque de Chartres, le 23 décembre
1116; disciple de Lanfranc.

OPERA. *Parisiis*, 1647, 2 *in-fol.*

THÉOPHYLACTE.

Né à Constantinople au commencement du
onzième siècle; archevêque d'Acride en Bulgarie.
L'année de sa mort est incertaine, mais postérieure à l'an 1071. On l'a mal à propos confondu
avec un autre Théophylacte, archevêque d'Acride,
qui vivoit au neuvième siècle.

OPERA, a Joan. Franc. Bern. de Rubeis et Bonif. Finettio,
gr. et lat. *Venetiis*, 1754-63, 4 *in-fol.*

Édition qui a coûté 100 fr., mais qui ne conserve pas ce prix.

COMMENTARIA IN EVANGELIA, gr. *Romæ*, 1542, *in-fol.*
—gr. et lat. *Parisiis*, 1631, *in-fol.*

COMMENTARIUM IN ACTA APOSTOLORUM, a Laur. Sifanio, gr. et lat. *Coloniæ*, 1568, *in-fol.*

Édition rare.

COMMENTARIA IN EPISTOLAS D. PAULI, ab Augustino Lindsello, gr. et lat. *Londini*, 1636, *in-fol.*

XIe siècle
après
N. S. J. C.

XIe SIÈCLE APRÈS N. S. J. C.

SAINT ANSELME,

ARCHEVÊQUE DE CANTORBERY.

Né à la cité d'Aost en Piémont, l'an 1033; mort en 1109, sept ans après le synode national de Westminster, où son influence, due à la sévérité de ses mœurs et à l'intrépidité qu'il avoit toujours opposée aux abus du pouvoir, fit prévaloir la loi du célibat ecclésiastique. Ses élèves lui ont attribué de grands miracles, et ses adversaires ont reconnu en lui une instruction fort rare à l'époque où il vivoit.

Les bibliographes ont souvent confondu saint Anselme de Cantorbéry avec saint Anselme évêque de Lucques, mort à Mantoue le 18 mars 1086, dont il existe plusieurs ouvrages, soit dans la *Bibliothèque des Pères*, soit dans d'autres recueils, et auquel Vogt attribue dubitativement une *Col-lectio canonum antiqua, editione Antonio Au-gustino*, que. je n'ai encore pu découvrir. Les méprises de noms, d'indications et de dates sont inévitables en bibliographie. Les hommes vraiment instruits doivent rendre grâces au hasard qui les découvre, et même à la malignité qui les cherche. La haine a rendu plus de service au savoir que l'émulation.

———

OPERA, a Gabriele Gerberon, mon. S. Mauri. *Parisiis*, 1675, *in-fol.*

— ex eâdem editione. *Parisiis, Montalant*, 1721, *in-fol.*

Édition meilleure que la précédente, et qui contient aussi les ouvrages d'Eadmère, disciple de saint Anselme : 15 à 20 fr.

OPUSCULA, absque ulla nota, *in-4°.*

Édition du 15e siècle.

— *Norimbergæ*, 1491, *in-4°.*

CUR DEUS HOMO, LIBRI II, sine ulla nota, *in-fol.*

Édition du 15e siècle.

EXHORTATIONES ANSELMI. *Lubecæ,* 1496, *in-4°.*

EPISTOLA DE SANCTA CONCEPTIONE B. M. V., sine ulla nota, *in-4°.*

Ancienne édition de Mayence ou de Cologne.

DE PLANCTU MARIÆ, sine ulla nota, *in-8°.*

Édition imprimée avec les caractères de Conrad Zeninger de Nuremberg, vers 1480.

DE PASSIONE CHRISTI DIALOGUS, sine nota.

Édition en caractères gothiques du 15e siècle.

XIIᵉ SIÈCLE APRÈS N. S. J. C.

LÉON DE MARSI.

Né à Marsi en Italie, moine du Mont-Cassin, XIIᵉ siècle après N. S. J. C. dont il fut l'historien; cardinal-évêque d'Ostie, à la fin du onzième et au commencement du douzième siècle.

CHRONICON CASSINENSE, A PETRO DIACONO CONTINUATUM. *Venetiis,* 1513, *in-4°.*
—a Matthæo Laureti. *Neapoli,* 1616, *in-4°.*
—ab Angelo de Nuce abb. Cassinensi. *Parisiis,* 1668, *in-fol.*

XIIᵉ SIÈCLE APRÈS N. S. J. C.

BALDERIC ou BAUDRY.

Né vers le milieu du onzième siècle, à Meun-sur-Loire; abbé de Bourgueil en Anjou; mort évêque de Dol en Bretagne, le 7 janvier 1130 ou 1139.

Baudry avoit été poëte, mais on n'a conservé certains de ses vers que pour constater quelques irrégularités de sa jeunesse. Sa prose est supérieure à sa poésie, et l'intérêt de son *Histoire le Jérusalem* auroit pu recommander un écrivain

plus médiocre : le fonds en est pris de Theude-
bode, historien exact dont Baudry étoit du moins
très-capable de retoucher et d'améliorer le style.

Vita B. Roberti de Arbrissello. *Flexiæ*, 1641, *in-8°*.

Balderic avoit composé, comme je viens de le dire : *Historiæ Hierosoly-
mitanæ libri quatuor; Gesta pontificum Dolensium;* et plusieurs autres ouvrages restés inédits, ou dont on ne connoît point d'éditions certaines.

~~~~~~

XIIᵉ SIÈCLE APRÈS N. S. J. C.

BALDERIC ou BAUDRY-LE-ROUGE.

Fils d'Albert, seigneur de Sarchonville en Ar-
tois; évêque de Noyon et de Tournay; mort
en 1112.

Chronicon Cameracense et Atrebatense, sive historia
utriusque Ecclesiæ, adhinc sexcentis annis conscripta, a
Balderico Noviomensi et Tornacensi Episcopi; nunc primùm edita et notis illustrata, per Georgium Colvenerium.
Duaci, Bogard (1615), *in-8°*.

Cette chronique s'étend du règne de Clovis à l'an 1070. Elle est précédée
d'une dissertation sur Balderic, suivie de longues notes, et terminée par un
petit glossaire des mots de la basse latinité qui s'y rencontrent. C'est un livre
fort rare.

XIIe SIÈCLE APRÈS N. S. J. C.

JEAN LE MILANOIS.

Il florissoit vers 1100; on ne connoît aucune particularité de sa vie. C'est lui qui composa, au nom du collège de médecine de Salerne, le fameux livre en vers léonins qui a rendu si populaire le nom de cette école. Il contenoit d'abord 1239 vers, dont 372 seulement nous sont parvenus.

Nous avons expliqué ailleurs les motifs qui nous décidoient à admettre, dans ce tableau de la littérature sacrée aux siècles intermédiaires, des auteurs et des ouvrages qui ne lui appartiennent pas. Bien différent de cet âge dont Bossuet a dit que tout y étoit Dieu, si ce n'est Dieu lui-même, le moyen âge avoit identifié la pensée de Dieu avec toutes les pensées de l'homme. Une lacune dans l'histoire des sciences de cette époque interromproit l'importante histoire de l'influence du christianisme sur les progrès de la société.[1]

---

[1] Ce n'est pas une raison pour trouver ici ni Celse ni Galien. Nous avons cru devoir donner une place dans la *Bibliothèque Sacrée* à certains écrivains des siècles les plus obscurs du moyen âge qui sont étrangers aux matières qu'elle renferme, afin de laisser le moins de lacunes possibles dans cette partie curieuse de l'histoire littéraire; et cette précaution étoit inutile pour les classiques.

HILDEBERT.

Né en 1057, à Lavardin, dans le Vendômois, mort à Tours, dont il occupoit le siége épiscopal, le 18 décembre 1134; écrivain élégant; sermonnaire instructif et solide; théologien méthodique et précis; poëte ingénieux, fort supérieur à tous les poëtes de son siècle. C'est de lui qu'est la spirituelle épigramme sur l'*Hermaphrodite*, qui a été traduite en vers grecs par Politien, et en vers françois par La Monnoye.

OPERA, ab Ant. Beaugendre, mon. S. Mauri. *Parisiis*, 1708, *in-fol.*

Excellente édition, qui contient tous les ouvrages de Marbode, auteur contemporain.

SAINT BRUNO D'AST ou D'ASTI.

Né à Solerice, dans le diocèse d'Asti en Piémont, où il devint chanoine, et d'où il passa à l'évêché de Segni, dans la Campanie. Il y mourut en 1123.

Les derniers événements de l'Europe ont donné beaucoup d'importance à deux de ses lettres où il blâme la conduite de Paschal II, qui, pour recouvrer sa liberté, accorda les investitures à l'empereur Henri.

OPERA, a Mauro Marchesio. *Venetiis*, 1651, 2 *in-fol.*
—a Petro Bruno Bruni. *Romæ*, 1789, 2 *in-fol.*
Excellente édition.

COMMENTARIUS IN IV EVANGELIA, ex Cod. MSS. Biblioth. Collegii Romani. *Romæ*, 1775, 2 *in-8°*.

XIIe SIÈCLE APRÈS N. S. J. C.

GUIBERT.

Né en 1053, à Clermont en Beauvoisis; mort dans le monastère de Nogent dont il étoit abbé, en l'an 1124; disciple de saint Anselme, qui le détourna d'un penchant excessif à l'étude des lettres profanes pour le ramener tout entier aux beautés des saintes Écritures.

Aucun théologien de ces temps assez reculés ne s'est distingué par une plus saine critique, et par un plus grand éloignement pour les superstitions indignes du christianisme, que l'ignorance des peuples a quelquefois mêlées à ses croyances.

Il s'éleva contre les fausses reliques, les faux miracles, les saints inconnus, et condamna sévèrement cette scholastique frivole dont les subtilités
s'introduisoient dès-lors dans l'enseignement des
lettres sacrées. Écrivain médiocre, mais judicieux,
il auroit honoré un siècle plus perfectionné.

Opera, a Luca Dacherio. *Parisiis, Billaine,* 1651, *in-fol.*
Sermones super Cantica Canticorum. *Florentiæ,* 1485,
in-fol.

XIIe SIÈCLE APRÈS N. S. J. C.

MARBODE.

Né en Anjou, d'une famille illustre; mort le
11 septembre 1123, à l'âge de 88 ans, dans l'abbaye de Saint-Aubin où il avait pris l'habit monastique, après avoir occupé pendant plusieurs
années le siége épiscopal de Rennes. C'étoit un
écrivain profondément lettré, et un savant remarquable par la variété de ses connoissances. Quoique
la plupart de ses ouvrages paroissent étrangers à
la *Bibliothéque sacrée,* nous avons cru devoir indiquer les plus connus.

MARBODI LIBER. *Redonis*, 1524, *in-4°.*

Ce volume, qui renferme des hymnes et d'autres poésies ascétiques, est d'une
grande rareté.

— DE GEMMARUM LAPIDUMQUE PRETIOSORUM FORMIS, naturis
atque viribus opusculum. *Parisiis*, 1531, *in-8°.*

— *Coloniæ*, 1539, *in-8°.*

— *Basileæ*, 1555, *in-8°.*

— *Gottingæ*, 1799, *in-8°.*

On a aussi de Marbode les *Vies* de plusieurs saints, qui se trouvent insérées
dans le *Recueil* des Bollandistes, et quelques traités de rhétorique et de grammaire qui ne sont pas sans intérêt pour le temps. Nous avons indiqué l'édition
complète de ses *œuvres*, due aux soins de Beaugendre, à l'article d'Hilde-
bert, auquel il est réuni.

XIIᵉ SIÈCLE APRÈS N. S. J. C.

———

HONORIUS.

Ecclésiastique d'Autun, qui vivoit vers le milieu du douzième siècle, et qui a laissé quelques
ouvrages ou ascétiques ou polémiques, plus remarquables par la date de leur impression que
par l'onction ou l'éloquence de l'écrivain. Il est
probable cependant qu'ils avoient joui d'une assez
haute réputation, puisqu'ils s'étoient conservés
jusqu'à l'origine de l'imprimerie, qui leur fut
postérieure de plus de trois siècles, et qu'ils tien-
nent encore une place parmi ses premiers monuments.

XIIe siècle après N. S. J. C. DE PRÆDESTINATIONE ET LIBERO ARBITRIO, sine nota, *in-fol.*

Édition attribuée à Cephalus Wolphius, imprimeur de Strasbourg, et rapportée à l'an 1472.

— a Georgio Cassandro. *Basileæ*, 1552, *in-8°.*

— a Joanne Corron. *Antuerpiæ*, *in-8°.*

DE IMAGINE MUNDI, sine nota, *in-fol.*

Édition imprimée en mèmes caractères que la première : DE PRÆDESTINATIONE.

— sine nota, *in-fol.*

Ancienne édition, imprimée vers 1472, sans chiffres, réclames ni signatures, avec les caractères d'Ant. Koburger, imprimeur à Nuremberg. Elle contient 46 feuillets, et chaque page renferme 30 lignes. Vend. 26 fr. de Servais; 30 fr. Mac-Carthy (*Manuel du libraire*, tome I, pag. 476.)

Cette édition est probablement celle qu'indiquent nos auteurs, comme réunie au traité de Gualterus Burley, *de vita et moribus Philosophorum.* Une singularité qui la distingue, c'est que sa préface, datée de 1472, est adressée au cardinal Cusa, qui étoit mort en 1464.

EXPOSITIO IN CANTICA CANTICORUM, *in-4°.*

Édition sans nom de lieu et d'imprimeur, rapportée à l'an 1480.

SIGILLUM S. MARIÆ. *Coloniæ*, 1540, *in-8°.*

GEMMA ANIMÆ. *Lipsiæ*, 1514, *in-4°.*

XIIe SIÈCLE APRÈS N. S. J. C.

DONNISSON.

Prêtre et biographe distingué, qui florissoit sous le règne d'Henri IV et d'Henri V, empereurs. Le cardinal Baronius le cite comme une autorité très-recommandable.

VITA COMITISSÆ MATHILDIS, CARMINE HEROÏCO, a Sebastiano Tengnagelio. *Ingolstadii*, 1612, *in-4°.*

XIIe SIÈCLE APRÈS N. S. J. C.

RUPPERT.

Né dans le territoire d'Ypres ; moine de Saint-Benoît, mort abbé de Deutsch, en l'an 1135.

OPERA. *Parisiis*, 1658, 2 *in-fol.*
— cum variis opusculis, a P. Canon. *Venetiis*, 1748-51, 4 *in-fol.*
VICTORIA VERBI DEI. *Augustæ, Ant. Sorg*, 1487, *in-fol.*

XIIe SIÈCLE APRÈS N. S. J. C.

EADMER ou EDMER.

Anglois ; disciple de saint Anselme, et bénédictin de Cluni ; mort, selon Fabricius, l'an 1137 ; historien et biographe estimé.

OPERA, a Jo. Seleno. *Londini*, 1623 , *in-fol.*

Les ouvrages d'Eadmer se trouvent encore avec ceux de saint Anselme, *Paris*, 1675 et 1721, *in-fol.*

PIERRE DIACRE.

**XIIe siècle
après
N. S. J. C.** Ainsi nommé, parce qu'il fut diacre et bibliothécaire de Mont-Cassin; né vers l'an 1110.

Un autre Pierre Diacre, garde chartes de l'église de Constantinople, a écrit, vers l'an 1090, de courtes réponses à différents cas qui lui avoient été proposés. Ces solutions se trouvent dans le Recueil du droit grec et romain.

LIBER DE VIRIS ILLUSTRIBUS CASSINENSIBUS, a Jo. Bapt. Mari. *Romæ*, 1655, *in-8°*.
— ab eodem. *Parisiis*, 1666, *in-8°*.

EUTHYME ZIGABÈNE.

Moine grec de l'ordre de saint Basile, qui florissoit à Constantinople vers 1118, sous le règne d'Alexis Comnène.

EUTHYMII ZIGABENI SEU ZIGADENI COMMENTARIUS IN IV EVAN- XIIᵉ siècle
GELIA , gr. *Veronæ*, 1530., *in-fol.*
après
N. S. J. C.

—cum versione latina Jo. Hentenii. *Lugduni (Parisiis)*, 1544 , *in-fol.*

Édition très-rare , mais imprimée sur une copie extrêmement incorrecte.

ORTHODOXA FIDEI PANOPLIA DOGMATICA ADVERSUS OMNES HÆRE-
DES, de græc. in lat. vers. a Franc. Zini , canon. Veron. *Lugduni* , et *Venetiæ* , 1575....

XIIᵉ SIÈCLE APRÈS N. S. J. C.

PIERRE ABÉLARD ou ABAILARD.

Né en 1079 à Palet, petit bourg à quelques
lieues de Nantes, dont son père était seigneur;
mort prieur de Saint-Marcel, près de Châlons-sur-
Saône, le 21 avril 1142; l'un des docteurs les plus
distingués de son siècle, et des talents les plus
éminents de la littérature intermédiaire.

Abélard fut grammairien, dialecticien, orateur,
poëte, musicien, mathématicien, théologien, philosophe; mais le vulgaire le connoît bien plus par
ses fautes que par ses talens, et sa renommée
peut se passer du secours des biographies. Les
traditions si universellement populaires que son
nom réveille seroient tout-à-fait déplacées dans
ces notices rapides où nous ne considérons les écri-

vains que comme écrivains. Sous ce dernier rapport, Abélard a été admirablement jugé par Pope, quand ce poëte s'est emparé de sa célébrité pour émouvoir le cœur, et non pour instruire l'esprit; elle appartient beaucoup moins en effet à la science et à la théologie qu'à la poésie et aux passions. Les lettres d'Abélard vivront, et l'on a oublié ses disputes.

———

Opera, ab Andrea Quercetano. *Parisiis*, 1616, *in-4°*.

Édition rare, qui contient en outre les écrits d'Héloïse. On en recherche les exemplaires en grand papier : 25 à 30 fr.

Epistolæ Abelardi et Heloisæ, a Richardo Rawlinson. *Londini*, 1718, *in-8°*.

Très-rare en grand papier : 30 à 50 fr.

— lat. et gall. *Parisiis*, 1723, 2 *in-12.*

— lat. et gall. *Parisiis*, 1782, 2 *in-12.*

— lat. et gall. *Parisiis*, *Fournier*, 1796, 3 *in-4°*.

Édition fort belle, accompagnée d'une nouvelle Vie d'Abélard, par M. Delaulnaye.

~~~~~~~~~~~~~~~~~~~~~~~~~~~~~~~~~~~~~

XIIᵉ SIÈCLE APRÈS N. S. J. C.

———

HUGUES DE SAINT-VICTOR.

Né de parents pauvres, dans le territoire d'Ypres; mort le 3 février 1140, consumé par le travail et les austérités de la vie régulière, dans l'abbaye naissante de Saint-Victor de Paris, qui

lui a donné son nom, et sur laquelle la muse chré-
tienne de Santeul répandit plusieurs siècles après une nouvelle illustration.

Hugues de Saint-Victor est cité comme un écrivain clair, exact, plein de sens et quelquefois d'onction, auquel on ne peut reprocher que les tours difficiles, les mauvais idiotismes, et en un mot les défauts inévitables de son siècle.

OPERA. *Rothomagi, Berthelin,* 1648, 3 *in-fol.*

OPUSCULA VARIA, a Jodoco Chlictoveo. *Parisiis, Henr. Stephanus,* 1506, *in-4°.*

DIDASCALON, ET ALIA OPUSCULA, sine nota, *in-fol.*

Édition imprimée avec les fameux caractères de Vindelin de Spire, vers l'an 1470.

XII⁰ SIÈCLE APRÈS N. S. J. C.

ROBERT PULLUS ou POULLAIN.

Cardinal anglois, mort vers l'an 1150.

OPERA, ab Hugone Mathout, mon. S. Mauri. *Parisiis,* 1655, *in-fol.*

Cette édition contient aussi les œuvres de Pierre de Poitiers.

XIIe SIÈCLE APRÈS N. S. J. C.

THÉOPHANE CERAMEUS,

ou

LE POTIER.

XIIe siècle
après
N. S. J. C. On ne sait quel motif lui a fait donner ce surnom, et il n'est guère connu d'ailleurs que par ses ouvrages. Il étoit Grec, et archevêque de Tauromine, en Sicile, dans le onzième ou le douzième siècle. Certains auteurs le placent même au neuvième, mais cette opinion ne paroît pas fondée.

HOMILIÆ IN EVANGELIA, ET FESTA TOTIUS ANNI, a Francisco Scorso, gr. et lat. *Parisiis, Cramoisy,* 1644, *in-fol.*

XIIe SIÈCLE APRÈS N. S. J. C.

SAINT BERNARD.

Né en 1091, de parents nobles, dans le village de Fontaine, en Bourgogne; mort le 20 avril 1153, exténué d'austérités, dans son abbaye de Clairvaux.

au fond d'une vallée profonde alors nommée *la* XIIe siècle
Vallée d'Absynthe, et dont les affreuses retraites N. S. J. C.
n'avoient jamais été pratiquées avant lui que par
les brigands et les bêtes de proie.

Fondateur d'un ordre célèbre qui a influé entre
tous les autres sur la restauration des lettres;
écrivain fécond, judicieux, poli, éloquent, plein
de force et d'autorité, que l'on regarde comme *le
dernier des Pères de l'Église*. Instigateur d'une
des entreprises les plus gigantesques qui-aient
ébranlé le monde, de la guerre des Croisades,
saint Bernard est un de ces rares génies que la
Providence marque d'espace en espace pour l'exécution de ses desseins, et dont l'ascendant immense fait toutes les destinées d'un siècle. L'église
le reconnoît pour un grand docteur, et l'histoire
pour un grand homme.

––––––

Opera. *Coloniæ, Jo. Hociloff*, 1482, *in-fol.*
—a Joanne Merlone Horstio. *Parisiis*, 1642, 6 *in-fol.*
—a Joan. Mabillonio, mon. S. Mauri. *Parisiis*, 1690, 2 *in-fol.*

Excellente édition. Celle de 1719 est également recherchée.

—*Parisiis, typog. reg.*, 1640, 5 *tom.* en 6 *in-fol.*
Sermones. *Moguntiæ, P. Schoffer*, 1475, *in-fol.*
—*Bruxellis*, 1481, *in-fol.*

Édition sans nom d'imprimeur.

—sine nota, *in-fol.*

Édition meilleure et plus complète que les précédentes, et qu'à sa préface
on reconnoît être de *Spire, Pierre Drach*, 1481.

—*Bruxellis*, 1490, *in-fol.*

IN CANTICA CANTICORUM, sine nota, *in-fol.*

Édition du 15e siècle.

POSTILLÆ MAJORES. *Delphis,* 1480, *in-fol.*

— SUPER CANTICA CANTICORUM. *Papiæ, Nic. de Girardengiis,* 1482, *in-fol.*

OPUSCULA, sine ulla nota, *in-fol.*

Édition du 15e siècle, attribuée à Pierre d'Olpe, ancien imprimeur de Cologne.

EPISTOLÆ ET OPUSCULA , sine ulla nota, *in-fol.*

Édition d'Egestein de Strasbourg, vers l'an 1470.

— *Bruxellis,* 1481, *in-fol.*

DE HONESTATE VITÆ, absque ulla nota, *in-4°.*

Édition imprimée à Mayence, par Pierre Schöffer, vers 1470.

PLANCTUS B. M. V. 1486, *in-4°.*

Édition en caractères gothiques, sans nom de lieu ni d'imprimeur.

— sine ulla nota, *in-4°.*

Cette édition, imprimée du caractère le plus ancien d'Ulric Zell, se trouve avec le traité de saint Augustin, *de Vita beata.*

DE CONSIDERATIONE AD EUGÉNIUM PAPAM, sine nota, *in-fol.*

On trouve cet ouvrage avec S. *Bonaventuræ speculum B. M. V. Augusta, Ant. Sorg.* 1477, *in-fol.*

DE MODO BENE VIVENDI AD SOROREM, sine nota, *in-4°.*

Édition du 15e siècle.

— *Venetiis, Bernard. Benalius,* 1492 et 1494 *in-8°.*

DE CIRCUMSTANTIIS ADVENTUS DOMINI. *Bruxellis,* 1481, *in-4°.*

CONTEMPLATIONES DE INTERIORI HOMINE, ET MEDITATIONES, sine nota. *in-fol.*

Édition imprimée en caractères d'Antoine Sorg, et rapportée à l'an 1475.

MEDITATIONES , sine ulla nota, *in-4°.*

Édition différente de la précédente, mais comme elle du 15e siècle.

TRACTATUS METRICUS DE MEDITATIONE MORTIS, sine ulla nota, *in-4°.*

Édition du 15e siècle.

SAINT AMÉDÉE.

Fils d'Amédée seigneur de Hauterive, qui étoit beau-frère du Dauphin Guigues VII et parent de l'empereur Henri V; né à La Côte Saint-André, petite ville du Dauphiné; mort évêque de Lausanne vers l'an 1158.

XIIe siècle après N. S. J. C.

DE MARIA VIRGINEA MATRE HOMILIÆ VIII. *Basileæ*, 1517. *in-4°*.

Première édition.

— a Richardo Gibono. *Antuerpiæ*, 1613, *in-12*.

— cum Richardi a S. Laurentio de laudibus B. M. V. *Duaci*, 1625, *in-4°*.

Les Homélies de saint Amédée se trouvent encore avec les ouvrages de saint Fulgence.

PHILIPPE DE BONNE-ESPÉRANCE.

Aussi surnommé de *Harving* parce qu'il étoit né dans un village de ce nom, ou l'*Aumonier*, à cause des grandes libéralités qu'il répandoit sur les pauvres; mort abbé de Bonne-Espérance dans le Hainaut, le 13 avril 1182.

———

EPISTOLÆ XXI, a Nicolao Chamart. *Duaci, Balthassar Bellerus*, 1621 , *in-fol.*

~~~~~~

XIIe SIÈCLE APRÈS N. S. J. C.

———

THEORIEN.

Écrivain très-peu connu, et dont l'époque n'est marquée que par le sujet de sa polémique avec les schismatiques arméniens. Ce doit être à peu près vers 1170.

———

DISPUTATIO CUM ARMENORUM PATRIARCHA , a Jo. Leunclavio, gr. et lat. *Basileæ*, 1578 , *in-8°.*

Avec les Opuscules de saint Jean Damascène et de Léonce.

~~~~~~

XIIe SIÈCLE APRÈS N. S. J. C.

———

PIERRE LOMBARD.

Surnommé le *Maître des Sentences,* né dans un bourg de Lombardie, près de Novare, mort évêque de Paris, le 20 juillet 1160. Il y a quelques années qu'on voyoit encore son tombeau dans l'église de Saint-Marcel.

On estime que ce docteur a eu près de cinq cents commentateurs, parmi lesquels on compte saint Thomas d'Aquin.

———

OPERA. *Norimbergæ*, 1478, 2 *in-fol.*

SENTENTIARUM LIBRI IV, 1471, *in-fol.*

Cette édition, sans nom de lieu et d'éditeur, est imprimée en caractères assez grossiers.

Quelques bibliographes font mention d'une autre édition *sine nota*, postérieure à celle-ci.

— *Venetiis, Vindel. de Spira*, 1474, 1477, 1479, *in-fol.*

— *Norimbergæ, Ant. Coburger*, 1474, *in fol.*

— ex editione Joan. Aleaume. *Antuerpiæ*, 1757, *in-4°.*

Cet ouvrage fut réimprimé diverses fois pendant les 16e et 17e siècles. Parmi ces éditions, qui ne se font remarquer par aucun mérite particulier, on peut cependant citer celle de Paris, 1565, *in-4°* ; et celle de Rouen, 1657, *in-4°* ; édition qui paroît être la dernière avant celle d'Anvers. Cette dernière est enrichie d'excellents *index*.

GLOSSA IN EPISTOLAS D. PAULI, sine ulla nota, *in-fol.*

Édition du 15e siècle.

— SEU COLLECTANEA IN D. PAULUM. *Parisiis, le Preux*, 1537, 1555, *in-8°.*

— IN PSALMOS, sine ulla nota, *in-fol.*

Édition publiée vers l'an 1475.

XIIe SIÈCLE APRÈS N. S. J. C.

ADAM.

XIIe siècle
après
N. S. J. C. Surnommé *le Prémontré*, parce qu'il étoit religieux de cet ordre, ou l'*Écossois*, par rapport à l'origine présumée de sa famille; mort évêque de Withern, en 1180.

OPERA. *Antuerpiæ*, 1659, *in-fol.*

XIIe SIÈCLE APRÈS N. S. J. C.

SAINT THOMAS BECQUET.

Plus connu sous le nom de saint Thomas de Cantorbéry, né à Londres, en 1117; assassiné au pied de l'autel dans l'église cathédrale de Cantorbéry dont il étoit archevêque, par quatre gentilshommes fanatiques qui regardoient cette exécution sacrilége comme un acte de fidélité envers leur roi. Ce forfait, qui a jeté plus d'éclat sur la mémoire de saint Thomas de Cantorbéry que ses foibles ouvrages, fut commis le 29 décembre 1170, sous le règne d'Henri II. On sait de quelle expia- tion il fut suivi.

EPISTOLÆ, ET ALIA, a Christiano Lupo. *Bruxellis*, 1682, 2 *in-4°*.

~~~~~~

XII° SIÈCLE APRÈS N. S. J. C.

RICHARD DE SAINT-VICTOR.

Né en Écosse, mort prieur de Saint-Victor, le 10 mars 1173. Il avoit été disciple de Hugues de Saint-Victor.

OPERA. *Rothomagi, Berthelin*, 1650, 2 *in-fol.*

Édition à très-bas prix.

DESUPER DIVINA TRINITATE OPUS, ex recens. Jacobi Fabri. *Parisiis, Henr. Stephanus*, 1510, *in-4°*.

Un exemplaire sur vélin, 80 fr. La Vallière; retiré à 118 fr. Mac-Carthy.

~~~~~~

XII° SIÈCLE APRÈS N. S. J. C.

SAINTE HILDEGARDE.

Née dans le diocèse de Mayence, sur la fin du onzième siècle, morte abbesse du mont Saint-Rupert, près de Binghen sur le Rhin, en 1178.

Les principaux ouvrages de sainte Hildegarde consistent en visions, qui n'ont pas l'aveu solennel de l'Église, quoique la publication en ait été autorisée par un pape. Ce que nous pouvons dire de ce livre extraordinaire, c'est qu'il a le mérite du genre, un style vif, figuré, empreint d'une exaltation mystique, et propre à entraîner des esprits foibles ou des imaginations ardentes.

Sainte Hildegarde ne fut pas toujours égarée dans ces régions extatiques où il est si difficile de la suivre. Elle s'occupa des maux physiques de ses semblables, et recueillit une foule de recettes pour leur guérison. Elle n'a pas peu contribué, sans doute, à donner aux communautés de femmes cette impulsion de dévouement et de charité qui les rend si précieuses à l'humanité, et qui leur assure tant de droits à la reconnoissance de tous les siècles. Si ses visions furent des erreurs, il ne faut du moins pas oublier qu'elles appartenoient à la même organisation que ses vertus, à l'irritabilité d'une âme tendre et passionnée pour tout ce qui est bien. Qui oseroit dire d'ailleurs que Dieu ne daigne pas se communiquer quelquefois à ces créatures excellentes dont la sensibilité, trésor de bienveillance et de charité, est la plus touchante expression de sa bonté sur la terre ?

OPUSCULA, EPISTOLÆ, ET QUÆSTIONES. *Coloniæ*, *Quentel*, 1566, *in-4°.*

XIIe SIÈCLE APRÈS N. S. J. C.

JEAN DE SALISBURI,
SALISBERI ou SARISBERI.

(*SEVERIANUS.*)

Né à Salisbury, capitale du Witshire, en Angle- XIIe siècle
terre; mort à Chartres, dont il étoit évêque, le N. S. J. C.
25 octobre 1180. Son véritable nom étoit Jean
Petit. Il avoit été élève d'Abélard, secrétaire de saint
Thomas de Cantorbéri et du pape Alexandre III.

Les critiques ecclésiastiques le regardent comme
le plus grand homme de son siècle. Juste-Lipse
ne voit dans ses ouvrages que quelques lambeaux
de pourpre qui auroient fait l'ornement d'un autre
âge. Pour apprécier cet écrivain à sa véritable
valeur, il faut s'en rapporter à l'excellente notice
de M. de Pastoret dans l'*Histoire littéraire de la
France*, XIV. *pp.* 89 - 161.

EPISTOLÆ. *Parisiis*, 1611, *in-4°.*
POLICRATICUS. *Lugduni-Batavorum*, 1639, *in-8°.*

PIERRE COMESTOR.

OU

LE MANGEUR[1].

Doyen de l'église de Troyes; mort à l'abbaye de Saint-Victor, l'an 1178, selon quelques-uns, et selon d'autres le 21 octobre 1185; auteur célèbre de son temps, dont les ouvrages ont perdu beaucoup de leur intérêt du nôtre, même dans les études théologiques.

HISTORIÆ SACRÆ LIBRI XVI. *Reutlingæ*, 1463, *in-fol.*
— *Augustæ, Gunth. Zeiner*, 1473, *in-fol.*
— *Argentinæ*, 1483 et 1485, *in-fol.*
— *Basileæ, Wenszler*, 1486, *in-fol.*
RUDIMENTUM NOVITIORUM, SEU CHRONICON AB ORBE CONDITO. *Lubecæ*, 1475, *in-fol.*

---

[1] Parce qu'il possédoit toute la sainte Écriture, disent nos auteurs, comme s'il l'avoit dévorée.

XIIe SIÈCLE APRÈS N. S. J. C.

JEAN D'ANNEVILLE
OU
DE HAUTEVILLE.

M. Weiss écrit ce nom *Hanvill*, en convenant qu'il y a peu d'auteurs dont le nom ait subi plus d'orthographes diverses. S'il est vrai que l'écrivain qu'il désigne soit né à Anneville en Normandie, il faut peut-être s'en tenir au nom d'Anneville, que les Anglais auront écrit et prononcé *Hanvill*. XIIe siècle après N. S. J. C.

Ce poëte florissait sous Gualther de Coutances, archevêque de Rouen, puisqu'il lui dédia son poëme intitulé *Joannis Architrenii opus*, fameux par les éloges de tant de savants hommes, et surtout par l'extrême rareté des exemplaires de son unique édition. M. Raynouard assure dans le *Journal des Savans*, avril 1817, qu'on y trouve des détails bien rendus, quelques images vives, et des pensées remarquables. Ce témoignage peut balancer en poésie celui de Gyraldi qui en porte un jugement contraire.

Le sujet du poëme d'*Hanvill* étoit extrêmement favorable à la poésie élégiaque; c'est une longue lamentation, en neuf chants, sur les misères de

l'homme, matière à jamais inépuisable, et qui explique le nom supposé de ce Héraclite chrétien,
dont le nom réel n'étoit déjà que trop embarrassé
de variantes difficiles. *Architrenius* est un poëte
qui s'est proposé d'enchérir sur les *Threni* de
Jérémie.

———

ARCHITRENIUS. *Parisiis, Badius Ascensius,* 1517, *in-4°.*

———

XIIe SIÈCLE APRÈS N. S. J. C.

———

PIERRE DE BLOIS.

Né à Blois dans la première moitié du douzième
siècle, d'une famille originaire de la Basse-Bre-
tagne; mort de 1198 à 1203. Il avoit été archidiacre de Bath.

Pierre de Blois étoit un écrivain distingué pour
l'époque où il vivoit. Il se flattoit d'une facilité
extraordinaire, que l'on remarque en effet dans
ses lettres, et qu'il comparoit, avec un orgueil
naïf, à celle de César.

———

OPERA, a Petro de Gussanville. *Parisiis, Piget,* 1667, *in-fol.*
Bonne édition.

JOACHIM L'ABBÉ.

Surnommé *le Prophète*; né en 1130 à Celico, XII° siècle
petite ville de la Calabre citérieure; mort dans la N. S. J. C.
retraite, le 30 mars 1202.

Il avoit fondé à Flora un monastère dont la
règle, analogue à celle de Cîteaux, étoit seulement
beaucoup plus rigide. Il en prédit en mourant la
prochaine destruction, qui arriva en effet par sa
réunion à l'ordre dont il étoit un démembrement,
vers le commencement du seizième siècle.

SCRIPTUM SUPER ISAIAM PROPHETAM. *Venetiis*, 1517, *in-4°*.
— *ibid.* 1519, *in-8°*.

CONCORDIA NOVI ET VETERIS TESTAMENTI. *Venetiis*, 1519, *in-4°*.

Ouvrage très-vanté par Papebroch, pour la profondeur de la doctrine et
la clarté du style.

PSALTERIUM DECEM CHORDARUM. *Venetiis*, 1527, *in-4°*.

REVELATIONES SUPER STATUM SUMMORUM PONTIFICUM, *in-fol.*

Édition sans date, accompagnée de 24 figures en bois, dont la première
représente Nicolas III, et la dernière Paul II. Cette précieuse édition fut publiée vers l'an 1475.

VATICINIA, à Pascalino Regiselmo. *Venetiis*, 1589, *in-4°*.

Édition fort estimée, avec des figures gravées par Jérôme Porro.

XII⁰ SIÈCLE APRÈS N. S. J. C.

ALAIN DE LILLE.

XIIᵉ siècle   Né à Lille en Flandre, mort à Clairvaux au mois
après
N. S. J. C. d'octobre 1181, après avoir occupé seize ans le
siége épiscopal d'Auxerre.

VITA SANCTI BERNARDI.

   Dans les *œuvres de S. Bernard*, tom. II, p. 1235, de l'édition de 1690,
in-fol.

EXPLANATIONES IN PROPHETAS MERLINI ANGLI. *Francofurti,*
   1608, *in-8°.*

XIII⁰ SIÈCLE APRÈS N. S. J. C.

ALAIN DE LILLE.

XIIIᵉ siècle   Et non pas *des Isles*, comme l'écrivent nos au-
après
N. S. J. C. teurs ; né à Lille en Flandre, selon quelques biographes qui l'ont confondu avec le précédent ; et
selon des renseignemens plus sûrs, à Lisle de Mé-
doc dans le Bordelais, ou plutôt à Lisle dans le
Comtat-Venaissin, près de la fontaine de Vau-
cluse ; mort dans la maison de Cîteaux, au commencement du treizième siècle.

Alain jouissoit d'une telle réputation qu'il étoit XIIIᵉ siècle après N. S. J. C. passé en proverbe de dire que sa présence tenoit lieu de tous les enseignements : *Sufficiat vobis vidisse Alanum;* et qu'il est nommé dans son épitaphe :

(Alanum)... qui totum scibile scivit.

OPERA, a Carolo de Wisch. *Antuerpiæ,* 1654, *in-fol.*

ANTI-CLAUDIANUS, etc. *Basileæ,* 1536, *et Antuerpiæ,* 1621.

CONTRA ALBIGENSES, WALDENSES, JUDÆOS ET PAGANOS. *Parisiis,* 1618, *in-8°.*

DICTA DE LAPIDE PHILOSOPHICO. *Lugduni-Batavorum,* 1600, *in-8°.*

XIIIᵉ SIÈCLE APRÈS N. S. J. C.

MATHIEU DE VENDOME.

(*MATHÆUS VINDOCINENSIS*).

Écrivain peu connu et peu digne de l'être, qu'on a confondu avec un autre Mathieu de Vendôme, cadet d'une illustre famille alliée à la maison de Bourbon. Il paroît qu'Héring, son dernier éditeur, croyoit n'avoir pas été précédé dans ce travail, et d'Auvigny assure dans les *Vies des hommes illustres de France* qu'il ne reste rien de ses ouvrages. Si son poëme étoit effectivement perdu, comme ce biographe le suppose, il mériteroit peu de regrets, car c'est un monument du plus mauvais goût; mais Fabricius en cite jusqu'à cinq éditions (*Bibl. med. et infim. latinit.* tom. v, p. 54, édit. in-4°).

MATTHÆI VINDOCINENSIS in D. Thobiæ patris et filii sacrosanctam historiam CARMEN. *Lugduni*, 1505, *in-4°*.
— a Jo. Herold. *Basileæ*, 1563, *in-8°*.
— a Jo. Heringio. *Bremæ*, 1642, *in-8°*. etc.

XIIIe SIÈCLE APRÈS N. S. J. C.

ABSALON.

Né en 1128, à Finnesleo, ville de Zélande, mort en 1201; archevêque de Lund en Scanie, primat des royaumes de Danemarck, Suède et Norvège, ministre et général sous les rois Waldemar Ier et Canut VI; un des plus grands hommes dont il soit fait mention dans l'histoire du Nord.

Le véritable nom de ce prélat guerrier étoit *Axel*, qu'il métamorphosa, non sans effort, en celui d'Absalon, consacré par l'histoire sainte, et mieux approprié à une vie chevaleresque et aventureuse comme la sienne. Il n'imita en rien d'ailleurs le prince coupable dont il avoit adopté le nom. Personne ne mérite une plus haute place parmi les héros de la fidélité.

Sᴇʀᴍᴏɴᴇꜱ ꜰᴇꜱᴛɪᴠᴀʟᴇꜱ ǫᴜɪɴǫᴜᴀɢɪɴᴛᴀ, a Daniele Schillingo. XIIIᵉ siècle
après
Coloniæ, 1534, *in-fol.* N. S. J. C.

~~~~~~

XIIIᵉ ꜱɪÈᴄʟᴇ ᴀᴘʀÈꜱ N. S. J. C.

GERVAIS.

Né en Angleterre, au diocèse de Lincoln, mort
le 28 décembre 1228, après avoir gouverné pendant onze ans l'ordre des Prémontrés, et pendant
huit ans le diocèse de Seez. Son corps fut inhumé
dans l'abbaye de Silly, avec cette épitaphe curieuse :

Anglia me genuit, nutrivit Gallia ; sanctus
Justus Thenolium¹ Premonstratumque dedere
Abbatis nomen, sed mitram Sagia, tumbam
Hic locus, oretur ut detur spiritus astris.

Il ne faut pas le confondre avec Gervais, évêque
de Senez, qui ne vécut qu'un siècle et demi plus
tard. Celui-ci étoit né à Anduze, au pied des Cé-
vennes.

EᴘɪꜱᴛᴏʟÆ ᴀᴅ Pᴇʀꜱᴏɴᴀꜱ ꜱᴜɪ ᴛᴇᴍᴘᴏʀɪꜱ ɪʟʟᴜꜱᴛʀᴇꜱ, à Norberto
Cailleu. *Hannoniæ*, 1662, *in-4°.*

¹ Theuailles, abbaye de Picardie, près de Vervins.

GERVAIS DE TILBURY.

Né à Tilbury ou Tilisbéry, sur les bords de la Tamise; mort, maréchal du royaume d'Arles, vers 1218; historien dont la principale gloire est d'avoir eu Leibnitz pour éditeur.

GERVASII TILBERIENSIS, DE IMPERIO ROMANO, Gothorum, Longobardorum, Britonum, Gallorum, aliorumque regnis, Commentatio, a Joachimo Madero edita. *Helmstadii*, 1673, *in-4°*.

Ce n'est qu'un fragment des *Otia imperialia* que Leibnitz a imprimés tout entiers dans les *Scriptores Brunswicenses. Hanoveræ*, 1708, *in-folio*.

INNOCENT III.

Appelé d'abord Lothaire le Diacre; successeur de Célestin III au trône pontifical; mort le 16 juillet 1216, après un règne de dix-huit ans et six mois; un des plus savants hommes et des plus habiles juristes de son siècle.

EPISTOLÆ, ET PRIMA COLLECTIO DECRETALIUM, a Stephano XIIIᵉ siècle
Baluzio. *Parisiis*, 1682, 2 *in-fol.*   après
N. S. J. C.

On avait annoncé à Rome, en 1745, une édition de celles des décrétales qui ne se trouvent pas dans Baluze; cette lacune a été remplie par M. Dutheil dans le 3ᵉ volume des *Diplomata, chartæ et alia instrumenta ad res Francorum spectantia*, qu'il a publié en commun avec Bréquigny, *Parisiis*, 1791, *in-fol.*

EPISTOLA AD BALDUINUM IMPERATOREM, DATA ID. MAII 1205.

Édition *sine nota*, mais que l'on sait avoir été donnée à Rome par George Laver, vers l'an 1470.

DE MISERIA HUMANÆ CONDITIONIS, SEU DE CONTEMPTU MUNDI, *in-fol.*

Édition ancienne qui porte la date de 1448; il est évident que cette date se rapporte au manuscrit qui a servi à l'impression. On en connoît deux autres éditions *sine nota*, et une troisième imprimée en 1488.

—*Norimbergæ, Frider. Creusner*, 1477, *in-fol.*

XIIIᵉ SIÈCLE APRÈS N. S. J. C.

SAINT FRANÇOIS D'ASSISE.

Né à Assise, ville d'Ombrie, en 1182, d'un marchand nommé Pierre Bernardone; instituteur de l'ordre de son nom; mort dans son monastère de Sainte-Marie des Anges, le 4 octobre 1226, jeune encore d'années, mais vieilli long-temps avant le temps par des austérités effrayantes qui abrégèrent ses jours.

Les œuvres de saint François ne se recommandent en aucune manière sous le rapport du style. Elles ont seulement deux qualités qui suf-

XIIIe siècle
après
N. S. J. C.

fisent pour donner du charme à leur lecture, l'effusion d'une foi profonde, et la naïveté d'une âme simple et sincère.

OPERA, a Luca Wadding. *Antuerpiæ*, 1623, *in-4°*.
— a P. Jo. de La Haye. *Parisiis*, 1641, *in-fol.*
— ex eadem edit. *Augustæ-Vindelicorum*, 1739, 3 *in-fol.*

Avec les œuvres de saint Antoine de Padoue.

XIIIe SIÈCLE APRÈS N. S. J. C.

SAINT ANTOINE DE PADOUE.

Né à Lisbonne, en 1195, d'un officier de l'armée d'Alphonse Ier, roi de Portugal, et d'abord nommé Ferdinand; mort dans la solitude aux environs de Padoue, le 13 juin 1231, à peine âgé de trente-six ans, mais exténué comme saint François d'Assise, son ami et son maître, par les rigueurs incroyables de la pénitence. La voix du peuple l'avoit canonisé de son vivant, et la foule, instruite qu'il venoit d'expirer, se répandit dans les rues en criant : *Le Saint est mort.*

Les ouvrages de saint Antoine de Padoue ont le même genre de mérite que ceux de saint François d'Assise. Ces austères cénobites vivoient trop loin du foyer des lettres humaines pour qu'on doive y en chercher un autre.

OPERA. *Parisiis*, 1641, *in-fol.*

— *Augustæ-Vindelicorum*, 1739, *in-fol.*

Avec les œuvres de saint François d'Assise.

SERMONES IN PSALMOS, ex autographo in lucem editi, a Fr. Ant. M. Azzoguidi, acced. Siconi Pollentii de sancti vita et miraculis commentarius. *Bononiæ*, 1757, 2 *in-4°.*

XIIIᵉ SIÈCLE APRÈS N. S. J. C.

GUILLAUME D'AUVERGNE.

Nommé aussi Guillaume de Paris, parce qu'il occupa vingt et un ans le siége de cette ville, où il mourut en 1249.

Ce n'étoit pas un homme ordinaire qu'un écrivain de cette époque qui osoit abandonner les routes frayées; associer l'étude des livres orientaux, alors si peu connus en Europe, à celle des livres consacrés par la routine scholastique; négliger quelquefois Aristote, et quelquefois même le combattre; substituer aux combinaisons puériles d'une logique tout artificielle, des vues morales qui ne manquent pas de profondeur; et qui, en perfectionnant l'art de penser, rencontroit souvent quelques-uns des secrets de l'art d'écrire; Guillaume d'Auvergne, maintenant si inconnu, fut certainement un des plus grands hommes du moyen âge, mais il faut un âge favorable aux

grands hommes. Le génie est comme ces plantes
généreuses qui se couvrent de fruits dans le sol
qui leur est propre, et qui partout ailleurs restent
stériles.

———

OPERA. *Norimbergæ,* 1496, *in-fol.*

— *Venetiis,* 1591, *in-fol.*

— a Bartholomeo Ferronio. *Aureliæ, Hotot,* 1674, 2 *in-fol.*

Édition beaucoup plus complète que les précédentes.

XIIIe SIÈCLE APRÈS N. S. J. C.

———

VINCENT DE BEAUVAIS.

Né vers l'an 1300. Saint Antonin le nomme
Vincentius Bellovensis Burgundus. Les biographes
plus récents s'accordent presque tous à dire qu'il
étoit né dans la Bourgogne, et qu'il prit le nom
de *Beauvais* de son séjour dans cette ville, dont
quelques-uns même le font évêque. Cette dernière
supposition est fausse. Le père Quétif a discuté
très-longuement le passage de saint Antonin (*Bibl.*
præd. I, 212), et comme il n'a pu trouver Beauvais
dans la Bourgogne, il en a conclu que saint Antonin n'avoit que des notions très-imparfaites sur la
géographie de la France. M. Ferdinand Lampinet,
le plus judicieux et le plus savant de tous les Francs-
Comtois qui se sont occupés d'histoire littéraire,

mais dont les ouvrages sont restés manuscrits, n'hésite pas à regarder Vincent de Beauvais comme originaire du comté de Bourgogne. M. Grappin, (*Hist. abrég. du Comté de Bourgogne*, p. 220), va plus loin encore, car il dit positivement que Vincent étoit de Belvoye, autrefois Belvoir, Beauvoir ou Beauvais.

Si l'on ne connoît d'une manière positive ni l'époque ni le lieu de la naissance de Vincent de Beauvais, il est certain du moins qu'il mourut en 1264. On en a la preuve dans son épitaphe rapportée *(loc. cit.)* par Quétif.

———

BIBLIOTHECA MUNDI, CONTINENS SPECULA IV, DOCTRINALE, HISTORIALE, NATURALE ET MORALE, IN LIBROS XXXII DISTRIBUTA. *Argentorati, Jo. Mentellin, 1473, in-fol.*

Première et célèbre collection, dont on ne connoît que fort peu d'exemplaires complets. Il en existe un à la bibliothèque du roi.

SPECULUM HISTORIALE ET MORALE. *Norimbergæ, Ant. Koburger, 1473, in-fol.*

— *Basileæ, Jo. Amerbach, 1481, in-fol.*

— *Venetiis, Herman. Liectestein.*

Les bibliographes n'indiquent point le nombre des volumes de ces deux éditions, et il est douteux qu'elles aient été imprimées tout entières.

— NATURALE. *Norimbergæ, 1483, 2 in-fol.*

— ET DOCTRINALE. *ibid. 1486, 2 in-fol.*

OPERA. *Duaci, 1624, in-fol.*

DE PRINCIPIS ET NOBILIUM PUERORUM INSTITUTIONE LIBRI III, sine ulla nota, *in-fol.*

Denis pense que cet ouvrage est du même caractère qui servit à l'impression du Lactance de Rostoch, en 1476.

JEAN LE THEUTONIQUE.

Né avant la fin du douzième siècle, à Wildes-hushen en Westphalie, entre l'évêché de Munster et le comté d'Oldembourg; évêque de Bosnie, légat du Pape, quatrième général de l'ordre de Saint-Dominique; mort le 4 novembre 1252.

Quelques auteurs pensent que les ouvrages qui lui sont attribués appartiennent à un autre dominicain, appelé quelquefois Jean le Theutonique, et plus communément Jean de Fribourg, qui ne mourut qu'en 1314.

SUMMA PRÆDICATORUM. *Rutling.*, 1487, *in-fol.*
SUMMA CONFESSORUM. *Lugduni*, 1528, *in-fol.*

ALBERT-LE-GRAND.

Autrement ALBERTUS THEUTONICUS, FRATER AL-BERTUS DE COLONIA, ALBERTUS RATISBONENSIS, AL-BERTUS GROOT, GROTIUS ou GROTUS, de la famille des comtes de Bolstœdt; né en 1193, ou peut-être

en 1205, à Lauingen en Souabe; mort à Cologne, XIIIe siècle
en 1280; le plus fécond des polygraphes de tous
les siècles, et un des hommes les plus extraordinaires du sien. Ses contemporains le crurent
magicien, et saint Thomas d'Aquin, son disciple,
ne se défendit pas lui-même de cette ridicule prévention. Le peuple conserve encore pour le nom
d'Albert-le-Grand une sorte de respect superstitieux, fondé sur la même erreur. Il étoit seulement
très-supérieur à son époque, et peut-être à la
nôtre, dans la connoissance de certains secrets
naturels, qui composoient alors la science des
doctes, et qui sont aujourd'hui la ressource des
charlatans. Il ne faut cependant pas lui attribuer
les innombrables turpitudes que l'on a tant de
fois imprimées sous son nom.

OPERA, a Petro Jammy. *Lugduni*, 1651, 21 *in-fol.*

COMPENDIUM THEOLOGICÆ VERITATIS LIB. VII. *Venetiis, Christoph. Arnoldus*, 1476, *in-4°.*

— *Venetiis, Gabriel de Grassis Papiensis*, 1485, *in-4°.*

SUMMA DE EUCHARISTIA. *Ulmæ, Jo. Zeiner*, 1474, *in-fol.*

SERMONES ET SUMMA DE EUCHARISTIA, ET DE SACRIFICIO MISSÆ. *Jo. Gundelschaff.*, 1477, *in-fol.*

Édition de Cologne, en caractères gothiques.

SERMONES NOTABILES DE TEMPORE ET SANCTIS. *Coloniæ, Terhoernen*, 1474, *in-fol.*

— *Ulmæ, Jo. Zeiner, sine anno, in-fol.*

— *Augustæ, Jo. Wienner, sine anno, in-fol.*

DE MYSTERIO MISSÆ. *Ulmæ, Jo. Zeiner*, 1473, *in-fol.*

Édition originale, très-rare, et recherchée comme étant le premier livre imprimé à Ulm avec date : Vendue plus de 100 fr. Piucelli.

XIIIe siécle après N. S. J. C. **DE LAUDIBUS B. M. V.** sine ulla nota, *in-fol.*

Les bibliographes font mention de trois différentes éditions de cet ouvrage, la première grand *in-fol.*, en caractères de Jean Mentel; la seconde, de Venzler; et la troisième de Zeiner. Ces trois éditions, évidemment fort anciennes, sont rapportées à l'an 1470.

POSTILLA IN EVANGELIUM S. JOANNIS, sine ulla nota.

Édition imprimée à Rome, par ordre du Pape.

DE ADHÆRENDO DEO, ET ALIA, sine ulla nota, *in-fol.*

Édition imprimée avec les caractères de Zeiner vers l'an 1470.

DE ARTE INTELLIGENDI, DOCENDI, ET PRÆDICANDI, sine ulla nota, *in-fol.*

Édition rapportée à l'an 1480.

DE DUABUS SAPIENTIIS, sine ulla nota, *in*-4°.

LIBER AGGREGATIONIS, SEU SECRETORUM. *Bononiæ, Jo. de Annuntiata de Augusta*, 1478, *in*-4°.

LOGICALIA. *Venetiis, Joan. de Gregoriis*, 1494, *in-fol.*

PHILOSOPHIA NATURALIS. *Brixiæ, per presbyterum Bapt. Farfengum*, 1493, *in*-4°.

DE ANIMALIBUS. *Romæ, Simon Nicolai de Luca*, 1478, *in-fol.*

Édition regardée comme la première de cet ouvrage. Elle commence par 8 feuillets qui contiennent la préface et une table des noms des animaux. On trouve à la fin 7 feuillets de rubriques et un feuillet de registre.

— *Mantuæ, Paul. Joh. de Butschbach*, 1479, *in-fol.*

Il existe une édition *sine nota*, en mêmes caractères.

MINERALIUM LIBRI V. *Paduæ, Manfer*, 1476, *in-fol.*

SECRETA MULIERUM ET VIRORUM, *sine anno, in*-4°.

Édition du 15e siècle. M. Brunet en indique une autre qui porte la date de 1478.

LIBER SECRETORUM DE VIRTUTIBUS HERBARUM, LAPIDUM ET ANIMALIUM. *Impressum per magistrum Johannem (Schriber) anno salutis* 1478, *in*-4°.

Ces derniers ouvrages sont évidemment supposés.

XIIIe siècle après N. S. J. C.

SAINT BONAVENTURE.

Né en 1221, à Bagnarea en Toscane, mort général de l'ordre de Saint-François, au second concile de Lyon, le 15 juillet 1274. Son véritable
nom étoit Jean Fidenza.

Opera, jussu Sixti V, cum præfatione Constantii card. Sar-
nani. *Romæ, typis vatic.* 1588 — 96, 7 *in-fol.*

Magnifique édition, le premier ouvrage et le plus beau pour l'exécution
qui soit sorti de la nouvelle imprimerie du Vatican. C'est sur cette édition
que fut faite celle de Lyon, 1668.

— *Venetiis,* 1752 — 56, 14 *in-4°.*

Operum supplementum, a Franc. Benedicto Bonelli. *Tridenti,*
1774, 3 *in-fol.*

Sermones de tempore et de Sanctis. *Zvollis, sine typographo,
et Ulmæ, Jo. Zeiner,* 1481, *in-fol.*

Legenda major B. Francisci. *Parisiis,* 1507, *in-4°.*

— ab Henrico Sedulio. *Antuerpiæ,* 1597, *in-8°.*

Psalterium D. Virginis Mariæ. *Venetiis, Joan. de Hallis,*
1476, *in-4°.*

— *Neuhusii, Joan. Theodor. Tod,* 1709, *in-12.*

Epistolaris liber, acced. Epistolæ S. Hieronymi, etc.
Moguntiæ, Petr. Schoffer, 1470, *in-fol.*

Meditationes Vitæ christi. *Augustæ, Gintherus Zeiner,*
1468, *in-fol.*

Ce volume très-rare est regardé comme le premier livre imprimé à
Augsbourg.

REGIMEN CONSCIENTIÆ, ET PRÆPARATIO AD MISSAM, sine ulla nota, *in-4°*.

Avec les caractères d'Ulric Zell, vers l'an 1470.

DE CONFESSIONE. *Parisiis, Petrus Cæsaris, sine anno, in-4°.*
DE STIMULO CONSCIENTIÆ, sine ulla nota, *in-fol.*

Édition de Spire, vers 1472.

PHARETRA, ET STIMULUS DIVINI AMORIS, ET ALIA OPUSCULA. *Brixiæ, Bernardinus de Misinthis,* 1495, *in-8°.*
PHARETRA, sine ulla nota, *in-fol.*

Édition originale, en caractères de Jean Mentel, antérieure à 1470. Il en existe une autre sans date, attribuée à Frédéric Creusner, qui est aussi fort ancienne.

BREVILOQUIUM, SEU COMPENDIUM UNIVERSÆ THEOLOGIÆ, sine ulla nota, *in-fol.*

En caractères anciens d'Antoine Sorg, imprimeur d'Augsbourg.

— *Norimbergæ,* 1472, *in-fol.*

Édition estimée.

— *Venetiis, Jo. de Colonia,* 1477, *in-fol.*
SOLILOQUIUM, sine nota, *in-fol.*

Édition attribuée à Fyner, vers 1474.

CENTILOQUIUM. *Zwollis, sine anno, in-4°.*

Édition du 15e siècle.

— *Ulmæ,* 1485, *in-fol.*
DOCTRINA JUVENUM, ET DE MODO PROFICIENDI. *in-fol.*

Édition fort ancienne, sur un exemplaire de laquelle on lit cette note manuscrite : *Emptus hic liber* 1470.

BIBLIA PAUPERUM SANCTI BONAVENTURÆ. *Venetiis, Jo. de Colonia,* 1477, *in-4°.*
SPECULUM B. M. V. *Augustæ, Ant. Sorg,* 1476 et 1477, *in-fol.*
DE VITA ET MIRACULIS S. BONAVENTURÆ, ab Octaviano advo-

cato; acced. de ejus canonizatione a Sixto IV facta, anno 1482. *A Philippo de Lignamine, sine anno, in-4º.*

Ouvrage qui n'a pas été connu d'Audiffredi.

Opuscula. *Coloniæ, Jo. Koelhoff*, 1486 et 1489, *in-fol.*

~~~~~~

XIIIe siècle après N. S. J. C.

———

THOMAS DE CANTINPRÉ.

(CANTIPRATENSIS).

Jacobin; né en 1201, à Leuves près Bruxelles, mort en 1280. Le titre singulier de son livre l'a fait classer par quelques bibliographes maladroits au nombre des naturalistes. C'est un traité de discipline morale.

———

De proprietatibus apum seu de officio prælatorum, et subditorum, et alia. *Duaci,* 1597, 1605, 1627, 2 *in-fol.*

Éditions enrichies de notes et de la vie de l'auteur.

Expositio in libros S. Augustini de civitate Dei, sine nota, *in-fol.*

Édition de la fin du 15e siècle.

XIIIᵉ SIÈCLE APRÈS N. S. J. C.

SAINT RAIMOND DE PENNAFORT.

Né au château de Pennafort en Catalogne, l'an 1175, d'une famille alliée aux rois d'Arragon, et qui descendoit des comtes de Barcelonne; mort à Barcelonne, le 6 janvier 1275, dans sa centième année, général de l'ordre des frères Prêcheurs; compilateur des *Décrétales* et célèbre canoniste.

SUMMA, a P. Honorato Vincentio Laget. *Parisiis*, 1720, *in-fol.*

Édition meilleure que toutes celles qui furent publiées avant elle à Rome, à Avignon et à Lyon.

—ab eodem. *Veronæ*, 1744, *in-fol.*

Édition la meilleure et la plus complète de toutes.

DECRETALIA. *Moguntiæ, Petr. Schoffer*, 1473, *in-fol.*

Cette compilation eut dans le 15ᵉ siècle un grand nombre d'éditions, parmi lesquelles les curieux recherchent surtout celle qui vient d'être citée, et les deux éditions de Rome, 1474, *in-fol.*

XIIIᵉ SIÈCLE APRÈS N. S. J. C.

SAINT THOMAS D'AQUIN.

XIIIᵉ siècle
après
N. S. J. C.

Né en 1227, d'une famille illustre, à Aquin, petite ville de Campanie, au royaume de Naples; mort à Fosse-Neuve, abbaye célèbre de l'ordre de Cîteaux dans le diocèse de Terracine, le 7 mars 1274, âgé seulement de 48 ans; élève d'Albert-le-Grand; un des grands docteurs de l'église, et dans l'ordre des temps, le dernier des pères.

OPERA OMNIA, jussu Pii V, P. M. edita. *Romæ*, 1570—71, 16 *in-fol.*

Première édition regardée comme la meilleure.

— *Antuerpiæ*, 1612, 18 vol. *in-fol.*

— a P. de Nicolay. *Parisiis*, 1660, 23 *in-fol.*

Édition peu correcte.

—a P. Jo. Franc. Bern. M. de Rubeis. *Venet.*, 1745, 28 *in-4°.*

Excellente édition quant aux soins littéraires, mais mal exécutée.

SUMMA THEOLOGICA. *Venetiis, Octav. Scotus*, 4 *in-fol.*

Le premier volume de cette édition fut publié en 1494, et le quatrième en 1501.

—a Thoma de Vio card. Cajetano, cum elucidationibus P. Seraphini Capponi a Porrecta. *Romæ*, 1773, 10 *in-fol.*

Excellente édition, exécutée dans la fameuse imprimerie de Bassano, par Joseph Remondini et ses fils, sous le titre de Rome. Elle contient toutes les illustrations faites à cet ouvrage dans les éditions précédentes, mais considérablement augmentées et améliorées par le dernier éditeur.

—dilucidata per Theodoricum de Susteren. *Coloniæ Agrip-pinæ, Henr. Quentel*, 1499, *in-fol.*

SUMMÆ PRIMA PARS, sine ulla nota, *in-fol.*

Édition en caractères de Fust et de Schoffer, publiée entre les années 1462 et 1467.

— a Francisco de Neritonio. *Sine loco, Albertus de Stendael,* 1473 et 1477, *in-fol.*

Albert de Stendael étoit imprimeur à Padoue en 1475.

— SECUNDÆ PRIMA PARS. *Moguntiæ, P. Schoffer,* 1471, *in-fol.*

— *Venetiis, Hailbrun,* 1478, *in-fol.*

— *Venetiis, Barth. Blavius et Andr. Torresanus,* 1483, *in-fol.*

— SECUNDÆ SECUNDA PARS. *Venetiis, Jo. de Colonia,* 1480, *in-fol.*

— SECUNDA SECUNDÆ, sine ulla nota, *in-fol.*

Ancienne édition imprimée avec les caractères de J. Mentel, probablement vers 1469. Le volume commence ou finit par une table de 6 feuillets, à la fin de laquelle on lit : *explicit ordo et signacio questionum secundi libri, sōde partis Thome...* Le texte est terminé à la 49e ligne de la première colonne du feuillet 338 *verso*. (*Manuel du libraire*, tom. III, p. 455.)

Nous suivons sur la date de cette édition l'opinion de M. Brunet. On en connoît cependant des exemplaires qui portent la date de 1466, écrite par l'enlumineur ou peintre de lettres.

— *Moguntiæ, P. Schoffer,* 1467, *in-fol.*

— sine nota, 1472, *in-fol.*

Édition attribuée à Fyner, imprimeur d'Eslingen.

— *Romæ, Ud. Gallus, et Simon de Luca,* 1474, *in-fol.*

— TERTIA PARS, sine ulla nota, *in-fol.*

Édition attribuée à Biel et Wenzler, vers 1470.

— *Venetiis, Jo. de Colonia,* 1477, *in-fol.*

— QUARTA PARS. *Venetiis, Nicolaus Jenson,* 1480, *in-fol.*

QUÆSTIONES SECUNDI LIBRI SECUNDÆ PARTIS, a Fr. Lud. de Cremona. *Mantuæ, in-4°.*

Édition sans date, mais rapportée à l'an 1472.

SUMMA DE ARTICULIS FIDEI, sine ulla nota, *in-4°*.

Édition portant les écussons de Fust et de Schoffer, et imprimée vers l'an 1460.

— *Augustæ, Zeiner, in-4°.*

Édition sans date, mais rapportée à l'an 1470.

— *Romæ, Barth. Gundilbech,* 1476, *in-4°.*

DE VERITATE CATHOLICÆ FIDEI, sine ulla nota, *in-fol.*
— *Romæ, Pannartz,* 1475, *in-fol.*
— *ibid. Schurener,* 1475, *in-fol.*
— *Coloniæ, Koelhoff,* 1475, *in-fol.*
— *Venetiis, Hailbrun,* 1476, *in-fol.*
— *ibid. Nic. Jenson,* 1480, *in-fol.*

QUODLIBETÆ QUÆSTIONES. (*Romæ, in S. Eusebii monasterio, per Georg. Laver, circa annum* 1470), *in-fol.*

Première édition, imprimée sans lieu ni date, à longues lignes, au nombre de 33 sur les pages entières. Le volume commence par 5 feuillets de table, et finit au bas du *recto* de la dernière page. au chap. XXXVII, par le mot *Explicit.* Vend. 100 fr. la Vallière. (*Manuel du libraire*, tom. III, p. 455.)

— ex recensione Francisci Veneti, sine ulla nota, *in-fol.*

Édition du 15° siècle.

— ex eadem. *Coloniæ, Arnoldus Therhoernen,* 1471, *in-fol.*
— *Norimbergæ, And. Fisner,* 1475, *in-fol.*
— *Ulmæ, Jo. Zeiner,* 1475, *in-fol.*
— *Venetiis, Jo. de Colonia,* 1476, *in-fol.*

QUATRISCRIPTUM IN LIBROS MAGISTRI SENTENTIARUM. *Moguntiæ, Petr. Schoffer,* 1469, *in-fol.*
— *Venetiis, Nic. Jenson,* 1481, *in-fol.*

IN LIBROS SENTENTIARUM. *Coloniæ, Henr. Quentel,* 1481, *in-fol.*

SUPER I ET II SENTENTIARUM. *Venetiis, Octav. Scotus,* 1498, *in-fol.*

SUPER III SENTENTIARUM. *Coloniæ, Jo. Koelhoff,* 1476, *in-fol.*

XIIIe siècle — *Venetiis , Octav. Scotus,* 1501, *in-fol.*
après
N. S. J. C. SUPER IV SENTENTIARUM. *Venetiis , Leon. Wild. de Ratisbona,*
1478, *in-fol.*

— *Venetis , Nic. Jenson,* 1481, *in-fol.*

— *Coloniæ , Henr. Quentel,* 1480, *in-fol.*

— *Venetiis , Octav. Scotus ,* 1497, *in-fol.*

TEXTUS SENTENTIARUM CUM CONCLUSIONIBUS, in quibus Magister Sententiarum communiter non tenetur ; sine ulla
nota, *in-fol.*   •

Ancienne édition qui paroît être de Paris.

PHYSICORUM LIBRI VIII. *Venetiis ,* 1480, *in-fol.*

METEOROLOGORUM, ET DE GENERATIONE ET CORRUPTIONE, ET
DE COELO ET MUNDO, sine ulla nota , *in-fol.*

Probablement imprimé à Paris.

— DE CORRUPTIONE ET GENERATIONE. *Papiæ , Martinus de la
Valle ,* 1488, *in-4°.*

— DE JUDICIIS ASTRORUM, sine ulla nota, *in-4°.*

Édition du 15e siècle.

METAPHYSICORUM LIBRI XII. *Papiæ , Franc. de Ghirardenghis,*
1480, *in-fol.*

DE ENTE ET ESSENTIA. *Venetiis ,* 1496, *in-4°.*

— *Papiæ ,* 1498, *in-4°.*

Édition plus correcte que la précédente.

DE ANIMA. *Venetiis ,* 1480, *in-fol.*

DE SINGULARI, ET UNIVERSALI, ET INTELLIGIBILI, sine ulla
nota, *in-4°.*

Édition du 15e siècle.

ETHYCORUM LIBRI X, ET POLYTICORUM LIBRI VIII, sine ulla
nota, *in-4°.*

Édition du 15e siècle.

LOGICORUM ET FALLACIARUM LIBER. *Venetiis , Rayn. de Novio-
mago ,* 1481, *in-fol.*

— *Venetiis*, sine ulla nota, *in-fol.*

Édition que l'on croit de 1486.

COMMENTARIA IN LIBROS ARISTOTELIS DE ANIMA ET UNITATE INTELLECTUS. *Coloniæ*, 1480, *in-*4°.

— *Papiæ, Martinus de la Valle*, 1488, *in-fol.*

AUCTORITATÉS VETERIS ET NOVI TESTAMENTI, sine ulla nota, *in-fol.*

Édition attribuée à Fyner, ancien imprimeur d'Eslingen.

— *Coloniæ, Arnoldus Theroernen*, 1473, *in-fol.*

— *Bononiæ, Azzoguidus*, XI *Martii* 1473, *in-fol.*

GLOSSA IN IV EVANGELIA. *Norimbergæ, Ant. Koburger*, 1474, *in-fol.*

— 1476, *in-fol.*

Édition en caractères de Venzler.

SUPER EPISTOLAS D. PAULI. *Bononiæ*, 1481, *in-fol.*

POSTILLA IN JOB. *Eslingæ, Conr. Fyner*, 1474, *in-fol.*

PUGNANTIUM LOCORUM CONCILIATIONES. *Coloniæ*, 1480, *in-fol.*

DEFENSIONES THEOLOGICÆ D. THOMÆ. *Venetiis, Octavianus Scotus, in-fol.*

La première partie fut publiée en 1482, et la seconde en 1484.

OPUSCULA, acced. D. Bernardi opuscula. *Mediolani, Fratres de Bonaso*, 1488, *in-fol.*

DE ARTE PRÆDICANDI. 1473, *in-fol.*

Edition en caractères de F. Creusner, avec une figure en bois.

— *Memmingæ, Albertus Kunne*, 1483, *in-*4°.

DE HUMANITATE CHRISTI. *Leyd.* 1484, *in-*4°.

DE CORPORE CHRISTI, sine ulla nota, *in-*4°.

Edition du 15° siècle.

DE EFFICACIA EUCHARISTIÆ, ET DE DIVINIS MORIBUS, sine ulla nota, *in-*4°.

Edition du 15° siècle.

XIIIe siècle **DE MODO CONFITENDI, ET DE PURITATE CONSCIENTIÆ**, sine ulla
après
N. S. J. C. nota, *in-4°.*

Il y a plusieurs éditions sans date du même ouvrage, imprimées vers la fin du 15° siècle.

DE BEATITUDINE ÆTERNITATIS, sine ulla nota, *in-4°.*

Ancienne édition attribuée à Weldener.

DE POTENTIA DEI, sine nota, *in-fol.*

Edition fort ancienne.

DE MALO. *Arnoldus Theroernen, in-fol.*

On voit par le nom de l'imprimeur que cette édition sans date fut publiée à Cologne.

TRACTATUS DE JUDÆIS ad petitionem Comitissæ Flandriæ, sine ulla nota, *in-fol.*

Edition attribuée à Jean Schuzler, ancien imprimeur d'Augsbourg.

L'AUTEUR ANONYME
DE *L'IMITATION DE JÉSUS-CHRIST.*

Quoique l'*Imitation de Jésus-Christ* soit probablement un peu postérieure à l'époque où florit saint Thomas d'Aquin, limite que nous avons marquée à notre travail d'après l'exemple de nos prédécesseurs, et que ceux-ci aient cru pouvoir dédaigner sans inconvénient un ouvrage dont Fontenelle a dit, que c'est *le plus beau livre qui soit sorti de la main des hommes, puisque l'Évangile n'en est pas*, nous ne croirions pas notre *Bibliothéque sacrée* parvenue à ce degré d'ensemble dont il faut se contenter en bibliographie, au défaut du complet, si nous n'en faisions mention ici. L'*Imitation de Jésus-Christ* n'est ni un livre de dogmes, ni un livre d'interprétation. C'est seulement la plus touchante effusion de l'âme chrétienne, plongée dans la contemplation de son Dieu. L'amour le plus épuré, celui de la créature pour le Créateur, n'a jamais parlé un langage plus tendre; et comme l'auteur le dit de lui-même, il faut avoir aimé pour entendre et pour goûter ses paroles. Les siècles suivans ont vu briller de nouveaux âges classiques où la littérature sainte a retrouvé les secrets de l'ancienne éloquence, et qui ont donné des rivaux aux Demosthènes de l'Église; mais la douce piété d'un cœur pénétré de charité, embrasé de dévouement, emporté sur les ailes ardentes de la foi, du séjour des épreuves à celui des ravissements éternels, est un bienfait de la Providence plus rare peut-être que le génie.

Le style de l'*Imitation de Jésus-Christ* n'est soutenu que par cette vive puissance de la pensée qui resplendit de sa propre beauté, et qui ne doit rien aux ornements de l'art. Il a le charme de la prière dans la bouche ingénue d'un enfant sensible, la ferveur du néophyte et l'élan du martyr; mais il n'y joint ni la correction du grammairien, ni l'élégance apprêtée du rhéteur. C'est même du grand nombre de gallicismes dont il

est semé que des critiques très-ingénieux, dont
M. Gence nous paroît avoir résumé les opinions
avec beaucoup d'habileté, ont tiré une induction
qui a obtenu le suffrage de Bossuet, et d'après laquelle il faut laisser l'honneur de cet admirable
écrit à Gerson. En effet, Thomas à Kempis étoit
Allemand. Tout donne lieu de croire qu'il ne savoit
pas le françois, alors fort peu répandu en Europe,
où cette langue tenoit à peine une place, sous sa
nouvelle forme, depuis la désuétude de la langue
poétique qu'elle venoit de remplacer. Il n'est
guère probable que ce fût d'un monastère des environs de Zwoll que sortit alors un ouvrage, hé-
rissé de tant de mots français à peine *latinisés*,
que certains bibliographes sont encore portés à
le regarder comme une traduction du françois.

JEAN CHARLIER DE GERSON, dit *le docteur très-
chrétien*, chancelier de l'université de Paris, fut
surnommé Gerson du village de ce nom, près de
Rhétel, diocèse de Reims, où il naquit le 14 décembre 1363; il mourut à Lyon le 12 juillet 1429,
laissant la réputation d'un des plus excellents esprits qui aient illustré l'Église.

THOMAS DE HÆMMERCHEN ou HÆMMERLEIN, en
latin *Malleolus*, nommé ordinairement *à Kempis*,
parce qu'il étoit né, vers 1380, à Kempen au
diocèse de Cologne, chanoine régulier du Mont
Sainte Agnès, passa ses jours dans le cloître, et les

termina au milieu des douces et pieuses occupations de la calligraphie, en 1471, âgé de plus de quatre-vingt-dix ans. L'imprimerie venoit d'être inventée, mais les travaux de la transcription des saintes Écritures et des bons livres, ordinairement prescrits aux moines, ne furent pas subitement interrompus. Les copies de Thomas à Kempis, qui excelloit en ce genre, ne tardèrent pas à tomber dans les mains des typographes; et comme il avoit soin de les souscrire de son nom, il étoit assez naturel de lui attribuer les ouvrages qui n'en portoient point d'autres. De ce nombre fut l'*Imitation de Jésus-Christ,* dont une troisième hypothèse fait remonter la composition jusqu'à Saint Bernard.

C'est donc à l'invention de l'imprimerie que se termine ce tableau de la littérature sacrée qui a commencé, avec la Genèse, à la communication de la parole; espace emblématique où est comprise toute la société révélée, depuis l'âge d'innocence jusqu'à la découverte du bien et du mal, ou depuis l'Arche à Babel.

Ce que nous avons dit du style de l'auteur original dans cette langue dégénérée, qu'on appeloit encore du latin, fera très-bien concevoir l'avantage immense qu'ont obtenu sur lui dans toutes les langues ses innombrables traducteurs. Il ne falloit que le sentir pour le surpasser, avec des instruments perfectionnés qui manquoient à la triste décadence du quinzième siècle, et que la jeunesse nerveuse des idiomes naissants créoit abondamment pour tous les besoins de la pensée. Les traductions françoises de l'*Imitation de Jésus-Christ* sont si multipliées que l'infaillible savoir de mon illustre confrère, M. Barbier, ne les a cependant pas toutes embrassées; mais cette recherche seroit plus curieuse qu'utile aujourd'hui que l'*Imitation de Jésus-Christ* ne se lira plus que dans le latin de Gerson, ou dans le françois de M. de La Mennais, un des écrivains religieux de notre temps qui joignent à la profonde doctrine des Pères, l'autorité littéraire des classiques, et dont le génie prête une double autorité aux études de l'esprit et aux sciences de la foi.

Il est heureux de pouvoir dire que l'*Imitation de Jésus-Christ* est, après la *Bible*, et l'*Évangile* pris séparément, le livre le plus souvent réimprimé, le plus universellement traduit, et par conséquent le plus populaire qui ait jamais été écrit. Les ennemis de la religion chrétienne se trompent beaucoup sur l'effet de leurs ouvrages. Suscités par les partis, et prônés par des zélateurs assidus comme au temps des hérésies, les chefs-d'œuvre même de leurs maîtres périroient s'ils n'étoient protégés que par l'incrédulité. Il ne restera un jour de Voltaire et de Rousseau que ce qu'un chrétien peut avouer, et cette part est immense encore; l'*Imitation de Jésus-Christ* est impérissable.

Nous n'avons pas entrepris de rapporter toutes les éditions de la *Bible*, quoique nous fussions précédés dans ce travail par des bibliographes très-habiles, qui nous avoient épargné une grande partie de nos recherches. L'*Imitation de Jésus-Christ*, qui exige et qui obtiendra un jour une bibliographie spéciale, demanderoit à elle seule un volume énorme. Nous citerons d'après le savant M. Brunet les éditions *latines* qui paroissent mériter une mention particulière :

—Incipit Libellus consolatorius ad instructionem devotorum, cujus primum capitulum est de imitacoe xpi, etc. — *Viri egregii Thome montis Sancte Agnetis in trajecto regularis canonici libri de xpi. imitatio numero quatuor finiunt feliciter. Per Ginthum Zainer ex Reuthlingen pgenitum literis impssi ahenis (Augustæ Vindelicorum , circa* 1471.) *in-fol.* de 76 ff.

Première édition très-rare. 99 fr. Crevenna, 104 fr. La Vallière.

— De imitatione Christi. *Venetiis, per Petrum Loslein de Langenan,* 1483, *in-*4°. *goth.*

Cette édition, la première datée, porte le nom de Gerson. M. Brunet dit qu'elle n'est pas chère. Cependant comme elle est, jusqu'ici, l'édition *princeps* avec nom d'auteur, elle est susceptible d'acquérir une haute valeur dans les ventes quand elle y sera connue.

— *Bressiæ,* 1485, *pet. in-*8°.

Quelques bibliographes l'ont citée, selon M. Brunet, comme première édition.

— *Parisiis, P. Higman,* 1489, *pet. in-4°.*

Cette édition qui a passé long-temps aussi pour première, a été vendue 26 fr. Bourbon de Ternay, sous la recommandation des catalogues. J'ai vu à la bibliothèque de Besançon une édition de même date qui m'a paru petit in-8°, et qui portoit aussi le nom d'Higman. Cette difficulté sera éclaircie avec beaucoup d'autres, par la publication du catalogue de cette belle bibliothèque que va donner M. Weis, un des plus savants hommes de notre époque, et un de ces littérateurs trop rares, qui réunissent l'art d'écrire à l'avantage de savoir.

— cum tractatulo Joannis Gerson de meditatione cordis. *Finit feliciter anno* 1492, *in-8°. goth.*

Vendu 21 fr. d'Ourches.

—*Lunembroch, impressum per me Johannem Luce. Anno Dni M. CCCC. XCIII. in-8°.*

Premier livre connu imprimé à Lunebourg. Il a été vendu près de 100 fr. Roscoe.

—Incipiunt ammonicones ad spirituale vita utiles. Ca. prima de imitacoe xpi. *Impresse in citate metensi per fratrem Johanne Colini, ordinis fratrum carmelitarum et gerhardum de nova civitate anno Domini mill° cccc° lxxxij. in-4°. goth.* 24 ff.

Sans chiffres, réclames ni signatures. C'est le premier livre imprimé à Metz avec date. Vendu 24 fr. d'Ourches.

— *Lugduni (Batavorum), apud Joan. et Dan. Elzevirios, pet. in-12.*

Cette jolie édition est une des plus recherchées et des plus rares des Elzevirs. Elle est sans date, mais M. Brunet remarque très-judicieusement qu'elle ne peut avoir été imprimée ni avant 1652, ni après 1654, l'association de Jean et Daniel Elzevirs n'ayant duré que pendant ce temps là. De superbes exemplaires ont été vendus jusqu'à 150 fr. Ils avoient 4 pouces 11 lignes.

—*ibid.* 1658, *pet. in-12.*

Édition dont on fait encore assez de cas : 10 à 15 fr.

—*Amstelodami, ex officina Elzeviriana,* 1679, *pet. in-12.*

La moins recherchée des éditions Elzeviriennes de l'*Imitation.*

—*Parisiis, e typographia regia,* 1640, *in-fol.*

Une de ces éditions magnifiques de notre imprimerie royale qui ne conservent aucune valeur en France.

—*Parisiis, Seb. Martin,* 1657, *in-*12.

Ordinairement réunie à la *Bible de Richelieu,* et tirée quelquefois comme elle sur un papier plus grand, dont on ne peut cependant déterminer la dimension précise, le relieur n'ayant laissé de témoins dans aucun exemplaire qui me soit connu. Seb. Martin a réimprimé l'*Imitation* en 1662, avec des caractères moins menus et moins élégans.

—*Patavii, apud Jos. Cominum,* 1728, *in-*8°.

Édition que sa correction fait rechercher, quoiqu'elle ne soit d'ailleurs pas fort belle.

—*Parisiis,* 1743, *in-*8°.

Vulgairement appelée l'*Imitation des chanoines.* Elle est en très-gros caractères.

—*Edinburgi, apud Walt. Ruddimannum,* 1757, *in-*32.

Charmante petite édition qui est fort rare en France.

—*Ex reccensione Jo. Valart. Parisiis Barbou,* 1758, seu 1764, seu 1773, *in-*12. *fig.*

Valart avoit trop d'imagination et trop peu de goût pour être jamais un bon éditeur. Ses corrections ne manquent pas d'élégance, mais leur élégance déplacée est une espèce de barbarie. Son travail est précisément celui de l'architecte qui feroit entrer dans la réparation d'un monument gothique les ornemens du siècle de Louis XV.

—edidit Nic. Beauzée. *Ibid., Barbou,* 1789, *in-*12.

Cette édition est celle qu'il faut choisir pour la collection de Barbou. Beauzée étoit plus grammairien qu'homme de lettres, mais il respectoit les textes, et ne cherchoit pas à les embellir. Les exemplaires en papier de Hollande ne sont pas communs. Ils valent 15 fr.

—ad veram lectionem revocati (libri) et auctori suo, Thomæ à Kempis, denuo vindicati per Fr. Jos. Desbillons. (*Manheimii*), 1780, *in-*8°.

La dissertation de Desbillons fait rechercher ce volume.

—*Parisiis, P. Fr. Didot junior,* 1789, *in-*4°. *max.*

On doit y trouver une figure du Sauveur par Klauber. Cette édition valoit 18 fr., et les exemplaires de format *in-fol.* se vendoient jusqu'à cent. Ces prix ne paroissent pas s'être soutenus. L'éditeur a malheureusement suivi le texte de Valart.

—*Parmæ, in ædibus Palatinis (Bodoni),* 1793, *gr. in-fol.*

Caractères et papier magnifiques, mais texte de Valart, comme dans la précédente. Cette édition n'a été imprimée qu'à 162 exemplaires, et cependant sa valeur n'est pas très-considérable : 20 à 30 fr. tout au plus.

L'*Imitation de Jésus-Christ* a été paraphrasée par Sébastien Castillon ou Casteillon, *Cantabrigiæ*, 1685, *in-12*, et mise en vers latins par Théod. J. Fr. Graswinkelius, *Roterodami*, 1661, *in-8°.*, et Duquesnay de Boisguibert, *Parisiis*, 1729, *in-8°.*

HISTORIENS ECCLÉSIASTIQUES

GRECS.

Nous quittons ici avec nos auteurs l'ordre chronologique pour placer sous ce paragraphe spécial quelques écrivains déjà presque tous connus du lecteur, et dont l'étude est indispensable aux personnes qui s'occupent par goût ou par devoir de la bibliographie sacrée. [1]

SIÈCLE DE N. S. J. C.

FLAVIUS JOSÈPHE.

Né à Jérusalem, l'an 37 de N. S. J. C., d'une famille sacerdotale par son père Mathias, d'une famille royale par sa mère; mort peu après l'an 95 de la même ère, à la suite d'innombrables vicissitudes de fortune dans sa vie publique et dans sa vie privée; surnommé par les critiques du moyen âge, le Tite-Live des Grecs.

Josephe n'appartient nécessairement à la *Bibliothèque sacrée*, ni comme auteur inspiré, ni comme hagiographe de la seconde classe, puisqu'il est mort dans les erreurs du judaïsme, un siècle après la rédemption; mais il est impossible d'omettre

[1] Nous en exceptons les nombreux historiographes ecclésiastiques latins que nous ne pourrions rappeler sans fatiguer le lecteur d'un double emploi inutile.

son nom dans un livre où nous avons cherché à recueillir toutes les autorités de la foi, ses admirables *antiquités judaïques* prêtant, malgré quelques inexactitudes, une foule d'illustrations aux saintes écritures. Nous nous bornerons à en indiquer les éditions les plus remarquables.

———

ANTIQUITATES JUDAÏCÆ ET DE BELLO JUDAÏCO LIBRI, gr. ex recensione Amoldi Arlenii. *Basileæ, Froben*, 1544, *in-fol.*

Édition *princeps* très-rare, vend. 24 fr. Brienne, fort au-dessous de sa valeur.

OPERA OMNIA, gr. et lat. cum notis et nova versione Jo. Hudsoni; collegit, disposuit, et ad codices fere omnes recensuit, notasque suas adjecit Sigeb. Havercamp. *Amstelodami*, 1726, 2 *in-fol.*

Édition estimée : 100 fr. Les exemplaires en grand papier valent trois fois davantage. Par une de ces bizarreries si communes en bibliomanie, les curieux recherchent moins, dit-on, l'édition d'Oxford, 1720, 2 *in-fol.*, qui passe pour être plus correcte. Un exemplaire en grand papier s'est cependant vendu 145 fr. Mac-Carthy.

—gr. et lat. ad editionem Lugduno-Batavam Havercampi, cum Oxoniensi Hudsoni collatam, cura F. Oberthur. *Lipsiæ*, 1782—85, 3 *in-8°.*

Cette nouvelle édition devoit être accompagnée d'un commentaire et d'un index qui n'ont pas paru. Le choix des textes indique un travail judicieux et utile qui la recommandoit aux savants. Un exemplaire en papier fin s'est vendu 100 fr. Renouard.

JOSEPHI HISTORIOGRAPHI VIRI CLARISSIMI PROLOGUS IN LIBROS ANTIQUITATUM VIGINTI incipit feliciter.—JOSEPHI DE BELLO JUDAÏCO PROLOGUS IN LIBROS SEPTEM incipit feliciter. —*Per Johannem Schuszler civem augustensem impressi, anno* 1470, 2 *tom. en* 1. *in-fol. goth.* de 287 ff.

Première édition très-rare. Vend. jusqu'à 160 fr.

M. de Santander décrit une belle et rare édition de Lubec, imprimée vers 1475.

—HISTORIARUM LIBRI VII. *Impressit (Romæ) Arnoldus Pannartz... in domo Petri de Maximis, civis romani, 1475, in-fol.*

Édition très-rare, qui doit être terminée par le registre des feuilles.

Cette traduction qui est de Ruffin d'Aquilée a été revue et collationnée sur beaucoup de manuscrits par Louis Cendrata de Vérone, pour son édition imprimée en cette ville, chez Pierre Manfer, françois, en 1480, *in-fol.*, *goth.*, mais ses changements ne sont pas considérables. Celle-ci quoique fort rare n'est pas d'une grande valeur. On n'en recherche que les exemplaires sur VÉLIN.

L'excellente histoire de Josèphe est un des livres qui ont été le plus souvent réimprimés, le plus souvent traduits, parce que c'est un de ceux qu'on ne peut se lasser de lire. La traduction françoise d'Arnauld d'Andilly, de l'édition de *Bruxelles*, 1701—3, 5 vol. in-8°. *fig.* est justement recherchée des amateurs. On lui oppose depuis quelque temps dans les ventes une édition de 1676, imprimée par Fricx, à Bruxelles, et qui n'a sur elle que l'avantage de sa date et de ses fleurons, mal à propos attribués aux presses Elzeviriennes. C'est un mérite que Fricx partage avec Foppens, le Petit, Savreux, et une foule d'autres. Sa jolie édition est d'ailleurs sans figures.

IVe SIÈCLE APRÈS N. S. J. C.

EUSÈBE (PAMPHILE.)

Voyez p. 178, où nous citons ceux de ses ouvrages qui sont étrangers à l'histoire ecclésiastique.

HISTORIA ECCLESIASTICA, gr. *Parisiis, Rob. Stephanus*, 1544, *in-fol.*

Première édition grecque, dans laquelle furent publiés pour la première fois, en grec, Socrate et Sozomène.

— ab Henr. Valesio, gr. et lat. *Parisiis*, 1659, 1671, *in-fol.*

Édition dans laquelle se trouvent réunis la plupart des historiens ecclésiastiques.

— a Guill. Reading, gr. et lat. *Cantabrigiæ*, 1720, 3 *in-fol.*

Édition très-correcte et très-estimable, qu'il est difficile de surpasser. On en a publié vers la fin du 18e siècle une très-mauvaise réimpression, à Turin sous la date de Venise, 3 *in-fol.*

— a Frid. Andr. Stroth, gr. *Halæ*, 1779, *in-8°*.
— per Rufinum virum eloquentissimum de greco in latinum traducta incipit feliciter. 1474, *in-fol.*

Édition exécutée avec les caractères de Nicolas Ketelaer et Gerard de Leempt, imprimeurs à Utrecht. La totalité du volume est de 204 feuillets, dont les 9 premiers contiennent un prologue, l'éloge d'Eusèbe et la table; la souscription que l'on trouve au verso du 204e feuillet finit ainsi :

Explicit feliciter M° CCCC° L.XXIIII°.

— eadem, ex recens. Joan. Phil. de Lignamine. *Romæ*, 1476 *(in domo J. Ph. de Lignamine, per Ulricum Han), in-fol. de* 218 *f. non compris l'épître.*

Édition dont il y a deux sortes d'exemplaires différant entre eux par l'épître dédicatoire, qui occupe les 2 premiers feuillets. Dans les uns, cette épître est adressée au pape Sixte IV; dans les autres, elle l'est au cardinal Guill. d'Estouteville : il y a aussi des différences dans les 9 premiers feuillets du texte. Vend. 123 fr. La Vallière.

Il existe de la même traduction une édition fort ancienne, sans indication. C'est un vol. *in-fol.* de 128 feuillets, à 2 colonnes de 40 lignes chacune, imprimé en caractères gothiques. Il commence de cette manière :

Prologg. Beati Iheronimi pres
biterii historias Ecclesiasticas di
vi Eusebii, etc.

(*Manuel du libraire*, tom. I, p. 610, 611.)

PHILOSTORGE.

Né vers l'an 364, à Borisse en Cappadoce. On ignore l'année de sa mort.

Philostorge est loin d'être un bon guide en matière de dogme. Cet auteur infecté de l'hérésie des ariens, n'a écrit que pour les défendre. Il ne nous en est resté d'ailleurs qu'un abrégé qui est écrit par Photius. On rapporte que les douze livres dont son histoire étoit composée commençoit chacun par une des lettres qui forment le nom de *Philostorgos*. Il faut sans doute en excepter le dernier, le nom de *Philostorgos* n'étant formé en grec que de onze lettres. L'artifice dont il se servit pour révéler son nom à quelques initiés, a été, comme on sait, employé assez souvent depuis, particulièrement par l'auteur du *Poliphile*, et par celui des *Bigarrures*, Étienne Tabourot, plus connu sous le nom du *Seigneur des Accords*.

HISTORIA ECCLESIASTICA, a Jacobo Gothofredo, gr. et lat. *Genevæ*, 1642, *in-4°.*

Cette histoire se trouve dans les éditions d'Eusèbe, 1671 et 1720, que nous venons d'indiquer.

SOCRATE L'HISTORIEN.

Vᵉ siècle après N. S. J. C. Surnommé le *Scholastique;* né à Constantinople, au commencement du règne de Théodose-le-Grand, vers l'an 380. On ne sait quand il est mort. C'est un écrivain médiocre, mais un historien important, quoique son orthodoxie ne soit guère moins suspecte que celle de Philostorge.

HISTORIA ECCLESIASTICA, ab. Henr. Valesio, gr. et lat. *Parisiis,* 1668, *in-fol.*

— a Guill. Reading, gr. et lat. *Cantabrigiæ,* 1720, *in-fol.*

Avec Eusèbe comme les suivants. Excellente édition.

HERMIAS SOZOMÈNE.

Aussi surnommé le *Scholastique,* nom très-commun et presque générique parmi les lettrés de ce temps. Il écrivoit vers 443, et on croit qu'il mourut en 450.

Les critiques le placent fort au-dessus de Socrate pour le style et surtout pour le jugement.

HISTORIA ECCLESIASTICA, ab Henr. Valesio, gr. et lat. *Parisiis,* 1668, *in-fol.*
—a Gill. Reading, gr. et lat. *Cantabrigiæ,* 1720, *in-fol.*

Ve SIÈCLE APRÈS N. S. J. C.

THÉODORET.

Voyez sur ce polygraphe la p. 244.

HISTORIA ECCLESIASTICA, a Beato Rhenano, gr. *Basileæ,* 1535, *in-fol.*

Première édition.

—ab Henr. Valesio, gr. et lat. *Parisiis,* 1673, *in-fol.*
—a Guill. Reading, gr. et lat. *Cantabrigiæ,* 1720, *in-fol.*

Ve SIÈCLE APRÈS N. S. J. C.

PALLADIUS D'HELLENOPOLIS.

Aussi nommé Pallade de Galatie; né en 368; il avoit été élu évêque d'Hellenopolis en Bithynie, en l'an 401; mais il mourut loin de son siége, et dans la proscription.

HISTORIA LAUSIACA, a Jo. Meursio, gr. *Lugd. Batav., Elzevir,* 1619, *in-4°.*

Cet ouvrage avoit été publié en latin, de la traduction de Gentien Hervet, dès l'année 1555, *Parisiis, in-4°.*

XIVᵉ siècle après N. S. J. C.

NICÉPHORE CALLISTE.

XIVᵉ siècle
après
N. S. J. C. Fils de Caliste Xanthopule, sous le règne des Paléologues. On croit qu'il vécut jusqu'à l'année 1350.

Son ouvrage est une compilation des écrivains précédens, que Nicéphore Calliste, arrivé à l'aurore de la renaissance des lettres, surpasse en goût et en élégance. Schurzfleich l'a surnommé *le Thucydide ecclésiastique.*

Historia ecclesiastica, a Frontone Ducæo, gr. et lat. *Parisiis, in-fol.*

Jean Lang avait déjà donné une version latine de cette histoire à Bâle, 1553, *in-fol.*, version qui fut réimprimée plusieurs fois dans la même ville.

L'ANONYME GREC.

Historia sacra, ab orbe condito ad Valentinianum et Valentem, imp., a Jo. Bapt. Biancono, gr. et lat. *Bononiæ,* 1779, *in-fol.*

L'abbé Morelli a reconnu que cet ouvrage n'est pas différent de celui attribué à Jules Pollux, et publié, comme inédit, par Igu. Harot, gr. et lat. *Lipsiæ,* 1792, *in-8°.*

LE PÈLERIN DE BORDEAUX.

C'est ainsi qu'on désigne l'auteur anonyme de la curieuse relation du premier voyage fait par un chrétien à la Terre-Sainte. Cet itinéraire inappréciable que nous avons cru placé convenablement à la suite de l'histoire ecclésiastique, doit avoir été composé vers l'an 333 de N. S. J. C. En effet, l'auteur nous apprend lui-même qu'il alla de Constantinople à Chalcédoine, et qu'il retourna à Constantinople sous le consulat de Dalmatius et de Xénophilus : *Item, ambulavimus Dalmatio et Dalmaticei Zenophilo cons. III. kal. jun., a Kalcidonia, et reversi sumus ad Constantinopolim, VII. kal. jan., consule suprascripto.* Or, nous savons par Cassiodore, la chronique d'Alexandrie, celle de Prosper et d'autres monumens, que Flavius Valerius Dalmatius, frère de l'empereur Constantin, et Marcus Aurélius-Xenophilus, furent consuls ensemble dans l'année 333.

Ce monument de la géographie sacrée n'a rien perdu de la réputation d'exactitude dont il jouissoit au moyen âge. Il est d'autant plus digne d'intérêt, qu'on peut y suivre à la fois la marche des pèlerins et celle des chevaliers. C'est l'Odyssée des croisades futures. André Schott l'imprima dans l'édition qu'il donna en 1600 de l'Itinéraire d'Antonin, et la manière dont il l'annonce sur son titre, prouve qu'il s'en croyoit le premier éditeur. Il parut dans l'excellent recueil des anciens itinéraires romains de Wesseling, en 1735, in-4°. On le trouve aussi dans le tom. II du *Theatrum geographiæ veteris* de Bertius. Enfin, M. de Chateaubriand l'a encore reproduit à la fin du troisième volume de l'*Itinéraire à Jérusalem*. Nous n'en connoissons qu'une édition séparée.

ITINERARIUM (cura et studio Petri Pithoei). 1588, *in-12* de 38 pp.

Ce volume, sans nom de lieu ni d'imprimeur, est si rare que Schott ignoroit qu'il eût paru, comme on l'a vu tout à l'heure, et que Wesseling confesse lui-même qu'il ne le connoît que par ouï-dire. *Scilicet vestigiis editionis* A. SCHOTTI, *primam enim Pithœi videre non licuit, pressius inhæsisse me.* M. Walckenaer, qui en possède un exemplaire, et qui constate pour nous son existence, dans la curieuse analyse de l'ouvrage qu'il a attaché à la belle *Histoire des Croisades* de M. Michaud, a malheureusement négligé de nous en donner le titre exact.

COLLECTIONS
SACRÉES ET ECCLÉSIASTIQUES.

CONCILES.

CONCILIA GENERALIA ECCLESIÆ CATHOLICÆ, PAULI V. P. M. AUCTORITATE EDITA, gr. et lat. *Romæ, typ. propag.* 1628, 4 *in-fol.*

CONCILIORUM COLLECTIO REGIA. *Parisiis, typ. reg.* 1644, 37 *in-fol.*

Cette édition a perdu presque toute son ancienne valeur.

COLLECTIO MAXIMA CONCILIORUM, a Philippo Labbe et Gabriele Cossart. *Parisiis, Societas,* 1672, 18 *in-fol.*

— ex iisdem, a Jo. Dom. Mansi. *Venetiis, Ant. Zatta,* 1759-62, 30 *in-fol.*

Collection la plus riche et la plus complète de toutes.

SYNODICON, SEU PANDECTÆ CANONUM SS. APOSTOLORUM ET CONCILIORUM AB ECCLESIA GRÆCA RECEPTORUM, ET CANONIC. SS. PATRUM EPISTOLARUM, cum Scholiis, a Guill. Beveregio, gr. et lat. *Oxonii,* 1672, 2 *in-fol.*

CANONES APOSTOLORUM, VETERUM CONCILIORUM CONSTITUTIONES, DECRETA PONTIFICUM ANTIQUIORA, etc. a Joan. Vuendelstino. *Moguntiæ, Joan. Scoëffer,* 1525, *in-fol.*

Édition rare.

APOSTOLORUM ET SANCTORUM CONCILIORUM DECRETA, gr. *Parisiis, Conr. Neobarius,* 1540, *in-4°.*

Édition belle et peu commune.

ACTA NICENI CONCILII, CUM GELASII CYZICENI COMMENTARIO, a Roberto Bolforeo Scoto; TERTIÆ SYNODI OECUMENICI EPHESI HABITÆ, a Theodoro Peltano Soc. Jesu, et COMPENDIUM SANCTARUM ET UNIVERSALIUM SYNODORUM, ab Abrahamo Scultero, gr. et lat. *Commelin,* 1604, *in-fol.*

CONCILIUM EPHESINUM, gr. *Heidelbergæ, Commelin,* 1595, *in-fol.*

— Laodicense, gr. cum tribus versionibus, a Wolfango Gundlingio. *Norimbergæ,* 1684, *in-8°.*

Concilia antiqua Galliæ , a Jacobo Sirmondo. *Parisiis, Cramoisy,* 1629, 3 *in-fol.*

A cette édition il faut joindre les deux *appendix,* a Petro de la Lande, *Parisiis,* 1666, *in-fol.* et a Ludovico Odespun, *ibid.* 1646, *in-fol.*

Concilia hispanica, a Card. Aguirre. *Romæ,* 1693, 4 *in-fol.*

Concilia Anglicana, ab Henr. Spelmanno. *Londini,* 1639-64, 2 *in-fol.*

Concilia magna Britanniæ et Hiberniæ, ab an. 446 ad an. 1771, a Davide Wilkins. *Londini,* 1737, 4 *in-fol.*

DROIT CANONIQUE.

BIBLIOTHECA JURIS CANONICI VETERIS COMPLECTENS CANON.
ECCL. ET CODICES ANTIQUOS TUM GRÆCOS TUM LATINOS, ex
Bibl. Christoph. Justelli, a Guill. Voello et Henr. Justello.
Parisiis, Ludovicus Billaine, 1661, 2 *in-fol.*

CORPUS JURIS CANONICI EMENDATUM, cum Glossis, jussu Gregorii XIII, P. M. *Romæ,* 1582, 4 *in-fol.*

CODEX CANONUM VETUS ECCLESIÆ ROMANÆ, a Franc. Pithoeo.
Parisiis, typ. reg. 1687, 2 *in-fol.*

— a Jo. Petro Gibert. *Coloniæ-Allobrogum,* 1725, 3 *in-fol.*

CORPUS CANONICUM, CUM COMMENTARIIS. *Venetiis, Nic. Jen-*
son, 1474, *in-fol.*

— ab Albignano Trecio recognitum. *Venetiis, Jo. de Colonia,*
1479, *in-fol.*

REPETITIONES JURIS CANONICI, ab Azzone. *Venetiis,* 1496,
in-fol.

COMPENDIUM JURIS CANONICI. *Argentinæ,* 1490, *in-fol.*

DECRETUM GRATIANI, SEU CONCORDANTIÆ DISCORDANTIUM CA-
NONUM. *Argentinæ, Henricus Eggestein,* 1471, *in-fol.*

Première édition.

— *Moguntiæ, Petr. Schoffer,* 1472, *in-fol.*

— CUM APPARATU Bartholomæi Brixiensis. *Moguntiæ, Petr.*
Schoffer, 1473, 2 *in-fol.*

— *Basileæ, Bern. Richel,* 1476, *in-fol.*

— CUM GLOSSA. *Romæ, Georgius Laver de Herbipoli,* 1476,
in-fol.

— *Venetiis, Nicolaus Jenson,* 1477, *in-fol.*

— *Romæ, Udalr. Gallus, aliàs Barbatus,* 1478, *in-fol.*

— Recognitum a Jo. Bapt. de Lanciis. *Romæ, Simon de Luca,*
1479, *in-fol.*

— *Venetiis, Adam de Rotwill,* 1480, *in-4º.*

—.cum glossis Jo. Semecæ et Barthol. Brixiensis. *Venetiis, Petrus de Blasiis*, 1483, *in-4°.*

Gratien fut le véritable créateur de cette nouvelle partie de la littérature sacrée. Depuis le 6e siècle, Denis le petit, Cresconius, et quelques autres avoient formé de foibles recueils en ce genre; mais c'est ce moine de Saint-Felix de Bologne qui, vers 1140, composa le premier un corps régulier des saints canons, assujétit ses matériaux à une méthode exacte, et fit de leur étude une science complète. Les auteurs de l'Encyclopédie eux-mêmes admirent dans Gratien la puissance de l'esprit d'ordre qui lui étoit nécessaire pour créer ce système, et si quelques critiques plus sévères lui reprochent certains défauts de goût, c'est qu'ils ne réfléchissent pas aux immenses difficultés qu'offroit dans un siècle pareil une pareille entreprise. Les gloses intitulées *Paleæ* sont l'ouvrage d'un jurisconsulte nommé Pocapalea, peu postérieur à Gratien.

Gratiani Decretorum libri quinque secundum gregorianos libros distincti per Johannem a Turrecremata, ex cod. MSS. a Justo Fontanini, archiep. Ancyr. *Romæ*, 1726-27, 2 *in-fol.*

Decretorum Breviarium, a Paulo Florentino. *Mediolani, Pachel*, 1479, *in-fol.*

Decretorum auctoritates, a Jo. Caldrino. *Coloniæ-Agrippinæ, Petrus de Olpe*, 1471, *in-fol.*

Decretales cum apparatu. *Moguntiæ, Petrus Schoffer*, 1474, *in-fol.*

Antiquæ Decretalium collectiones, ab Ant. Augustino, et Jacobo Cujacio. *Parisiis, Cramoisy*, 1609, *in-fol.*

Nicolai I, P. M. Epistolæ. *Romæ*, 1542, *in-fol.*

—Epistola ad Michaelem imp. et alia. *Lipsiæ*, 1536, *in-4°.*

Innocentii III, P. M. opera. *Coloniæ*, 1575, *in-fol.*

— Prima collectio Decretalium atque Epistolæ, ex cod. Vaticano, a Gullielmo Sirleto. *Romæ, Fr. Priscianensis*, 1543, 2 *in-fol.*

Première édition.

— a Rainerio Pomposiano, cum notis Steph. Baluzii. *Parisiis, Muguet*, 1682, 2 *in-fol.*

Pour les autres ouvrages de Lothaire, diacre, voy. l'article d'Innocent III, parmi les auteurs ecclésiastiques.

INNOCENTII IV, P. M. DECRETALES, cum Flisci comment. *Venetiis, impensa Nic. Jenson et Jo. de Colonia, impressit Jo. Herbort, 1481, in-fol.*

— APPARATUS DECRETORUM. *Argentinæ, Henr. Eggestein, 1478, in-fol.*

— *Venetiis, Bern. de Stagnino, 1495, in-fol.*

GREGORII IX. P. M. COMPILATIO NOVA DECRETALIUM. *Moguntiæ, P. Schoffer, 1473, in-fol.*

Première et célèbre édition, que rend très-intéressante pour l'histoire de l'art typographique, une longue élégie en l'honneur de Jean Guttemberg, inventeur de l'imprimerie, de Jean Fust, son coopérateur, de Pierre Schoffer, inventeur des caractères en fonte, et d'un certain *Francesco*, poëte italien, qui passe pour le correcteur des premiers livres sortis des presses de Mayence. Ces mêmes vers se trouvent avec les *Justiniani institutiones, ibid.* 1468, *in-fol.*

— *Romæ, Udalricus Gallus et Simon Nicolai de Luca, 1474, in-fol.*

— *ibid. Georg. Laver de Herbipoli, 1474, in-fol.*

— *Venetiis, Nicol. Jenson, 1475, in-fol.*

— *Basileæ, Wenzler, 1478 et 1482, in-fol.*

— *Moguntiæ, Petr. Schoffer, 1479, in-fol. max.*

— CUM GLOSSIS. *Basileæ, 1479, in-fol.*

— *Venetiis, Andreas de Asula cum sociis, 1482, in-4°.*

— *Mediolani, Ant. de Bonaso, 1482, in-fol.*

— *Spiræ, Petr. Drach, 1486, in-fol.*

— CUM GLOSSA ET EJUS VITA. *Parisiis, Thielman Kerver, 1505, in-4°.*

BONIFACII VIII, P. M. LIBER SEXTUS DECRETALIUM. *Moguntiæ, Joan. Fust et Petr. Schoffer, 1465, in-fol.*

On connoît deux éditions de la même année avec des souscriptions différentes, ce qui s'observe d'ailleurs dans tous les livres sortis des presses de Mayence, avant 1470.

— *ibid. Petr. Schoffer, 1470 et 1473, in-fol.*

— CUM GLOSSA. *Romæ, Georg. Laver et Leon. Plugel, 1472, in-fol.*

— *Basileæ, Michael Venzler,* 1477, *in-fol.*

SEXTUS DECRETALIUM , ET EXTRAVAGANTES. *Venetiis , Nic. Jenson,* 1479, *in-fol.*

— *Venetiis, Jo. de Tortis ,* 1484 , *in-fol.*

CONSTITUTIONES CLEMENTIS V, P. M. a Jo. Andrea. *Moguntiæ, Jo. Fust et Petr. Schoffer,* 1460, *in-fol.*

—— CUM APPARATU. *ibid.,* 1467, 1471 et 1476, *in-fol.*

— *Argentinæ, Henricus Eggestein,* 1471, *in-fol.*

Premier livre avec date imprimé à Strasbourg.

— *Romæ, Leon. Plugel et Georg. Laver,* 1472, *in-fol.*

— *ibid. Udalr. Gallus,* 1473, *in-fol.*

— acced. Joannis XXII, constit. EXIVI, et EXECRABILIS, ab Andrea Bononiensi. *Basileæ, Wenzler,* 1476 et 1478, *in-fol.*

—— ex eadem edit. *Venetiis, Jenson ,* 1476, *in-fol.*

—— ET CUM EXTRAVAGANTIBUS. *ibid., Nic. Jenson ,* 1479, *in-fol.*

REGULÆ ET ORDINATIONES ET CONSTITUTIONES CANCELLARIÆ APOSTOLICÆ. *Romæ,* 1471, *in-4°.*

Édition extrêmement rare, attribuée à Philippe de Lignamine, attaché au service du pape Sixte IV, et imprimeur.

DECISIONES ROTÆ ROMANÆ, ANTIQUÆ ET NOVÆ, a Jo. Horborch. *Romæ, Udalr. Gallus, sine anno (circa* 1470 *), in-fol.*

— *et cum Simone de Luca, ejus Socio,* 1472, *in-fol.*

—— *Moguntiæ, Petr. Schoffer,* 1477, *in-fol.*

— a Bernardo de Bisigneto. *Romæ, Georgius Laver,* 1475, *in-fol.*

— a Thoma Fastolti recollectæ. *Romæ, Georgius Laver,* 1475, *in-fol.*

LIBER DIURNUS PONTIFICUM ROMANORUM. *Parisiis ,* 1680, *in-4°.*

Cet ouvrage, dont on ne connoît pas l'auteur, fut écrit, à ce que l'on croit, vers l'an 730; il contient des formules de lettres.

BULLARIUM MAGNUM, a Laertio, et Ang. M. Cherubinis. *Lugduni,* 1687, *in-fol.*

BULLARUM, PRIVILEGIORUM AC DIPLOMATUM ROMANORUM COL-
LECTIO AMPLISSIMA. *Romæ,* 1744, 28 *in-fol.*

COLLECTIO BULLARUM SACRO SANCTÆ BASILICÆ VATICANÆ, ab
Annibale card. Albano. *Romæ,* 1747, 3 *in-fol.*

VARIORUM AUCTORUM VETERUM SCRIPTA DE JURISDICTIONE PO-
LITICA ET ECCLESIASTICA, a Simone Scardio. *Basileæ,* 1566,
in-fol.

MONARCHIA S. ROM. IMP. SIVE TRACTATÚS DE JURISDICTIONE
IMPERIALI ET PONTIFICIA, a Melchiore Goldasto, tom. primus. *Hanov.* 1612; *tom. secundus, Francof.* 1614; *tom.
tertius, ibid.* 1615, *in-fol.*

SYNODICON, SIVE PANDECTÆ CANONUM SS. APOSTOLORUM, etc.
Voyez CONCILES.

LITURGIES GRECQUE ET LATINE.

LITURGIÆ SS. PATRUM, gr. *Parisiis, typis regiis,* 1560, *in-fol.*
Édition reproduite dans le même siècle avec la version latine.

LIBER PONTIFICALIS ECCLESIÆ GRECÆ, nunc primum ex MSS. eucologiis collectus, ab Isaaco Haberto, gr. et lat. *Parisiis, Lud. Billaine,* 1676, *in-fol.*

MISSA APOSTOLICA, a Willhelmo Lindano, gr. et lat. *Antuerpiæ, Plantinus,* 1589, *in-8°.*

DIVINA LITURGIA SS. APOSTOLORUM ET SS. MARCI ET CLEMENTIS, gr. et lat. *Parisiis, Drouard,* 1583, *in-8°.*

— S. Jo. CHRYSOSTOMI, BASILII MAGNI, etc. gr. *Romæ, Demetrius Ducha Cretensis,* 1526, *in-4°.*
Première édition fort rare, exécutée en lettres noires et rouges.

DIVINA MISSA S. JO. CHRYSOSTOMI, græc. et lat. *Fratres de Sabio,* 1528, *in-4°.*
Édition rare.

LITURGIA ROMANA VETUS, a Ludov. Ant. Muratori. *Venetiis,* 1748, 2 *in-fol.*

LITURGIÆ BASILII MAGNI, GREGORII NAZIANZENI ET CYRILLI ALEXANDRINI, ex arabico in latinum conversæ et editæ, a Victorio Scialack. *Augustæ - Vindelicorum,* 1614, *in-4°.*

LITURGIARUM ORIENTALIUM COLLECTIO, ab Eusebio Renaudotio. *Parisiis,* 1716, *in-4°.*

LITURGIA SUECANÆ ECCLESIÆ CATHOLICÆ ET ORTHODOXÆ CONFORMIS, lat. et suecice (cum præfatione et notis Laurentii, archiepiscopi Upsalensis). *Stockholmiæ,* 1576, *in-fol.*

— Antiqua, Hispana, Gothica, Isidoriana, Mozarabica, Toletana mixta (a J. Pinio). *Romæ,* 1746, 2 *in-fol.*

B. ISIDORI HISPALENSIS DE OFFICIIS ECCLESIASTICIS LIB. II. *Antuerpiæ, Jo. Steelsius,* 1534, *in-8°.*

MICROLOGUS DE ECCLESIASTICIS OBSERVATIONIBUS, opusculum ante annos prope quingentos conscriptum, a Pamelio Brugensi in lucem editum. *Antuerpiæ, Plantinus,* 1565, *in-8°.*

DIVINÆ MISSÆ EXEMPLARIA DUO, gr. et lat. ex dupl. vers. lat. Demetrii Ducae et Desiderii Erasmi. *Venetiis,* 1644, *in-8°.*

ACOLUTHIA LECTORIS, SIVE SYLLITURGICA, gr. *Venetiis, Fed. Turrisanus cum sign. Aldi,* 1549, *in-8°.*

GUILLELMI DURANDI RATIONALE DIVINORUM OFFICIORUM. *Moguntiæ, Jo. Fust et Petr. Schoffer,* 1459, *in-fol.*

Première édition très-recherchée des curieux. Elle est fort belle, et si, comme plusieurs bibliographes le prétendent, les psautiers de 1457 et 1459 sont imprimés avec des caractères de bois, il est certain qu'elle est le premier livre imprimé en caractères mobiles de fonte, où l'on trouve une date et le nom de l'imprimeur. Le volume commence par ces mots : *incipit racōnale, etc.,* et finit sur la seconde colonne du 160° feuillet *recto,* après la 9° ligne du texte, par la souscription : *Presens racōnalis divinor codex officōr, etc.,* imprimée en rouge. Vend. exemplaire imprimé sur *vélin,* comme ils le sont tous, 1050 fr. Gaignat; 2700 fr. La Vallière; 101 liv. sterl. Pinelli; 2024 fr. Crevenna; 3400 fr. Brienne-Laire; 2100 fr. d'O.....; 2000 fr. Mac-Carthy.

La bibliothéque du roi a renfermé momentanément cinq exemplaires de cette même édition, parmi lesquels trois offrent quelques différences entre eux, soit dans les lettres initiales, soit dans les abréviations. Un de ces exemplaires ne contient même pas la souscription, qui a été omise au tirage (*Manuel du libraire,* tom. I, p. 571.)

— *Augustæ, Gintherus Zeiner,* 1470, *in-fol.*

Le volume qui contient 217 feuillets, commence par une table de 2 feuillets, et finit par la souscription :

     Anno a Nativitate dominica, etc.

Après cette édition, on fait encore quelques cas des suivantes.

— *Romæ, per Udalricum Gallum,* 147?, *die 23 mensis Junii, in-fol. de* 284 *f.*

— *Ulmæ, per Joh. Zeiner de Rutlingen,* 1473, *in-fol. goth.*

Les feuillets de cette dernière sont chiffrés jusqu'à CCLXIII, non compris deux feuillets de table, placés au commencement du volume.

— *Ulmæ, per Joh. Zeiner ex Rutlingen,* 1475, *in-fol. goth. de* 256 *f.*

Les éditions postérieures à celle-ci ont très-peu de valeur, quoiqu'un exemplaire de Rome, George Laver, 1477, *in-fol.* ait été payé 100 fr. La Vallière.

Nous avons indiqué quelques autres liturgies spéciales à l'article de leurs auteurs dans le cours de cette bibliothèque.

BIOGRAPHIES ECCLÉSIASTIQUES.

—

DIVI HIERONYMI OPUS INSIGNE DE VITIS PATRUM. *Ulmæ, Jo. Zeiner,* sine anno, *in-fol.*

Édition ancienne et rare.

— *Casellis, Pantaleon Medicus de Conflentia, et Jo. Fabri,* 1475, *in-fol.*

Premier livre imprimé à Casal, ou *aux Caselles,* près Turin.

— *Norimbergæ, Ant. Coburger,* 1478, *in-fol.*

— DE VIRIS ILLUSTRIBUS CHRISTIANIS, ET DE ESSENTIA DIVINITATIS, *in*-4°.

Édition sans date, imprimée en caractères de G. Zeiner d'Augsbourg, vers l'an 1470. Elle se trouve ordinairement réunie avec *Thomas a Kempis de Imitatione Christi,* dont c'est l'édition *princeps;* particularité précieuse pour l'histoire littéraire, mais qui a perdu de son importance depuis qu'une philologie plus éclairée paroît avoir restitué cet ouvrage à son véritable auteur.

MARTYROLOGIUM VETUS OCCID. ECCL. D. HIERONYMO TRIBUTUM, A GREGORIO M. DESCRIPTUM, AB ADONE LAUDATUM, a Francisco M. Florentino. *Lucæ,* 1668, *in-fol.*

Édition devenue rare.

MENOLOGIUM GRÆCORUM JUSSU BASILII IMP. EDITUM, ex vet. cod. vatic. ab Annib. card. Albano, gr. et lat. *Urbini,* 1727, 3 *in-fol.*

Livre curieux, enrichi de figures qui donnent une idée de l'état des arts sous Basile Porphyrogénète.

USUARDI MONACHI MARTYROLOGIUM. *Lubecæ,* 1473, *in-fol.*

— *Florentiæ,* 1486, *in-fol.*

— *Papiæ,* 1487, *in*-4°.

— *Coloniæ, Jo. Koelhoff,* 1490, *in-fol.*

— *Parisiis, Guidus Mercator,* 1490, *in-fol.*

Toutes ces éditions sont recherchées et fort rares.

Cet auteur fut disciple d'Alcuin, et on prétend que son livre fut écrit par ordre de Charlemagne.

MARTYROLOGIUM a Jo. Molano, cum martyrologio metrico, et calendario Rodulphi de Rivo, et censura Jo. Hessels. *Lovanii*, 1568, *in-8°.*

Édition originale, très-rare, et la seule complète.

— a card. Cæsare Baronio. *Romæ*, 1586, *in-fol.*

— CUM MARTYROLOGIO VETERI ROMANO, AC MARTYROLOGIO ADONIS, ab Heriberto Rosweido. *Antuerpiæ, Plantinus,* 1613, *in-fol.*

— a Claudio Chastelain. *Parisiis*, 1709, *in-4°.*

— a Jo. Solerio. *Antuerpiæ,* 1714, *in-fol.*

Excellente édition.

MARTYROLOGIUM ROMANUM GREGORII XIII P. M. JUSSU RE-COGNITUM. *Romæ*, 1748, *in-fol.*

ANASTASII BIBLIOTHECARII VITÆ ROMANORUM PONTIFICUM, a Marco Velsero. *Moguntiæ, Joan. Albinus*, 1602, *in-4°.*

Première édition d'Anastase, bibliothécaire du S. Siége vers 870.

— a Franco Blanchini. *Romæ*, 1718-35, 4 *in-fol.*

Excellente édition, dont le premier volume fut réimprimé en 1731.

— a Jo. Vignolio. *Romæ*, 1724, 3 *in-4°.*

Ces vies se trouvent encore avec les autres ouvrages d'Anastase, dans la collection de l'histoire Byzantine. Elles ont été publiées aussi par Muratori dans le tome 3e des *Scriptores rerum italicarum.*

SCRIPTORES QUI DE VITIS PATRUM EGERUNT, ab Heriberto Rosweido. *Lugduni*, 1617, *in-fol.*

HISTORIA CHRISTIANA VETERUM PATRUM, a Laurentio de la Barre. *Parisiis*, 1583, *in-fol.*

ACTA PRIMORUM MARTYRUM SINCERA ET SELECTA, a Theod. Ruinart. *Amstelodami*, 1713, *in-fol.*

— *Veronæ*, 1731, *in-fol.*

Édition beaucoup meilleure que la précédente.

ACTA SS. MARTYRUM ORIENTALIUM ET OCCIDENTALIUM, a Steph. Evodio Assemano. *Romæ*, 1748, 2 *in-fol.*

ACTA SANCTORUM OMNIUM, ex latinis et græcis monumentis collecta, a Jo. Bollando, God. Henschenio, Dan. Papebrochio, etc. *Antuerpiæ, Meursius,* 1643 *et seqq.* 53 *in-fol.*

Il n'existe que très-peu d'exemplaires complets de cette volumineuse collection, et il est devenu difficile de compléter ceux qui sont imparfaits, parce que les derniers volumes qui restoient au fonds ont été dispersés ou détruits pendant la révolution. Vend. de 750 à 1000 fr.

La réimpression faite à Venise, 1734 et années suivantes, est à très-bas prix, quoiqu'elle soit déja devenue rare.

COLLECTIONS DES SS. PÈRES
ET AUTRES ÉCRIVAINS ECCLÉSIASTIQUES
GRECS ET LATINS.

BIBLIOTHECA PATRUM, a Margarino de la Bigne. *Parisiis*, 1575, 8 *in-fol.*

— *ibid.* 1589, 9 *in-fol.*

— *ibid.* 1609-10, 9 *in-fol.*

Divers suppléments à cette édition parurent dans la même ville en 1624 et 1639.

MAGNA BIBLIOTHECA VETERUM PATRUM, a Theologis Coloniensibus. *Coloniæ*, 1618, 14 *in-fol.*

Le supplément fut publié en 1622, *in-fol.*

MAGNA BIBLIOTHECA PATRUM ET SCRIPTORUM ECCLESIASTICORUM. *Parisiis*, 1644, 17 *in-fol.*

Édition renouvelée en 1654. Il parut un premier supplément de cette édition en 1648, 2 vol., et un second en 1672, 1 vol., tous deux par les soins de F. Combefis.

BIBLIOTHECA MAXIMA VETERUM PATRUM, a Philippo Despont. *Lugduni*, *apud Anissonios*, 1677 *et seqq.* 27 *in-fol.*

Pour rendre complète cette vaste collection de la bibliothèque des Pères, il est nécessaire d'y joindre les trois volumes suivants : *Index Bibliothecæ maximæ*, a Simeone a Sancta Cruce. *Genuæ*, 1707, *in-fol.* — *Apparatus ad Bibliothecam maximam*, à Nicolao le Nourry. *Parisiis*, 1703, 1715, 2 *in-fol.* Quelques-uns y ajoutent encore : *Sanctorum patrum primitivæ Ecclesiæ*, etc. *Lugduni*, 1680, *in-fol.* volume très-rare.

BIBLIOTHECA VETERUM PATRUM ANTIQUORUMQUE SCRIPTORUM ECCLESIASTICORUM, ab Andræa Gallandio, congr. orat., gr. et lat. *Venetiis*, 1765-81, 14 *in-fol.*

Cette estimable collection renferme 300 écrivains grecs et latins, dont un nombre considérable ne se trouve pas dans les grandes bibliothèques des Pères, imprimées à Lyon et à Paris.

THESAURUS NOVUS ANECDOTORUM, ab Edmundo Martene et Ursino Durand. *Parisiis*, 1717, 5 *in-fol.*

COLLECTIO AMPLISSIMA VETERUM SCRIPTORUM ET MONUMEN-TORUM, ab iisdem. *Parisiis*, 1724-33, 9 *in-fol.*

COLLECTIO VARIORUM PATRUM, etc., a Jacobo Sirmondo, ex edit. Jacobi de la Baune. *Parisiis, typis regiis*, 1696, 5 *in-fol.*

THESAURUS ANECDOTORUM NOVISSIMUS, a Bernardo Pez. *Augustæ-Vindelicorum*, 1721-29, 5 *in-fol.*

THESAURUS MONUMENTORUM, etc., ab Henr. Canisio et Jacobo Basnage. *Antuerpiæ*, 1715, 7 *in-fol.*

Collection préférable aux précédentes.

BIBLIOTHECA NOVA MANUSCRIPTORUM, a Philippo Labbeo. *Parisiis*, 1657, 2 *in-fol.*

BIBLIOTHECA PATRUM ASCETICA, a Claudio de Chantelou. *Parisiis*, 1661, 6 *in-4°.*

BIBLIOTHECA PATRUM CONCIONATORIA, a Francisco Combefisio. *Parisiis*, 1662, *in-fol.*

BIBLIOTHECA VIRGINALIS, SIVE MARIÆ MARE MAGNUM, a Petro de Alva et Astorga. *Matriti, typis regiis*, 1648, 3 *in-fol.*

Collection renfermant divers opuscules d'écrivains anciens et modernes, qui ont traité de la Sainte-Vierge. Elle est rare.

ΜΙΚΡΟΠΡΕΣΒΥΤΙΚΟΝ : VETERUM QUORUMDAM BREVIUM THEOLO-GORUM QUI APOSTOLORUM TEMPORIBUS FLORUERUNT OPUSCULA, gr. et lat. *Basileæ, Henr. Petri*, 1550, *in-fol.*

Édition très-rare.

ORTHODOXOGRAPHA, SEU VARIA SCRIPTORUM VETERUM MONU-MENTA, a Joanne Heroldo, gr. et lat. *Basileæ*, 1555, *in-fol.*

HÆRESEOLOGA, ab eodem. *Basileæ*, 1556, *in-fol.*

MONUMENTA ORTHODOXOGRAPHA, a Jo. Jacobo Grynæo. *Basileæ*, 1569, *in-fol.*

THEOLOGI VETERES ORTHODOXI, a Conr. Gesnero. *Tiguri*, 1559, *in-fol.*

SS. PATRUM QUI TEMPORIBUS APOSTOLICIS FLORUERUNT OPERA, a Jo. Bapt. Cotelerio, gr. et lat. *Parisiis*, 1672, 2 *in-fol.*

— ex eadem edit. a Joanne Clerico. *Antuerpiæ*, 1698, *in-fol.*
— *Amstelodami*, 1724, 2 *in-fol.*

Excellente édition.

SPICILEGIUM SANCTORUM PATRUM, UT ET HÆRETICORUM SÆ-
CULI I, II, III, a Jo. Ernesto Grabe, gr. et lat. *Oxonii*,
1700, 3 *in-8°.*
— *Londini*, 1714, 3 *in-8°.*

CODEX APOCRYPHUS NOVI TESTAMENTI, a Jo. Alb. Fabricio.
Hamburgi, 1719, 3 *in-8°.*

BIBLIOTHECA ECCLESIASTICA, IN QUA CONTINENTUR ANTIQUI
SCRIPTORES VARII, a Jo. Alberto Fabricio. *Hamburgi*, 1718,
in-fol.

SPICILEGIUM VETERUM ALIQUOT SCRIPTORUM, QUI IN GALLIÆ
BIBLIOTHECIS LATUERANT, a Luca Dacherio, et Josepho de
la Barre. *Parisis*, 1723, 3 *in-fol.*

La première édition de cette excellente collection, Paris, 1655—77,
13 *in-4°*, étoit devenue fort rare, mais l'édition précédemment citée en a
fait considérablement baisser le prix.

Il faut joindre à ce recueil: *Vetera analecta*, a Jo. Mabillonio. *Parisiis*,
1723, *in-fol.*

ECCLESIÆ GRÆCÆ MONUMENTA, a Jo. Bapt. Cotelerio, gr. et lat.
Parisiis, 1677-92, 4 *in-4°.*

Ouvrage très-estimé, auquel il est bon de joindre le suivant: *Analecta
græca*, ab Ant. Pouget, Jacobo Loppiu et Bern. de Montfaucon, gr. et lat.
Parisiis, 1688, *in-4°.*

COLLECTANEA MONUMENTORUM VETERUM ECCLLESIÆ GRÆCÆ ET
LATINÆ, QUÆ IN BIBLIOTH. VATIC. DELITUERANT, à Laur.
Alexandro Zacagnio, gr. et lat. *Romæ*, 1698, *in-4°.*

GRÆCIA ORTHODOXA, SEU VARII SCRIPTORES GRÆCI, a Leone Allatio, gr. et lat. *Romæ*, 1652-59, 2 *in-4°.*

On trouve dans le premier volume les œuvres de Grossolanus de Milan,
évêque de Savone au 12e siècle.

COLLECTIO NOVA PATRUM GRÆCORUM, EUSEBII CÆSARIENSIS,
ATHANASII, ET COSMÆ ÆGYPTII, a Bern. de Montfaucon,
gr. et lat. *Parisiis*, 1707, 2 *in-fol.*

GRECÆ ECCLESIÆ MONUMENTA, ab Angelo Maria Bandinio, gr. et lat. *Florentiæ*, 1762, 3 *in-8°*.

MISCELLANEA, SIVE COLLECTIO VETERUM MONUMENTORUM, etc., a Steph. Baluzio. *Parisiis*, 1678-1715, 7 *in-8°*.

Excellente édition.

TOMUS SINGULARIS INSIGNIUM AUCTORUM TAM GRÆCORUM, QUAM LATINORUM, a Petro Stevartio. *Ingolstadii*, 1616, *in-4°*.

ANTIQUÆ LECTIONES, SEU VARIA VETERUM MONUMENTA, ab Henrico Canisio. *Ingolstadii*, 1601-04, 6 *in-4°*.

THESAURUS ECCLESIASTICUS, a Jo. Casp. Suicero, gr et lat. *Amstelodami*, *Wetstenius*, 1682, 2 *in-fol*.

EPISTOLÆ PONTIFICUM ROMANORUM, ET QUÆ AD EOS SCRIPTA SUNT, a Petro Constant. *Parisiis*, 1721, *in-fol*.

Excellent recueil dont l'impression n'a point été terminée; il n'a paru que ce 1er volume.

PHILOCALIA SANCTORUM VIGILANTIUM, gr. *Venetiis*, 1782, *in-fol*.

Édition qui contient divers opuscules, jusqu'alors inédits, des SS. Pères et des écrivains ecclésiastiques. Elle est fort peu connue et fort rare, quoique récente, parce que les Grecs en ont enlevé presque tous les exemplaires.

HOMILIÆ D. GREGORII, AUGUSTINI, HIERONYMI, AMBROSII, BEDÆ, etc., cum prologo Karoli Magni, opus jussu ejusdem Caroli regis compilatum a Paulo Diacono. *Coloniæ*, *Conr. de Hombarch, circa* 1475, 2 *in-fol*.

HOMILIÆ DOCTORUM ECCLESIASTICORUM IN EVANGELIA DOMINICALIA ET TEMPORANEA, jussu Caroli Magni per Alcuinum redactæ. *Lugduni*, 1525, *in-4°*.

VARIORUM DIVINORUM LIBER UNUS, a Johanne Meursio, gr. *Lugduni-Batavorum*, 1619, *in-4°*.

Cette rare édition contient plusieurs opuscules d'écrivains anciens.

VARIA SACRA, a Stephano le Moyne. *Lugduni-Batavorum*, 1685, 2 *in-4°*.

HOMILIÆ QUATUOR SS. PATRUM, a Petro Pantino, gr. et lat. *Antuerpiæ*, 1598, *in-8°*.

Scripta quædam patrum, a Theodoro Beza. *Genevæ, Henr. Steph.,* 1570, *in-*8°.

Opuscula quædam veterum scriptorum, a Caspare Barthio. *Cygneæ,* 1655, *in-*8°.

Heptas Præsulum. *Parisiis,* 1671, *in-fol.*

Jacobi Sirmondi opera varia. *Parisiis, typ. reg.,* 1696, 5 *in-fol.*

Les volumes I, II, III et V contiennent plusieurs ouvrages des Pères, publiés par Sirmond pour la première fois.

Stephani Baluzii Miscellanea. *Parisiis,* 1678-1700, 5 *in-*8°.

Variorum patrum orationes de cruce Domini, a Jacobo Gretzero. *Ingolstadii,* 1600, 2 *in-*4°.

Insignia Itinerarii Italici, a Jacobo Tollio, gr. et lat. *Trajecti,* 1696, *in-*4°.

Anecdota ex ambrosiana bibliotheca eruta, a Lud. Ant. Muratori. *Mediolani,* 1697-98, 2 *in-*4°.

Anecdota græca, ab eodem, gr. et lat. *Pataviæ, Manfrè,* 1709 et 1713, 2 *in-*4°.

Anecdota græca sacra et prophana, a Jo. Christoph. Wolfio, gr. et lat. *Hamburgi,* 1722 *et seqq.* 4 *in-*8°.

Musæum italicum, a Jo. Mabillonio et Michæle Germain. *Parisiis,* 1687-89, 2 *in-*4°.

— *ibid.* 1724, 2 *in-*4°.

Édition meilleure que la précédente.

Deliciæ eruditorum, seu veterum anecdotorum collectanea, a Joanne Lamio, gr. et lat. *Florentiæ,* 1736-44, 15 *in-*8°.

Veterum Galliæ et Belgii scriptorum opuscula sacra, a Casimiro Oudino. *Lugduni-Batavorum,* 1692, *in-*8°.

Les opuscules que comprend cette collection, sont ceux d'Hincmar, Fulbert, Hermann, Ernald, Guillaume et Gualter.

Veterum authorum qui ix sæculo de gratia et prædesti-

NATIONE SCRIPSERE OPERA ET FRAGMENTA, a Gilberto Mau-
guin. *Parisiis, Billaine,* 1650, 2 *in*-4°.

LIBER TRIUM VIRORUM, ET TRIUM SPIRITUALIUM VIRGINUM, a
Jacobo Fabro. *Parisiis, Henr. Stephanus,* 1512, *in-fol.*

Les trois hommes sont Hermas, Huguetinus et Franc. Robertus, les trois
vierges, Sainte-Hildegarde, Élisabeth et Mathilde.

MELLA PATRUM NASCENTIS ECCLESIÆ PER PRIMA TRIA SÆCULA
COLLECTA, a Franc. Rous. *Londini, Thomas Maxey,* 1650,
in-8°.

ANECDOTORUM FASCICULUS, SIVE S. PAULINI NOLANI, ANONYMI
SCRIPTORIS, ALANI MAGNI, AC THEOPHYLACTI OPUSCULA ALI-
QUOT, a Johanne Aloysio Mingarello can. reg. ord. S. Au-
gustini. *Romæ, Monaldini,* 1756, *in*-4°.

FASCICULI X OPUSCULORUM, QUÆ AD HISTORIAM AC PHILOLO-
GIAM SACRAM SPECTANT. *Roterodami,* 1693-1700, 10 *in*-8°.

FASCICULUS RERUM GRÆCARUM ECCLESIASTICARUM, ab Ang.
M. Bandinio. *Florentiæ,* 1763, *in*-8°.

Ce sont des traités jusqu'alors inédits de S. Basile-le-Grand, de Nicéphore
Callixte, etc.

AMOENITATES LITTERARIÆ Jo. Georgii Schelornii. *Francofurti,*
1725, 7 *in*-8°.

— et ejusdem AMOENITATES HISTORIÆ ECCLESIASTICÆ ET LIT-
TERARIÆ. *ibid.* 1737, 2 *in*-8°.

Excellente collection qui renferme de rares opuscules d'auteurs ecclésiastiques jusqu'alors inédits.

MISCELLANEORUM COLLECTIO EX CODICIBUS MSS. a Raymundo
Duellio. *Augustæ-Vindelicorum et Græcii,* 1723-24, *in*-4°.

INSTITUTIONES THEOLOGICÆ ANTIQUORUM PATRUM, a card. Jos.
M. Thomasio, cum not. Ant. Franc. Vezzosi, gr. et lat.
Romæ, 1769, 4 *in*-4°.

Collection très-estimée.

EPISTOLÆ VARIORUM PATRUM AD EPHESINUM CONCILIUM, e ms.
Cassinensi desumptæ, a Fr. Christ. Lupo. *Lovanii,* 1682,
2 *in*-4°.

On y trouve joint : *Commonitorium Cœlestini Papæ; Tituli decretorum Hilarii Papæ; et Epistolæ Anacleti antipapæ.*

VETERUM EPISTOLARUM ECCLESIASTICARUM HIBERNICARUM SYLLOGE. *Parisiis,* 1665, *in-4°.*

VETUS DISCIPLINA MONASTICA, Mon. Bened. congr. S. Blasii. *Parisiis, Osmont,* 1726, *in-4°.*

Excellente collection des anciens auteurs bénédictins qui ont traité de la discipline monastique. Les principaux sont Pierre Diacre, S. Sturmius, abbé de Fulde, Teodemare, Saint-Benoît d'Aniane, Bernard de Cluni, S. Guillaume, etc.

PARÆNETICI VETERES, a Melchiore Haiminsfeldio Goldasto. *Insulæ,* 1604, *in-4°.*

Rare collection qui comprend : *S. Prisci Valeriani Cimelensis episc. de bona disciplina Sermo ; Columbani opuscula ; Dinamii grammatici epistola ; Basilii Cæsariensis admonitiones ; Boethii de Moribus liber ; Tyroli regis Scotorum, Vuinsbekii equitis germani et Vuinsbekiæ nobilis Germaniæ parrœneses ad filios lingua veteri teutonica.*

CODEX REGULARUM QUAS SANCTI PATRES MONACHIS ET SANCTIMONIALIBUS PRESCRIPSERUNT, a Luca Holstenio. *Romæ,* 1661, 3 *in-4°.*

COLLECTIO ROMANA BIPARTITA VETERUM ALIQUOT HISTORIÆ ECCLESIASTICÆ MONUMENTORUM, a Luca Holstenio. *Romæ,* 1662, 2 *in-8°.*

La plus grande partie de ce recueil se compose de lettres et d'anciens synodes.

OPUSCULA TRIA VETERUM AUCTORUM, FASTIDII EPISCOPI, PASSIO SS. MARTYRUM PERPETUÆ ET FELICITATIS, ET PASSIO S. BONIFACII, a Luca Holstenio. *Romæ,* 1663, *in-8°.*

VETERIS ÆVI ANALECTA, ab Antonio Matthæi. *Hag. Comit.,* 1738, 5 *in-4°.*

Collection très-précieuse d'anciens monuments inédits qui ont particulièrement rapport aux expéditions faites dans la terre sainte, et aux annales de l'ordre Teutonique et des anciennes chevaleries.

CYPRIANI, HILARII, LEONIS PAPÆ, ET ALIORUM OPUSCULA, a Jo. Chrysost. Trombelli. *Bononiæ,* 1751, *in-4°.*

VETERUM PATRUM BEDÆ, CLAUDII TAURINENSIS, ALIORUMQUE OPUSCULA, ab eodem. *Bononiæ*, 1755, *in-4°*.

SS. PATRUM TOLETANORUM OPERA, a Francisco de Lorenzana. *Matriti*, 1782-85, 2 *in-fol.*

Magnifique édition.

SS. PHILASTRII, GAUDENTII, B. RAMPERTI ET VEN. ADEL-MANNI OPUSCULA, jussu card. Ang. Quirini illustrata. *Brixiæ*, 1738, *in-fol.*

SS. LEO MAGNUS, MAXIMUS TAURIN., PETRUS CHRYSOLOGUS, FULGENTIUS, VALERIANUS, AMEDEUS ET ASTERIUS, a Theophilo Rainaudo. *Parisiis*, 1661, *in-fol.*

HIERONYMI THEOLOGI CUJUSDAM GRÆCI, DIALOGUS DE TRINITATE, ET ALIORUM MONUMENTA, a Christ. Daumio. *Cygneæ*, 1677, *in-8°*.

ISAACI LEPORII PRESBYTERI, CAPREOLI EPISCOPI CARTHAGINENSIS, ET VICTORINI AFRI LIBELLI, a Jacobo Sirmondo. *Parisiis*, 1630, *in-8°*.

ACHAJÆ PRESBYTERORUM ET DIACONORUM EPISTOLA DE MARTYRIO S. ANDREÆ, a Carolo Christ. Woogd, gr. et lat. *Lipsiæ*, 1749, *in-8°*.

ANECDOTORUM MEDII ÆVI COLLECTIO, a P. Franc. Ant. Zacharia. *Aug. Taurinor.*, 1755, *in-fol.*

LIBRI VETERUM PÆNITENTIALES, ab Ant. Augustino. *Venetiis*, 1584, *in-4°*.

CAPITULARIA REGUM FRANCORUM, MARCULFI MONACI ET ALIORUM FORMULÆ VETERES, etc., a Stephano Baluzio. *Parisiis*, 1773, 2 *in-fol.*

— rursus edita a P. de Chiniac. *Parisiis*, 1780, 2 *in-fol.*

L'édition de Paris, 1677, 2 *in-fol.* est à très-bas prix.

VICTORIS PRESBYTERI ANTIOCHENI ET ALIORUM SS. PATRUM EXPOSITIO EVANGELII SECUNDUM MATTHÆUM, a Christ. Frid. Matthæi, gr. *Mosquæ*, 1775, 2 *in-8°*.

JOANNIS XIPHILINI ET BASILII MAGNI ORATIONES ALIQUOT, ab
   eodem, gr. *Mosquæ*, 1775, *in-4°*.

LECTIONES MOSQUENSES, ab eodem, gr. *Lipsiæ*, 1779, 2
   in-8°.

Ce sont des fragments d'anciens Pères et autres écrivains grecs.

———

POËTES SACRÉS.

MOÏSE. JOB. DAVID. SALOMON. JÉRÉMIE.
LES PROPHÈTES.

POËTES CHRÉTIENS,

GRECS ET LATINS.[1]

COMMODIANI AFRI LIBER ADVERSUS PAGANOS, a Nic. Rigaltio.
Tulli Leucorum, S. Belgrand et J. Laurentius, typogr. regii,
1650, *in-8°.*

— cum notis Rigaltii, H. Dodwelli Dissertatione, et Præfat. H. L. Schurtzsfleischii. *Witebergæ,* 1705, *in-4°.*

Excellente édition à laquelle fut ajouté un supplément de notes, publiées
dans la même ville, 1709, *in-4°*; cet auteur fut réimprimé par Davisius, avec
son Minutius Felix.

TERTULLIANI ET CYPRIANI CARMINA, ab Andr. Rivin. *Goudæ,*
1651, *in-8°.*

Ouvrage supposé.

CLAUDIANI MAMERTIS HYMNI.

Ordinairement réuni au poëte Claudien, son homonyme et son contemporain.

JUVENCI HISTORIÆ EVANGELICÆ LIBRI IV, a Faustino Arevallo.
Romæ, 1792, *in-4°.*

Voyez l'article JUVENCUS.

APOLLINARII INTEPRETATIO PSALMORUM VERSIBUS HEROICIS,
gr. *Parisiis, Turnebus,* 1552, *in-8°.*

Édition belle, point commune, et cependant peu recherchée. Les mêmes
poésies, accompagnées d'une version latine, ont été réimprimées, *Parisiis,*
Joan. Benenatus, 1580, *in-8°*, et par les soins de Fred. Sylburge, *Heidelbergæ,*
Hier. Commelinus, 1596. *in-8°*; mais ce ne sont là que des livres fort ordinaires. (*Manuel du libraire,* tom. I, p. 78.)

S. DAMASII OPERA, ab Ab. Merenda. *Romæ,* 1754, *in-fol.*

Voyez son article.

[1] Cette table n'est, comme la plupart des précédentes, qu'un double
emploi, puisque les auteurs qu'on y trouvera désignés le sont déjà ci-dessus
dans leur ordre chronologique, mais nous avons cru que ce tableau plus synop-
tique des *poëtes chrétiens,* seroit commode et agréable au lecteur.

HILARII PICTAVIENSIS GENESIS, a Jo. Veitzio. *Francofurti*, 1625, *in-8°*.

On croit que cet ouvrage appartient plutôt à S. Hilaire, évêque d'Arles.

S. GREGORII NAZIANZENI CARMINA, gr. et lat. *Venetiis, Ald.* 1504, *in-4°*.

Volume de 234 feuillets, y compris les derniers, qui contiennent des corrections du texte, et une table; il forme le tome 3e de la *collection des poëtes chrétiens*.

— a Jo. Langio, gr. et lat. *Basileæ, Oporinus,* 1567, *in-8°*.
— CHRISTUS PATIENS, Tragœdia, gr. *Romæ, Bladus,* 1542, *in-8°*.

Édition rare à laquelle ou peut joindre : *Gregorii Naz. tragædia Christus patiens*, latino carmine reddita per Fr. Fabricium. *Antuerpiæ*, 1550, *in-8°*. Voyez son article.

AUSONII OPERA, a Jacobo Tollio, cum notis variorum. *Amstelodami*, 1671, *in-8°*.

Voyez son article.

SEVERI ENDELECHII CARMEN DE MORTIBUS BOUM, cum not. Weitzii et Seberi. *Lugduni-Batavorum*, 1745, *in-8°*.

PRUDENTII CARMINA. *Parmæ, typis Bodonianis,* 1788, 2 *in-4°*.
— cum notis Francisci Arevali. *Romæ,* 1788, 2 *in-4°*.

Voyez son article.

FALCONIÆ PROBÆ CENTO VIRGILIANUS, a Jo. Henr. Kromayero. *Hal. Magdeb.,* 1719, *in-8°*.

Voyez pour ce poëte et pour les suivants leurs articles respectifs.

SYNESII OPERA, a Dion. Petavio, gr. et lat. *Parisiis,* 1612, *in-fol.*

NONNI PARAPHRASIS IN JOANNEM, a Dan. Heinsio, gr. et lat. *Lugd. Batav.,* 1627, *in-8°*.

DRACONTII CARMINA, a Faustino Arevalo. *Romæ,* 1791, *in-4°*.

S. Paulini carmina natalitia, a Jo. Aloysio Mingarellio. *Romæ,* 1756, *in-4°.*

Avec d'autres auteurs.

Cælii Sedulii carmen paschale, et hymni duo, ab Henr. Jo. Arntnezio. *Leovard.,* 1761, *in-8°.*

Benedicti Paulini Petrocorii Poemata, a Christ. Daumio. *Lipsiæ,* 1686, *in-8°.*

Sidonii Apollinaris carmina, a Phil. Labbæo. *Parisiis,* 1652, *in-4°.*

Rustici Helpidii, Lactantii, Merobaudis et alior. carmina, ab Andrea Rivino. *Lipsiæ,* 1652, *in-8°.*

Merobaude est le même que Marbode.

S. Orientii commonitorium fidelium, carmine elegiaco, ab Andr. Rivino. *Lipsiæ,* 1651, *in-8°.*

Magni Felicis Ennodii opera, a Jacobo Sirmondo. *Parisiis,* 1642, *in-8°.*

Aviti alcimi opera, a Jacobo Sirmondo. *Parisiis, Cramoisy,* 1643, *in-8°.*

Alcimi et Victoris Massiliensis carmina, a Jo. Gagnejo. *Lugduni,* 1536, 1545, 1560.....

Aratoris de actibus Apostolorum libri ii, et Epistolæ, ab Henr. Jo. Arntzenio. *Zutphaniæ,* 1769, *in-8°.*

Fl. Cresc. Corippi opera, a Petro Franc. Fogginio. *Romæ,* 1777, *in-4°.*

Venantii fortunati opera, a Mich. Ang. Luchi. *Romæ,* 1786-87, 2 *in-4°.*

Excellente édition.

Georgii Pisidæ opus sex dierum seu mundi opificium, et Senarius de vanitate vite, a Frid. Morello, gr. et lat. *Parisiis,* 1584, *in-4°.*

Ce recueil, le plus complet de ses œuvres, se trouve dans la belle collection connue sous le nom de *Byzantine.*

Eugenii II Toletani, Colombani Hiberni, Dracontii et alior. opuscula. *Parisiis,* 1619, *in-8°.*

ALDHELMI MONOSTICA ALCUINO VEL COLOMBANO ADSCRIPTA, CUM ÆNIGMATIBUS, a Martino Antonio del Rio. *Moguntiæ,* 1601, *in-12.*

THEODULPHI AURELIANENSIS CARMINA, a Jac. Sirmondo. *Parisiis,* 1646, *in-8°.*

DREPANI FLORI PSALMI ET CARMINA, CUM MODUINI ET JONÆ AURELIANENSIS RELIQUIIS, ab Andrea Rivino. *Lipsiæ,* 1653, *in-8°.*

Drepanius se trouve aussi dans les *Analecta* de Mabillon, et dans les *Anecdota* de D. Martenne et Durand.

THEODULI ECLOGA DE MIRACULIS VETERIS TESTAMENTI, a J. G. S. Schwabe. *Altenburgii,* 1773, *in-8°.*

RHOSWITHÆ MONIALIS POEMATA, a D. Henr. Leonhardo Schurtzfleischio. *Witeb.,* 1707, *in-4°.*

HILDEBERTI OPERA, ab Antonio Beaugendre. *Parisiis,* 1706, *in-fol.*

MATTHÆI VINDOCINENSIS METAPHRASIS ELEGIACA LIBRI TOBIÆ, a Jo. Heringio. *Bremæ,* 1642, *in-8°.*

ALANI INSULENSIS OPERA, a Carolo de Wisch. *Antuerpiæ,* 1653, *in-fol.*

— CARMEN RHYTMICUM EJUSDEM, QUO PROBATUR VIRGINES, NON MULIERES DUCENDAS ESSE IN MATRIMONIUM, sine nota, *in-4°.*

Curieuse et singulière édition, imprimée en caractères d'Ulric Zel de Cologne, vers l'an 1470.

Voy. Alain de Lisle.

S. JOSEPHI HYMNOGRAPHI MARIALE, ab Hyppolito Marraccio. *Romæ,* 1661, *in-8°.*

Première édition.

JO. GEOMETRÆ HYMNI V IN B. DEIPARAM, a Frid. Morellio, gr. et lat. *Parisiis, Morel.,* 1591, *in-8°.*

HYMNI ECCLESIASTICI VARIORUM VETERUM, HILARII, AMBROSII, AUGUSTINI, GREGORII, M. THEODULPHI, FULBERTI, etc., ab Helia Ehingero. *Francof.,* 1578.....

La meilleure édition est celle qui fut publiée avec les œuvres de George Cassander: *Parisiis,* 1606, *in-fol.*

POETÆ GRÆCI CHRISTIANI, CUM HOMERICIS CENTONIBUS EX SS. PATRUM OPERIBUS COLLECTI, gr. et lat. *Lutetiæ Parisiorum*, 1609, *in-8°*.

PARADISUS, SEU TETRASTICA MORALIA, a Frid. Morellio, gr. et lat. *Parisiis, Morel.*, 1593, *in-8°*.

POETÆ CHRISTIANI. *Venetiis, Aldus,* 1501-4, 3 *in-4°*.

Cette collection, dont nous avons déjà indiqué chaque auteur à son nom, n'est point la seule qui ait été publiée sous ce titre. On a encore : *Poetæ christiani, etc. Romæ*, 1788—94, 5 *in-4°*.

Il est très-rare de trouver l'addition Aldine complète. Il faut, pour s'assurer qu'un exemplaire est parfait, qu'il se trouve dans les deux premiers volumes des feuillets séparés sur lesquels est porté le registre des signatures ou réclames.

POETARUM VETERUM ECCLESIASTICORUM OPERA ET FRAGMENTA, a Georgio Fabricio. *Basileæ, Oporinus,* 1564, *in-4°*.

Recueil fort précieux et beaucoup plus riche que les précédents. Nous ne ferons point mention ici de quelques autres collections moins importantes, et qui d'ailleurs se trouvent en partie indiquées aux articles JUVENCUS et PRUDENCE.

FLORES POETARUM DE VIRTUTIBUS ET VITIIS. *Coloniæ,* 1505, *in-12*.

HISTORIA POETARUM ET POEMATUM MEDII ÆVI, Polycarpi Leyseri. *Halæ Magdeb.*, 1721, *in-8°*.

Cet ouvrage renferme quelques poésies de choix, imprimées pour la première fois d'après les manuscrits.

CORPUS VETERUM POETARUM TAM PROFANORUM QUAM ECCLESIASTICORUM. *Londini*, 1721, 2 *in-fol.*

Bonne édition.

FIN DE LA BIBLIOTHÉQUE SACRÉE.

TABLE ALPHABÉTIQUE

DES AUTEURS

CONTENUS DANS LA BIBLIOTHÉQUE SACRÉE [*].

A.

B.

[*] Les noms qui ne sont pas imprimés en caractères romains sont ceux auxquels Mauro Boni et Gamba ont cru pouvoir se dispenser d'accorder un chapitre spécial, et qu'ils se contentent de citer à l'occasion des ouvrages qui s'y rapportent : soit qu'il ait été difficile de fixer l'époque où florissoient les écrivains qu'ils désignent, soit que leur place paroisse mieux marquée dans un autre article. Il auroit été fort aisé, mais un peu pédantesque, de faire entrer ces richesses négligées dans nos augmentations. Nous nous sommes restreints à ce qui a été omis sans dessein.

Pour les Hagiographes qui ne donnent pas leur nom à un chapitre, nous avons indiqué la ligne où ils sont cités.

G.

H.

I.

J.

R.

S.

T.

---

* Il y a entre les élémens grecs du nom de *Polycrone*, et le genre des travaux d'Eusèbe au nom duquel il se trouve joint, tout ce qu'il faut d'identité pour qu'on ait le droit de n'y voir qu'une épithète. Nous suivons Mauro-Boni et Gamba : l'examen seul du livre peut résoudre la question.

FIN DE LA TABLE.

ERRATA.

Pag. 88, lig. dernière, témoignage, lisez témoigne.
Pag. 234, lig. 1, IVe siècle, lisez Ve siècle.
Pag. 242, lig. 2, MARCIUS, lisez MARIUS.

www.ingramcontent.com/pod-product-compliance
Lightning Source LLC
Chambersburg PA
CBHW050547270326
41926CB00012B/1948